Markus Miller

FINANZIELLE
SELBSTVERTEIDIGUNG

Profi-Strategien zum Schutz
Ihres Vermögens, Ihrer Daten,
Eigentumsrechte und Privatsphäre!

FBV

Bibliografische Information der Deutschen Nationalbibliothek
Die Deutsche Nationalbibliothek verzeichnet diese Publikation in der Deutschen Nationalbibliografie; detaillierte bibliografische Daten sind im Internet über http://d-nb.de abrufbar.

Für Fragen und Anregungen:
info@finanzbuchverlag.de

3. Auflage 2020

© 2019 by FinanzBuch Verlag, ein Imprint der Münchner Verlagsgruppe GmbH,
Nymphenburger Straße 86
D-80636 München
Tel.: 089 651285-0
Fax: 089 652096

Alle Rechte, insbesondere das Recht der Vervielfältigung und Verbreitung sowie der Übersetzung, vorbehalten. Kein Teil des Werkes darf in irgendeiner Form (durch Fotokopie, Mikrofilm oder ein anderes Verfahren) ohne schriftliche Genehmigung des Verlages reproduziert oder unter Verwendung elektronischer Systeme gespeichert, verarbeitet, vervielfältigt oder verbreitet werden.

Die im Buch veröffentlichten Ratschläge wurden von Verfasser und Verlag sorgfältig erarbeitet und geprüft. Eine Garantie kann dennoch nicht übernommen werden. Ebenso ist die Haftung des Verfassers beziehungsweise des Verlages und seiner Beauftragten für Personen-, Sach- und Vermögensschäden ausgeschlossen.

Korrektorat: Anja Hilgarth
Umschlaggestaltung: Pamela Machleidt
Umschlagfoto: privat
Satz und Grafiken: Müjde Puzziferri, MP Medien, München
Druck: GGP Media GmbH, Pößneck
Printed in Germany

ISBN Print 978-3-95972-269-8
ISBN E-Book (PDF) 978-3-96092-493-7
ISBN E-Book (EPUB, Mobi) 978-3-96092-494-4

Weitere Informationen zum Verlag finden Sie unter

www.finanzbuchverlag.de

Beachten Sie auch unsere weiteren Verlage unter www.m-vg.de.

Inhalt

Eigenverantwortung statt Staat! 7

I. Entwicklungen in der globalen Welt, Europa und Deutschland: Die Analyse von Fakten und Zahlen 9
- Globale Entwicklungen 9
- Entwicklungen in Deutschland und Europa 21

II. Geldsysteme der Zukunft 65
1. Die Curve Card: Die Kreditkarte, mit der Sie auch alle anderen dabeihaben 65
2. Fünf empfehlenswerte Multibanking-Apps 68
3. Das Borderless-Konto: So verwalten Sie mehr als 40 Währungen ... 70
4. Blockchain: Die Revolution unseres Geldsystems 72
5. Kryptowährungen: So funktioniert die führende digitale Währung Bitcoin 75
6. Krypto-Tresore: Hier bewahren Sie Ihre Cryptocoins am sichersten auf 80
7. Die Card Wallet der Österreichischen Staatsdruckerei 82
8. Diese Zahlkarten verbinden das bestehende Geldsystem mit der neuen Kryptowelt 84
9. Goldmoney: Physisches Gold wird zur digitalen Währung 87
10. Dukascopy bietet ein mit Bitcoin aufladbares Konto 90
11. In Deutschland gibt es bereits ein Krypto-Investment- und -Kreditsystem 92

III. Datenschutz & Privatsphäre 95
1. EU-PSD2-Richtlinie: Schützen Sie sich vor den Nachteilen – nutzen Sie die Vorteile! 95
2. Kombinieren Sie jetzt Online-Kaufen mit diskretem Barzahlen! .. 98
3. So schützen Sie Ihre persönlichen Daten durch ein Virtuelles Privates Netzwerk 104
4. E-Mail- und Passwort-Check: So prüfen Sie, ob Sie von einem Datendiebstahl betroffen sind 106
5. Ihr sicheres E-Mail-Konto in der Schweiz 108
6. So einfach und flexibel surfen Sie ab sofort anonym im Internet 110
7. Internet-Suche: Nutzen Sie DuckDuckGo als Alternative zu Google ... 113

8. Das Komplettpaket für Datenschutz und Privatsphäre 115
9. Der hochsichere Online-Speicher mit Passwortmanager 116
10. Nutzen Sie RFID-Blocker für Ihre Bankkarten, Ihren
    Personalausweis und Reisepass 118
11. So regeln Sie Ihren digitalen Nachlass einfach und effektiv 120
12. Fast wie Bargeld: Die Mastercard der Reisebank 124

IV. Vermögensanlage und Kapitalschutz 127
1. Adler, Delfin, Elefant oder Hirsch – Welcher Anlegertyp sind Sie? 127
2. Vier bewährte Empfehlungen für die Erstellung Ihres
   persönlichen Risiko-Reports 129
3. Vorbild Superreiche: Machen Sie jetzt Ihre eigene professionelle
   Finanzausschreibung 132
4. Die erste digitale Aktien-Vermögensverwaltung aus dem
   Fürstentum Liechtenstein 136
5. Edelmetall-Sparpläne: Es lebe der Cost-Average-Effekt! 140
6. Realwert-Kunst: BullionArt bietet limitierte Skulpturen aus Silber 141
7. Die Welt der Technologiemetalle bietet Ihnen
   jetzt große Gewinnchancen 143
8. Genossenschaftsanteile: bewährte und zukunftsfähige Anlagealternative! 145
9. Zinshaus-Alternativen: Immobilieninvestments ab 1.000 Euro 150
10. Garagen und Stellplätze als attraktive Immobilieninvestments 152
11. Norwegen: Die drei besten Banken für Ihr Geld 155
12. Catawiki: Die Handelsbörse für Uhren, Schmuck, Kunst,
    Oldtimer und besondere Objekte 157
13. Flüssiges Gold: Nutzen Sie die neue Handels-Plattform für
    Whisky-Investments 161
14. Nutzen Sie den kostenfreien Finanzmanager von »Rentablo«
    für Ihre Depotanalyse 162
15. Das kostenlose Depot für Ihre Kinder, Enkel- oder Patenkinder 164
16. So investieren Sie risikooptimiert in chancenreiche
    Megatrend-Aktien! 167
17. Die fünf besten AAA-Währungen als Alternative zum Euro 177
18. Meine Top-Alternative für Ihr Schweizer Konto oder Depot 190
19. So einfach gründen Sie rechtssicher eine Auslandsfirma
    mit Bankkonto 194
20. So einfach eröffnen Sie online ein Bankkonto in Australien 196
21. Die Euro Pacific Bank aus Puerto Rico bietet Ihnen
    attraktive US-Vorteile 198
22. Der Notfallordner: Die zentrale Ablage für Ihre
    Alters- und Risikovorsorge 199
23. Die wichtigsten Strategien zum Schutz Ihrer Immobilien 202

24. Betongold: So einfach erhalten Sie rund um Ihr
    Immobilie Geld vom Staat 206
25. Der Top-Anbieter für Seniorenberatungen 207
26. Kauf, Verkauf, Erbschaft, Schenkung oder Scheidung:
    Immobilienwertgutachten lohnen sich 211
27. Edelmetalle und Sachwert-Investments: 0 % EU – 100 % Liechtenstein .. 214
28. Der Top-Dienstleister für Investments in physische Diamanten 216
29. Numismatik-Portfolio: Kaiser Wilhelm als hervorragendes
    Einstiegsinvestment 218
30. Bankenunabhängige Schließfächer in Zürich bieten
    Ihnen Sicherheit und Flexibilität 222
31. Attraktive Edelmetall-Sparpläne auf physische Münzen 225

V. Versicherungsschutz 227

1. Digitalisieren und optimieren Sie Ihr Versicherungsportfolio 227
2. Verlust von Grundfähigkeiten: So versichern Sie Ihr
   Einkommen und schützen Ihr Kapital! 229
3. Diese beiden Cyberschutz-Versicherungen bieten Ihnen
   viel Leistung für kleines Geld 233
4. So schützen Sie Ihre sensiblen Daten vor Internet-Betrügern 235
5. Auch mit 100 Euro Sparbeitrag können Sie die
   Liechtenstein-Vorteile nutzen 238
6. Meine vier Top-Anbieter für Krebsversicherungen 240
7. Risiko Schicksalsschlag: Diese sieben Versicherungen
   bieten Ihnen einen guten Schutz 244
8. Der Check Ihrer Krankenversicherung muss höchste Priorität haben! ... 246
9. Meine vier Top-Anbieter für Internationale Krankenversicherungen 248

VI. Rechtsschutz 251

1. Die zehn besten Rechtsschutzpolicen für Ihren Kapitalschutz 251
2. Die persönliche Absicherung für alle juristischen Fragen
   des täglichen Lebens 253
3. So einfach kommen Sie jetzt als Kapitalanleger oder
   Verbraucher zu Ihrem Recht 256
4. So wahren Sie Ihre Rechte bei Konflikten mit Ärzten 258
5. Ihre Krankenkasse zahlt nicht? So einfach legen
   Sie jetzt Widerspruch ein 260
6. Was tun, falls sich Ihre Versicherung weigert zu bezahlen? 263
7. Raus aus Rürup: Versicherungen und Vermittler
   kassieren 38 % der Prämien! 267
8. Dank dieser drei Vorteile ist das gerichtliche Mahnverfahren
   bares Geld wert 268

9. Mit diesen sechs Anbietern schaffen Sie sich Ihre
   eigene Rechtsabteilung 270
10. Ponzi und Scam: So erkennen Sie Betrugssysteme 274
11. Diese Top-Kanzlei hilft Ihnen bei Anlagebetrug und Falschberatung 282
12. Zinsbetrug: Lassen Sie sich von Ihrer Bank nicht weiter abzocken! 284

VII. Steuerschutz 287

1. Sie haben die Pflicht, Steuern zu zahlen – nutzen Sie Ihr Recht,
   Steuern zu sparen! 287
2. Die sechs erfolgreichsten Strategien für Verhandlungen mit
   Ihrem Finanzamt 288
3. Steuerfahndung im Haus? Die sechs wichtigsten Verhaltenstipps 291
4. Nutzen Sie die kostenlosen Angebote und Hilfen des
   Bundeszentralamts für Steuern 293
5. Investmentfonds: Die Nachteile der Vorabpauschale und wie
   Sie sie umgehen 296
6. Erhöhung Abgeltungsteuer voraus: Fondspolicen werden zukünftig
   noch attraktiver 298
7. Die Depotabschöpfungs-Strategie für Liechtenstein: Intelligent
   anlegen und Steuern sparen 300
8. Mit »smartsteuer« wird Ihre Steuererklärung fast zum Kinderspiel 304
9. Vorbild Superreiche: Bezahlen Sie keine Dummensteuern! 306
10. Hat Ihr Steuerberater eine grenzüberschreitende Kompetenz? 310
11. Was tun bei gravierenden Problemen mit Ihrem
    Anwalt oder Steuerberater? 312

VIII: Auswandern 315

1. Grundlagen, Fallstricke und Checkliste für Ihre erfolgreiche
   Wohnsitzverlagerung ins Ausland 315
2. Nutzen Sie die großen Chancen der Liechtenstein-Lotterie! 319
3. Notfallplan Paraguay: So einfach und günstig erhalten Sie eine
   Aufenthaltsgenehmigung 323
4. Daueraufenthalt und Steuerfreiheit: Das Thailand-Elite-Programm
   macht es möglich 326
5. Auswanderungs-Planung? Hier können Sie sich informieren
   und beraten lassen 330

IX. Schlusswort 333

X. Markus Miller – Über den Autor 335

Eigenverantwortung statt Staat!

Sehr geehrte Damen und Herren,
den Begriff der Resilienz lesen und hören Sie in den letzten Jahren immer häufiger. Darunter versteht man ganz grundlegend eine psychische Widerstandsfähigkeit, die Fähigkeit, Krisen zu bewältigen und diese durch einen Rückgriff auf persönliche und sozial vermittelte Ressourcen als Anlass für Entwicklungen zu nutzen. Diese Vorgehensweise lässt sich auch auf alle anderen Bereiche unseres täglichen Lebens übertragen, allen voran auf wirtschaftliche und finanzielle Ereignisse, ebenso wie auf die in Meilenstiefeln immer weiter fortschreitende Digitalisierung, die auch gleichbedeutend ist mit einer Abschaffung gewohnter Dinge, wie beispielsweise unserem Bargeld oder dem Bankensystem, wie wir es derzeit noch kennen.

Die Politik vernachlässigt die Fürsorgepflicht zum Schutz ihrer Bürger

Eine eigenverantwortliche und selbstbestimmte finanzielle Selbstverteidigung wird für Sie immer wichtiger, weil sich die Welt, wie wir sie kennen, massiv verändert und verlässliche Systeme aus der Vergangenheit schlicht erodieren in ihren Leistungen und Schutzfunktionen. Beispielsweise vergeht kaum eine Woche, ohne dass ein neuer Datenskandal offenbart wird. Und was macht unsere Politik? Wenn sie nicht gerade eigene Datensammel- und Überwachungsprojekte wie den Staatstrojaner oder die Vorratsdatenspeicherung anstößt, trägt sie lediglich unbefriedigend zum Schutz Ihrer Privatsphäre und Bürgerrechte bei.

Die Antwort auf die zunehmend restriktiven Rahmenbedingungen seitens der Politik, aber auch die progressiven Entwicklungen durch die enorme Dynamik des technologischen Fortschritts liegt in Ihrer »Finanziellen Selbstverteidigung«, zu der auch zunehmend der digitale Selbstschutz gehört. Sie müssen sich bewusst sein, dass Daten die Goldminen des 21. Jahrhunderts sind. Verlassen Sie sich dabei in all diesen Bereichen nicht auf den Staat und die Politik oder scheinbar gewohnte Institutionen wie klassische Banken.

Setzen Sie eigenverantwortlich und selbstbestimmt auf intelligente Selbstschutz-Strategien. Nutzen Sie dabei konservativ Altbewährtes, setzen Sie aber bitte auch gleichzeitig auf Zukunftstechnologien und Zukunftsmärkte.

Schaffen Sie sich jetzt Ihr eigenes Datenschutz-, Finanz- und Geldsystem!

Ich zeige Ihnen intelligente Praxis-Strategien für den Schutz Ihres Vermögens, Ihrer Daten, Eigentumsrechte und Privatsphäre – speziell vor dem Hintergrund bzw. im vorausschauenden Hinblick auf die stark zunehmenden geopolitischen, innenpolitischen, steuerlichen und rechtlichen Risiken unserer Welt und Ihres Lebens, in Kombination mit der dynamisch voranschreitenden Digitalisierung und den großen Herausforderungen von Demografie und Migration.

**Finanzielle Selbstverteidigung ist die Kombination
von Progression und Protektion.**

Mit »Finanzieller Selbstverteidigung« halten Sie kein theoretisches Werk in den Händen, sondern ich gebe Ihnen – basierend auf meinen jahrzehntelangen Erfahrungen und meinem umfassenden Experten-Netzwerk – einen Praxisleitfaden mit bewährten Sofortstrategien an die Hand, eine Kombination aus Schutz durch Protektions-Strategien und ebenso innovativen wie progressiven Empfehlungen und Handlungsalternativen.

Dadurch erhalten Sie eine praxisnahe Gebrauchsanleitung, die Ihnen Orientierung und Sicherheit gibt, vor dem Hintergrund stark zunehmender geopolitischer, innenpolitischer, steuerlicher, wirtschaftlicher, technologischer und rechtlicher Risiken, sodass Sie jedes Risiko auch direkt in eine Chance transformieren können!

Mit den besten Grüßen!
Ihr
Markus Miller

PS: Über meine regelmäßigen BLOGS auf unseren beiden Online-Portalen www.geopolitical.biz und www.krypto-x.biz bleiben Sie auch in der Zukunft über aktuelle Entwicklungen, Chancen und Risiken unserer sich dynamisch verändernden Welt bestens informiert. Nutzen Sie diese freien Möglichkeiten!

I. Entwicklungen in der globalen Welt, Europa und Deutschland: Die Analyse von Fakten und Zahlen

Globale Entwicklungen

Geopolitik: Die Welt ist aus den Fugen geraten

Das von Ian Bremmer gegründete Analysehaus Eurasia Group mit Sitz in New York hat in seinem renommierten Global Risk Report 2019 ein sehr düsteres Bild gezeichnet. Das grundlegende Fazit ist: Der Erosionsprozess der geopolitischen Ordnung, wie wir diese seit Jahrzehnten kennen, ist aktuell auf der ganzen Welt in vollem Gange. Nachfolgend habe ich für Sie die zehn größten geopolitischen Risiken aus dem Global Risk Report 2019 übersichtlich zusammengefasst:

1. **Gefährliche Saat**
   Die geopolitischen Gefahren, die auf der ganzen Welt Gestalt annehmen, werden in den kommenden Jahren Früchte tragen.
2. **USA-China**
   In den Beziehungen zwischen Washington und Peking ist etwas Grundlegendes gebrochen, das nicht wieder zusammengefügt werden kann. Unabhängig davon, was zukünftig mit den wirtschaftlichen Verbindungen beider Länder geschieht.
3. **Cyberkriminalität**
   Hacker sind raffinierter geworden, Gesellschaften sind stark von digitalen Diensten abhängig. Die Bemühungen, sich auf grundlegende Regeln für den Cyberkrieg zu einigen, sind im Nirwana verlaufen.
4. **Europäischer Populismus**
   Die aktuellen Entwicklungen in zahlreichen Ländern verdeutlichen, dass Populisten und Protestbewegungen in Europa stärker sind als je zuvor.

5. **Politische Spannungen in den USA**
Während die Wahrscheinlichkeit, dass Donald Trump angeklagt und aus seinem Amt entfernt wird, äußerst gering ist, wird die politische Volatilität außergewöhnlich hoch sein.
6. **Stagnation des Fortschritts (Innovation Winter)**
Wir sind auf dem Weg zu einem globalen Innovationswinter, einer politisch bedingten Reduktion des Finanz- und Humankapitals. Dieses wichtige Investitionskapital steht für die nächste Generation aufstrebender Technologien damit weniger stark zur Verfügung.
7. **Koalition der Unwilligen**
Die von den USA geführte Weltordnung erodiert seit einigen Jahrzehnten. Wir sehen jetzt die wachsenden Reihen einer Koalition von Weltführern, die nicht bereit sind, die globale liberale Ordnung aufrechtzuerhalten. Einige sind sogar entschlossen, sie zu Fall zu bringen.
8. **Mexiko**
Der neue Präsident des Landes – Andres Manuel Lopez Obrador – beginnt seine Amtszeit mit einem gewissen Maß an Macht und Kontrolle über das politische System, das in Mexiko seit den frühen 1990er Jahren nicht mehr zu sehen war.
9. **Ukraine**
Der Zusammenstoß in der Kertsch-Straße im November 2018 war ein Vorgeschmack auf die kommenden Spannungen. Putin betrachtet die Ukraine weiterhin als wesentlich für den Einflussbereich Russlands.
10. **Nigeria**
Nigeria steht vor den härtesten Herausforderungen seit dem Übergang zur Demokratie im Jahr 1999. Im bevölkerungsreichsten Land Afrikas leben über 190 Millionen Menschen.

Auch die Risk-Map, die von der globalen Risikoberatung Control Risks publiziert wird, zeichnet im Hinblick auf politische und wirtschaftliche Risiken ein derartiges Bild. Die Zukunft ist – als eines der zentralen Ergebnisse – voller Herausforderungen für Unternehmen, die ihren Geschäftsbetrieb noch nicht der neuen, von nationalistischer Politik und Regulierung bestimmten Weltordnung angepasst haben. Bis vor Kurzem konnten sich globale Konzerne darauf verlassen, im Zuge der Globalisierung mithilfe etablierter Wirtschaftszonen international erfolgreich tätig sein zu können.

Die Top 5 der globalen Risiken

Dieser Parameter hat sich verändert. Unternehmen benötigen als wesentliche Eigenschaft eine hohe Anpassungsfähigkeit für die Zukunft, um widerstandsfähig zu bleiben. Gleiches gilt für Privatpersonen. Die Widerstandsfähigkeit oder Resilienz mit entsprechenden Strategien zur »Finanziellen Selbstverteidigung« ist ein wichtiges Gut für den Erfolg oder gar die Existenz. Nicht nur für Unternehmen, sondern auch für Sie als Privatperson. Nachfolgend die Top 5 der globalen Risiken von Control Risks.

1. **Der Handelskonflikt zwischen den USA und China deutet neue Weltordnung an**
   Der Handelsstreit zwischen den USA und China wird die geopolitische Dynamik bestimmen. Die Spannungen zwischen den beiden Nationen werden den Geschäftsverkehr erschweren, und zwar nicht nur für diejenigen europäischen Unternehmen, die Standorte in beiden Ländern haben, sondern auch für jene, die nur indirekt mit diesen Ländern verbunden sind.

2. **Die globale Daten-Achterbahn**
   Das Kräftemessen zwischen den drei Philosophien der Datenregulierung wird ein neues Maß an Risiko für die internationale Geschäftswelt darstellen. Für China sind Daten etwas, das kontrolliert werden muss. Für die EU sind Daten etwas, das beschützt werden muss. Die USA wiederum sehen Daten als etwas, das kommerzialisiert werden sollte. Unternehmen müssen darauf vorbereitet sein, Daten innerhalb und zwischen diesen drei Domänen zu sammeln, zu speichern und zu übermitteln, und dies vor dem Hintergrund uneinheitlicher Regulierungsvorgaben und einer eskalierenden Bedrohung der Cyber-Sicherheit.

3. **Politische Patt-Situation in den USA**
   Der Schraubstock des legislativen Stillstands wird sich um die Politikgestaltung in Washington festziehen und die USA in eine Phase erhöhter politischer Unsicherheit stürzen. Die wiedererstarkte Fraktion der Demokraten im Repräsentantenhaus wird versuchen, den Präsidenten dauerhaft scharf unter die Lupe zu nehmen. Der Widerstand der republikanischen Mehrheit im Senat und des Weißen Hauses wird jegliche Hoffnung auf eine konstruktive Zusammenarbeit für die Geschäftswelt zunichtemachen

4. **Extreme Wetterphänomene**
Einige der schwersten Beeinträchtigungen der Geschäftswelt werden in den nächsten Jahren durch extreme Wetterphänomene und ihre Auswirkungen verursacht werden. Stürme, Überflutungen, Dürren und Waldbrände – die Kosten für die Unterbrechungen in der Produktion, im Vertrieb, im Verkauf und bei Reisen werden in der kommenden Zeit in die Höhe schießen. Die letztjährigen Rekordzahlen für Versicherungsforderungen im Zusammenhang mit Wetterschäden werden 2019 voraussichtlich übertroffen werden.

5. **Multinationale Konzerne werden staatenlos**
Angesichts der Ausbreitung nationalistischer Tendenzen überall auf der Welt besteht für globale Unternehmen in den nächsten Jahren das Risiko, zu staatenlosen Nomaden zu werden. Formelle und informelle Schranken nehmen weiter zu. Reibungsloser Handel gerät ins Stocken, Lieferketten werden brüchig. Global Player müssen sich neu ausrichten und sich den aktuellen Realitäten stellen, sonst werden sie von einer Welt im Wandel überrollt.

Wirtschaftspolitik: Die Schwerpunkte verschieben sich immer mehr

Die G7 entsprechen schon längst nicht mehr den großen Sieben

Die gravierenden globalen Veränderungen und der Rückschritt Europas zeigen sich auch an der Wirtschaftsentwicklung einzelner Länder, die von der konventionellen Lobby der G7-Staaten gar nicht berücksichtigt wird. Das Kürzel »G7« stand ursprünglich für die sieben größten Wirtschaftsnationen der Welt. Doch ginge es rein danach, müsste der selbsternannte Elitekreis schon längst ganz anders aussehen. Die bis 1980 zurückreichenden Daten des Internationalen Währungsfonds IWF zeigen, dass Kanada schon seit den Achtzigerjahren kein Kandidat für die Treffen mehr wäre.

Stattdessen hätten zeitweilig Brasilien und seit den Neunzigern China dabei sein müssen. Seit der Jahrtausendwende gehört auch Indien zu den größten Wirtschaftsnationen, ebenso wie Russland (für die UdSSR gibt es keine IWF-Daten) und neuerdings auch Indonesien. Die europäischen Staaten müssten dagegen mit Ausnahme von Deutschland allesamt weichen.

Wie die G7 eigentlich aussehen müsste – größte Wirtschaftsnationen nach Anteil am weltweiten BIP (in Kaufkraftparität):

	1980	1990	2000	2010	2019
1	USA	USA	USA	USA	China
2	Japan	Japan	China	China	USA
3	Deutschland	Deutschland	Japan	Indien	Indien
4	Italien	Italien	Deutschland	Japan	Japan
5	Brasilien	China	Indien	Deutschland	Deutschland
6	Frankreich	Frankreich	Frankreich	Russland	Russland
7	Großbritannien	Brasilien	Russland	Brasilien	Indonesien
8	Indien	Großbritannien	Italien	Frankreich	Brasilien

Quelle: IWF/statista

Das Welt-Finanzvermögen ist massiv ungleich verteilt

Nicht nur die Wirtschaftsleistung der Welt ist auf wenige große Staaten verteilt, sondern auch das private Finanzvermögen. Die Hälfte des weltweiten privaten Vermögens liegt in den Händen von Millionären – 2015 waren es noch 43 %. Das geht aus dem Global Wealth Report der Boston Consulting Group (BCG) hervor. Damit gehören mehr als 100 Billionen US-Dollar 22,1 Millionen Dollar-Millionären, die andere Hälfte der 205,9 Billionen Dollar privaten Vermögens teilen sich die restlichen 7,6 Milliarden Weltbürger. Immobilienbesitz oder der Besitz nicht börsennotierter Firmen fließt nicht mit in die Untersuchung ein, der Report bezieht sich lediglich auf Finanzvermögen, also Bargeld, Aktien und Wertpapiere und Fonds.

Millionären gehört die Hälfte des Finanzvermögens
Verteilung des privaten Finanzvermögens weltweit 2018 in Prozent

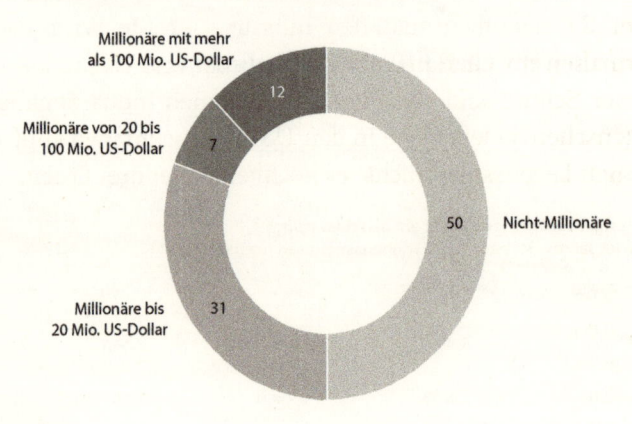

- Millionäre mit mehr als 100 Mio. US-Dollar: 12
- Millionäre von 20 bis 100 Mio. US-Dollar: 7
- Millionäre bis 20 Mio. US-Dollar: 31
- Nicht-Millionäre: 50

Quelle: BCG/statista

Welt-Ressourcen: Die Erde ist überlastet

Earth Overshoot Day: Wenn die Jahresressourcen erschöpft sind

Die großen globalen Herausforderungen zeigen sich vor allem auch im Umgang mit unseren begrenzten Rohstoffen und Ressourcen. Natürliche Ressourcen sind ein wesentlicher Produktionsfaktor und damit Grundlage für unseren Wohlstand. Zu den natürlichen Ressourcen gehören alle Bestandteile der Natur, z. B. Wasser, Boden, Luft, aber auch Lebewesen und nicht nachwachsende Rohstoffe wie Metalle oder Mineralien. Die Entnahme und die Nutzung von Ressourcen haben einen erheblichen Einfluss auf die Umwelt und auf den Menschen.

Deutschland hat – auch im internationalen Vergleich – einen sehr hohen Bedarf an Rohstoffen. Pro Jahr werden mehr als 44 Tonnen fossile Energieträger, Mineralien und Metalle sowie Biomasse pro Kopf genutzt – mit zum Teil erheblichen negativen Umwelteffekten. Deutlich vor Augen geführt wird uns dieser Verbrauch durch den jährlichen »Earth Overshoot Day«, der im Jahr 2019 bereits am 29. Juli war.

An diesem Tag hat die Menschheit also ihr Budget an natürlichen Ressourcen für das Jahr 2019 aufgebraucht. Das jedenfalls geht aus den Berechnungen des Global Footprint Network hervor. Das Datum ist in den letzten 20 Jahren um ganze zwei Monate vorgerückt, wie die nachfolgende Grafik verdeutlicht.

Einigermaßen im Einklang standen Angebot und Nachfrage zuletzt Anfang der 70er. Schuld sind vor allem die westlichen Industrienationen. Würden alle Menschen so leben wie in den USA, bräuchten wir fünf Erden. Für den deutschen Lebensstil bräuchte es hochgerechnet drei Erden.

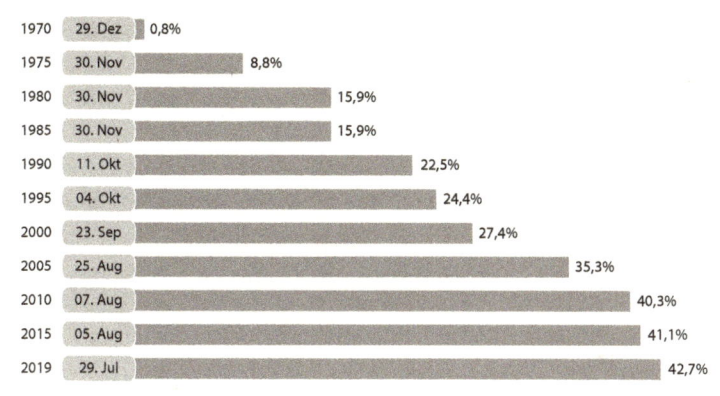

Erdüberlastungstag jedes Jahr ein bisschen früher
Anteil des Jahres, der nach dem Erdüberlastungstag noch übrig ist

Jahr	Datum	Anteil
1970	29. Dez	0,8%
1975	30. Nov	8,8%
1980	30. Nov	15,9%
1985	30. Nov	15,9%
1990	11. Okt	22,5%
1995	04. Okt	24,4%
2000	23. Sep	27,4%
2005	25. Aug	35,3%
2010	07. Aug	40,3%
2015	05. Aug	41,1%
2019	29. Jul	42,7%

Quelle: Global Footprint Network/statista

Ökologischer Fußabdruck:
Die Welt ist offensichtlich nicht genug

Seit 1970 lebt die Welt Jahr für Jahr früher auf Pump. In diesem Fall nicht finanziell, sondern ökologisch. 2019 fiel der sogenannte Welterschöpfungstag ganze drei Tage früher als noch im Jahr 2018 (1. August). Wie die nachfolgende Grafik zeigt, sind es vor allem die Industrienationen, die die Welt bereits nach sieben Monaten an den Rand ihrer Ressourcen bringen.

Auf dem ersten Platz liegen die USA. Die Bevölkerung verbraucht jährlich so viele natürliche Ressourcen, dass alle 7,5 Milliarden Erdenbürger bei gleichem Lebensstil fünf Planeten wie die Erde bräuchten, um nachhaltig zu leben. Australien folgt mit 4,1 dahinter. Ein weltweiter Lebensstil wie in Deutschland würde drei Erden benötigen. Damit fiel der »Erdüberlastungstag« hierzulande auf den 3. Mai.

Die Welt ist nicht genug
Benötigte Erden, wären die Lebensgewohnheiten weltweit so wie in folgenden Ländern

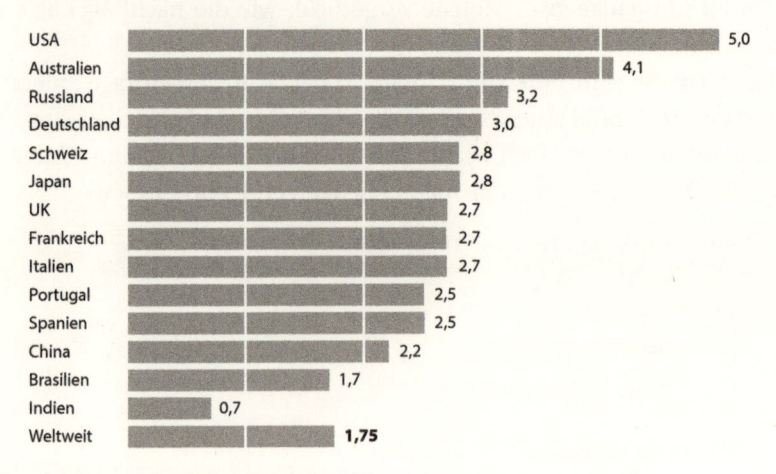

USA	5,0
Australien	4,1
Russland	3,2
Deutschland	3,0
Schweiz	2,8
Japan	2,8
UK	2,7
Frankreich	2,7
Italien	2,7
Portugal	2,5
Spanien	2,5
China	2,2
Brasilien	1,7
Indien	0,7
Weltweit	**1,75**

Quelle: Global Footprint Network, National Footprint Accounts 2019/statista

Natürliche Rohstoffe: Wasser und Sand sind wertvolle Ressourcen

Wenn Privatanleger an Rohstoffe denken, fallen in erster Linie die Namen der Edelmetalle Gold und Silber, Öl oder auch Diamanten. Viel weniger denken wir beim Thema Rohstoffe an Wasser oder gar Sand.

Seit 1993 findet der Weltwassertag statt, bei dem im Jahr 2019 die Wasser- und Sanitärversorgung für alle Menschen weltweit im Mittelpunkt stand. Wasser ist der am meisten verbrauchte Rohstoff der Welt. Sauberes Trinkwasser ist ein wertvoller Rohstoff, dessen sind wir uns viel zu wenig bewusst.

Laut Daten des Bundesverbands der Energie- und Wasserwirtschaft verbrauchen die Deutschen durchschnittlich 123 Liter Wasser täglich. Der Löwenanteil (44 Liter) davon fließt in Dusche, Badewanne und Waschbecken, weitere 33 Liter spülen die Bundesbürger die Toilette herunter. Weitaus weniger verbraucht der Einzelne für essen, trinken und Geschirr spülen, wie die nachfolgende Grafik zeigt.

Globale Entwicklungen

Wofür wir Wasser verbrauchen
Pro-Kopf-Verbrauch von Trinkwasser in deutschen Haushalten 2017
in l/Tag

Baden, Duschen, Körperpflege	44
Toilette	33
Wäsche waschen	15
Kleingewerbe	11
Reinigung, Autopflege, Garten	7
Geschirrspülen	7
Essen und Trinken	5
Gesamtverbrauch pro Tag	**123**

Quelle: BDEW/statista

Nachfrage: Der Verbrauch von Mineralwasser steigt

Trinken ist wichtig, vor allem an heißen Sommertagen oder bei körperlicher Belastung. Laut einer Erhebung des Statista Consumer Market Outlook (CMO) kaufen Verbraucher in Deutschland immer mehr Mineralwasser. Vor neun Jahren lag der Absatz im Schnitt bei 137,4 Litern Wasser pro Kopf. Im Jahr 2019 sind es voraussichtlich 163,4 Liter pro Kopf, wie die nachfolgende Grafik zeigt – ein Anstieg von fast 19 %. Bis zum Jahr 2021 prognostiziert der Statista CMO eine weitere Absatzsteigerung auf rund 165 Liter Mineralwasser pro Kopf.

Die Deutschen trinken immer mehr Wasser
Pro-Kopf-Absatz von Mineralwasser in Deutschland, in Liter

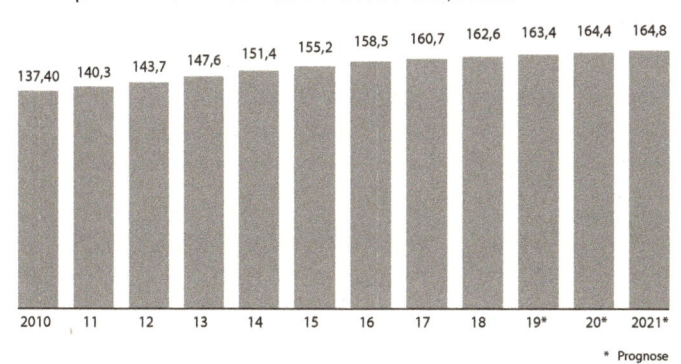

2010	11	12	13	14	15	16	17	18	19*	20*	2021*
137,40	140,3	143,7	147,3	151,4	155,2	158,5	160,7	162,6	163,4	164,4	164,8

* Prognose

Quelle: Statista Consumer Market Outlook

Ressourcen: Sauberes Trinkwasser ist unfair verteilt

Wasser ist das grundlegendste Element zum Leben, sei es zum Durststillen, zur Hygiene oder zur Reinigung von Kleidung und Wohnung. Doch jeder dritte Mensch auf der Welt hat keinen Zugang zu sauberem, giftstofffreiem Trinkwasser, wie das Kinderhilfswerk der Vereinten Nationen Unicef und die Weltgesundheitsbehörde WHO in einem aktuellen Bericht aufzeigen. Vor allem in den Subsahara-Staaten und in Teilen Ozeaniens ist die Wasserversorgung oft mangelhaft. Hier haben viele Menschen nicht einmal Zugang zu einer Basis-Wasserversorgung – einer Quelle, zu der man es in einer halben Stunde zu Fuß hin und zurück schafft und die frei von gefährlichen Fäkalbakterien und anderen Giftstoffen ist. Viele Menschen trinken deshalb verunreinigtes Wasser aus Kanälen oder Flüssen und sterben dadurch an Hepatitis oder Durchfallerkrankungen.

Steigende Konflikte um Wasser

Der Zugang zu sauberem Trinkwasser ist eine der größten Herausforderungen für die Zukunft. Zwar ist der Anteil der Weltbevölkerung mit einer Basis-Trinkwasserversorgung seit dem Jahr 2000 insgesamt gestiegen. Trotzdem bleibt Wasser weiterhin unfair verteilt: Während in Europa und Nordamerika nahezu 100 % der Menschen Zugang zu sauberem Trinkwasser haben, sind es in den Subsahara-Staaten nur 61 %, in Ozeanien sogar nur etwas mehr als die Hälfte der Menschen (55 %).

Laut Unicef wäre es gar nicht so schwierig, die Trinkwassersituation zu verbessern. Allerdings würden Politiker in den betroffenen Ländern oft kein lohnendes Wahlkampfthema darin sehen. Im Zuge des Klimawandels wird sich das Problem des Wassermangels voraussichtlich noch weiter verschärfen. Ich bin davon überzeugt, dass wir auf unserer Welt schon in naher Zukunft massive Verteilungskämpfe und Kriege um Wasser - in Form des Zugangs zu sauberem Trinkwasser – sehen werden.

Wasser ist immer noch unfair verteilt
Anteil der Bevölkerung mit z. B. Mindest-Basis-Trinkwasserversorgung* nach Region weltweit 2017

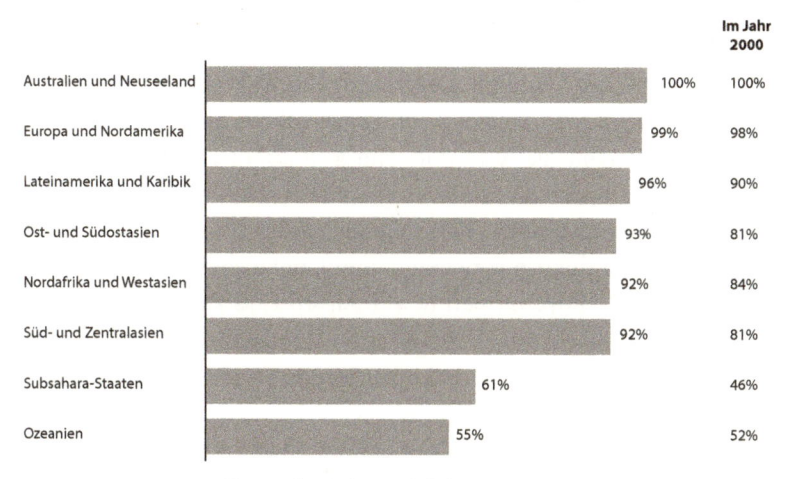

Region	2017	Im Jahr 2000
Australien und Neuseeland	100%	100%
Europa und Nordamerika	99%	98%
Lateinamerika und Karibik	96%	90%
Ost- und Südostasien	93%	81%
Nordafrika und Westasien	92%	84%
Süd- und Zentralasien	92%	81%
Subsahara-Staaten	61%	46%
Ozeanien	55%	52%

* Wasserquellen, die frei von Fäkalbakterien und Giftstoffen sind und zu denen man es in 30 Minuten hin- und zurückschafft

Quelle: Unicef/WHO/statista

Wertvoller Rohstoff: Der Preis für Sand steigt seit Jahren!

Kies, Steine oder gar Sand beurteilen vermutlich nur die wenigsten unter uns mit dem Begriff »wertvolle Rohstoffe«. So ging es mir ganz grundlegend auch, bis mir zwei TV-Reportagen (»Wenn der Welt der Sand ausgeht« und »Sand stehlen und überleben«) aktuell die Augen geöffnet bzw. die Bildung erweitert haben. Ich lebe auf Mallorca und habe somit täglich das Meer und den Sand am Strand vor Augen. Ebenso kennen Sie vermutlich den abwertenden Spruch, den wir sehr häufig verwenden: »Das gibt es wie Sand am Meer.«

Damit meinen wir in der Regel ein bestimmtes Gut, von dem es offensichtlich so viel gibt, dass es uninteressant ist bzw. zu schein scheint. Genau das trifft auf Sand selbst aber gar nicht zu. Sand ist ein immer knapper werdender, wertvoller Rohstoff! Deutschland ist beispielsweise der wichtigste Produzent von Kies und Sand in Europa. Dennoch gibt es auch in diesem Bereich selbstverständlich weit günstigere Fördermöglichkeiten in der Welt. Leider aber nicht zu den strengen Umweltstandards und vorteilhaften Arbeitsbedingungen, wie wir diese in Deutschland haben. In den Fernseh-Reportagen ging es z. B. um die fragwürdige Förderung von Sand aus Flüssen in Asien, zu Lasten der dortigen Bevölkerung, und die Förderung von Vulkansand in Afrika.

I. Entwicklungen in der globalen Welt, Europa und Deutschland: Die Analyse von Fakten und Zahlen

Sand ist nach Wasser der meistverbrauchte Rohstoff der Erde
Durch Bevölkerungswachstum und wachsenden Wohlstand steigt der Bedarf immens. Doch die weltweiten Vorräte werden immer knapper. Wie die nachfolgende Infografik zeigt, ziehen dadurch die Sand-Preise an. So stieg der Index, der die Preise für in Deutschland hergestellten Sand abbildet, in den letzten 17 Jahren um über 30 % an und überholte dabei den Gesamtindex für alle Erzeugerpreise.

Rund 95 % der produzierten Kiese, Sande und gebrochenen Natursteine werden von der Bauindustrie verwendet, denn Beton besteht etwa zu 80 % aus Kies und Sand. Daraus werden u. a. Pflaster- und Mauersteine und Kanalrohre hergestellt. Allein für den Bau eines durchschnittlichen Einfamilienhauses werden beispielsweise rund 200 Tonnen Sand benötigt. Auch diese Entwicklung ist nur ein Mosaikstein für die Welt aus den Fugen, in der wir aktuell leben. Entwicklungen wie Wasserknappheit werden beispielsweise Fluchtursachen verstärken und die Migration erhöhen. Dazu später mehr.

Sand wird immer teurer
Erzeugerpreisindex* für Kies, Sand und gebrochene Natursteine

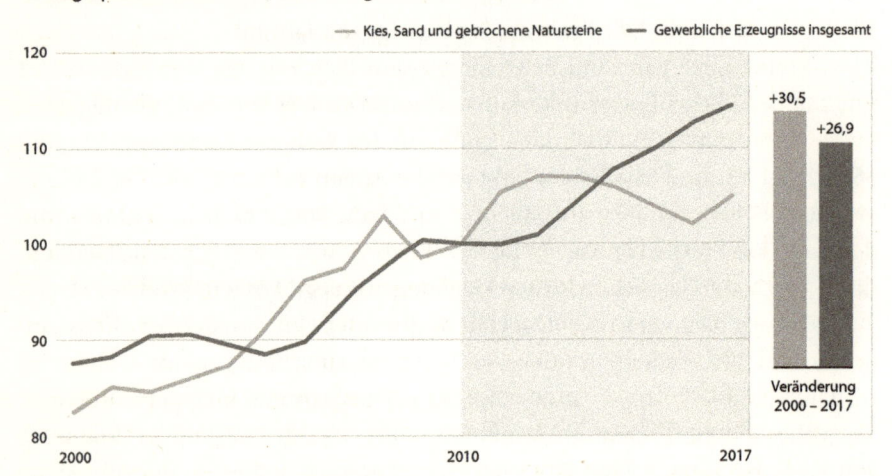

— Kies, Sand und gebrochene Natursteine   — Gewerbliche Erzeugnisse insgesamt

+30,5
+26,9

Veränderung 2000 – 2017

Quelle: Statistisches Bundesamt/statista

Entwicklungen in Deutschland und Europa

Die Zukunft wird also auf den unterschiedlichen Ebenen mehr als große Veränderungen und Herausforderungen für Staaten, Unternehmen, Gesellschaften und jeden einzelnen Bürger mit sich bringen. Die Welt ist in den vielfältigsten Bereichen aus den Fugen geraten und gerade Europa, die Europäische Union und das Euro-System stehen vor gigantischen Herausforderungen. Das Ausscheiden Großbritanniens – egal ob überhaupt oder in welcher Art und Weise der Schritt dann endgültig vollzogen wird – ist ein fatales Signal und eine massive Schwächung der EU.

Selbst ein »Exit vom Brexit« – also ein Verbleiben Großbritanniens in der EU – oder eine spätere Rückkehr in die EU wäre jetzt längst mit neuen massiven politischen und wirtschaftlichen Verwerfungen verbunden. Aber auch ohne den Brexit sind die Herausforderungen innerhalb der Europäischen Union enorm. Abgesichert ist die Europäische Union durch den ESM-Vertrag und die EU-Bankenunion. Im Notfall werden Vermögensinhaber und Steuerzahler für die Defizite haften.

Wirtschaft: EU-Europa muss reformiert werden

Falls Sie mich schon kennen, wissen Sie, ich bin kein Schwarzmaler, ich blicke grundsätzlich optimistisch in die Zukunft. Allerdings müssen endlich Reformen in EU-Europa konsequent durchgeführt werden, um überhaupt eine realistische Chance zu haben, das schwer angeschlagene Euro-System zu retten bzw. zu erneuern – ohne dass eine weitere Spaltung stattfindet. Der lateinische Begriff der Reformation bedeutet eine Wiederherstellung oder Erneuerung. Die christliche Kirche hat diesen Weg bekanntlich schon vor Jahrhunderten bewältigen müssen.

Die kirchliche Erneuerungsbewegung zwischen 1517 und 1648 führte dabei zur Spaltung des westlichen Christentums in verschiedene Konfessionen mit dem Dreißigjährigen Krieg als Höhepunkt, der das Mächtegefüge auf dem Kontinent entscheidend veränderte. Mit dem Austritt Großbritanniens haben wir jetzt auch eine erste gravierende Spaltung in der EU. Wie schwer es darüber hinaus ist, die notwendigen Strukturreformen durchzusetzen, zeigen die Entwicklungen in Griechenland, aber gerade auch in den beiden großen, schwer angeschlagenen Volkswirtschaften Italien und Frankreich.

Die irrationale Behandlung der Griechenland-Probleme ist ein Vorlaufindikator für das Scheitern von Euro und EU

Sie kennen mit Sicherheit die weltberühmte »Odyssee«, das griechische Epos von Homer, mit den Abenteuern des Odysseus. Davon abgeleitet hat sich der Begriff der Odyssee mittlerweile als Synonym für eine Irrfahrt etabliert. Zum 20.08.2018 endete das letzte Rettungsprogramm für Griechenland. Nach acht Jahren hat das Land den Euro-Rettungsschirm ESM verlassen und will, soll bzw. muss seitdem auf eigenen Beinen stehen. Ob das gelingt, wage ich stark zu bezweifeln.

Seit 2010 hat Griechenland enorme Darlehen von den Euro-Ländern und dem Internationalen Währungsfonds (IWF) erhalten. Wirklich besser geht es der griechischen Wirtschaft trotz der rund 289 Milliarden Euro an Hilfen allerdings nicht. Jeder 5. Grieche ist heute arbeitslos. Große Teile der Bevölkerung sind aufgrund der Sparzwänge frustriert und verarmt. Im Jahr 2018 wird die geschätzte Staatsverschuldung Griechenlands rund 350 Milliarden Euro betragen. Das Staatsdefizit liegt damit aktuell nach Schätzung des IWF bei gut 191 % des Bruttoinlandsproduktes und damit höher als noch im Vorjahr, wie die nachfolgende Grafik zeigt.

Griechenlands Schulden
Griechische Staatsschulden in Relation zum Bruttoinlandsprodukt in Prozent

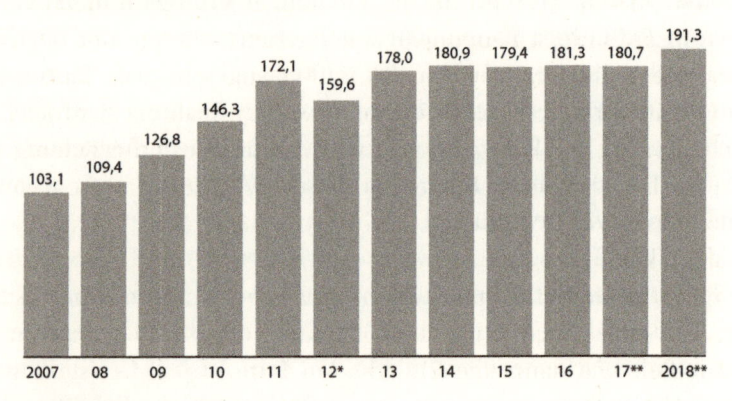

2007	08	09	10	11	12*	13	14	15	16	17**	2018**
103,1	109,4	126,8	146,3	172,1	159,6	178,0	180,9	179,4	181,3	180,7	191,3

* Schuldenschnitt im Frühjahr 2012
** Schätzung

Quelle: Internationaler Währungsfonds/statista

Griechenland ist ein Drogenabhängiger auf lediglich temporärem Teilentzug

Die Situation in Griechenland ist vergleichbar mit einem Drogenabhängigen, der nach acht Jahren exzessiven Drogenkonsums von einem Tag auf den anderen auf Entzug gesetzt wird. Das Land erhält keine neuen Finanzhilfen aus dem Euro-Rettungsschirm ESM. Die bestehenden Schulden bleiben hingegen selbstverständlich bestehen. Die Sichtweise des deutschen Bundesfinanzministers Olaf Scholz ist daher schlicht als irrational zu bewerten. Der SPD-Politiker beurteilt das – vorläufige – Ende der Rettungshilfen für Griechenland als »Aufbruchssignal für Europa«.

Scholz sagte wörtlich: »Der Abschluss des Griechenland-Programms ist ein Erfolg. Die düsteren Prophezeiungen der Untergangspropheten sind nicht eingetreten. Das ist gut.« Was für ein Irrglaube bzw. Wunschdenken von Olaf Scholz. Im Februar 2018 hat Olaf Scholz – noch in seiner Funktion als Hamburger Bürgermeister – auch den skandalösen Zwangsverkauf der gescheiterten HSH Nordbank als »sehr gutes Ergebnis« bezeichnet. Und die möglichen Risiken des G20-Gipfels - im Rahmen dessen es faktisch zu einem temporären Kontrollverlust der Ordnungsmacht kam und Teile Hamburgs in Schutt und Asche gelegt wurden - verglich er zuvor beschönigend, naiv und verantwortungslos mit einem Hafengeburtstag.

Der Fall Griechenland belegt die planwirtschaftliche Irrationalität der EU

Besser als »Odyssee« passt für die Entwicklung allerdings die Bezeichnung »staatliche Insolvenzverschleppung«. In den letzten 8 Jahren stand Griechenland mindestens drei Mal vor dem faktischen Staatsbankrott. Stets wurde kurz vor Eintritt dieses Ereignisses ein neues Rettungspaket seitens der Europäischen Union auf den Weg gebracht. Den gigantischen, aufgelaufenen und nach wie vor bestehenden Schuldenberg wird das kleine Griechenland auf konventionellem Wege (Wirtschaftswachstum + Steuereinnahmen) niemals zurückzahlen können.

In der EU-Politik bestand und besteht nach wie vor die absolut berechtigte Sorge, dass eine griechische Staatspleite andere Euro-Länder mit in den Abgrund reißen und damit die EU und den Euro in ihrer Existenz selbst gefährden könnte. Deswegen wurde stets auf den notwendigen bzw. rational unumgänglichen Schuldenschnitt für Griechenland verzichtet. Unabhängig davon, ob Olaf Scholz Finanzminister bleibt oder nicht, steht fest: Die Odyssee Griechenlands und EU-Europas wird weitergehen!

Die ungelösten Probleme einfach immer weiter in die Zukunft verschoben. Der griechische Staatshaushalt soll bis ins Jahr 2060 unter Beobachtung bleiben. Das ist einfach nur noch absurd Die nächste Stufe, diese Fehlsteuerung zu kaschieren, ist dann nach meiner Erwartung der gemeinsame EU-Staatshaushalt, den Macron gebetsmühlenartig fordert. Diese verantwortungslose Politik wird nach meiner festen Überzeugung dazu führen, dass die EU und der Euro zum Scheitern verurteilt sind. Ein Scheitern kann nur verhindert werden, indem die Staatsbürger und Steuerzahler für die Fehlentwicklungen mit ihren Privatvermögen in (Teil-)Haftung genommen werden. Ein Staatsbürger bürgt für den Staat. Bevor ein Staat fällt, wird er diese Bürgschaft in Anspruch nehmen und auf das Vermögen seiner Staatsbürger zurückgreifen.

Staatsbürger bürgen für den Staat!

Da Italien im Gegensatz zu Griechenland zu den großen Volkswirtschaften der EU zählt, ist die tickende Zeitbombe hier noch weitaus größer. Italien will – unter welcher Regierung auch immer – mehr Schulden machen und keine Reformen. Frankreichs Präsident Macron setzt Reformen um, die allerdings jetzt bereits zu bürgerkriegsähnlichen Zuständen in Paris und weiteren Städten – Stichwort Gelbwesten – geführt haben. Deswegen mussten auch in Frankreich bereits zahlreiche wichtige Reformen zurückgefahren werden, zu Lasten der Stabilität und Zukunftsfähigkeit von EU und Euro.

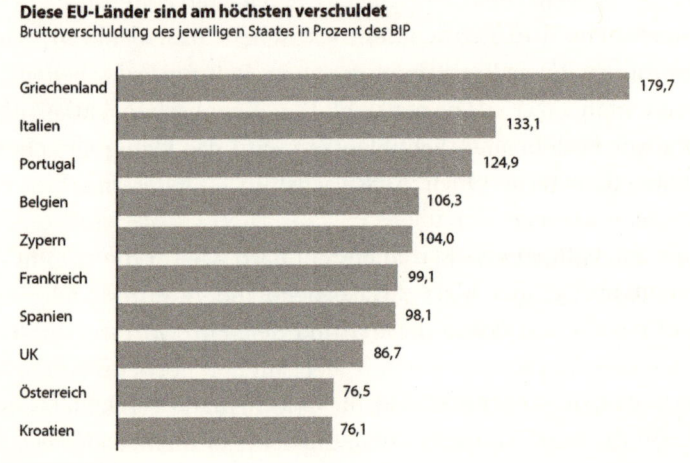

Diese EU-Länder sind am höchsten verschuldet
Bruttoverschuldung des jeweiligen Staates in Prozent des BIP

Land	%
Griechenland	179,7
Italien	133,1
Portugal	124,7
Belgien	106,3
Zypern	104,0
Frankreich	99,1
Spanien	98,1
UK	86,7
Österreich	76,5
Kroatien	76,1

Quelle: Eurosat/statista

Die Notenbank Italiens ist mittlerweile der größte Gläubiger des Landes

Italiens Staatschulden belaufen sich inzwischen auf rund 2 Billionen Euro. Das Vertrauen ausländischer Investoren in den italienischen Staat, die Banken und die Kapitalmärkte ist längst massiv eingebrochen. Das wird deutlich an den stark gestiegenen Risikoaufschlägen für italienische Staatsanleihen. Hier gibt es längst ein großes Klumpenrisiko in Italien. Rund 66 % aller italienischen Staatsanleihen werden derzeit bereits von inländischen Investoren gehalten. Der größte Gläubiger des italienischen Staates ist mittlerweile die Banca d'Italia.

Die Notenbank Italiens hält italienische Staatsanleihen in der Größenordnung von rund 380 Milliarden Euro. Das sind rund 20 % aller Staatsschulden, Tendenz weiter steigend. Interessant sind die Vergleichszahlen aus dem Jahr 2015. Hier lagen die Investitionen in italienische Staatsanleihen noch bei lediglich 108 Milliarden Euro. Eine Notenbank, die ihren eigenen Staat in dieser Art und Weise – ganz offensichtlich – finanziert, ist schlicht Teil eines Schneeballsystems! Dafür gibt es unzählige weitere Belege. Allen voran auch bei der Europäischen Zentralbank EZB.

Der ESM vergemeinschaftet die Staatshaushalte, EDIS die Bankeinlagen!

Die Europäische Einlagensicherung EDIS wird Ihnen als Bankkunde verharmlosend als EU-Bankenunion verkauft. Eine gemeinschaftliche Haftung würde die Sicherheit Ihres Bankkontos erhöhen. Genau das Gegenteil ist aber der Fall – außer natürlich, Sie führen Ihr Bankkonto bei einer italienischen oder griechischen Pleitebank. Dann steigt die Sicherheit in der Tat. So wie deutsche Steuerzahler über den Europäischen Stabilitätsmechanismus ESM für Schieflagen von Krisenländern haften, so werden Kunden solider Banken zukünftig über EDIS zusätzlich für Krisenbanken haften. EDIS ist eine EU-Staatsversicherung, gezogen auf die Bankkonten der Bürger! Aber es wird noch schlimmer.

Der Begriff des Europäischen Stabilitätsmechanismus ESM (www.esm.europa.eu) ist vielen Anlegern und Steuerzahlern mittlerweile bekannt, ohne dass sie allerdings die gravierenden Auswirkungen im Detail kennen. In aller Kürze: Der ESM macht aus den Bürgern und Steuerzahlern Deutschlands sozusagen eine Gesellschaft mit unbeschränkter Haftung für alle anderen EU-Länder! Das weniger bekannte EDIS (European Deposit Insurance Scheme, ec.europa.eu) macht genau dasselbe auf Ebene der EU-Banken, was der ESM auf Ebene der EU-Staaten tut.

Quasi unbekannt ist hingegen der 2015 ins Leben gerufene Einheitliche Abwicklungsausschuss SRB (Single Resolution Board) mit Sitz in Brüssel unter Leitung von Elke König. Der SRB (srb.europa.eu) soll die ordnungsgemäße Abwicklung von insolvenzbedrohten Finanzinstituten mit möglichst geringen Auswirkungen auf die Realwirtschaft und die öffentlichen Finanzen der teilnehmenden EU-Länder und anderer Länder gewährleisten.

Dadurch können auch Sparer und Privatanleger zur Sanierung notleidender Banken herangezogen werden. Das ist eine weitere Aufbau- und Ausbaustufe von EDIS. Aber es kommt noch schlimmer. Auch Wertpapierdepots sollen unter bestimmten Bedingungen enteignet werden können.

Der ESRB könnte auch Wertpapierdepots in die Haftungsmasse einbeziehen

Der Europäische Ausschuss für Systemrisiken ESRB (European Systemic Risk Board, www.esrb.europa.eu) mit seinem Vorsitzenden Mario Draghi hat jetzt vorgeschlagen, dass bei ETFs und Investmentfonds die Kurse in »Notsituationen« ausgesetzt werden können. Das ist zumindest eine Vorstufe, zukünftig auch Wertpapierdepots bei EU-Banken in die Haftungssysteme einzubeziehen. Sie kennen mich, ich bin kein Panikmacher, aber diese sich jetzt entwickelnde Kombination von ESM, EDIS, SRB und ESRB ist für mich ein absolutes Warnsignal und zumindest ein Vorlaufindikator, der Sie weiter sensibilisieren muss.

Verlagern Sie Ihre Wertpapierdepots zu kostengünstigen Discountbrokern in der Schweiz!

Ein wichtiger Grundsatz, den ich zugleich als wichtigstes Kapitalschutz-Gebot definiere, lautet: »Wer streut, rutscht nicht aus!« Das gilt nicht nur für den Winter, sondern unter dem Schlagwort Diversifikation vor allem auch für Ihr Vermögensmanagement. Aufgrund der beschriebenen Entwicklungen will ich Sie nochmals ausdrücklich dafür sensibilisieren, Standbeine außerhalb des Rechtsraumes der Haftungsgemeinschaft und Umverteilungsunion der EU zu schaffen. Allen voran im Fürstentum Liechtenstein und in der

Schweiz. Das gilt übrigens auch für Sie, falls Sie in Österreich wohnen. Detaillierte Empfehlungen finden Sie in den folgenden Praxiskapiteln.

> Die Europäische Union ist eine Haftungs- und Umverteilungsgemeinschaft!

Ökonomen rechnen, Juristen machen Verträge –
Politiker brechen Verträge

Die Nachfolgerin des italienischen EZB-Präsidenten Mario Draghi ist Christine Lagarde, die vorherige Direktorin des Internationalen Währungsfonds IWF. Christine Lagarde ist Rechtsanwältin und Politikerin. Im Kabinett von Francois Fillon war sie in der Zeit der Finanzkrise von 2007 bis 2011 als erste Frau die Finanzministerin Frankreichs. An der Spitze der Europäischen Zentralbank ist sie nicht nur die erste Frau, die diese Position bekleidet, sondern auch die erste EZB-Präsidentin, die keine Ökonomin ist.

Ich bin wahrlich kein Gegner von Quereinsteigern, aber ein Chefarzt muss zwingend ein ausgebildeter Mediziner sein. Ich finde es sehr gefährlich, dass jetzt eine Juristin die EZB führt, die über keine geldpolitische Expertise verfügt. Ein gelernter Ökonom wie der Bundesbankpräsident Dr. Jens Weidmann wäre die bessere Wahl gewesen. Er wurde aber offensichtlich auf Druck der Euro-Problemländer Italien, Griechenland, Spanien, aber natürlich auch Frankreich, verhindert. Als Ausgleich wurde Ursula von der Leyen EU-Kommissionspräsidentin. Eine Politikerin, die eigentlich kurz vor dem Aus stand.

Die letzte Europawahl war eine Farce für die Demokratie!

Entgegen der wählbaren Kandidaten einigten sich die EU-Regierungschefs nach langen Verhandlungen auf Ursula von der Leyen als Kandidatin für den Posten der EU-Kommissionspräsidentin, die anschließend vom Parlament auch gewählt wurde. Damit wichen die 28 Regierungschefs vom Spitzenkandidatenprozess ab. In Deutschland hat von der Leyen als Verteidigungsministerin immer weiter an Beliebtheit verloren, wie die nachfolgende Grafik zeigt. Für die Europäische Union und die Demokratie in Europa war diese Wahl eine Farce.

Die Wahl von Ursula von der Leyen zur EU-Kommissionspräsidentin könnte zumindest gut für die Bundeswehr sein. Wobei – wenn ich mir die neue Verteidigungsministerin Annegret Kramp-Karrenbauer so anschaue in ihrer militärischen Kompetenz, bin ich mir da mehr als unsicher. Christine Lagarde wird jedenfalls nicht gut für den Euro sein, denn sie ist eine politische Erfüllungsgehilfin der massiv überschuldeten Euro-Staaten.

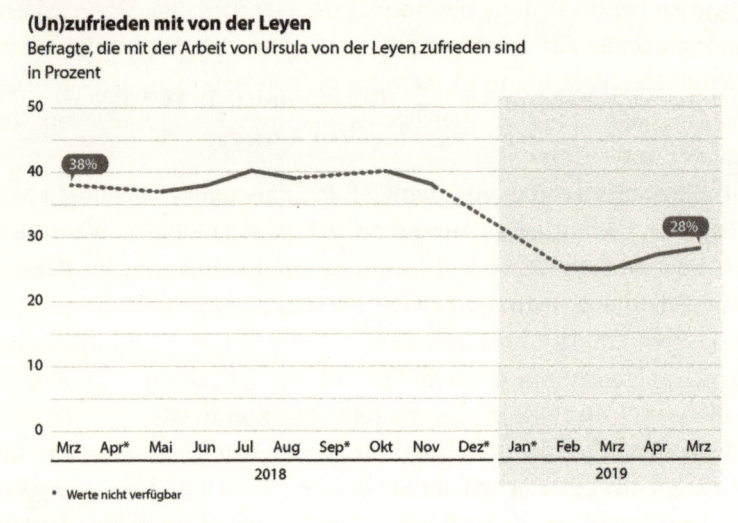

(Un)zufrieden mit von der Leyen
Befragte, die mit der Arbeit von Ursula von der Leyen zufrieden sind
in Prozent

[Diagramm: Werte von 38% (Mrz 2018) bis 28% (Mrz 2019)]

* Werte nicht verfügbar

Quelle: Infratest Dimap/statista

> Christine Lagarde sagte im Jahr 2010 wörtlich: »Wir mussten die Verträge brechen, um den Euro zu retten.«
>
> Fazit: Genau darauf müssen Sie sich jetzt einstellen: Die Rechtsstaatlichkeit wird – als Opfer dieser Entwicklungen – zu Ihren Lasten weiter eingeschränkt!

Der Weg in die Negativzinswelt

Reaganomics und Thatcherismus sind so präsent wie selten zuvor

Die Notenbanken bemühen sich also, die Kapitalmärkte zu beruhigen. Zinserhöhungen sind auf Jahre hinaus ganz offensichtlich kein Thema mehr, selbst in den USA. Im Gegenteil, der Weg in eine Negativzinswelt scheint vorprogrammiert. Zeitpunktbezogene Kursprognosen sind deswegen für mich meist Schall und Rauch, weil der weiteren Geopolitik die Schlüsselrolle zukommt. Diese ist spätestens seit der Amtsübernahme von Donald Trump allerdings absolut unberechenbar.

Unser Geldsystem ist längst chronisch krank. Der Ausbruch dieser Krankheit begann bereits Anfang der 80er Jahre. Der damalige US-Präsident Ronald Reagan setzte auf seine neue Wirtschaftspolitik der Liberalisierung der Finanzmärkte (Reaganomics). Seit dieser Zeit befinden sich die Zinsen in einem fallenden Trend bei gleichzeitig massiver Ausweitung von Staatsverschuldung und Geldmenge.

Großbritannien ging mit dem »Thatcherismus« einen vergleichbaren Weg, ebenso zahlreiche andere Industriestaaten. Diese Politik führte zu großen Umverteilungen innerhalb der Gesellschaft und war der Beginn einer Spaltung zwischen Arm und Reich.

Staaten verdienen durch Negativzinsen Geld mit ihren Staatsschulden

Die moderne Umverteilungspolitik ist nicht besser. Sie trägt einen sehr beschönigenden Begriff namens Modern Money Theory (MMT). Dahinter steht das Konzept, dass Staaten mit ihren Schulden Geld verdienen, nämlich durch die Einführung von Negativzinsen. Parallel dazu drucken Notenbanken neues Geld und kaufen damit Staatsanleihen. Vorbild ist die Bank of Japan, die mit selbst gedrucktem Geld mittlerweile die Hälfte aller japanischen Staatsanleihen aufgekauft hat.

Diese Theorie ist also längst in der Praxis angekommen und spürbar. Die Folgen sind eine stille Enteignung der Bürger, Steuerzahler und Vermögensinhaber durch unbegrenzte Geldvermehrung, bei gleichzeitiger Geldentwertung. Sollte dieser Weg nicht zum Erfolg führen, wird es zu einer direkten Enteignung kommen.

Deutschland sparte dank der Niedrigzinsen bereits über 368 Milliarden Euro

Staaten benötigen Kapital, um etwa Haushalte und Projekte zu finanzieren. Dieses Kapital leihen sie sich am Finanzmarkt über die Ausgabe von Staatsanleihen. Für dieses geliehene Kapital zahlen sie den Investoren Zinsen, die durch die anhaltende Niedrigzinspolitik der Europäischen Zentralbank auf ein Langzeittief gefallen sind. So musste der deutsche Staat vor Ausbruch der Finanzkrise im Jahr 2007 Investoren noch 4,23 % Zinsen auf zehnjährige Staatsanleihen zahlen – zehn Jahre später lagen die Zinsen nur noch bei 0,37 %. Der deutsche Staat konnte durch die niedrigen Zinsen also viel Geld sparen. Nach Berechnungen der Bundesbank beläuft sich die kumulierte Zinsersparnis im Zeitraum von 2007 bis 2018 auf die Summe von 368 Milliarden Euro.

Wie die nachfolgende Infografik auf Basis von Daten der Bundesbank (veröffentlicht durch das Handelsblatt) zeigt, hat damit kein EU-Land mehr von den niedrigen Zinsen profitiert als Deutschland. Ebenfalls massiv profitiert haben demnach Frankreich und Italien, gefolgt von Spanien und den Niederlanden. Die Zinsersparnisse machen die Staaten einerseits handlungsfähig, weil sie damit – wie von der EZB beabsichtigt – u.a. Strukturreformen finanzieren können. Andererseits verleitet es einige Regierungen auch dazu, höhere Schulden aufzunehmen und z. B. vor Wahlen Geschenke an potenzielle Wählerschichten zu verteilen. In Griechenland und Italien etwa ist dieses Phänomen sehr gut zu beobachten.

Deutschland spart dank Niedrigzinsen 368 Mrd. Euro
Kumulierte Zinsersparnis von Euro-Staaten im Zeitraum von 2007 bis 2018 in Mrd. Euro

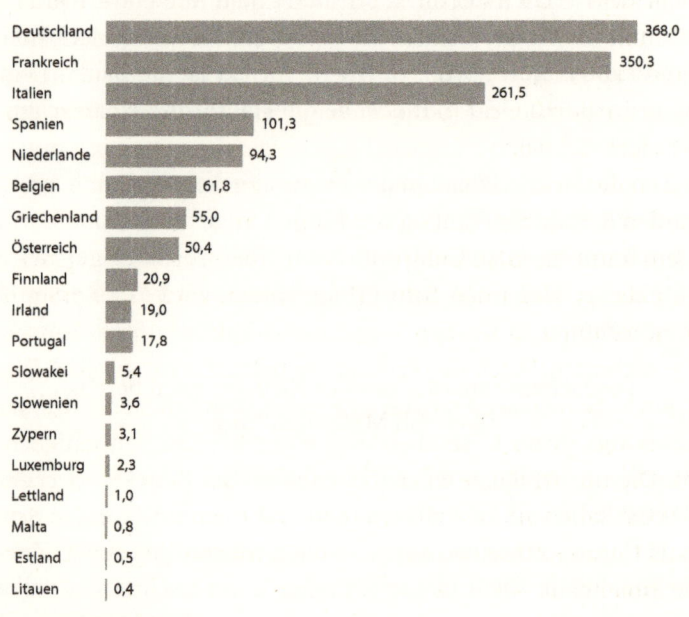

Deutschland	368,0
Frankreich	350,3
Italien	261,5
Spanien	101,3
Niederlande	94,3
Belgien	61,8
Griechenland	55,0
Österreich	50,4
Finnland	20,9
Irland	19,0
Portugal	17,8
Slowakei	5,4
Slowenien	3,6
Zypern	3,1
Luxemburg	2,3
Lettland	1,0
Malta	0,8
Estland	0,5
Litauen	0,4

Quelle: Bundesbank/statista

Die Schweizer Nationalbank verdient 2 Milliarden CHF mit Negativzinsen

Eine Zentralbank oder Notenbank ist eine Institution, die für die Geld- und Währungspolitik eines Staates oder Währungsraumes zuständig ist. Zentralbanken wurden in den meisten Ländern mit dem Ziel geschaffen, das Preisniveau unter Kontrolle zu halten sowie ein wirtschaftliches Gleichgewicht und die Geldwertstabilität zu gewährleisten. Diese Grundaufgaben gelten auch für die Notenbank der Schweiz. Die Schweizerische Nationalbank SNB ist allerdings eine ganz besondere Zentralbank.

Sie ist börsennotiert und neben Zürich selbst an den Börsenplätzen Stuttgart und Frankfurt mit der ISIN-Nr.: CH0001319265 handelbar. 55 % der Aktien der Schweizer Nationalbank SNB gehören den Schweizer Kantonen, 45 % der Anteile befinden sich im Streu- bzw. Privatbesitz. Die Schweizerische Nationalbank musste im Jahr 2018 einen Verlust in Höhe von 14,9 Milliarden Schweizer Franken verbuchen. Das entspricht umgerechnet einem Fehlbetrag in Höhe von 13,2 Milliarden Euro.

Zum Vergleich: Die Deutsche Bank, als wichtigstes Kreditinstitut der größten Volkswirtschaft Europas, hat derzeit einen Börsenwert von lediglich 16 Milliarden Euro. Die Schweizer Notenbank sitzt auf gigantisch hohen Devisenreserven in Höhe von 764 Milliarden Schweizer Franken. Diese sind überwiegend in Euro und US-Dollar veranlagt. Die Abwertung des Euros gegenüber dem Schweizer Franken war wesentlich dafür verantwortlich, dass die Fremdwährungspositionen der SNB insgesamt einen Verlust von 16,3 Milliarden Schweizer Franken verzeichneten.

Trotzdem kann die SNB aufgrund ihrer großen Bewertungsreserven in Höhe von über 45 Milliarden Schweizer Franken auch für 2018 eine Dividende in Höhe von 2 Milliarden Schweizer Franken an den Bund und die Kantone ausschütten. Auch die Privaten Aktionäre erhalten eine Dividende in Höhe von 15 Schweizer Franken pro Aktie, was auf Basis des aktuellen Aktienkurses von 5.000 CHF allerdings einer Rendite von lediglich 0,3 % entspricht. Die umstrittenste Bilanzposition bei der Schweizerischen Nationalbank für das Jahr 2018 ist ein Gewinn in Höhe von 2 Milliarden Schweizer Franken aus Negativ-Zinseinnahmen. Banken müssen für ihre Einlagenkonten bei der Notenbank – 0,75 % p.a. bezahlen.

Umfrage unter Bankkunden: Negativzinsen stoßen auf wenig Verständnis

Für Negativzinsen haben Bankkunden nur wenig Verständnis. Laut einer Umfrage des Onlineforschungsinstituts YouGov aus dem Jahr 2017 würde jeder zweite Bankkunde in Deutschland (54 %) sein Konto kündigen, falls sein Kreditinstitut Negativzinsen ab dem ersten Euro Guthaben verlangen sollte. Von den befragten Sparkassen-Kunden gaben sogar 57 % an, in diesem Fall ihr Konto kündigen und die Bank wechseln zu wollen.

Von den Volks- und Raiffeisenbank-Kunden würden 47 % diese Maßnahme ergreifen, wie die Grafik zeigt. Ein kleiner Teil der Bankkunden könnte sich jedoch auch vorstellen, alternative Anlageformen wie Aktienfonds auszuprobieren, um dem Negativzins zu entgehen. Nur 4 % der Bankkunden würden gar nichts unternehmen. Laut YouGov dürfte das Ergebnis der Umfrage für viele Banken und Sparkassen in Deutschland eine Warnung sein, die mit dem Gedanken spielen, einen Negativzins zu erheben.

Negativzins stößt auf wenig Verständnis
Was würden Sie tun, wenn Ihre Bank Negativzinsen* von Ihnen verlangen würde?

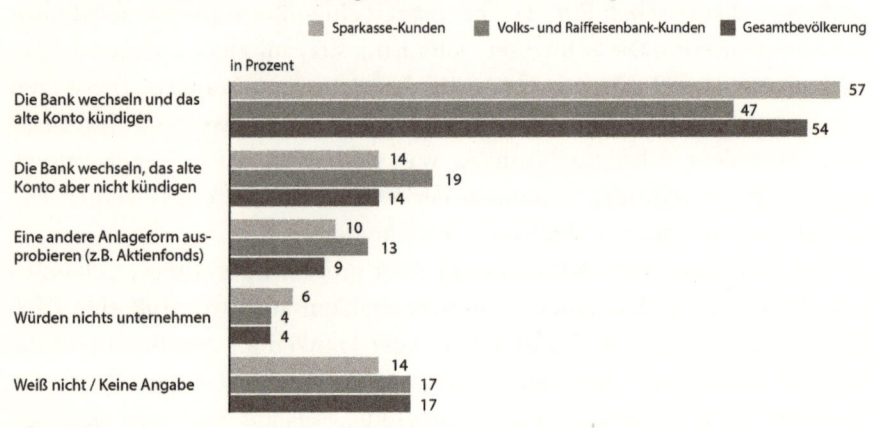

■ Sparkasse-Kunden   ■ Volks- und Raiffeisenbank-Kunden   ■ Gesamtbevölkerung

in Prozent

Die Bank wechseln und das alte Konto kündigen	57 / 47 / 54
Die Bank wechseln, das alte Konto aber nicht kündigen	14 / 19 / 14
Eine andere Anlageform ausprobieren (z.B. Aktienfonds)	10 / 13 / 9
Würden nichts unternehmen	6 / 4 / 4
Weiß nicht / Keine Angabe	14 / 17 / 17

Quelle: YouGov/statista

Behalten Sie stets Artikel 14 Grundgesetzes (GG) im Hinterkopf!

Die EZB erhebt derzeit – noch – einen Negativzinssatz in Höhe von –0,5 % p.a. Vor diesen Rahmenbedingungen müssen Sie stets unser Grundgesetz im Hinterkopf behalten. In Artikel 14 des Grundgesetzes (GG) steht eine für alle

Vermögensinhaber ebenso bedeutende wie in Krisenzeiten sehr gefährliche Passage: »Eigentum verpflichtet. Sein Gebrauch soll zugleich dem Wohle der Allgemeinheit dienen«. Faktisch ist das eine Sozialismus-Klausel.

> Negativzinsen sind faktisch ein Mittel und Weg der stillen Enteignung!

Rentensysteme: Die Rentenüberlastungsjahre kommen

Das durchschnittliche Renteneintrittsalter wird weiter steigen

Gehen wir einen weiteren Schritt tiefer. Nicht nur die Ressourcen der Erde und die Staatsfinanzen sind überlastet, auch die Rentensysteme sind nicht für den demografischen Wandel ausgelegt. Für viele Menschen werden im Alter »Rentenüberlastungsjahre« die bittere Folge sein.

Die Franzosen genießen im Vergleich aller OECD-Länder die längste Zeit im Ruhestand: Bei den Frauen sind es 27,6 Jahre, bei den Männern waren es 2016 fast 24 Jahre, wie die aktuellsten verfügbaren Daten zeigen. Das könnte sich allerdings in den kommenden Jahren ändern: In Frankreich könnte das Renteneintrittsalter von 62 auf 64 Jahre steigen, so schlägt es zumindest der »Hochkommissar für die Rentenreform« vor.

Doch selbst mit der Änderung würden die Franzosen trotzdem noch einen deutlich längeren Ruhestand genießen als die Einwohner vieler andere Länder, wie die nachfolgende Grafik zeigt. Hierzulande steigt das gesetzliche Rentenalter aktuell von 65 auf 67 Jahre, der Prozess wird 2029 abgeschlossen sein. 2016 verbrachten deutsche Frauen durchschnittlich 22,6 Jahre im Ruhestand, bei den Männern waren es 19,5 Jahre. Speziell in Deutschland wird die Überalterung der Bevölkerung eine der größten Herausforderungen der Zukunft.

Geringer ist die Zeit in den USA und Südkorea. Insgesamt verbringen Frauen in allen Ländern aufgrund ihrer höheren Lebenserwartung mehr Zeit im Ruhestand als Männer. Die Berechnung der Rentendauer basiert auf dem durchschnittlichen Renteneintrittsalter – das weiter steigen wird – und der durchschnittlichen Lebenserwartung zum Zeitpunkt des Ausscheidens aus dem Arbeitsmarkt für jedes der untersuchten Länder.

I. Entwicklungen in der globalen Welt, Europa und Deutschland: Die Analyse von Fakten und Zahlen

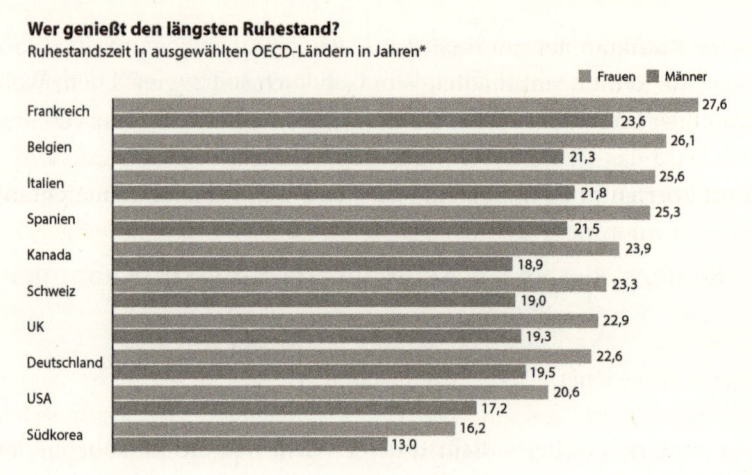

Wer genießt den längsten Ruhestand?
Ruhestandszeit in ausgewählten OECD-Ländern in Jahren*

■ Frauen ■ Männer

Land	Frauen	Männer
Frankreich	27,6	23,6
Belgien	26,1	21,3
Italien	25,6	21,8
Spanien	25,3	21,5
Kanada	23,9	18,9
Schweiz	23,3	19,0
UK	22,9	19,3
Deutschland	22,6	19,5
USA	20,6	17,2
Südkorea	16,2	13,0

Quelle: OECD, statista

Die Rente ist sicher, die Kaufkraft aber nicht

Wie die nachfolgende Infografik auf Basis von Zahlen der Deutschen Rentenversicherung zeigt, ist die Lücke zwischen eingenommenen Rentenbeiträgen und den Rentenausgaben über die Jahre größer geworden. 1992 lag der Anteil der Rentenausgaben, der durch Beiträge gedeckt ist, bei 92,2 % – 2017 lag er lediglich noch bei rund 84 %.

So groß ist die Finanzierungslücke bei der Rente
Beiträge und Ausgaben der Rentenversicherung in Deutschland

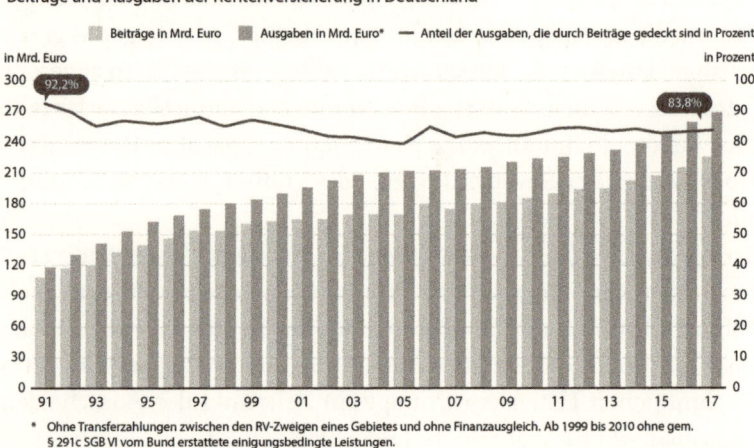

■ Beiträge in Mrd. Euro ■ Ausgaben in Mrd. Euro* — Anteil der Ausgaben, die durch Beiträge gedeckt sind in Prozent

1991: 92,2%
2015: 83,8%

* Ohne Transferzahlungen zwischen den RV-Zweigen eines Gebietes und ohne Finanzausgleich. Ab 1999 bis 2010 ohne gem. § 291c SGB VI vom Bund erstattete einigungsbedingte Leistungen.

Quelle: Deutsche Rentenversicherung/statista

Fazit: Die Kaufkraft der nominalen Rentenzahlung verfällt zunehmend!
Die absolute Rentenzahlung mag – frei nach Norbert Blüm – sicher sein. Die Kaufkraft der nominalen Rentenzahlung wird aber zunehmend verfallen. Zusätzlich wird das Rentensystem quersubventioniert werden müssen, um in Zukunft überhaupt zahlungsfähig zu bleiben aufgrund des demografischen Wandels. Immer mehr Rentnern stehen weniger Beitragszahler gegenüber.

Die Menschen werden zunehmend älter

Möglichst lange leben – diesen Wunsch hegen viele. Die Lebenserwartung in Deutschland steigt kontinuierlich, und auch weltweit werden die Menschen immer älter. Dementsprechend steigt auch die Zahl der Menschen, die 100 Jahre und älter werden, wie die nachfolgende Grafik zeigt. Die Anzahl der über 100-Jährigen ist in diesem Jahr auf einen neuen Höchstwert von rund 533.000 Personen weltweit gewachsen, für das kommende Jahr erwarten die Vereinten Nationen (UN) noch einmal 50.000 mehr.

Damit hat sich ihre Zahl seit der Jahrtausendwende fast vervierfacht, wie das Statistische Bundesamt bekannt gab. Im globalen Durchschnitt kamen im Jahr 2000 noch 25 Menschen über 100 Jahre auf eine Million Einwohner. Im Jahr 2019 sind es bereits 69. Knapp 80 % davon sind Frauen. Es steht außer Frage, dass allein aufgrund der steigenden Lebenserwartung der Menschen auch das Renteneintrittsalter weiter steigen muss und wird.

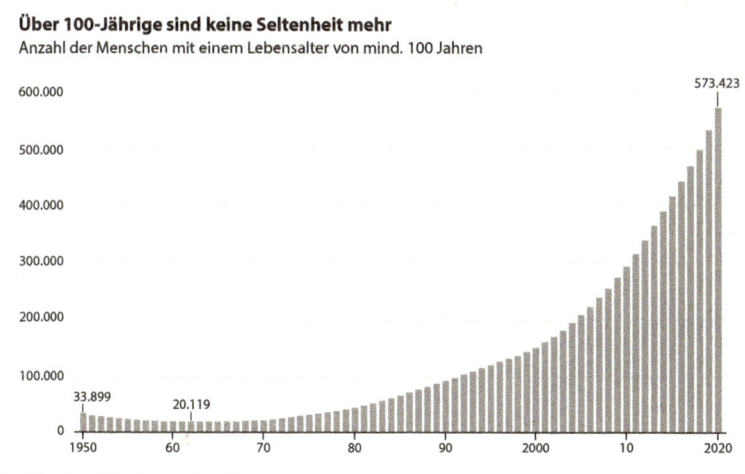

Über 100-Jährige sind keine Seltenheit mehr
Anzahl der Menschen mit einem Lebensalter von mind. 100 Jahren

Quelle: Vereinte Nationen/statista

Der medizinische Fortschritt sorgt für eine immer höhere Lebenserwartung ...
Der medizinische Fortschritt mit neuen medizinisch-technischen Diagnose- und Behandlungsmethoden verändert den Gesundheitssektor massiv. Während die Menschen vor 100 Jahren im Durchschnitt nur 30 Jahre alt wurden, beträgt das globale Durchschnittsalter heute 71,5 Jahre. Dass die Lebenserwartung weltweit steigt, liegt vor allem an der erfolgreichen Bekämpfung von Infektionskrankheiten, aber auch einer besseren Früherkennung und den Behandlungsmöglichkeiten von Krankheiten, die früher als unheilbar galten. Das höhere Durchschnittsalter sorgt wiederum langfristig für eine steigende Nachfrage nach Medikamenten und medizinischen Dienstleistungen.

... oft jedoch in Krankheit und Pflege
So ist das Krankheitsspektrum heute stark von chronischen Erkrankungen geprägt, die vom biologischen Alter beeinflusst werden, aber auch vom Wandel der Lebensgewohnheiten. Und die Ausgaben im Gesundheitswesen hängen stark vom Alter ab: Die Hälfte der gesamten Krankheitskosten in Deutschland fällt für Patienten über 65 Jahre an – ihr Anteil an der Bevölkerung liegt bei 21 %. Ein wesentlicher Grund für die die steigenden Gesundheitskosten ist neben der höheren Lebenserwartung der massive Anstieg der Pflegefälle.

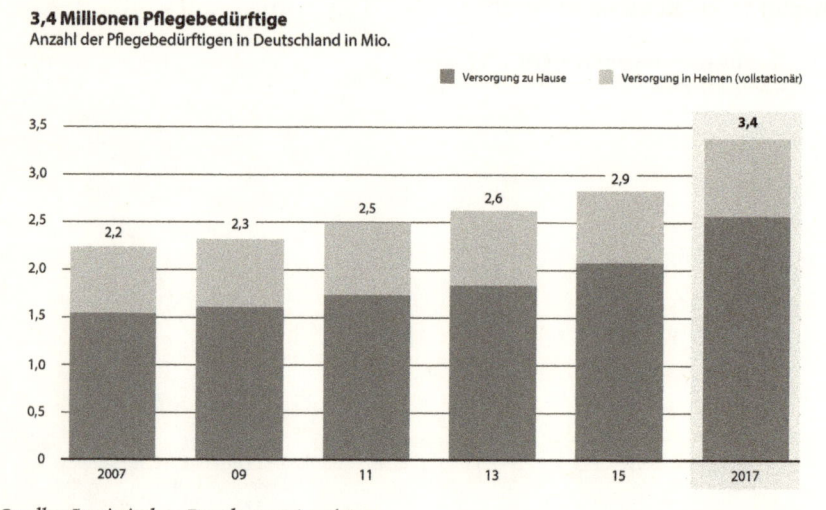

3,4 Millionen Pflegebedürftige
Anzahl der Pflegebedürftigen in Deutschland in Mio.

■ Versorgung zu Hause ■ Versorgung in Heimen (vollstationär)

Jahr	2007	09	11	13	15	2017
Gesamt	2,2	2,3	2,5	2,6	2,9	3,4

Quelle: Statistisches Bundesamt/statista

Die Gesundheits-Ausgaben explodieren

Der Anteil der Gesundheitsausgaben am Bruttoinlandsprodukt der OECD-Länder wird stetig größer. Es wird erwartet, dass dieser von 6,2 % im Jahr 2010 bis zum Jahr 2060 auf rund 9,5 % ansteigt, was eine Vervierfachung des Gesundheitsmarktes bedeutet. Damit einher geht eine größere Vielfalt des Sektors mit zunehmendem Zusammenspiel von Medizin, Biotechnologie und Technik. Deswegen machen gezielte Investments in die Zukunftsmärkte Biotechnologie und Alternde Gesellschaft sehr viel Sinn. Mehr dazu in den Praxiskapiteln »Vermögensanlage und Kapitalschutz«.

Im Jahr 2035 hat Deutschland ein Drittel mehr Pflegebedürftige zu versorgen. Bei einem gleichbleibenden Gesundheitszustand der Bevölkerung rechnet das Institut der deutschen Wirtschaft mit einer Million neuen Pflegebedürftigen. Nach Schätzungen des Instituts der deutschen Wirtschaft bedeutet das einen Einstellungsbedarf von 150.000 Fachkräften in der Altenpflege bis 2035.

Deutschland hat in 20 Jahren 1/3 mehr Pflegebedürftige
Anstieg der erwarteten Pflegebedürftigen bis 2035*

	Pflegebedürftige 2015	Pflegebedürftige 2035	Erwartete Zunahme in Prozent
Bayern	374.169	521.966	39,5
Hessen	234.440	320.714	36,8
Brandenburg	118.300	161.125	36,2
Schleswig-Holstein	98.299	133.687	36,0
Baden-Württemberg	353.835	478.385	35,2
Rheinland-Pfalz	141.086	190.466	35,0
Mecklenburg-Vorpommern	82.626	111.297	34,7
Nordrhein-Westfalen	678.994	906.457	33,5
Niedersachsen	334.496	444.211	32,8
Thüringen	99.684	131.782	32,2
Saarland	40.524	53.249	31,4
Hamburg	56.640	74.028	30,7
Sachsen-Anhalt	105.232	135.434	28,7
Bremen	26.210	32.658	24,6
Sachsen	180.656	210.645	16,6
Berlin	124.279	141.057	13,5
Deutschland insgesamt	**3.049.470**	**4.046.647**	**32,8**

* Bei gleichbleibendem Gesundheitszustand der Bevölkerung

Quelle: Statistisches Bundesamt/Institut der deutschen Wirtschaft/statista

I. Entwicklungen in der globalen Welt, Europa und Deutschland: Die Analyse von Fakten und Zahlen

Die Sorgen der Bürger vor Altersarmut nehmen zu

Aufgrund dieser Entwicklungen ist es nicht verwunderlich, dass die Sorgen zahlreicher Bürger vor den Herausforderungen des Alters zunehmen. Im Jahr 2018 lebten 47 % der Deutschen von ihrer eigenen Erwerbstätigkeit – im Jahr 2000 waren es nur 41 %. Das geht aus Daten des Statistischen Bundesamts hervor. Dabei ist der Anteil mit 49,5 % in Hamburg am höchsten, mit 43,9 % in Bremen am niedrigsten. Der Anteil derjenigen, die von öffentlichen Leistungen (ohne Renten und Pensionen) lebten, blieb deutschlandweit unverändert bei 6,6 %, mit dem geringsten Wert von 3,7 % in Bayern und dem höchsten mit 12,9 % in Bremen.

Von Renten und Pensionen lebten im Jahr 2000 22,1 % der Bevölkerung, im vergangenen Jahr waren es mit 22 % etwas weniger. Ebenfalls gesunken ist der Anteil derjenigen, die von den Einkünften Angehöriger leben: von 29,8 auf 24,1 %, wie die nachfolgende Grafik zeigt. Gestiegen ist hingegen der Anteil derjenigen, die von eigenem Vermögen leben: Waren es vor 18 Jahren noch 0,5 %, sind es 2018 0,8 % gewesen. Weniger als 1 % leben also von eigenem Vermögen, 99 % sind auf Renten- und Pensionszusagen oder Dritte angewiesen!

Wovon die Deutschen leben
Überwiegender Lebensunterhalt der Bevölkerung in Deutschland in Prozent*

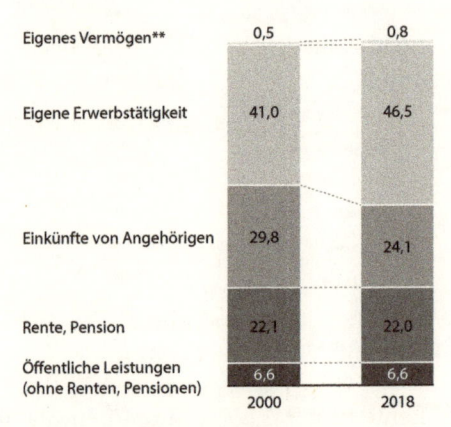

	2000	2018
Eigenes Vermögen**	0,5	0,8
Eigene Erwerbstätigkeit	41,0	46,5
Einkünfte von Angehörigen	29,8	24,1
Rente, Pension	22,1	22,0
Öffentliche Leistungen (ohne Renten, Pensionen)	6,6	6,6

* ohne Personen in Gemeinschaftsunterkünften
** einschließlich Ersparnisse, Zinsen, Vermietung, Verpachtung, Altenteil

Quelle: Statistisches Bundsamt/statista

Die Demografie ist eine der größten Herausforderungen für die Zukunft

Die deutsche Gesellschaft wird immer älter – und das scheint die wenigsten positiv zu stimmen. Eine jüngere Studie der Bertelsmann-Stiftung zeigt, worüber sich die Bundesbürger beim demografischen Wandel Sorgen machen. Insgesamt gaben 65 % der knapp 1.500 Befragten an, dass die Alterung der Gesellschaft mehr Risiken als Chancen bedeuten. Nur 8 % sehen es anders herum.

Als größtes Risiko wird mit 83 % der Befragten eine steigende Altersarmut angesehen, wie die Grafik zeigt. 80 % fürchten einen immer späteren Renteneintritt, 77 % sehen steigende Rentenversicherungsbeiträge auf die Menschen zukommen.

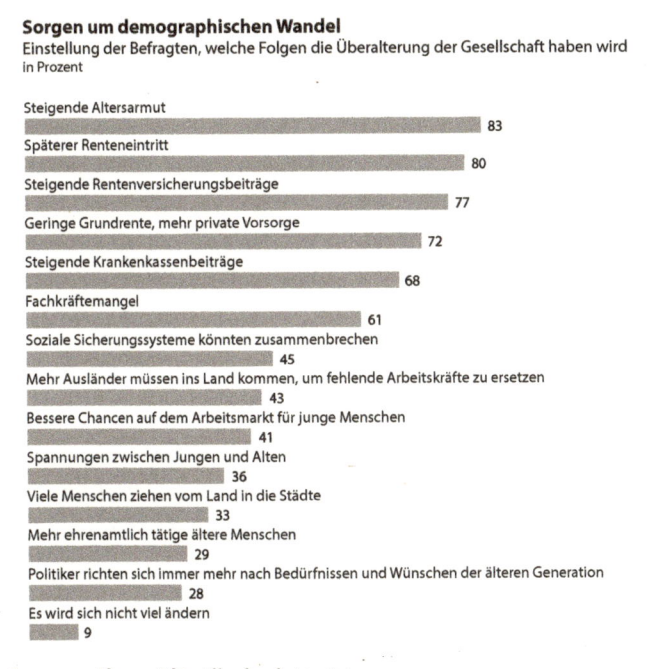

Sorgen um demographischen Wandel
Einstellung der Befragten, welche Folgen die Überalterung der Gesellschaft haben wird
in Prozent

Steigende Altersarmut	83
Späterer Renteneintritt	80
Steigende Rentenversicherungsbeiträge	77
Geringe Grundrente, mehr private Vorsorge	72
Steigende Krankenkassenbeiträge	68
Fachkräftemangel	61
Soziale Sicherungssysteme könnten zusammenbrechen	45
Mehr Ausländer müssen ins Land kommen, um fehlende Arbeitskräfte zu ersetzen	43
Bessere Chancen auf dem Arbeitsmarkt für junge Menschen	41
Spannungen zwischen Jungen und Alten	36
Viele Menschen ziehen vom Land in die Städte	33
Mehr ehrenamtlich tätige ältere Menschen	29
Politiker richten sich immer mehr nach Bedürfnissen und Wünschen der älteren Generation	28
Es wird sich nicht viel ändern	9

Quelle: Bertelsmannstiftung/IfD Allenbach/statista

Die Freude auf den verdienten Ruhestand und die Rente hält sich für die Mehrheit der Bürger in Grenzen

Die Abhängigkeit von der Rente und die Sorge um deren Stabilität kommt zunehmend bei der Bevölkerung an. Wird das Geld im Alter reichen? Wie lange werde ich arbeiten müssen? Wie wird es meinen Kindern dann gehen?

Nicht jeder blickt dabei optimistisch in die Zukunft und auf das Älterwerden. Eine Umfrage des Meinungsforschungsinstituts Ipsos zeigt, wie sehr sich der Altersoptimismus weltweit unterscheidet.

In Indien sagen 73 % der Befragten, dass sie sich auf ihre »goldenen Jahre« freuen. In der Türkei sind es mit 67 % ähnlich viele. Bei den Deutschen sieht es da schon etwas anders aus: Mit 31 % sagt nur knapp jeder Dritte, dass ihn der Gedanke an das Alter positiv stimmt, wie die nachfolgende Grafik zeigt.

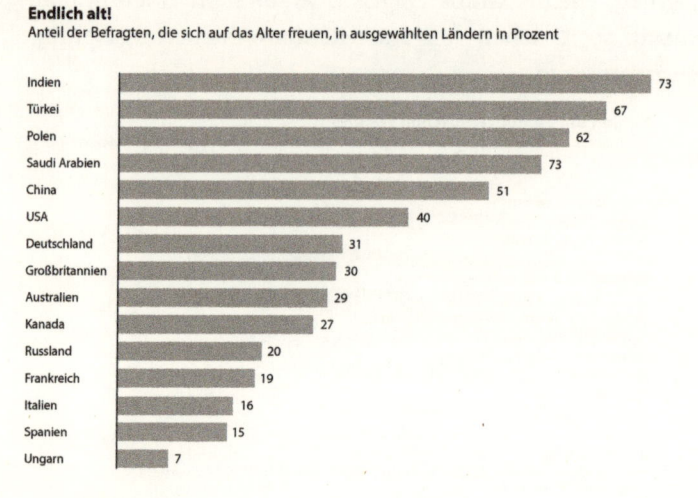

Endlich alt!
Anteil der Befragten, die sich auf das Alter freuen, in ausgewählten Ländern in Prozent

Land	Prozent
Indien	73
Türkei	67
Polen	62
Saudi Arabien	73
China	51
USA	40
Deutschland	31
Großbritannien	30
Australien	29
Kanada	27
Russland	20
Frankreich	19
Italien	16
Spanien	15
Ungarn	7

Quelle: Ipsos MORI/statista

Damit sind die Menschen hierzulande in bester Gesellschaft: Von 30 untersuchten Ländern sieht in nur sechs Ländern eine Mehrheit dem letzten Lebensabschnitt positiv entgegen. Weltweit sind die Gründe, aus denen das Altern den Befragten Angst bereitet, vor allem Altersarmut (30 %), der Verlust von Mobilität (26 %) und der Verlust des Gedächtnisses (24 %).

Altersarmut: Erhöhtes Risiko in Ostdeutschland

Wer weniger als 60 % des mittleren Einkommens aller Haushalte in Deutschland hat, gilt hierzulande als armutsgefährdet. Wie aus aktuellen Zahlen des Statistischen Bundesamtes hervorgeht, ist die Armutsgefährdungsquote mit 22,7 % in Bremen am höchsten. Am geringsten ist das Armutsrisiko in den südlichen Bundesländern Baden-Württemberg und Bayern, gefolgt von Brandenburg und Schleswig-Holstein, wie die nachfolgende Grafik zeigt.

Bei Erwerbslosen und Alleinerziehenden ist das Risiko, von Armut betroffen zu sein, am größten. Außerdem sind die neuen Bundesländer tendenziell stärker betroffen als das frühere Bundesgebiet.

Armutsgefährdung in Deutschland
Armutsgefährdungsquote in den Bundesländern 2018 in Prozent*

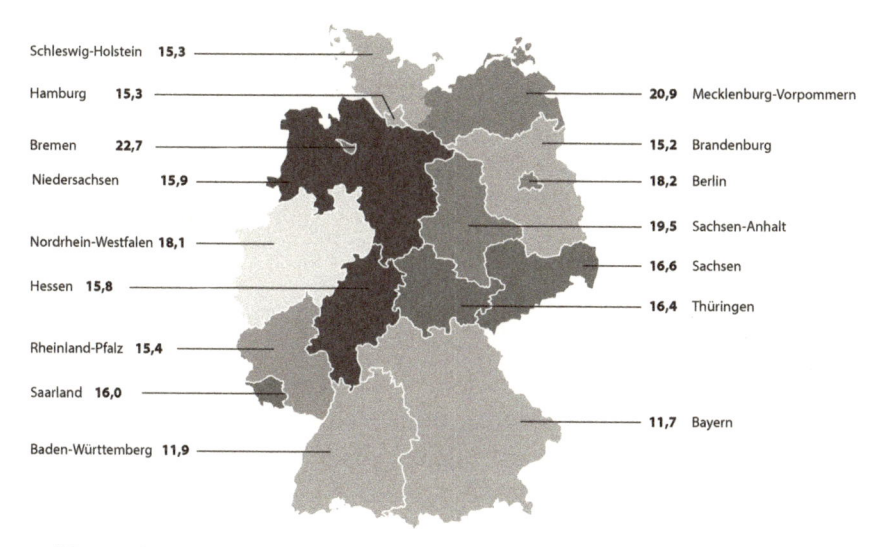

Bundesland	Prozent
Schleswig-Holstein	15,3
Hamburg	15,3
Bremen	22,7
Niedersachsen	15,9
Nordrhein-Westfalen	18,1
Hessen	15,8
Rheinland-Pfalz	15,4
Saarland	16,0
Baden-Württemberg	11,9
Mecklenburg-Vorpommern	20,9
Brandenburg	15,2
Berlin	18,2
Sachsen-Anhalt	19,5
Sachsen	16,6
Thüringen	16,4
Bayern	11,7

* inkl. Personen in flüchtlingsähnlichen Situationen, bei denen aus praktischen oder sonstigen Gründen kein Flüchtlingsstatus festgestellt wurde

Quelle: Statistisches Bundesamt/statista

Auch ein Viertel der österreichischen Bürger fürchtet sich vor Altersarmut

Auch in Österreich sind im Hinblick auf die finanziellen Herausforderungen im Alter vergleichbare Sorgen wie in Deutschland zu beobachten. Altersarmut ist ein Thema, das viele Österreicher bewegt. Laut einer vor Kurzem durchgeführten Umfrage der SPÖ befürchten vor allem Frauen, in der Pension nicht genügend Geld zum Leben zu haben.

Jede Vierte der Befragten (25 %) gab in der Umfrage an, sich vor Altersarmut zu fürchten. Bei Alleinerziehenden waren es sogar 38 %. Frauen im mittleren Alter fürchten sich stärker vor Altersarmut als Jüngere und Ältere, wie die nachfolgende Grafik zeigt. Immerhin: Von den befragten Frauen mit Matura (Schulabschluss, vergleichbar mit dem Abitur) befürchten nur 13 %, im Alter arm zu werden. Eine höhere Bildung stimmt demnach optimistischer.

25 % der Österreicherinnen fürchtet sich vor Altersarmut
Haben Sie persönlich Angst davor, in der Pension arm/armutsgefährdet zu sein?
in Prozent

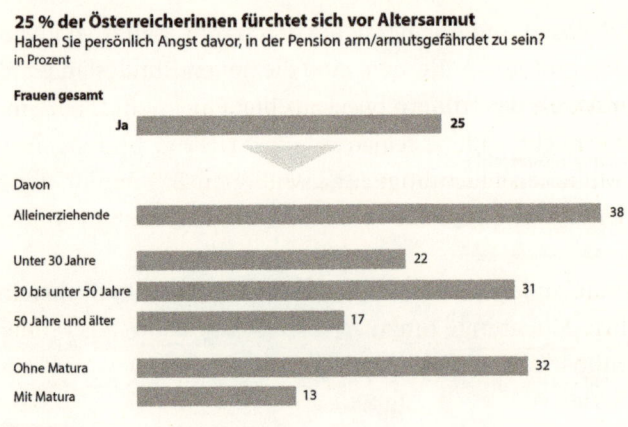

Frauen gesamt

Ja	25

Davon

Alleinerziehende	38
Unter 30 Jahre	22
30 bis unter 50 Jahre	31
50 Jahre und älter	17
Ohne Matura	32
Mit Matura	13

Quelle: SPÖ/statista

Persönliche Altersvorsorge ist gefragt

Die gesetzliche Rente ist – frei nach dem ehemaligen Bundesminister Norbert Blüm – sicher. Die Rentenhöhe reicht allerdings häufig nicht aus und die Kaufkraft der absoluten Rentenzahlung ist im Hinblick auf ihre Stabilität in der Zukunft mehr als unsicher. Die gesetzliche Rente wird für viele Menschen nicht das leisten, was an finanziellen Mitteln nach dem Berufsleben notwendig ist, um den gewohnten Lebensstandard und die damit einhergehende Lebensqualität im Alter aufrechtzuerhalten.

Deswegen sollten Sie sich so früh wie möglich mit einer selbstbestimmten und eigenverantwortlichen Altersvorsorge beschäftigen, um mögliche Geldsorgen im Rentenalter zu verhindern. Eine private Zusatzrente bzw. Erträge aus privaten Vermögenswerten können – ganz oder teilweise – die finanzielle Lücke zwischen dem letzten Einkommen und der monatlichen Rentenzahlung schließen. Hierzu finden Sie in den nachfolgenden Kapiteln zahlreiche fundierte Empfehlungen.

Migration: Ein- und Auswanderung – so groß wie nie zuvor

Nun zu einem weiteren Bereich mit großen Auswirkungen. Eine Herausforderung bzw. ein gigantisches Problem (weil ich gar nicht um den heißen Brei schreiben will), das noch viel stärker polarisiert als die Digitalisierung, ist die globale Migration 25 %.

Geflüchtete in Zahlen

Die Zahl der Menschen, die weltweit auf der Flucht sind, hat einen neuen Höchststand erreicht. Zuletzt registrierte das UN-Flüchtlingshilfswerk (UN-HCR) 20,4 Millionen Flüchtlinge, 41,4 Millionen Binnenflüchtlinge (Personen, die innerhalb ihres Landes vertrieben werden) und 3,5 Millionen Asylbewerber.

Rechnet man andere Gruppen wie Staatenlose oder in ihre Heimatländer zurückgekehrte Flüchtlinge hinzu, sind das insgesamt 74,8 Millionen Menschen. Gegenüber 2017 ist das ein Plus von 4,7 %. Die meisten Menschen fliehen aus Syrien (6,7 Mio.), Afghanistan (2,7 Mio.) und dem Südsudan (2,3 Mio.). Zu den Ländern, in denen die meisten Flüchtlinge aufgenommen werden, zählen die Türkei, Pakistan und Uganda.

So viele Menschen auf der Flucht wie nie
Anzahl der weltweiten Flüchtlinge, Binnenflüchtlinge und Asylbewerber in Mio.

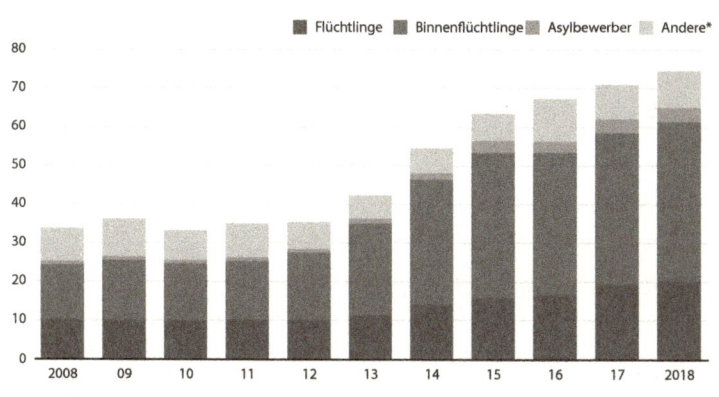

* in ihre Heimatländer bzw. -orte zurückgekehrte Flüchtlinge, Staatenlose, aus humanitären oder sonstigen Gründen auf Unterstützung angewiesene Personen

Quelle: UNHCR/statista

EU-weit leben in Schweden pro 1.000 Einwohner gerechnet die meisten Flüchtlinge und Asylbewerber (28,1). Das zeigen neue Daten des UN-Flüchtlingshilfswerks UNHCR. Es folgen die Länder Zypern, Malta, Österreich, Deutschland und Griechenland mit Werten zwischen 10 bis 24,9. In allen anderen Ländern liegt die Zahl unter 10.

Die Zahl der in Deutschland neu registrierten Flüchtlinge nimmt seit dem hohen Flüchtlingsaufkommen im Jahr 2015 wieder ab und lag zuletzt unter

I. Entwicklungen in der globalen Welt, Europa und Deutschland: Die Analyse von Fakten und Zahlen

dem Niveau von 2014. Die Zahl der weltweiten Flüchtlinge, Binnenflüchtlinge und Asylbewerber hat im vergangenen Jahr jedoch mit über 70 Millionen ein neues Allzeithoch erreicht.

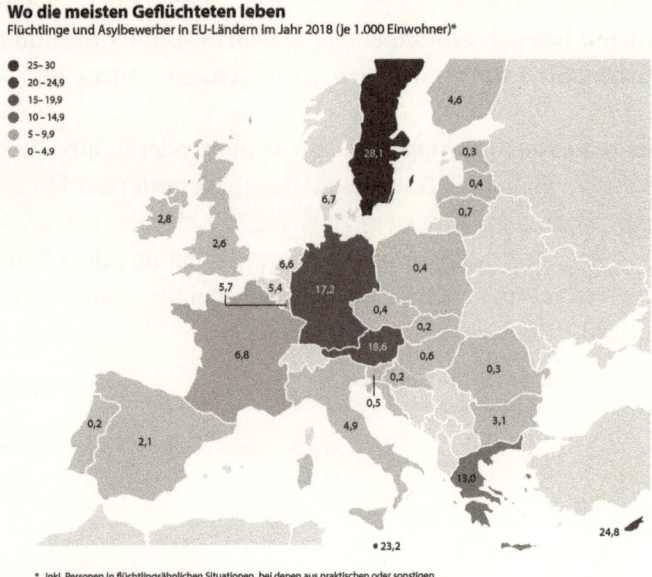

Wo die meisten Geflüchteten leben
Flüchtlinge und Asylbewerber in EU-Ländern im Jahr 2018 (je 1.000 Einwohner)*

- 25–30
- 20–24,9
- 15–19,9
- 10–14,9
- 5–9,9
- 0–4,9

4,6
28,1   0,3
           0,4
    6,7
2,8   0,7
   2,6
     6,6   0,4
5,7 5,4 17,2
           0,4
              0,2
6,8   18,6   0,6
           0,2   0,3
           0,5
0,2   4,9   3,1
  2,1
                    13,0
                       24,8
● 23,2

* inkl. Personen in flüchtlingsähnlichen Situationen, bei denen aus praktischen oder sonstigen Gründen kein Flüchtlingsstatus festgestellt wurde

Quelle: UNHCR/statista

Auswanderung in EU-Europa

Mit dem Begriff der Migration verbinden wir in Deutschland in erster Linie die Zuwanderung. Die zunehmend problematischen Rahmenbedingungen in Deutschland führen allerdings auch verstärkt zu Auswanderungen bzw. zumindest zu Auswanderungsüberlegungen. Es ist für eine Volkswirtschaft und eine Gesellschaft vor allem ein großes Problem, wenn leistungsstarke Bürger auswandern. Gleichzeitig ist es selbstverständlich auch ein großes Problem, wenn leistungsschwache, unqualifizierte Migranten in großer Zahl einwandern.

Deutschland benötigt aufgrund seiner demografischen Struktur der Bevölkerung ganz dringend eine qualifizierte Zuwanderung von jungen Menschen in die Arbeitsmärkte (z. B. die Pflegeberufe) und als Beitragszahler für die Gesundheits- und Rentensysteme. Deutschlands Bevölkerung schrumpft, wie die nachfolgende Grafik verdeutlicht. Eine Einwanderung von Migranten in die Sozialsysteme als Leistungsempfänger muss hingegen streng kontrolliert und besser gesteuert werden, als das in den letzten Jahren der Fall war.

> Deutschland benötigt endlich ein Zuwanderungs- bzw. Einwanderungsgesetz nach dem Vorbild Australiens oder Kanadas!

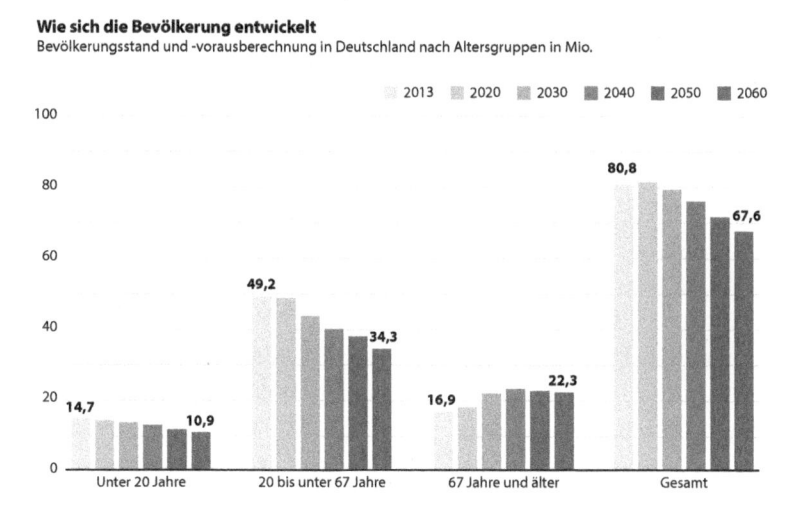

Wie sich die Bevölkerung entwickelt
Bevölkerungsstand und -vorausberechnung in Deutschland nach Altersgruppen in Mio.

	2013	2020	2030	2040	2050	2060
Unter 20 Jahre	14,7		10,9			
20 bis unter 67 Jahre	49,2			34,3		
67 Jahre und älter	16,9				22,3	
Gesamt				80,8		67,6

Quelle: Statistisches Bundesamt/statista

Gleichzeitig muss die Ordnungspolitik (Stichwort: Vermögensteuer) in Deutschland darauf achten, dass nicht verstärkt Menschen auswandern, die für unsere Volkswirtschaft und Gesellschaft bereits einen wichtigen Beitrag leisten. Insgesamt ist ein latenter Wunsch nach einer Auswanderung bei vielen Menschen vorhanden. Mit einem Anteil von rund 55 % würde gerne mehr als jeder zweite Deutsche, Brite und Franzose – zumindest temporär – für einige Zeit im Ausland leben. Mit 29 % ist dabei fast ein Drittel der Bürger mittlerweile eher dazu bereit, als das noch vor zwei Jahren der Fall war. Diese Ergebnisse basieren auf einer Umfrage, die das FinTech-Unternehmen TransferWise mit Sitz in Großbritannien vor einiger Zeit in Auftrag gegeben hat.

Im Rahmen der Studie wurden über 5.000 Personen in Deutschland, Frankreich und Großbritannien befragt. Die Analyse verdeutlicht ebenso die deutlich gestiegene Zahl der Bürger, die sich vorstellen können, dauerhaft auszuwandern. Jeder Fünfte möchte Deutschland für immer verlassen. Bei einer früheren Umfrage, die im Jahr 2016 durchgeführt wurde, war es mit einem Anteil von 13 % nur rund jeder Achte. Besonders bei jungen Menschen ist das Interesse, im Ausland zu leben, sehr groß. Mit einem Anteil von 67 % würden zwei Drittel der 18- bis 24-Jährigen gerne für einige Zeit außerhalb Deutschlands leben. Dauerhaft auswandern möchte bislang aber nur gut jeder Zehnte. Bei den älteren Bürgern stellt sich die Situation anders dar. Unter den über 55-Jährigen möchten insgesamt nur 53 % im Ausland leben, allerdings würde mit einem Anteil von 25 % ein Viertel dieser Altersgruppe sehr gerne dauerhaft auswandern.

Auswanderungsgründe: Deutsche und Briten suchen Lebensqualität – Franzosen eine niedrigere Steuerbelastung

Interessant ist auch das Umfrageergebnis, dass in Deutschland der Wunsch, dauerhaft auszuwandern, deutlich größer ist als in Frankreich und in Großbritannien. Während jeder fünfte Deutsche das Land gern für immer verlassen würde, äußern diesen Wunsch lediglich 14 % der Briten und nur 13 % der Franzosen. Der Wunsch, einige Zeit im Ausland zu leben, ist auch den Deutschen mit 55 % ebenfalls am größten. In Frankreich liegt der Anteil bei 52 %, in Großbritannien bei 48 %.

Mit 38 % ist die Hoffnung auf ein ruhigeres und weniger stressiges Leben für die Deutschen der wichtigste Grund für eine Auswanderung. Auf den weiteren Plätzen folgen die höhere Lebensqualität mit 33 % und das bessere Wetter sowie der Wunsch, einer gefühlt negativen Atmosphäre im Deutschland zu entkommen, mit 31 %. Für die erwachsenen Bürger Großbritanniens sind hingegen Lebensqualität und Wetter die größten Motivatoren, ins Ausland zu ziehen, mit einem Anteil von jeweils 42 %. Für die Franzosen ist es mit einem Anteil von 44 % vor allem die Hoffnung auf eine niedrigere Steuerbelastung.

Deutsche zieht es überwiegend nach Österreich

Die Alpenrepublik ist das beliebteste Auswandererziel der Deutschen. Laut Daten des Statistischen Bundesamts zum Europatag der EU am 9. Mai 2019 lebten im Jahr 2018 rund 187.000 deutsche Staatsbürger in Österreich. Damit belegt die Republik Rang eins der Länder mit den meisten im Ausland lebenden Deutschen. Seit Jahren steigt die Anzahl der Deutschen, die in die Alpenrepublik auswandern, kontinuierlich an, wie die nachfolgende Grafik zeigt.

Die räumliche Nähe zu ihrem Heimatland und die fehlende Sprachbarriere machen Österreich für Deutsche als Zielland attraktiv. Durch die Niederlassungsfreiheit können EU-Bürger innerhalb der Europäischen Union ihren Wohnort nach Belieben wählen. Mit rund 900.000 im EU-Ausland lebenden Staatsbürgern sind die Deutschen die fünftgrößte Nationalitätsgruppe der Auswanderer innerhalb der Europäischen Union, so das Statistische Bundesamt.

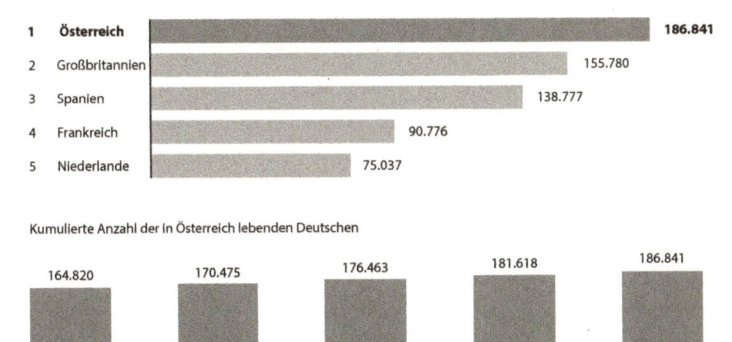

Die Deutschen zieht es nach Österreich
Ranking der Länder, in denen die meisten Deutschen im Ausland leben, 2018

1	Österreich	186.841
2	Großbritannien	155.780
3	Spanien	138.777
4	Frankreich	90.776
5	Niederlande	75.037

Kumulierte Anzahl der in Österreich lebenden Deutschen

2014	2015	2016	2017	2018
164.820	170.475	176.463	181.618	186.841

Quelle: Eurostat/Statistisches Bundesamt/statista

Auswanderung als Antwort auf Fehlentwicklungen

Der Anteil der Auswanderungsinteressierten wird nach meiner Überzeugung auch in Deutschland weiter zunehmen, wenn sich die Bürger der zunehmenden Risiken der EU-Haftungs- und Umverteilungsunion bewusst werden in Kombination mit weiter steigenden finanziellen Belastungen. Oder durch gesellschaftliche Verwerfungen, falls das Management und die Integration der Einwanderung nach Deutschland nicht gelingen. Eine Auswanderung ist darüber hinaus die konsequenteste Antwort auf Fehlentwicklungen im Inland, zumindest solange noch keine neuen physischen Mauern und Zäune errichtet werden. Hier gilt für jeden einzelnen freien Bürger die Empfehlung nach dem Zitat von Johann Wolfgang von Goethe, dem großen deutschen Dichter und Denker:

>»Wer sich den Gesetzen nicht fügen lernt, muss die Gegend verlassen, wo sie gelten.«

Die Millionärs-Migration steigt zunehmend an

Wer reich ist, kann sich in der Regel frei aussuchen, wo er leben möchte. Eine Studie der Marktforschungsgruppe New World Wealth zeigt die beliebtesten Länder bei HNWIs (high-net-worth individuals), also Personen, die mehr als eine Million US-Dollar besitzen.

Das Ergebnis: Im Jahr 2018 zog es die meisten Millionäre nach Australien (rund 12.000) und in die USA (rund 10.000). Rund 4.000 HNWIs wanderten nach Kanada ein und rund 3.000 in die Schweiz. Auf Platz fünf stehen die Vereinigten Arabischen Emirate, gefolgt von der Karibik, wie die Grafik zeigt. In der EU lockten Portugal, Griechenland und Spanien 2018 die meisten Millionäre an.

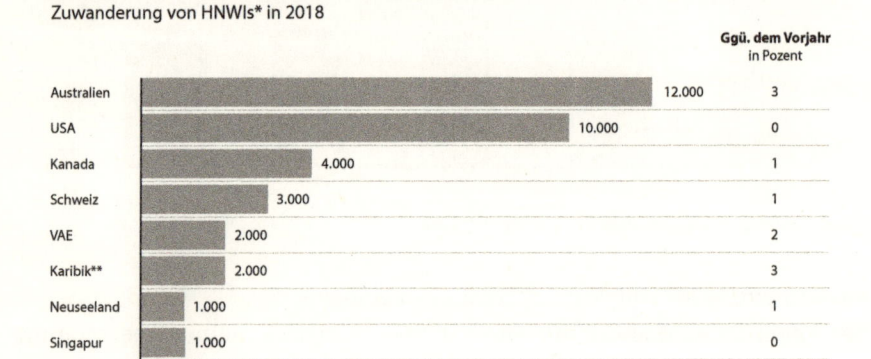

Diese Länder locken die meisten Millionäre an
Zuwanderung von HNWIs* in 2018

Land	Anzahl	Ggü. dem Vorjahr in Pozent
Australien	12.000	3
USA	10.000	0
Kanada	4.000	1
Schweiz	3.000	1
VAE	2.000	2
Karibik**	2.000	3
Neuseeland	1.000	1
Singapur	1.000	0
Israel	1.000	1
Portugal	1.000	2
Griechenland	1.000	2
Spanien	1.000	1

* Personen mit einem Finanzvermögen von mehr als 1 Mio. US-Dollar, Zahlen gerundet
** Bermuda, Cayman Islands, Virgin Islands, St Barts, Antigua, St Kitts & Nevis etc.

Quelle: New World Wealth/statista

In London leben weltweit die meisten superreichen bzw. ultrareichen Einwohner, wie aus einer weiteren Studie der Immobilienagentur Knight Frank hervorgeht. In der englischen Hauptstadt lebten demnach im Jahr 2018 rund 5.000 Ultrareiche. Rang 2 und 3 der Städte mit den meisten superreichen Einwohnern belegen Singapur und Tokio, wie die Infografik zeigt. Doch Zürich eine Schweizer Metropole ist bei Multimillionären beliebt: 1.507 Ultrareiche wohnten 2018 in Zürich (Rang 9). Als ultrareich gilt, wer über ein Nettovermögen von mehr als 30 Millionen Dollar verfügt

Wo die meisten Ultrareichen leben
Anzahl der Ultrareichen* nach Wohnorten weltweit 2018

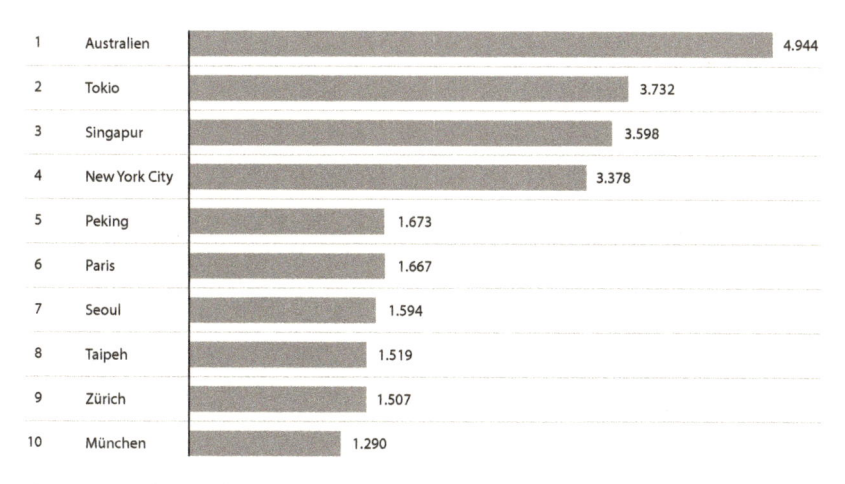

1	Australien	4.944
2	Tokio	3.732
3	Singapur	3.598
4	New York City	3.378
5	Peking	1.673
6	Paris	1.667
7	Seoul	1.594
8	Taipeh	1.519
9	Zürich	1.507
10	München	1.290

* Vermögen von mehr als 30 Millionen US-Dollar (netto)

Quelle: Knight Frank/statista

Wo parken Millionäre ihr Geld?

So beweglich das globale Kapital auch sein mag, nach Angaben der Boston Consulting Group bleibt Nähe ein Schlüsselfaktor für Menschen, die ihr Vermögen ins Ausland bringen. Wie unsere Infografik zeigt, ist die Schweiz mit etwa 2,3 Billionen Dollar das Land mit dem größten ausländischen Privatvermögen. Dabei ist Deutschland laut des jüngsten Berichts unter den wichtigsten drei Herkunftsländern.

Allerdings sind die Sonderverwaltungszone Hongkong und der Stadtstaat Singapur in Südostasien die Orte mit dem höchsten durchschnittlichen Wachstum im Zeitraum 2012 bis 2017. Dazu trägt maßgeblich Vermögen aus China bei. Aufgrund der letzten Entwicklungen in Honkong dürfte Singapur seinen Status als »die Schweiz Asiens« in Zukunft weiter ausbauen.

Wo die Begüterten ihr Geld parken
Länder mit dem höchsten Wert ausländischen Privatvermögens 2017

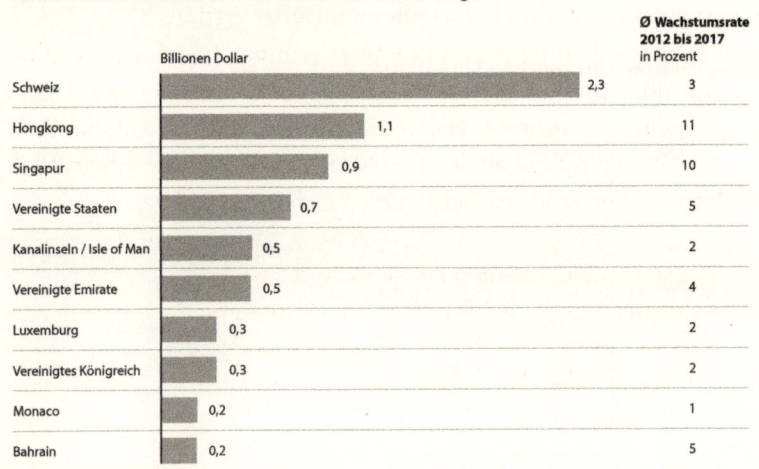

Land	Billionen Dollar	Ø Wachstumsrate 2012 bis 2017 in Prozent
Schweiz	2,3	3
Hongkong	1,1	11
Singapur	0,9	10
Vereinigte Staaten	0,7	5
Kanalinseln / Isle of Man	0,5	2
Vereinigte Emirate	0,5	4
Luxemburg	0,3	2
Vereinigtes Königreich	0,3	2
Monaco	0,2	1
Bahrain	0,2	5

Quelle: Boston Consulting Group/statista

Marktwirtschaft: Markt und Freiheit?
Im Gegenteil: Staat und Überwachung!

Zunächst einmal möchte ich festhalten, dass ich stets ein großer Verfechter einer sozialen Marktwirtschaft war und bin, nach dem Vorbild Ludwig Erhards. Davon haben sich Deutschland und die Europäische Union allerdings mittlerweile meilenweit entfernt. Wir haben längst mehr als deutliche Züge einer Planwirtschaft (EU, EZB) in Kombination mit einem ebenfalls stark zunehmendem Überwachungsstaat. Dazu ein aktuelles Beispiel mit einem Rückblick auf bedenkliche Entwicklungen der letzten Jahre.

Die 5. EU-Geldwäscherichtlinie

Im Jahr 2017 trat die 4. EU-Geldwäscherichtlinie in Kraft, in Deutschland beispielsweise durch eine massive Verschärfung des Geldwäschegesetzes (GWG). Zum 10.01.2020 kommt es bereits zu weiteren Verschärfungen durch die 5. EU-Geldwäscherichtline - noch mehr Überwachungsstaat.

Auch die 5. EU-Geldwäscherichtlinie definiert wiederum sogenannte »Verpflichtete«. Das sind Personenkreise, die aufgrund ihrer beruflichen Tätigkeit dazu verpflichtet werden, Meldungen an behördliche Stellen durchzuführen. Verpflichtete müssen Informationen über die Herkunft von Geldern und Vermögen der Kunden bzw. der wirtschaftlichen Eigentümer einholen sowie über die Gründe von geplanten oder bereits durchgeführten Transaktionen.

Dazu zählen neben Banken und Versicherungen heute bereits Autohändler, Edelmetallhändler, Auktions- und Pfandleihhäuser oder Juweliere. In all diesen Bereichen kommen – bislang zumindest noch relativ häufig – Barzahlungen vor. Die Gültigkeit der 5. EU-Geldwäscherichtlinie betrifft ab dem 10.01.2020 einen erweiterten Verpflichtetenkreis.

Zu den »Staatsmeldern« zählen beispielsweise:
1. **Steuerberater** bzw. generell Personen, die in Steuerangelegenheiten tätig sind,
2. **Immobilienmakler** mit Objekten, deren Mietzahlungen über 10.000 Euro betragen
3. **Dienstleister**, die virtuelle Währungen (z.B. Bitcoin) in Fiatgeld (z.B. Euro) und umgekehrt tauschen,
4. **Anbieter** von elektronischen Geldbörsen (Wallets),
5. **Kunsthändler** bei Transaktionen mit einem Wert von über 10.000 Euro.

Bestimmte Maßnahmen begrüße ich ausdrücklich: etwa, dass Dienstleister virtueller Währungen ihre Kunden dazu verpflichten müssen, sich ausreichend zu legitimieren. Das wird die weitere Marktakzeptanz und -durchdringung von Kryptowährungen bzw. der dahinterstehenden Blockchain-Technologie fördern. Zudem werden Kunden dadurch besser geschützt und schwarzen Schafen wird in der Tat Einhalt geboten – nicht primär im Hinblick auf die Bekämpfung von Terrorismus oder Steuerhinterziehung, sondern als Maßnahmen gegen die zunehmende Internet-Kriminalität: vom Geschäft mit entsetzlicher Kinderpornografie bis hin zum Datendiebstahl und Internetbetrug, z.B. beim Online-Banking.

Andere neue Regelungen sehe ich hinsichtlich der Verhältnismäßigkeit und Praxisrelevanz äußerst kritisch.

> **Fazit: Privatsphäre sowie Bürger- und Freiheitsrechte werden weiter eingeschränkt.**

Derzeit ist im Zusammenhang mit der 5. EU-Geldwäscherichtlinie auch eine erneute Absenkung der Anonymitätsgrenze für Bargeldzahlungen – beispielsweise für Edelmetallkäufe – in Diskussion. Die Schwelle für anonyme Barzahlungen von 10.000 Euro wird weiter massiv reduziert, und zwar um 80 % auf zukünftig nur noch 2.000 Euro. Mit Terrorismusbekämpfung hat auch die 5. EU-Geldwäscherichtline in der Praxis wenig zu tun, sondern nur mit einer verschärften Einschränkung von Bürger- und Freiheitsrechten, verbunden mit noch mehr Kontrolle und Überwachung.

Verschärfungen bei Bankschließfächern: Schaffung eines zentralen Melderegisters!

Die Regelungen für Bankschließfächer werden dabei auch zunehmend restriktiver. Ein Bankschließfach muss mittlerweile zwingend an ein legitimiertes Bankkonto gekoppelt werden, Barzahlungen von Schließfachgebühren sind dadurch nicht mehr möglich. Darüber hinaus werden für Bankschließfächer automatische Mechanismen wie ein Register oder ein Datenabrufsystem eingerichtet, auf die die zentralen Meldestellen und andere Behörden zeitnah zugreifen können.

Allein dieser Passus bestärkt mich in meiner Empfehlung, bankenunabhängige Anbieter von Schließfächern zu nutzen, am besten noch außerhalb der Systeme der Europäischen Union. Für mich ist es nur noch eine Frage der Zeit, bis auch Schließfachinhalte bei Banken, zumindest im Todesfall, gemeldet werden müssen.

Das Kontenabrufverfahren: Der gläserne Bankkunde ist Realität

Seit der Einführung der Kontenabrufbefugnis im Jahr 2005 haben die Finanzämter in Deutschland von dieser Möglichkeit in rasant wachsendem Umfang Gebrauch gemacht, seit dem Jahr 2013 dürfen auch Gerichtsvollzieher und Jobcenter ermitteln, wer über welche Konten und Wertpapierdepots verfügt. Der automatisierte Kontenabruf, das sogenannte Kontenabrufverfahren, bezeichnet den Zugriff staatlicher Stellen, insbesondere der Finanzämter, auf die Kontostammdaten inländischer Bankkonten und Wertpapierdepots.

Mittlerweile fragen Gerichtsvollzieher, Jobcenter und weitere Sozialbehörden weit mehr Kontodaten ab als die Finanzämter. Allein 75 % der 692.166 Anfragen des Jahres 2017 entfielen beispielsweise auf Gerichtsvollzieher, die seit dem Jahr 2013 Zugriff auf das Kontenabrufsystem haben. Mit Terrorismusbekämpfung oder der Verhinderung von Steuerhinterziehung haben diese Entwicklungen nichts mehr zu tun. Aber auch die Finanzämter mischen kräftig mit: Betrug der Umfang der Kontenabfragen im Jahr 2005 lediglich 8.689, fragten die Finanzämter im Jahr 2010 bereits rund 58.000 Kontendaten ab. Die Kontenabrufe haben sich also in 5 Jahren mehr als versechsfacht.

Seither hat die Dynamik massiv weiter zugenommen, wie die nachfolgende Tabelle verdeutlicht. Das liegt vor allem daran, dass immer mehr Behörden Zugriff auf das System haben. Zudem wurde eine Bagatellgrenze gestrichen. Seit November 2016 dürfen Gerichtsvollzieher auch für Beträge unter 500 Euro einen Kontoabruf beantragen. Für das Jahr 2018 wird erneut ein neuer Kontenabrufrekord angepeilt. Die Marke von 1 Million Kontenabrufe ist jetzt nur noch eine Frage der Zeit. Der gläserne Bankkunde und der Überwachungsstaat sind vor dem Hintergrund dieser bedenklichen Zahlen nicht mehr bloß eine Gefahr, sondern Realität.

Anzahl der Kontenabrufe bei deutschen Banken

Jahr	Anzahl Kontenabrufe
2010	58.000
2011	63.000
2012	72.578
2013	142.000
2014	237.126
2015	302.150
2016	358.228
2017	692.166
2018	796.600

Behördliche Auskunftsersuchen an Technologie-Konzerne explodieren

Wie wichtig die Datenschutz-Thematik ist, verdeutlichen auch die Zahlen im Hinblick auf die Auskunftsersuchen bei dem größten Suchmaschinenbetreiber Google. Rund 63.000 Auskunftsersuchen zu Nutzerdaten haben Behörden und Gerichte rund um den Globus im zweiten Halbjahr 2018 bei Google gestellt – so viele wie noch nie zuvor innerhalb von sechs Monaten.

Laut Google Transparenzbericht kommt der Suchmaschinenanbieter den Datenanfragen in etwa zwei Drittel der Fälle vollständig oder teilweise nach.

I. Entwicklungen in der globalen Welt, Europa und Deutschland: Die Analyse von Fakten und Zahlen

Fast jede siebte Anfrage kam aus Deutschland. Damit muss sich die hiesige Bürokratie in puncto googlebezogener Behördenneugierde nur den USA geschlagen geben, wie die nachfolgende Grafik verdeutlicht.

Jede 7. Anfrage kommt aus Deutschland
Anzahl der Auskunftsersuchen von Behörden/Gerichten zu Google-Nutzerdaten

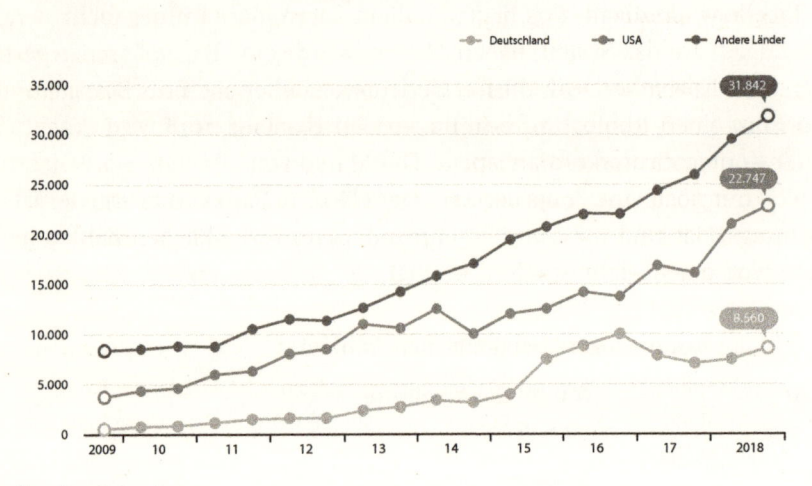

Quelle: Google/statista

Mein Fazit: Die pauschalen Kontrollmöglichkeiten gegen die Bürger werden immer stärker ausgeweitet.

Das ursprünglich verfolgte bzw. kommunizierte Ziel der in Deutschland im Jahr 2005 eingeführten automatischen Kontoabfragemöglichkeiten war es, die Finanzströme des internationalen Terrorismus auszutrocknen. Die jetzt verfolgten Zwecke stehen hiermit in keinerlei Verbindung.

Der Staat kontrolliert über Gerichtsvollzieher oder Finanz- und Jobcenter sicherlich keine Terroristen, sondern seine eigenen Bürger. Vom BAföG-Empfänger, der eventuell unberechtigterweise einen staatlichen Zuschuss beantragt, bis hin zum Rentner, der mögliche Nebeneinkünfte nicht ordnungsgemäß deklariert.

Auch in Österreich gibt es seit dem 01.10.2016 ein Kontenregister

Ich habe stets auch viele Anfragen aus Österreich habe. In der Alpenrepublik gibt es mittlerweile ebenfalls ein Kontenregister, das am 01.10.2016 eingeführt wurde! Finanzstrafbehörden, Finanzgerichte, Abgabenbehörden und Staatsanwaltschaften fragen seither ebenfalls mit stark steigender Dynamik Bankkonten ab.

> **Meine Empfehlung: Auslandskonten schützen Ihre Daten vor immer mehr Abfragen staatlicher Behörden**
>
> Nutzen Sie aufgrund dieser bedenklichen Rahmenbedingungen als Bürger mit Wohnsitz in Deutschland oder in Österreich eine Bankverbindung im Ausland. Diese Empfehlung gilt grundsätzlich für jedes EU-Land. Ein kostengünstiges SEPA-Girokonto + Wertpapierdepot in der Schweiz ist dafür ein grundlegendes erstes Auslandsstandbein, das jeder Bürger haben und auch nutzen sollte! Der Haftungsschutz eines Auslandskontos- und Wertpapierdepots durch seinen rechtlichen Status außerhalb der EU- und Euro-Systeme kommt noch zusätzlich dazu, sodass der automatische Informationsaustausch AIA ein Standbein im Ausland keineswegs überflüssig macht. Im Gegenteil: Selten zuvor war ein Konto im Ausland so wertvoll wie heute! Auch hierzu mehr in den nachfolgenden Praxiskapiteln.

Banking: Die Digitalstrategie gewinnt

Die Deutschen sind beim Thema Geldanlage vorsichtig und konservativ eingestellt. Wie die Infografik auf Basis von Daten der Verbrauchs- und Medienanalyse VuMA zeigt, setzt die überwiegende Mehrheit (61,8 %) der Bundesbürger aufs gute alte Sparbuch. Gegenüber 2013 sind das rund 3 % weniger. Immobilien und Festgeldanlagen besitzen über 20 % der Befragten. Nur rund 9 % der Deutschen setzen beim Sparen auf Aktien. Die Mehrheit der Deutschen setzt somit auf ein irrationales und ineffizientes Sparverhalten mit massiven Defiziten im Investitionsbereich. Der Grund dafür liegt nach meiner Überzeugung in fehlender finanzieller Bildung und fehlendem Vertrauen in Banken und Finanzberater.

> Die Maxime der Stunde: Investieren statt sparen!

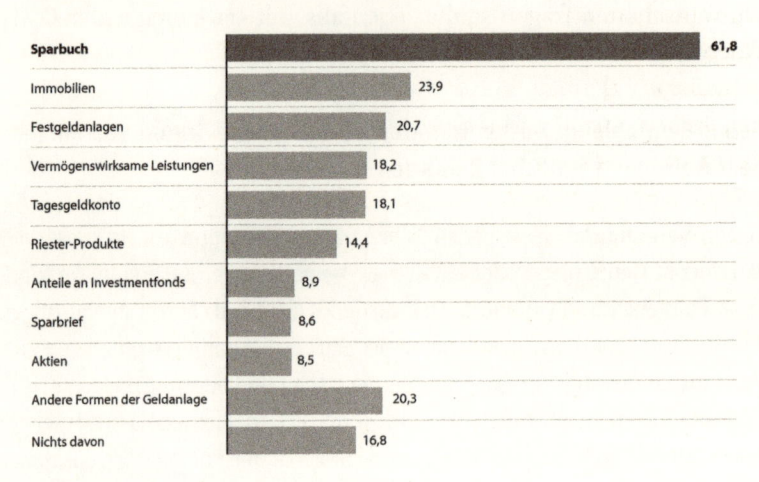

Deutsche Sparer setzen immer noch aufs Sparbuch
Anteile der Haushalte, die in folgende Geldanlageformen investieren haben im Jahr 2017 in Prozent

Geldanlageform	Prozent
Sparbuch	61,8
Immobilien	23,9
Festgeldanlagen	20,7
Vermögenswirksame Leistungen	18,2
Tagesgeldkonto	18,1
Riester-Produkte	14,4
Anteile an Investmentfonds	8,9
Sparbrief	8,6
Aktien	8,5
Andere Formen der Geldanlage	20,3
Nichts davon	16,8

Quelle: VuMa/statista

Vertraut wird heute meist online

»Vertrauen ist der Anfang von allem!« war einst der werbewirksame Leitspruch der Deutschen Bank. Dieser eigene Anspruch der Deutschen Bank ist längst ad absurdum geführt und eingestellt. Wem vertrauen Sie eigentlich bei Geld und Finanzfragen? Ihrem Bankberater oder Freunden? Wenn es um das liebe Geld geht, holen sich Deutschlands Bürger Rat von der eigenen Familie und Freunden, oder online. Das ist das Ergebnis einer repräsentativen Umfrage unter 1.005 Bundesbürgern im Auftrag des Digitalverbands Bitkom. Dabei sollten die Befragten angeben, wie vertrauenswürdig sie verschiedene Angebote einschätzen. Voraussetzung dafür war, dass sie sich eine Beurteilung selbst zutrauen, weil sie die Angebote kennen. Eine klare Mehrheit von 94 % gibt an, dass sie in Finanzdingen wie Geldanlage oder Versicherungen auf den Rat von Freunden und Familie hört.

Dahinter folgen eine Reihe von Online-Angeboten. So sagen jeweils 59 %, dass sie in Finanzfragen auf Online-Vergleichsportale wie Verivox oder Check24 bzw. auf Online-Verbraucherportale wie Finanztipp vertrauen. 47 % holen sich Rat in Online-Fachforen, Blogs oder Podcasts. Online-Angebote ermöglichen die gleichermaßen umfassende wie schnelle Information, etwa beim Vergleich von Konditionen verschiedener Anbieter. Dabei kann sich der

Nutzer Zeit lassen, die Angebote zu prüfen und bei Bedarf auch tiefer in Details einsteigen. In der Praxis werden die Informationen auch häufig abgerufen, bevor der Kontakt mit einem menschlichen Berater gesucht wird.
Nur 34 % der Befragten vertrauen Bankberatern!
Dabei gibt nur jeder Dritte (34 %) an, dass er Bankberatern in Finanzfragen vertraut. Lediglich jeder Vierte (24 %) sagt das über Versicherungsvertreter. Immerhin 44 % halten Finanzratschläge von klassischen Medien wie etwa Ratgeberartikel in Zeitungen oder Verbrauchersendungen in Radio oder Fernsehen für vertrauenswürdig.

30 % hören zudem auf den Rat ihrer Kontakte in sozialen Netzwerken, wie die nachfolgende Bitkom-Grafik verdeutlicht. Online- und klassische Beratung sind kein Widerspruch, sie können sich sehr gut ergänzen. Banken und Versicherungen stehen vor der Herausforderung, ihre Produkte und Dienstleistungen transparent zu gestalten und sie auf neuen Wegen zum Kunden zu bringen. Empfehlungen zu diesem Bereich finden Sie in späterer Folge in den Kapiteln »Geldsysteme der Zukunft« und »Vermögensanlage und Kapitalschutz«.

Verbraucher vertrauen in Finanzfragen auf Online-Portale
Inwiefern halten Sie die folgenden Institutionen oder Personengruppen für vertrauenswürdig, wenn es um finanzielle Ratschläge geht?*
in Prozent

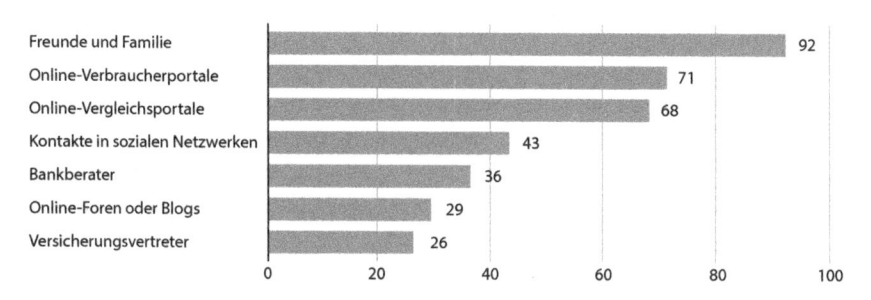

Freunde und Familie	92
Online-Verbraucherportale	71
Online-Vergleichsportale	68
Kontakte in sozialen Netzwerken	43
Bankberater	36
Online-Foren oder Blogs	29
Versicherungsvertreter	26

* Werte für »sehr vertrauenswürdig« und »vertrauenswürdig« (ohne »kann ich nicht beurteilen« und »weiß nicht«)

Quelle: Bitkom Research/statista

Banken müssen die jungen Kunden gezielt ansprechen

Die Beratungs-, Vertrauens- und Zugangsprobleme der Banken zeigen sich vor allem im Umgang mit den jungen Kunden, hier knirscht es gewaltig. Das ist das zentrale Ergebnis der Studie »Erwartung an das Banking der Zukunft« der Unternehmensberatung EUROGROUP Consulting (EGC), an der 1.000 Deutsche im Alter von 16 bis 38 Jahren – sprich: Vertreter der Generationen Y und Z – teilgenommen haben. Insbesondere die jüngere Kundengruppe – die Generation Z bzw. die Digital Natives (16 bis 24 Jahre) – zeigt sich stark unzufrieden mit dem Service und den Leistungen der klassischen Finanzinstitute.

43 % erweisen sich als Kritiker ihrer Hausbank, 34 % sind passiv zufrieden und lediglich 23 % können als Förderer ihrer Bank bezeichnet werden, die diese gern weiterempfehlen. Jeder zweite Befragte dieser Altersgruppe gibt zudem an, ein neutrales, distanziertes oder gar misstrauisches Verhältnis zu seiner Bank zu haben. In der Generation Y bzw. bei den sogenannten Digital Immigrants (25 bis 38 Jahre) erklären dies 45 % der Befragten – auch dies ein alarmierend hoher Wert. Insgesamt ist die Unzufriedenheit der jungen Kunden hoch.

> **Fazit: Steuern die Banken nicht gegen, gefährden sie ihre Zukunft!**

Die große Überraschung: persönlich schlägt digital

Mit digitalen Angeboten allein lässt sich das Problem allerdings nicht lösen. Im Gegenteil: Die Affinität zu digitalen Service-Angeboten fällt insbesondere bei der jüngeren Zielgruppe, die in eine digitale Welt hineingeboren wurde, überraschend schwach aus und sogar geringer als bei der älteren Vergleichsgruppe. So bezeichnet sich die Mehrheit der Befragten aus der Generation Z (42 %) als persönliche Kunden, die ihre Bankangelegenheiten gern in der Filiale erledigen.

Knapp 30 % verstehen sich als hybride Kunden, die abhängig von der jeweiligen Situation Telefon, E-Mail, Chat, Filiale und Online-Banking nutzen. Ebenso viele zählen zu den digitalen Kunden, die ihre Bankangelegenheiten am liebsten ausschließlich online erledigen. Im Vergleich dazu bezeichnen sich die älteren Digital Immigrants zu knapp 40 % als digitale und jeweils zu rund 30 % als persönliche bzw. hybride Kunden.

Junge Kunden sind unerfahren und unsicher in Finanzfragen

Insbesondere die jungen Kunden sind unerfahren und unsicher in Finanzfragen und wollen beraten werden. Im Banking haben sie Angst, etwas falsch zu machen bzw. falsche Entscheidungen zu treffen. Eine Bank sollte daher jederzeit ansprechbar sein und den persönlichen Dialog ermöglichen. Filiale, E-Mail und Telefon sind dafür die wichtigsten Kommunikationswege. Was die Filiale betrifft, erwarten die Studienteilnehmer gute Öffnungszeiten, reibungslosen Service, aber auch einen respektvollen Umgang.

Sie wollen von den Bankmitarbeitern ernst genommen und nicht als Kunden zweiter oder dritter Klasse behandelt werden, weil sie zum jetzigen Zeitpunkt noch kein großes Vermögen haben. Insgesamt müssten sich die Banken mächtig ins Zeug legen, um die vermeintlich einfachen Wünsche der jungen Kunden, von denen künftig ihr Geschäft abhängen wird, zu erfüllen. Gefragt ist eine stimmige Balance aus Mensch und Technik, wie sie ein Kunden-Service-Center mit Omnikanal-Strategie leisten kann.

> **Meine Empfehlung: Kombinieren Sie Mensch und Maschine!**

Das Banking der Zukunft: einfach, innovativ, persönlich und nachhaltig

Das Vertrauen der jungen Kunden fördert laut der Umfrage vor allem die persönliche Erreichbarkeit, wenn sie Hilfe benötigen, ein faires und nachvollziehbares Preis-Leistungsverhältnis, aber auch die Einfachheit und Klarheit der Produkte und Features (jeweils rund 50 %, Mehrfachnennungen möglich). So soll auch die Banking-App leicht zu bedienen sein. Denn nicht zuletzt wird durch die Befragung deutlich: Junge Kunden haben grundsätzlich keine große Lust auf Finanzthemen. Banking soll bequem sein und darf nur wenig Zeit kosten. Zudem zeigt die Studie weitere Grenzen der Digitalisierung auf. So können sich 61 % der Befragten nicht vorstellen, Daten im Tausch für Prämien preiszugeben.

Jeweils rund 70 % wollen keine digitalen Sprachassistenten nutzen, sich nicht von einem Roboadvisor beraten lassen oder Überweisungen mithilfe von Alexa, Siri & Co. tätigen. Dies unterstreicht nochmals die Bedeutung des persönlichen Kontakts. Andererseits sollten die Banken die technischen Errungenschaften laut der Studienautoren auch nicht aus den Augen lassen. Innovationen setzen sich oft zeitverzögert, dann aber unter Umständen auch sehr schnell durch.

Als bedeutendsten gesellschaftlichen Trend nennen die Befragten Ökologie, Umwelt und Nachhaltigkeit, gefolgt von Gesundheit und Work-Life-Balance – eine Angabe, die in die Zeit von Friday-for-Future-Demonstrationen und zum Siegeszug der Grünen passt. Kundennähe und verantwortungsvolles Handeln sind klassische Stärken vieler Banken, die sie stärker als USP in den Fokus nehmen sollten. Das Banking der Zukunft wird zwei strategische Stoßrichtungen umfassen: das Alltags- und das Vertrauens-Banking. Das bedeute unter anderem, sich als Bank aktiv und omnikanal um den Kunden zu kümmern sowie das Angebotsspektrum in Richtung eines werteorientierten Ökosystems zu entfalten.

Eine Digitalstrategie ist überlebenswichtig für Banken

Neben digitalen Angeboten spielen erwartungsgemäß weiterhin die Kosten eine große Rolle bei der Bankauswahl: 95 % der Befragten achten auf die Höhe der Kontogebühren und 94 % auf einen gebührenfreien Bargeld-Zugang im Ausland. Für 95 % ist zudem eine hohe Anzahl kostenlos nutzbarer Geldautomaten entscheidend.

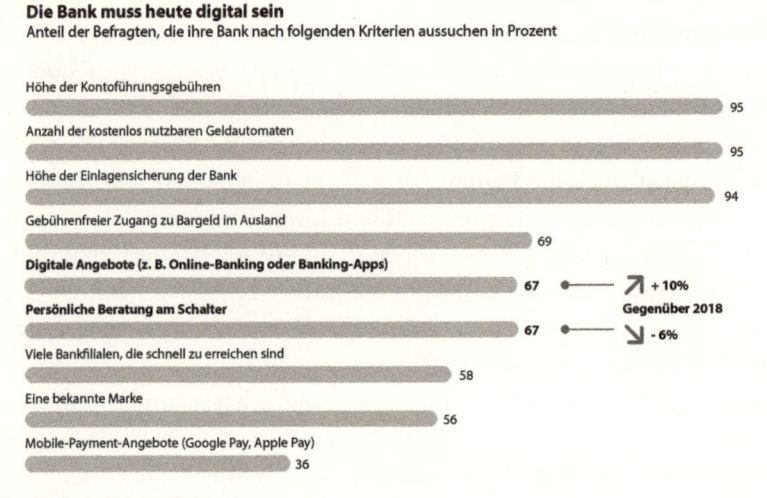

Die Bank muss heute digital sein
Anteil der Befragten, die ihre Bank nach folgenden Kriterien aussuchen in Prozent

Kriterium	Prozent
Höhe der Kontoführungsgebühren	95
Anzahl der kostenlos nutzbaren Geldautomaten	95
Höhe der Einlagensicherung der Bank	94
Gebührenfreier Zugang zu Bargeld im Ausland	69
Digitale Angebote (z. B. Online-Banking oder Banking-Apps)	67 ↗ +10% Gegenüber 2018
Persönliche Beratung am Schalter	67 ↘ -6%
Viele Bankfilialen, die schnell zu erreichen sind	58
Eine bekannte Marke	56
Mobile-Payment-Angebote (Google Pay, Apple Pay)	36

Quelle: Bitkom Research/statista

Auffallend übrigens: In Österreich, wo die EGC-Studie parallel unter 1.000 Digital Natives und Digital Immigrants durchgeführt wurde, zeigen die jüngeren Befragten im Vergleich zu Deutschland mit nur 30 % Kritikern und knapp 40 % Förderern eine deutlich höhere Zufriedenheit mit ihrer Hausbank.

Österreichische Banken haben ein besseres, innovativeres Digitalangebot, welches Kundennähe und Vertrauen auch auf digitalem Wege besser bespielt, so das Studienergebnis. Zudem haben nach der Einschätzung von EGC zahlreiche Offline-Bemühungen im Rahmen von Jugendclubs das Vertrauen junger Kunden in die Banken gestärkt. Hier könnten sich die deutschen Bankinstitute eine Scheibe abschneiden, aber auch die Verbraucher in Deutschland.

Zahlungsverhalten: Den Deutschen ist ihr Bargeld lieb

Beim bargeldlosen Bezahlen zeigt sich, dass die Deutschen noch immer Berührungsängste mit Mobile Payment per Smartphone haben. Die Deutschen lieben ihr Bargeld – und die zugehörigen Automaten. Das zeigt eine aktuelle Forsa-Umfrage im Auftrag des Marktwächter Finanzen, einem Angebot der Verbraucherzentralen. So heben 38 % der Befragten mindestens einmal pro Woche Geld am Automaten ab. 27 % holen sich alle zwei Wochen frisches Geld, wie die Grafik zeigt. Die durchschnittliche Summe beträgt dabei 248 Euro. Die Auszahlung an Tankstellen oder Supermarktkassen sorgt bisher allerdings für keine große Begeisterung: 78 % geben an, sich dort nie Bargeld auszahlen zu lassen.

Den Deutschen ist ihr Bargeld lieb
Befragte, die ihr Zahlungsverhalten wie folgt beschreiben
in Prozent

Häufigkeit, mit der die Befragten Bargeld am Automaten abheben

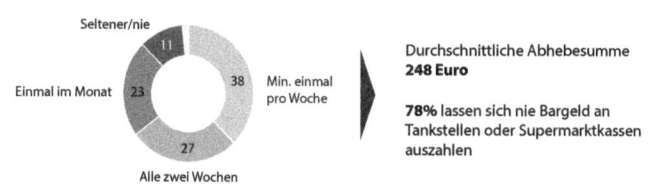

- Seltener/nie: 11
- Einmal im Monat: 23
- Min. einmal pro Woche: 38
- Alle zwei Wochen: 27

Durchschnittliche Abhebesumme
248 Euro

78% lassen sich nie Bargeld an Tankstellen oder Supermarktkassen auszahlen

Häufigkeit, mit der die Befragten in Geschäften mit Karte bezahlen

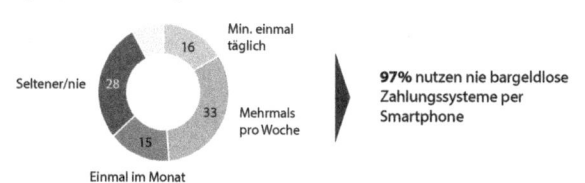

- Seltener/nie: 28
- Einmal im Monat: 15
- Mehrmals pro Woche: 33
- Min. einmal täglich: 16

97% nutzen nie bargeldlose Zahlungssysteme per Smartphone

Quelle: Marktwächter Finanzen – Verbraucherzentrale Sachsen/Forsa/statista

Die Digitalisierung beginnt im Kopf!

Auch Skeptikern und Bedenkenträgern rate ich jetzt dringend dazu, sich mit der in Meilenstiefeln voranschreitenden Digitalisierung unseres täglichen Lebens zu befassen, unabhängig von ihrem Alter. Die ältere Generation muss sich heute die digitale Affinität der Jugend zum Vorbild nehmen, um wirtschaftlich wie gesellschaftlich – selbstbestimmt und eigenständig – zukunftsfähig zu bleiben. Die Digitalisierung lässt sich nicht mehr aufhalten, sie wird in einem noch nie dagewesenen Transformationsprozess in den unterschiedlichsten Lebensbereichen alles – zumindest aber vieles – verändern, was ist. Beispielsweise die Art, wie wir Verträge abschließen, einkaufen und bezahlen.

Das mobile Bezahlen (Mobile Payment) setzt sich beispielsweise immer stärker durch. Die Zahl der Nutzer in Deutschland ist 2018 in Relation zum Jahr 2017 bereits kräftig gestiegen. 33 % zahlen mittlerweile kontaktlos per Bank- oder Kreditkarte sowie via Smartphone oder Smartwatch. Im vergangenen Jahr war es erst jeder Fünfte. Der Anteil derjenigen, die mobile Bezahlsysteme ablehnen, ist von 61 % im vergangenen Jahr auf 47 % geschrumpft. Das sind unter anderem die Ergebnisse der repräsentativen Postbank-Studie »Die digitalen Deutschen 2019«. Trotz dieser erfreulichen Entwicklungen sind wir noch Lichtjahre von Ländern wie China oder den USA entfernt.

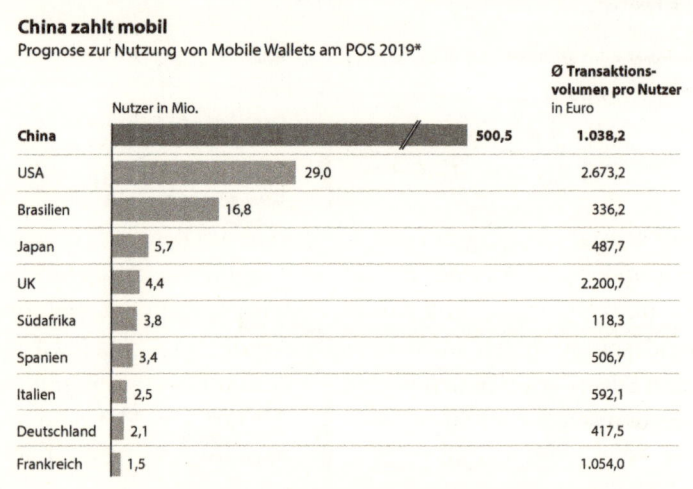

China zahlt mobil
Prognose zur Nutzung von Mobile Wallets am POS 2019*

	Nutzer in Mio.	Ø Transaktionsvolumen pro Nutzer in Euro
China	500,5	1.038,2
USA	29,0	2.673,2
Brasilien	16,8	336,2
Japan	5,7	487,7
UK	4,4	2.200,7
Südafrika	3,8	118,3
Spanien	3,4	506,7
Italien	2,5	592,1
Deutschland	2,1	417,5
Frankreich	1,5	1.054,0

* Transaktionen am Point-of-Sale (POS), die über Smartphone-Applikationen (z.B. Apple Pay, Google Wallet), sog. Mobile Wallets, prozessiert werden; ausgewählte Länder

Fazit: Die Digitalisierung verändert alles, was ist!

Auch die Silver Surfer nutzen die digitalen Chancen

Was die Menschen in Deutschland über Digitalisierung denken, wollte die Friedrich-Ebert-Stiftung wissen. Dazu gehört auch die Frage, inwiefern die laufende technologische Revolution den Menschen Sorgen bereitet. Tatsächlich fühlen sich viele der Studienteilnehmer/-innen abgehängt und verunsichert. Beispielsweise haben 37 % das Gefühl, dass sich die digitale Technik so schnell entwickelt, dass sie nicht mehr mithalten können.

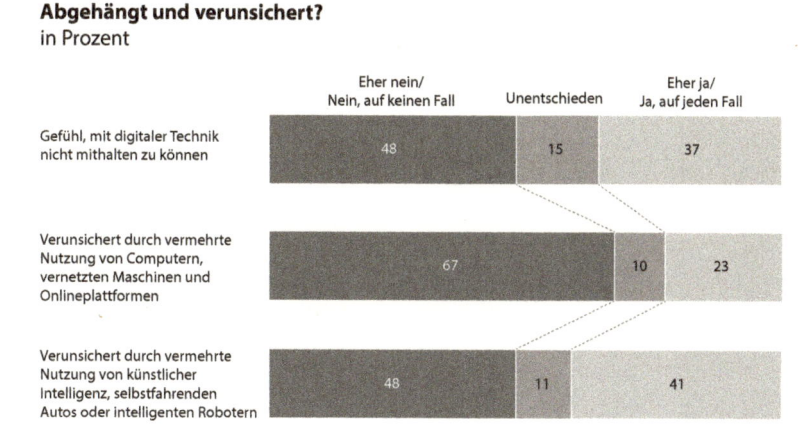

Abgehängt und verunsichert?
in Prozent

	Eher nein/ Nein, auf keinen Fall	Unentschieden	Eher ja/ Ja, auf jeden Fall
Gefühl, mit digitaler Technik nicht mithalten zu können	48	15	37
Verunsichert durch vermehrte Nutzung von Computern, vernetzten Maschinen und Onlineplattformen	67	10	23
Verunsichert durch vermehrte Nutzung von künstlicher Intelligenz, selbstfahrenden Autos oder intelligenten Robotern	48	11	41

Quelle: Statista Digital Market Outlook

Auch für Senioren bieten sich immer mehr Möglichkeiten durch das Internet

Schaut man sich in Deutschland an, wie viele Menschen in den verschiedenen Altersgruppen das Internet nutzen, liegen junge Menschen klar vorn. Bei den 14- bis 29-Jährigen sind rund 100 % im Netz unterwegs. Doch die älteren Bundesbürger holen auf. Wie die Infografik zeigt, ist die Gruppe der sogenannten Silver Surfer in den vergangenen fünf Jahren immer größer geworden: Bei den 60- bis 69-Jährigen stieg der Anteil der Internetnutzer von 64,5 auf 79 % und bei den ab 70-Jährigen von 29,4 auf 45 %. Das ist ein Wachstum von 22,5 bzw. 53,1 %.

Ein Grund für die Entwicklung ist das zunehmende Angebot an speziellen Tablets und Smartphones für Senioren. Diese bieten u.a. eine große

I. Entwicklungen in der globalen Welt, Europa und Deutschland: Die Analyse von Fakten und Zahlen

Schrift bzw. Zoomfunktionen, eine reduzierte Zahl an Apps und verschiedene Gesundheits- bzw. Sicherheitsfunktionen. Diejenigen Bundesbürger, die heute über 60 sind, waren bei der Entstehung des Internets übrigens um die 35 Jahre alt. Wahrscheinlich ist daher auch, dass nun einige sogenannte Early Adopter unter den Ü-Sechzigjährigen sind, die sich sicher im Internet bewegen und noch nicht auf Senioren-Handys u. Ä. angewiesen sind.

Die Alten zieht's ins Internet
Anteil der Internetnutzer nach Altersgruppen in Deutschland in Prozent

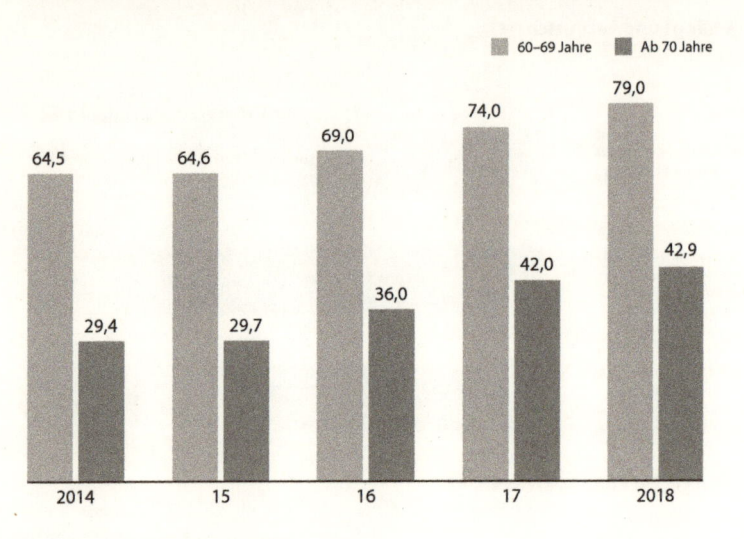

■ 60–69 Jahre   ■ Ab 70 Jahre

Jahr	60–69 Jahre	Ab 70 Jahre
2014	64,5	29,4
15	64,6	29,7
16	69,0	36,0
17	74,0	42,0
2018	79,0	42,9

Quelle: Friedrich-Ebert-Stiftung/Civey/statista

Verunsicherung besteht besonders bezüglich der vermehrten Nutzung von künstlicher Intelligenz, selbstfahrenden Autos oder intelligenter Roboter. An Computer, vernetzte Maschinen und Onlineplattformen haben sich die Bundesbürger/-innen dagegen überwiegend gewöhnt. Und bei aller Skepsis, letztlich glauben 46 %, dass die Digitalisierung das Leben nachhaltig besser machen wird, 48 % sind der Ansicht, dass neue Technologien mehr nutzen als schaden werden. So ist es! Nutzen auch Sie die großen Chancen der Digitalisierung, die ich Ihnen in den folgenden Kapiteln mit ganz detaillierten Praxisempfehlungen an die Hand gebe.

II. Geldsysteme der Zukunft

1. Die Curve Card: Die Kreditkarte, mit der Sie auch alle anderen dabeihaben

Immer mehr Bürger bezahlen mit Giro- oder Kreditkarten. Seit dem Jahr 2011 sind die Kartenzahlungen in Deutschland um rund 50 % angestiegen. Je Einwohner bedeutet das aktuell einen Wert von 54,4 Kartenzahlungen im Jahr. In Schweden liegt dieser Wert bereits bei 333, in Großbritannien bei 315. Die Anzahl unterschiedlicher Karten in der Geldbörse steigt gleichzeitig stark an. Ich zeige Ihnen, wie Sie ab sofort all Ihre bestehenden Bank- und Kreditkarten über lediglich eine Karte platzsparend, einfach, sicher und flexibel nutzen und verwalten können.

»Mit Karte, bitte.«
Anteil der Befragten, die folgenden Aussagen zum bargeldlosen Bezahlen zustimmen in Prozent

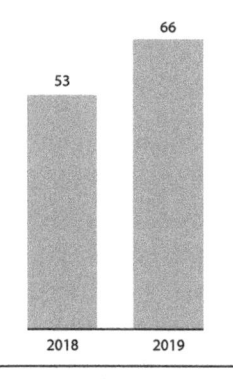

	2018	2019		2018	2019
	53	66		50	62

Ich ärgere mich häufig, weil ich nicht überall bargeldlos bezahlen kann.

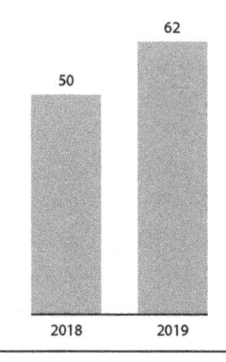

Alle Geschäfte sollten gesetzlich dazu verpflichtet sein, mind. eine elektronische Bezahlmöglichkeit anzubieten.

Quelle: Initiative D21/statista

Die Curve Card ist nicht nur einfach eine weitere Kreditkarte

Als sogenannte Debit Mastercard ist die Curve Card eine Debitkarte. Sie ist ausgestattet mit einem NFC-Chip (Near Field Communication) für kontaktlose Bezahlvorgänge und wird von einem soliden Anbieter mit Sitz in Großbritannien herausgegeben. Herausgegeben wird die Curve Card von der Wirecard Card Solutions, einem Tochterunternehmen der deutschen Wirecard AG. Eine Debitkarte ist eine Bankkarte bzw. Bankomatkarte, die zur bargeldlosen Bezahlung oder zur Barauszahlung am Geldautomaten eingesetzt werden kann. Die über Debitkarten getätigten Umsätze werden direkt Ihrem Bankkonto oder – wie im Fall der Curve Card – Ihren hinterlegten Kreditkartenkonten belastet.

Die Curve Card hat daher zwar eine eigene Kartennummer, aber weder einen eigenen Verfügungsrahmen noch ein Konto. Sie ist nicht einfach nur eine weitere Kreditkarte, sondern bietet Ihnen die einzigartige Möglichkeit, Ihre bereits vorhanden Master- und Visa-Kreditkarten über eine einzige Karte zu nutzen und dabei über eine Applikation (App) auf Ihrem Smartphone zu verwalten. Egal in welcher Währung bzw. in welchem Land Sie einkaufen, Curve rechnet Ihren bezahlten Betrag zum offiziellen Währungskurs um und belastet die hinterlegte Karte dann in der festgelegten heimischen Währung. In der Curve-App können Sie all Ihre Karten, die mit Curve genutzt werden sollen, hinterlegen.

Die Curve-Karte bietet Ihnen eine große Flexibilität und schützt Sie vor Missbrauch!

Wenn ich unterwegs bin, lasse ich mittlerweile meine Kreditkarten meistens zu Hause oder im sicheren Safe eines Hotels. Ich nehme ausschließlich meine Curve Card mit und habe dadurch mit nur einer Karte automatisch mehrere Kreditkarten dabei. In der Regel bezahle ich mit Curve kontaktlos. Ein Vorteil ist dabei, dass ich dann auch mit den Kreditkarten kontaktlos bezahlen kann, die diese Funktion noch gar nicht haben. Für viele der von Ihnen in Curve integrierten Kreditkarten verbessern sich zudem die Konditionen für Auslandszahlungen. Denn Curve übernimmt den Währungstausch vor der Belastung Ihrer Kreditkarte vor, und das zu sehr guten Kursen. Für Ihre bestehende Karte ist damit jeder Einsatz eine Euro-Zahlung und dadurch kostenlos. Curve erhebt auch keine Gebühr für Bargeldabhebungen. Selbst mit Ihrer Sparkassen- oder Volksbank-Kreditkarte können Sie im Rahmen der Abhebelimits kostenfrei Bargeld abheben.

Das sind immerhin 200 GBP (230 Euro) am Tag oder 3.500 GBP (4.000 Euro im Monat). Darüber hinaus muss ich mir nur noch eine PIN-Nummer merken. Einer der wichtigsten Vorteile ist für mich allerdings der Sicherheitsaspekt. Mir wurde vor Jahren in einem Urlaub einmal meine Geldbörse mit zahlreichen Kreditkarten gestohlen. Sie kennen vielleicht selbst den großen Aufwand, alle Karten zu sperren und neu zu beantragen. Sollte mir das jetzt wieder passieren, muss ich nur meine Curve-Karte mit einem Klick über die App sperren.

Meine Empfehlung: »Go Back in Time« ist die einzigartige Zeitreisen-Funktion der Curve-Karte

Die Funktion »Zeitreise« scheint auf den ersten Blick ein merkwürdiger Service für eine Kreditkarte zu sein. Als Selbstständiger, der auch Trennungen zwischen privaten und geschäftlichen Zahlungen vornehmen muss, schätze ich diese Funktion namens »Go Back in Time« sehr. Ich kann damit jetzt auch noch nach einer Zahlung mit meiner Curve-Karte festlegen, mit welcher meiner hinterlegten Kreditkarten bezahlt werden soll.
Das funktioniert für alle Zahlungen, die nicht länger als 14 Tage zurückliegen und den Gegenwert von 1.000 GBP (1.150 Euro) nicht übersteigen. Ein weiterer Vorteil: In der Curve-App sind all meine Kreditkartenzahlungen übersichtlich dokumentiert. Ich bin begeistert von der in der Variante »Curve Blue« kostenlosen Curve-Karte.
Info: www.curve.app

2. Fünf empfehlenswerte Multibanking-Apps für Ihr Smartphone

Das Mobile Banking über Smartphone – oder Tablet oder Smartwatch – wird immer weiter zunehmen. In den App-Stores tummeln sich bereits zahlreiche Banking-Apps. Sicherheitsexperten warnen aktuell allerdings vor betrügerischen Banking-Apps, die zwar wie seriöse Onlinebanking-Anwendungen wirken, tatsächlich aber nur Ihre Zugangsdaten und in der Folge dann Ihr Geld abgreifen. Ich gebe Ihnen deshalb heute einige wichtige Sicherheitstipps an die Hand und nenne Ihnen weiter unten meine fünf favorisierten Banking-Apps, die Sie vertrauensvoll nutzen können.

Apps ersetzen Bankfilialen

Die Bankenlandschaft steht derzeit inmitten des größten Umbruchs, der je zu beobachten war. Neue Technologien ermöglichen immer mehr Innovationen im Bereich der Finanzdienstleistungen, auf die sich immer mehr Menschen auch einlassen. Der Megatrend hin zum Mobile Banking und Mobile Payment wird dadurch dynamisch weitergehen. Die Zukunft von Bankfiliale und Geldautomat liegt in Software-Anwendungen (Apps) auf Ihrem Smartphone, Ihrem Tablet oder Ihrer Smartwatch.

Bevor Sie eine Banking-App auf Ihrem Smartphone installieren, müssen Sie diese allerdings erst einmal auf Seriosität prüfen. Eine Google-Suche und die Bewertungen in den jeweiligen App-Stores geben Ihnen dafür eine erste, wichtige und hilfreiche Orientierung. Installieren Sie auf keinen Fall neue, Ihnen unbekannte Apps mit keinen oder nur wenigen Bewertungen.

Haben Sie eine vertrauenswürdige App gefunden und installiert, müssen Sie in weiterer Folge unbedingt auf Updates achten und diese am besten immer sofort installieren. Die regelmäßigen automatisch vorgeschlagenen Aktualisierungen des Betriebssystems Ihres Smartphones, aber auch Ihrer Apps sind ganz wichtig, weil damit meist sicherheitsrelevante Optimierungen eingespielt werden. Führen Sie daher Softwareaktualisierungen immer so schnell wie möglich durch.

Multibanking-Anwendungen gehört die Zukunft

Zahlreiche Banken stellen Ihnen mittlerweile eigene Apps zur Verfügung. Der Trend geht allerdings eindeutig zum Multibanking. Das bedeutet, dass sich in eine Bank-App auch mehrere Konten von verschiedenen Banken einbinden lassen. Diesen Service bieten derzeit noch relativ wenige Banken. Dafür gibt es allerdings sogenannte »Drittanbieter-Apps«, in denen Sie unterschiedliche Bankkonten ganz übersichtlich vereinen können. Diese Multibanking-Anwendungen passen perfekt zu meinen Empfehlungen zur Diversifikation durch Nutzung unterschiedlicher Banken im In- und Ausland.

Meine Empfehlung: 5 kostenlose Multi-Banking-Apps

Die nachfolgenden fünf Multi-Banking-Apps kann ich Ihnen auf Basis meiner persönlichen Erfahrungen vor allem als Einsteiger und als Basis-Anbieter sehr empfehlen:

finanzblick Online-Banking: finanzblick ist mein Favorit unter den Multi-Banking-Apps. Über 4.000 Banken sind kompatibel. Neben Android und iOS ist finanzblick auch via macOS, Web und Windows nutzbar. Nutzen Sie diese Möglichkeit, auch falls Sie mobilen Anwendungen heute noch skeptisch gegenüberstehen, und tasten Sie sich somit schrittweise an die neue Banking-Welt heran.
Info: www.buhl.de/finanzblick

Outbank 360° Banking: Die App erlaubt es Ihnen nicht nur, Ihre Bankkonten zu verknüpfen, sondern auch Kreditkarten oder PayPal-Konten. Ebenfalls ist die Einbindung von Bonusprogrammen oder Wertpapierdepots möglich.
Info: www.outbankapp.com/de

Numbrs – Mobile Banking App: Auch diese App bietet die für die anderen Apps bereits beschriebenen Services, außerdem den kostengünstigen Bezug von weiteren Bankprodukten wie beispielsweise Ratenkredite. Alle Informationen von Numbrs können auch auf der Apple Watch angezeigt werden. Das ist für mich die nächste Stufe im digitalen Evolutionsprozess hin zum Banking der Zukunft.
Info: www.numbrs.com/de

> **Sparkasse Ihre mobile Filiale:** Über die Sparkassen-App können Sie beliebig viele Konten Ihrer Sparkasse oder auch anderer Institute einrichten. Für mich ist diese App ein idealer Einstig in die Welt des Mobile Banking (www.sparkasse.de).
>
> **Comdirect mobile App:** Auch die App der Comdirect ist für mich ein ideales Einstiegsprodukt, vor allem wenn Sie die Comdirect als Discountbroker bereits für Ihre Wertpapiergeschäfte nutzen. Mit dem Multibanking der Comdirect haben Sie alle Ihre Girokonten, Kreditkarten und Depots – auch von anderen Banken – übersichtlich im Blick.
> Info: www.comdirect.de

3. Das Borderless-Konto: So verwalten Sie mehr als 40 Währungen

Klassische Bankkonten eignen sich grundsätzlich nicht für mehrere Währungen. Sie sind nur für ein Land bzw. einen bestimmten Währungsraum gedacht. Das Unternehmen Transferwise hat bereits 2017 ein neues Multiwährungskonto unter dem Namen Borderless-Konto eingeführt, mit dem Sie mittlerweile über 40 verschiedene Währungen verwalten können. Die Eröffnung und Verwaltung des Kontos ist einfach, flexibel und kostengünstig. Die einzelnen Währungen können Sie innerhalb Ihres Borderless-Kontos zu Topkonditionen tauschen.

E-Geld-Konten sind flexible und kostengünstige Bankkonto-Alternativen

Transferwise ist keine Bank, sondern ein in Großbritannien von der UK-Finanzaufsichtsbehörde FCA lizenziertes und reguliertes E-Geld-Institut. Dadurch haben Sie grundsätzlich vergleichbare Sicherheitsstandards wie bei einer konventionellen Bank. Transferwise verwahrt die Kundengelder aus Europa beispielsweise sicher auf Konten bei der Barclays Bank in Großbritannien.

Das Borderless-Konto von Transferwise ist ein E-Geld-Konto, das für mehrere Währungen nutzbar ist. Ein E-Geld-Konto hat im Unterschied zu einem konventionellen Girokonto bestimmte Einschränkungen. Auf einem

3. Das Borderless-Konto: So verwalten Sie mehr als 40 Währungen

E-Geld-Konto können Sie keinen Dispo beantragen und kein Darlehen aufnehmen. Außerdem erhalten Sie keine Zinsen auf Ihr Guthaben.

E-Geld-Guthaben sind geschützt vor der Insolvenz des E-Geld-Anbieters

Im Insolvenzfall von Transferwise fällt Ihr Geld nicht in die Insolvenzmasse, sondern wird Ihnen innerhalb von zehn Werktagen zurückerstattet. Im Insolvenzfall der Barclays Bank greift hingegen keine gesetzliche Einlagensicherung. Deswegen sind E-Geld-Institute für mich kein vollständiger Bankersatz, aber eine perfekte Ergänzung zu Bankkonten.

Ansonsten hat ein E-Geld-Konto genau die gleichen Grundfunktionen wie ein Bankkonto. Sie haben die Möglichkeit, Zahlungen zu empfangen oder an Dritte zu überweisen. Der größte Vorteil des Multiwährungskontos im Vergleich zu einem Bankkonto ist, dass Ihnen keine Gebühren für Auslandsüberweisungen belastet werden. Zudem kommt der vorteilhafte Devisenmittelkurs zu Anwendung.

Das Borderless-Konto vereint die Funktionalitäten mehrerer Auslandskonten

Mit dem Transferwise Borderless-Konto erreichen Sie in der Praxis – in Bezug auf die Kontofunktionalitäten – den gleichen Effekt, als wenn Sie mehrere Konten in verschiedenen Ländern gleichzeitig besitzen. Über das Multiwährungskonto können Sie über 40 verschiedene Währungen halten und jederzeit zum aktuellen Wechselkurs untereinander umtauschen und in mehr als 50 verschiedene Länder senden. Die Konvertierungsgebühren sind fair (echter Devisenmittelkurs) und weit kostengünstiger als bei Banken.

Die derzeit unterstützten Tauschwährungen auf einen Blick:
Ägyptisches Pfund, Argentinischer Peso, Australischer Dollar, Bangladeschischer Taka, Britisches Pfund, Bulgarischer Lew, Chilenischer Peso, Chinesischer Yuan, Dänische Krone, Euro, Georgischer Lari, Hongkong Dollar, Kanadischer Dollar, Kroatische Kuna, Indische Rupie, Indonesische Rupiah, Israelischer Schekel, Japanischer Yen, Kenia-Schilling, Malaysischer Ringgit, Marokkanischer Dirham, Mexikanischer Peso, Nepalesische Rupie, Neuseeland-Dollar, Nigerianischer Naira, Norwegische Krone, Pakistanische Rupie,

Peruanischer Sol, Philippinischer Peso, Polnischer Zloty, Rumänischer Leu, Russischer Rubel, Schwedische Krone, Schweizer Franken, Singapur-Dollar, Sri-Lanka-Rupie, Südafrikanischer Rand, Südkoreanischer Won, Thai Baht, Tschechische Krone, Türkische Lira, Ukrainische Hrywnja, Ungarischer Forint, US-Dollar, VAE-Dirham, Vietnamesischer Dong.

> **Meine Empfehlung: Sie erhalten bei Transferwise fünf echte Kontonummern und eine Mastercard**
>
> Sie erhalten bei Transferwise lokale Bankverbindungen mit eigenständigen Kontonummern in derzeit fünf Währungen: EUR, GBP, USD, AUD und NZD. Diese Bankverbindungen können Sie als Privatperson nutzen oder auch für den Empfang von Zahlungen Ihres Arbeitgebers oder Ihrer Kunden in der Eurozone, den USA, Großbritannien, Neuseeland und Australien. So einfach, als ob Sie eigenständige Konten in diesen Ländern hätten.
> Nur mit dem großen Unterschied: Kontoführung und Zahlungsverkehr sind gebührenfrei! Darüber hinaus erhalten Sie für Ihr Multiwährungskonto eine kostenlose Mastercard. Die Internetseite von Transferwise gibt es auch in deutscher Sprache. Darüber hinaus gibt es einen ebenfalls deutschsprachigen Kundenservice, der Ihnen sowohl telefonisch, via E-Mail oder mittels einer Chat-Funktion zur Verfügung steht.
> Info: www.transferwise.com – Tel.: 0049(0)322210902-19

4. Blockchain: Das ist die Technologie, die unser Geldsystem der Zukunft revolutionieren wird

Mittels kryptografisch abgesicherter Protokolle in Kombination mit einer dezentralen Datenspeicherung ermöglichen Kryptowährungen den digitalen Zahlungsverkehr, vollkommen ohne Banken als Zentralinstanzen. Der Besitz eines kryptografischen Schlüssels repräsentiert dabei das Eigentum an einem ebenfalls kryptografisch signierten Guthaben in einer gemeinschaftlichen sogenannten Blockchain.

Hinter einer Blockchain, was mit »Blockketten-Technik« übersetzt werden kann, steht einfach ausgedrückt ein Register, in dem alle Transaktionen wie in einem elektronischen Kassenbuch verzeichnet werden. Dieses Register wird von einer Vielzahl von Rechnern dezentral verwaltet. Das macht die Technik fälschungssicher. Im übertragenen Sinne ersetzt die unabhängige Blockchain somit die Bank.

Blockchain bei Investoren immer beliebter
Weltweite Venture-Capital-Investitionen in Blockchain-Technologien in Mio. US-Dollar

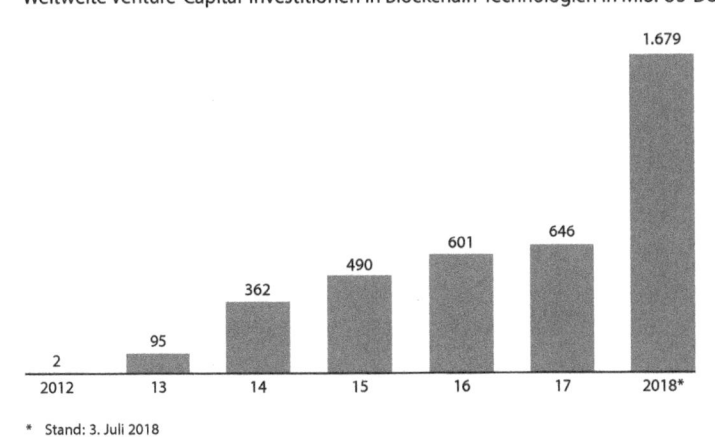

Jahr	Mio. US-Dollar
2012	2
13	95
14	362
15	490
16	601
17	646
2018*	1.679

* Stand: 3. Juli 2018

Quelle: Coindesk.com/statista

Die Einsatzmöglichkeiten der Blockchain-Technologie gehen weit über das Wirtschaftsleben hinaus

Der Begriff der Blockchain-Technologie ist für viele heute noch sehr abstrakt. Deswegen stelle ich Ihnen einmal einige Praxisbeispiele vor, die sehr eindrucksvoll die Blockchain-Möglichkeiten und das Zukunftspotenzial der Blockchain-Anwendungen verdeutlichen. Diese Beispiele sind nur ein ganz kleiner Auszug der bereits erfolgten Blockchain-Adaptionen in der Realwirtschaft. Fortlaufende aktuelle Berichte darüber zeige ich Ihnen auf meinem Themen-Portal www.krypto-x.biz.

- ✓ Im Oktober 2014 wurde die erste Heirat in der Blockchain notariell beurkundet, vergleichbar mit einer Eintragung in einem behördlich geführten Personenstandsregister.
- ✓ Die Universität Nicosia zertifiziert die Zeugnisse ihrer Studenten in Form von Transaktionen in der Blockchain.

II. Geldsysteme der Zukunft

- ✓ Die britische Regierung erforscht den Nutzen der Integritätsgarantie der Blockchain.
- ✓ Die Isle of Man betreibt ein Handelsregister für Unternehmen im Kryptowährungsbereich basierend auf der Blockchain.
- ✓ In der Initiative R3 haben sich mehr als 30 weltweit agierende Banken zusammengefunden, um eine eigene private Blockchain zu entwickeln, mit der Zahlungen kostengünstig abgewickelt werden können.
- ✓ Die renommierte Wirtschaftsprüfungsgesellschaft Deloitte arbeitet bereits mit der Blockchain-Technologie, um größeres Vertrauen in die Bücher von Firmen zu schaffen und Prüfungen zu automatisieren.
- ✓ Der Technologiekonzern IBM wagte bereits im Jahr 2015 einen neuen Vorstoß, um die weltweite IoT-Infrastruktur auf ein System umzustellen, das auf einer Blockchain basiert. IoT steht für »Internet of Things«. Das »Internet der Dinge« ist ein gigantischer Zukunftsmarkt. Intelligente Gegenstände werden unseren Alltag zunehmend bestimmen. Auch in diesen Bereichen fern der reinen Finanzwirtschaft und des Geldwesens werden Blockchain-Anwendungen zukünftig eine immer wichtigere Rolle spielen.

Meine Empfehlung: Befassen Sie sich mit den Entwicklungen und Vorteilen der Blockchain-Technologie

Viele Noten- und Geschäftsbanken und zahlreiche neue und bestehende Dienstleister im Zahlungsverkehr testen ausgiebig die verschiedenen Einsatzmöglichkeiten der Blockchain-Technologie. Die Deutsche Bundesbank hat bereits eine Kooperation für Blockchain-Anwendungen mit der Deutschen Börse geschlossen. Ich bin der Überzeugung, dass der breite Einsatz der Blockchain-Technologie die gesamte Finanzbranche und das Geldwesen in der nahen Zukunft revolutionieren wird.

Eröffnen Sie eine kostenlose Online-Wallet bei Blochchain.info

Mir geht es so, dass ich die wertvollsten Erfahrungen dann erziele, wenn ich etwas selbst in der Praxis teste. Ich bin sicher, das trifft auch auf Sie zu. Bitcoins sind und bleiben mein Basis-Investment im Bereich der Kryptowährungen. Deswegen empfehle ich Ihnen: Eröffnen Sie ein kostenloses Online-Bitcoin-Wallet

> (Elektronische Geldbörse) auf der deutschsprachigen Internetseite von www.blockchain.info.
> Das dauert nur wenige Minuten. Sammeln Sie eigene Erfahrungswerte mit dieser Zukunftstechnologie. Die Online-Plattform bietet Ihnen alle Informationen zu den Grundlagen und der Funktionsweise. Das ist höchst informativ und hat für Sie einen Lerneffekt. Fortlaufende, kostenlose Informationen zu Blockchain, Bitcoin, Cryptocoins und FinTechs finden Sie auf meinem Themen-Portal www.kryptp-x.biz.

5. Kryptowährungen: So funktioniert die führende digitale Währung Bitcoin

Die Idee des freien Marktgeldes beziehungsweise einer marktwirtschaftlichen Geldordnung ist für viele Menschen völlig neu. Aus meiner Sicht wird es in der Zukunft eine neue Währung geben, die kryptografisch sein wird. Ich kann mir darüber hinaus aber auch vorstellen, dass es offizielle Währungen geben wird, die die Eigenschaften von physischem Gold mit der modernen Technologie der Kryptografie (mathematische Verschlüsselungssysteme) kombinieren.

Die heute mit großem Abstand bekannteste kryptografische Währung ist der Bitcoin. Das Konzept von Bitcoin wurde 2008 unter dem Namen Satoshi Nakamoto erstmals beschrieben. Bis heute ist nicht klar, wer hinter dem Namen steckt. Neuere Quellen sprechen von einem australischen Unternehmer. Vermutlich ist Satoshi Nakamoto keine natürliche Person, sondern ein Pseudonym, hinter dem eine ganze Gruppe von Entwicklern steht.

Der Bitcoin ist elektronisches Bargeld

Jeder Benutzer der Bitcoin-Software erhält eine elektronische Geldbörse, in der sich ein öffentlicher und privater Schlüssel befinden. Der öffentliche Schlüsselteil dient dabei als Adresse zum Senden und Empfangen von Bitcoins. Der private Schlüsselteil autorisiert die persönlichen Transaktionen. Aufgrund zufälliger Generierung enthalten die Adressen – wie bei Bargeldscheinen oder Münzen – keinerlei Informationen über den Besitzer.

Daher ist es auch möglich, dass jeder Benutzer theoretisch unendlich viele Konten besitzt, da jede neue Generierung von einem Schlüsselpaar einem neuen Konto gleicht. Somit können Sie für verschiedene Bereiche Ihres alltäglichen Lebens auch verschiedene Bitcoin-Konten benutzen.

Die wichtigsten Vorteile von Bitcoin auf einen Blick
- ✓ Bitcoin ist ein freies Geld, frei von Schulden und Garantieversprechen, es gibt keine Geschäfts- oder Zentralbank, die es schöpft oder herstellt.
- ✓ Bitcoin untersteht keiner staatlichen oder privaten Institution. Die virtuelle Währung ist dadurch nicht durch externe Dritte kontrollierbar.
- ✓ Bitcoin ist dezentral und frei zugänglich.
- ✓ Bitcoin ist immer verfügbar, da Serverausfälle aufgrund der dezentralen Technologie ausgeschlossen sind bzw. keine Auswirkungen haben.
- ✓ Bitcoin ist ebenso anonym wie Bargeld, allerdings mit weit mehr Sicherheiten als bei Zahlungsmitteln wie Banknoten oder Kreditkarten. Durch die Legitimationsvorschriften beim Wechsel in das konventionelle Geldsystem ist der Bitcoin pseudonym.
- ✓ Bitcoin ist sicher, da eines der stärksten Verschlüsselungsverfahren angewandt wird, das technologisch möglich ist.
- ✓ Bitcoin-Transaktionen sind sehr sicher, weil das System automatisch die Gegenseite vor einer Überweisung überprüft.
- ✓ Bitcoin-Überweisungen werden innerhalb von Sekunden durchgeführt.
- ✓ Der Bitcoin-Zahlungsverkehr ist relativ günstig, da die Transaktionskosten minimal sind und keine Kontoführungsgebühren anfallen.
- ✓ Bitcoin ist eine limitierte Währung, die diesbezüglich eine ähnliche Eigenschaft aufweist wie beispielsweise Edelmetalle.

Bitcoins und Kryptowährungen finden immer mehr Anerkennung und Verbreitung

Im Laufe der noch sehr kurzen Bitcoin-Geschichte von rund sieben Jahren wurden bereits zahlreiche Projekte rund um Bitcoin gegründet. Einige davon befassen sich mit dem Tausch von Bitcoins in andere Währungen, beispielsweise in US-Dollar, Japanische Yen oder in Euro. Des Weiteren bieten immer mehr Onlineshops, stationäre Händler oder Hotels und Restaurants an, ihre Dienstleistungen mit Bitcoins zu bezahlen. Bei großen Unternehmen wie

Microsoft, Expedia, Dell und vielen weiteren können Sie beispielsweise als Kunde bereits mit Bitcoins bezahlen.

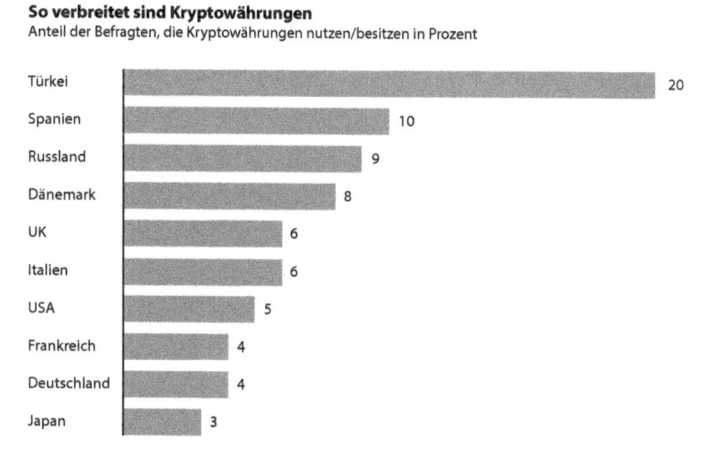

So verbreitet sind Kryptowährungen
Anteil der Befragten, die Kryptowährungen nutzen/besitzen in Prozent

Land	Prozent
Türkei	20
Spanien	10
Russland	9
Dänemark	8
UK	6
Italien	6
USA	5
Frankreich	4
Deutschland	4
Japan	3

Quelle: Statista Global Consumer Survey; Basis: jew. ca. 1000 Internetnutzer (ab 18 Jahren); ausgewählte Länder; 2019 – Update 1

Starkes Wachstum bei Bitcoin-Geldbörsen und Bitcoin-Geldautomaten

Der Bitcoin-Aufschwung ist nicht nur am zuletzt wieder stark steigenden Wert der kryptografischen Währung zu erkennen, sondern vor allem durch die geradezu explodierende Nutzung von Bitcoin-Wallets. Mittlerweile gibt es bereits weit über 5.000 Bitcoin-Geldautomaten, deren Anzahl monatlich weiter ansteigt. Helsinki, Stockholm und Bratislava waren die ersten Städte Europas, in denen diese Automaten installiert wurden. Deutschlands erster Bitcoin-Automat steht in Berlin. Bitcoin-Geldautomaten bieten die Möglichkeit, die Internetwährung abzuheben oder auch einzuzahlen. Dadurch rückt die führende digitale Währung immer näher an die reale Wirtschaft heran.

Bitcoin ist digital limitiertes Bargeld mit zunehmender Akzeptanz

In Gesprächen stelle ich immer wieder fest, dass beispielsweise zahlreiche Bargeldverfechter oder Goldbefürworter gleichzeitig große Gegner von virtuellen Währungen und digitalen Prozessen sind. Das ist verwunderlich und liegt nach meiner Einschätzung vor allem darin begründet, dass diesen Marktteilnehmern schlicht das Basiswissen zu Bitcoins fehlt. Eine Goldcoin (coin: engl. für Münze) wie beispielsweise der Krügerrand hat mit einem Bitcoin sehr viel gemein – von der weltweiten Akzeptanz über die Anonymität bis hin zur natürlichen beziehungsweise technologisch limitierten Verfügbarkeit.

Die Anzahl an verfügbaren Bitcoins ist auf 21 Millionen Münzen begrenzt

Es gibt lediglich 21 Millionen digitale Bitcoin-Münzen. Derzeit sind bereits rund 18 Millionen Bitcoins in Umlauf. Die restlichen 4 Millionen Bitcoins werden erst über die nächsten Jahrzehnte ausgeschüttet. Der letzte Bitcoin wird voraussichtlich sogar erst im Jahr 2140 erzeugt werden. Ich bewerte Bitcoin im Gegensatz zu Gold derzeit weniger als Wertaufbewahrungsmittel, sondern vielmehr als virtuelles Währungssystem mit alternativen Zahlungsverkehrsfunktionen. Bitcoins können Sie weltweit für Zahlungsvorgänge und Überweisungen nutzen. Die Akzeptanzstellen werden weiter zunehmen. Die teuren Bezahldienste der Banken können Sie dadurch – speziell bei Auslandstransaktionen – ganz einfach umgehen.

Bitcoin ist eine anerkannte Währung mit eigenem Währungskürzel

Der Bitcoin hat für mich das Potenzial, ein wichtiges Zahlungsmittel der Zukunft zu werden, vergleichbar mit einer Weltleitwährung wie dem US-Dollar, der jedoch auf einem ungedeckten Papiergeldsystem basiert. Der Bitcoin hat mittlerweile mit BTC ein eigenes Währungskürzel. Mittlerweile wird der Bitcoinpreis (BTC/USD) bei den Devisenkursen von zahlreichen Informationsdiensten fortlaufend publiziert, vergleichbar mit Informationen zu Aktienkursen, dem Goldpreis oder Ölpreisen.

Immer mehr Unternehmen, Privatpersonen, Geschäftsbanken und selbst große Zentralbanken befassen sich zunehmend mit der Bitcoin-Technologie. Ihnen rate ich, sich diese Marktteilnehmer zum Vorbild zu nehmen.

Meine Empfehlung: Eröffnen Sie jetzt ein Bitcoin-Konto!

Zahlreiche Anleger kaufen zur Vorsorge in Krisenzeiten Goldbarren oder Silbermünzen als Bargeldersatz. Aber glauben Sie wirklich, dass man in einer Systemkrise damit einkaufen kann? Ich nicht! Weil die Grenzen des Geldwäschegesetzes dann ganz einfach über Nacht in Richtung 100 Euro gesenkt werden. Und auch auf dem Schwarzmarkt würde es schwierig; denn wie soll man denn Wechselgeld auf einen Krügerrand rausgeben. Derzeit werden die Grundlagen gelegt für unser digitales Geldsystem der Zukunft. Dabei steht der Bitcoin als mögliche elektronische Bargeldalternative im Blickpunkt. Die Dynamik im Bereich der Kryptowährungen – wie parallel dazu im Segment der FinTech-Unternehmen – ist exorbitant hoch. Fortlaufend ergeben sich neue Entwicklungen.

Sollten Sie noch kein Bitcoin-Konto haben, rate ich Ihnen spätestens jetzt, eines zu eröffnen. Für die Eröffnung eines Bitcoin-Kontos, über das Sie auch über 20 weitere Kryptowährungen (Altcoins) handeln und verwahren können, empfehle ich Ihnen die Plattform bzw. Kryptowährungsbörse Bitpanda aus Österreich. Speziell für Einsteiger ist Bitpanda auf Basis meiner umfassenden Erfahrungen sehr empfehlenswert.

Info: www.bitpanda.com

6. Krypto-Tresore: Hier bewahren Sie Ihre Cryptocoins am sichersten auf

So wie Sie für die Verwahrung Ihres Bargeldes eine Geldbörse nutzen und für Ihr Buchgeld ein Bankkonto benötigen oder für Ihre Aktien und Investmentfonds ein Wertpapierdepot, so ist für die Verwahrung Ihrer Cryptocoins eine spezielle Cryptocoin-Geldbörse nötig, die sogenannte Wallet. Das ist das englische Wort für Geldbörse. Grundsätzlich lassen sich fünf Arten von Cryptocoin-Wallets unterscheiden:

Die 5 wichtigsten Wallet-Arten auf einen Blick

1. **Desktop Wallets**
   Das sind Programme für Ihren Rechner, mit denen Sie Cryptocoins verschicken und empfangen können. Außerdem unterstützen diese Programme oft auch das Netzwerk der jeweiligen Kryptowährung und speichern die Blockchain, das digitale Orderbuch.

2. **Mobile Wallets**
   Diese auch als Wallet Apps bezeichneten Programme sind vergleichbar mit den Desktop Wallets, aber eben für den Einsatz auf Ihrem Smartphone geeignet. In erster Linie werden Mobile Wallets für direkte Zahlungen verwendet, beispielsweise in einem Geschäft, das Bitcoins akzeptiert. Dadurch ist die Mobile Wallet das Pendant zur klassischen Geldbörse.

3. **Online Wallets**
   Die Online Wallet ist eine digitale Geldbörse, die bei einem Drittanbieter im Internet liegt. Hier verwalten Sie Ihren Public und Private Key nicht selbst, sondern überlassen die Sicherheit Ihrer Cryptocoins dem jeweiligen Dienstleister. Mithilfe von Online Wallets bei Kryptobörsen die ich empfehle – wie beispielsweise www.bitpanda.com – ist es für Sie sehr einfach möglich, ein Cryptocoin-Depot bzw. Krypto-Wallet anzulegen. Diese Wallet-Art ist daher am ehesten mit Ihrem Konto bei einer Bank vergleichbar.

4. **Hardware Wallets**
   Eine Hardware Wallet ist häufig ein spezieller USB-Stick, mit dem Sie Ihre Cryptocoins offline verwalten können. Der große Vorteil von Hardware Wallets liegt in der hohen Sicherheit. Eine Hardware Wallet müssen

Sie nur bei Bedarf an den Rechner anschließen. Die übrige Zeit können Sie den »USB Stick« sicher in Ihrem Tresor oder einem Schließfach verwahren. Ihre Zugangsschlüssel sind dann vor einem möglichen Onlinezugriff durch Dritte geschützt. Hardware Wallets eignen sich sowohl für die sichere Aufbewahrung Ihrer Cryptocoins als auch für den Zahlungsverkehr, da diese zunehmend anwendungsfreundlicher werden und beispielsweise mittlerweile sogar in Smartphones integriert werden.

5. **Paper Wallets**
Eine Paper Wallet ist einfach, weil es sich dabei um ein Blatt Papier handelt, auf dem Ihr Private Key und Public Key stehen. Verwahren Sie dieses Blatt Papier in einem Safe, ist die Sicherheit ebenso hoch wie bei einer Hardware Wallet. Paper Wallets dienen primär der langfristigen Investition und Wertaufbewahrung Ihrer Cryptocoins.

> **Meine Empfehlung:** Setzen Sie auf die sicheren Hardware-Wallets von Ledger!

In der Welt der Kryptowährungen gibt es einen ganz wesentlichen Grundsatz. Ich würde fast behaupten, das 1. Gebot für einen jeden Krypto-Investor. Das lautet: »Not your Keys, not your Bitcoin!« und besagt, dass ein Bitcoin-Inhaber nicht uneingeschränkt über das Eigentum an seinen digitalen Vermögenswerten verfügt, wenn er nicht im Besitz der Private Keys ist. Dieses Bitcoin-Gebot gilt selbstverständlich stellvertretend für alle Kryptowährungen.

Verwahren Sie Ihre digitalen Vermögenswerte in Form Ihrer Kryptowährungen auf Kryptobörsen, müssen Sie der jeweiligen Exchange uneingeschränkt vertrauen. Bei der Verwahrung bzw. Verwaltung Ihrer Private Keys über eine Hardware Wallet wie dem Ledger sind Sie hingegen im unmittelbaren Besitz Ihrer Private Keys, verbunden mit einer hohen Sicherheit, weil Ihre Private Keys den Leger nie verlassen. Wie wichtig eine derartige Eigensicherung ist, zeigt auch der Blick auf die größten Krypto-Diebstähle bei Kryptobörsen.

Die größten Krypto-Diebstähle
Geschätzter Wert der entwendeten Krypto-Coins in Mio. US-Dollar

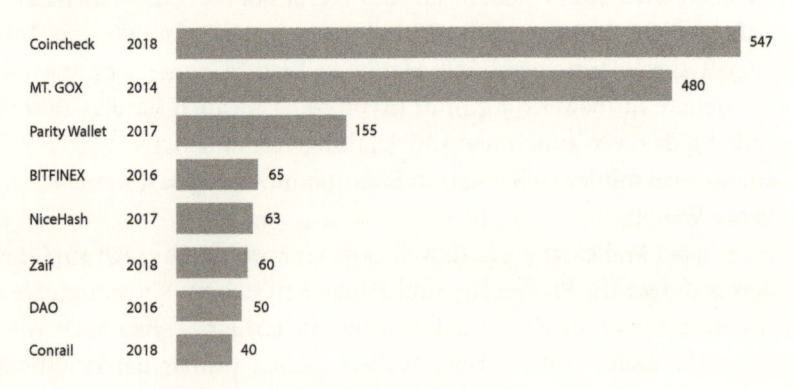

Coincheck	2018	547
MT. GOX	2014	480
Parity Wallet	2017	155
BITFINEX	2016	65
NiceHash	2017	63
Zaif	2018	60
DAO	2016	50
Conrail	2018	40

Quellen: Bloomberg/Business Insider/TechCrunch/statista

Meine Empfehlung: Mittels externer Wallets werden Sie zu Ihrer eigenen Bank!

Dadurch kommt ein weiterer Grundsatz der Krypto-Ökonomie zum Tragen: »Be your own bank.« Durch den unmittelbaren Zugriff auf Ihre Private Keys schaffen Sie sich Ihre eigene Bank für Ihr digitales Geld. Die gezielte Auswahl einer Kryptobörse hat somit eine ganz wichtige Bedeutung ebenso wie die Übertragung und Verwahrung auf eine sichere Hardware Wallet wie den Ledger Nano S oder den Ledger Nano X, die ich Ihnen beide empfehlen kann für die sichere Verwahrung Ihrer Kryptowährungen.
Info: www.ledger.com

7. Die Card Wallet der Österreichischen Staatsdruckerei

Ich weiß, dass viele Bürger bzw. Privatanleger Kryptowährungen aus strategischen Gründen der Diversifikation und zum Zwecke der langfristigen Aufbewahrung kaufen. Das gilt vor allem für den Bitcoin (BTC) als Welt-Kryptoleitwährung und digitales Gold. Ihnen ist dabei eine sichere Offline-Verwahrung sehr wichtig. Seit dem 15. Februar 2019 bietet beispielsweise die Liechtensteinische Post AG www.post.li den Wechsel von Kryptowährungen am Schalter an.

Physische Krypto-Wallets sind ideal geeignet für Tresor- und Schließfachverwahrungen

Als Kunde erhalten Sie dabei nach der Durchführung des Wechselgeschäfts eine physische Krypto-Wallet (Plastikkarte) ausgehändigt, sodass Ihnen mittels Public und Private Key die Aktivierung Ihrer erworbenen Kryptowährungen online möglich ist. Neben dem Bitcoin (BTC) bietet die Post in Liechtenstein auch den Wechsel von Ethereum (ETH), Litecoin (LTC), Bitcoin Cash (BCH) und Ripple (XRP) an. Viele Privatanleger nutzen diese Möglichkeit bereits, um die Krypto-Wallets direkt nach dem Kauf in ihr Schließfach in Liechtenstein zu legen, zur sicheren und langfristigen Offline-Aufbewahrung. Vergleichbar mit einer Kapitalanlage in einen physischen Goldbarren. Das macht Sinn, kein Hacker wird auf die Wallet zugreifen können. Der Erwerb von Kryptowährungen über die physischen Krypto-Wallets der Liechtensteinischen Post ist ausschließlich bei persönlicher Vorsprache am Schalter möglich. Aus Österreich kommt hingegen eine physische Krypto-Wallet in Kartenform, die auch online bestellbar ist.

> **Die Card Wallet ist einfach, sicher und ideal für Krypto-Anfänger!**
>
> Die Card Wallet ist als Co-Produktion des Unternehmens Coinfinity GmbH und der Österreichischen Staatsdruckerei eine einfache Variante, Bitcoins offline und sicher in Form einer fälschungssicheren Karte aufzubewahren. Die Card Wallet wird im Hochsicherheitsraum der Österreichischen Staatsdruckerei in einem vom Internet isolierten System hergestellt. Der private Schlüssel wird noch in der Maschine manipulationssicher versiegelt und im Computer sofort gelöscht, damit nicht einmal die Mitarbeiter im Hochsicherheitsraum jemals den Schlüssel sehen können.
> Hochwertige Sicherheitsmaterialien und fälschungssichere Merkmale verhindern zusätzlich eine Manipulation der Karte. Die Card Wallet ist ideal für die sichere langfristige Offline-Aufbewahrung von Bitcoins. Damit ist problemloses Schenken, Übertragen oder Vererben möglich, da die Card Wallet Bitcoins in ein

physisches Gut verwandelt. Ideal ist die Card Wallet auch für Personen, die im Umgang mit Kryptowährungen noch keine Erfahrung haben. Bestellen können Sie die Card Wallet zum Preis von 59,99 Euro.
Info: www.cardwallet.com

8. Diese Zahlkarten verbinden das bestehende Geldsystem mit der neuen Kryptowelt

Bei allem technologischen Fortschritt durch die Digitalisierung sind Bank- und Kreditkarten in vielen Situationen heute ebenso praktisch wie notwendig. Eine Kreditkarte wird dabei üblicherweise mit einem Bankkonto verknüpft, von dem anschließend die Abbuchungen erfolgen. Prepaid-Kreditkarten hingegen müssen vorher mit Geld aufgeladen werden, da keine Kreditlinie existiert. Kryptokarten sind ebenfalls Prepaid-Karten und können mit ausgesuchten Kryptowährungen aufgeladen werden. Bezahlen können Sie dann zum Beispiel in Euro oder US-Dollar.

Das Bargeldzeitalter neigt sich auch in Deutschland seinem Ende entgegen

Zahlen Sie bereits Ihre Einkäufe per App? Vermutlich nicht – falls ja, sind Sie ein sogenannter »Early Adopter«, also ein frühzeitiger Anwender – denn Deutschland ist nach wie vor ein Land der Bargeldzahler. Allerdings wird Bargeld aus zwei wesentlichen Gründen immer stärker zurückgedrängt: erstens durch den technologischen Fortschritt und die in Meilenstiefeln voranschreitende Digitalisierung wichtiger Wirtschafts- und Lebensbereiche, zweitens durch die politisch immer stärker vorangetriebene staatliche Kontrolle und Einschränkung des Bargeldes. Beides führt dazu, dass das Bargeldzeitalter seinem Ende entgegengeht. Die neuen Geldscheine und Münzen des Digitalzeitalters heißen Mobile Payments.

Derzeit nutzen lediglich etwas mehr als zwei Millionen Menschen in der Bundesrepublik Anwendungen (Applikationen, Apps) für mobile Zahlungsvorgänge. Darunter fallen auch kontaktlose Transaktionen mit Bank- oder Kreditkarten über entsprechende Zahlungsterminals bei Händlern. Sie er-

8. Diese Zahlkarten verbinden das bestehendeGeldsystem mit der neuen Kryptowelt

kennen diese Zahlungsverkehrsmöglichkeiten an dem »NFC-Zeichen«, dem nach rechts gerichteten Wellen-Symbol auf Ihrer Bank- oder Kreditkarte. In den USA gibt es heute bereits 60 Millionen Nutzer von Mobile-Payment-Anwendungen, in China sogar 350 Millionen Nutzer.

Mobile Payment schafft eine digitale Bargeldfunktion

Ist dieses Symbol auf Ihrer Karte abgebildet, können Sie damit kontaktlos bezahlen. Ihre Karte ist dafür mit einem Chip ausgestattet und nutzt die sogenannte NFC-Technologie (Near Field Communication). Mit dieser Technologie kann über wenige Zentimeter hinweg eine kontaktlose Verbindung zwischen Ihrer Karte und dem Bezahlterminal des Händlers hergestellt werden. Eine PIN-Eingabe oder eine Unterschrift sind dabei bis zu einem Höchstbetrag pro Transaktion von 25 Euro nicht notwendig. Bei höheren Beträgen müssen Sie zur Sicherheit zusätzlich Ihre PIN eingeben.

Mobile Payment schafft in diesem Bereich somit heute bereits eine digitale Bargeldfunktion. Die Mobile-Payment-Systeme der großen US-Giganten Apple Pay und Google Pay basieren ebenfalls auf der NFC-Technologie und sind mittlerweile in Deutschland verfügbar. Das Potenzial für Mobile Payment in Deutschland ist sehr groß. Das durchschnittliche Transaktionsvolumen je Mobile-Payment-Nutzer beträgt in den USA aktuell 1.838 Euro im Jahr, in Großbritannien 1.683 Euro, in Frankreich 667 Euro und im digitalen Entwicklungsland Deutschland lediglich 80 Euro. Allerdings nehmen die Kartenzahlungen weiter zu.

Deutsche zahlen immer häufiger mit Karte
Anzahl der Kartenzahlungen* je Einwohner in Deutschland

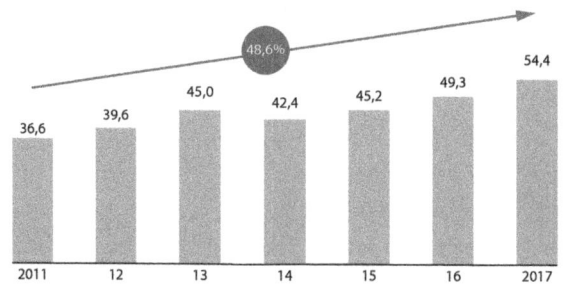

2011	12	13	14	15	16	2017
36,6	39,8	45,0	42,4	45,2	49,3	54,4

(48,6%)

* Zahlung, bei der kontogebundene (z. B. Debitkarten) und nicht kontogebundene Zahlungskarten (z. B. Kreditkarten) eingesetzt werden.

Quellen: EZB/statista

85

Seit 2011 ist die Anzahl der Kartenzahlungen um rund 50 % gestiegen

Die Wandlung Deutschlands weg vom Bargeldland ist auch durch Zahlen zu belegen. Seit dem Jahr 2011 haben die Kartenzahlungen bereits um 50 % zugenommen, wie die nachfolgende Statistik verdeutlicht. Im Ländervergleich liegt Deutschland dennoch auch hier weit hinten. In Schweden zahlt jeder Bürger durchschnittlich rund 333-mal mit seiner Karte pro Jahr. In Großbritannien liegt diese Zahl bei 315-mal. Demgegenüber stehen, trotz der großen Steigerung, nur 54,4 durchschnittliche Kartenzahlungen in Deutschland.

Digitalisiertes Bargeld: Kryptowährungen fallen nicht unter die Barmittelverordnung

Kryptowährungen lagern nicht, wie fälschlicherweise so häufig angenommen, in digitalen Brieftaschen (Walltes), sondern in der sicheren Blockchain. Über die Wallets werden rein die Zugangsschlüssel verwaltet. Das ist vergleichbar mit einem Schlüssel zu einem Tresor im Ausland, in dem die Goldbarren liegen. Den Tresorschlüssel müssen Sie bei einem Grenzübertritt auch nicht angeben. Gleiches gilt für den digitalen Schlüssel zu Ihren Krypto-Wallets.

Auf einer Krypto-Zahlkarte sind beim Übertritt einer EU-Außengrenze somit technisch wie juristisch keine anmeldepflichtigen Vermögenswerte vorhanden. Sie können Ihre Vermögenswerte ganz flexibel zu einem späteren Zeitpunkt von Ihrer Krypto-Wallet aufladen, wenn Sie bereits im Ausland sind. Dann können Sie damit natürlich in Kryptowährungen bezahlen oder den Betrag in konventionelle Währungen umwandeln. Sammeln Sie frühzeitig Erfahrungswerte für die kommende digitale Bank- und Geldwelt!

> **Meine Empfehlung: Barmittel-Alternativen: Nutzen und testen Sie jetzt die Kryptokarten von Wirex und Bitwala**
>
> Wirex ist ein Anbieter von Kundenkarten für Kryptowährungen mit Sitz in London. Über die Internetseite www.wirexapp.com können Sie sich innerhalb von 5 Minuten ein Konto bzw. eine mobile Wallet einrichten und sofort eine virtuelle Wirex-Karte online beantragen, die Ihnen umgehend an Ihre E-Mail-Adresse übermittelt wird. Nach vollständiger Legitimierung können Sie auch eine physische Kunststoff-Kryptokarte beantragen, die Sie in den konventionellen

Währungen Euro (EUR), US-Dollar (USD), Britischen Pfund (GBP) oder in Kryptowährungen wie beispielsweise Bitcoin (BTC), Litecoin (LTC) oder Ripple (XRP) nutzen können.
Die Produktion der Karte sowie der Versand erfolgen kostenfrei. Die monatlichen Servicegebühren sind fair und moderat. Ich rate Ihnen, diese Möglichkeit jetzt zu testen als zukunftsweisende Ergänzung zu Ihren bereits bestehenden Bank- und Kreditkarten, aber speziell auch als Alternative und präventive Antwort auf die kommenden Barmitteleinschränkungen der EU.
Info: www.wirexapp.com

Eine weitere Alternative aus Deutschland kommt vom Anbieter Bitwala. Bitwala ist ein deutsches FinTech-Unternehmen, das 2015 mit der Vision gegründet wurde, es Menschen zu ermöglichen, Vermögenswerte so einfach auszutauschen wie Ideen – weltweit, sofort und zu den geringstmöglichen Kosten. Zusammen mit seiner Partnerbank bietet Bitwala ein Bankkonto an, welches den einfachen und sicheren Handel mit Kryptowährungen und das tägliche Banking verlässlich in einem Konto vereint.
Zum Bitwala-Konto gibt es eine Debitkarte und eine Multi-Signatur Bitcoin Wallet für maximale Sicherheit. Da das Bankkonto der Bundesanstalt für Finanzdienstleistungsaufsicht (BaFin) unterliegt, sind Geldmittel bis zu 100.000 Euro über das Einlagensystem deutscher Banken geschützt.
Info: www.bitwala.com

9. Goldmoney: Physisches Gold wird zur digitalen Währung

Goldmoney ist ein börsennotiertes Unternehmen aus Kanada. Hinter Goldmoney steht ein Zahlungssystem, das Ihnen zusätzlich zu der Tauschmittelfunktion von Geld eine Wertaufbewahrungsfunktion basierend auf physischen Edelmetallen bietet. Sie schaffen dadurch Ihren eigenen Goldstandard, da Sie Ihr Geld in Gold aufbewahren können. Gleichzeitig können Sie bei Bedarf über eine Kreditkarte damit auch bezahlen. Zum Kaufzeitpunkt einer Ware oder einer Dienstleistung wird Ihr Goldguthaben ganz einfach in die entsprechende Währung konvertiert.

Virtuellem Geld in Kombination mit einer realen Hinterlegung von Buchungswerten durch die Rückdeckung mittels physischer Edelmetalle, wie das bei Goldmoney umgesetzt wird, gehört für mich die Zukunft. Weil hier die Wertaufbewahrung-, Zahlungsmittel- und Wertmessfunktionen des Geldes vorteilhaft kombiniert werden. Dadurch können Sie Ihr Geld auf Knopfdruck in diverse konventionelle oder auch virtuelle Währungen und »Geldformen« umwandeln, vom Euro über den Schweizer Franken oder den Kanadischen Dollar bis hin zu Edelmetallen. Je nachdem, welchen Bedarf beziehungsweise welche Zukunftserwartungen Sie gerade aufgrund der vorherrschenden Rahmenbedingungen haben. Auch mit einer Krypto-Wallet ist Goldmoney kombinierbar.

Nutzen Sie die Mastercard-Prepaidkarte von Goldmoney mit Goldhinterlegung

Sie erhalten als Kunde von Goldmoney eine Mastercard-Kreditkarte, mit der Sie ganz normal Einkäufe oder auch Bargeldabhebungen tätigen können. Diese Karte laden Sie im Bedarfsfall dann einfach auf von Ihrem Edelmetall- oder Fremdwährungskonto bei Goldmoney.

Goldmoney konvertiert Ihr physisches Gold in ein tägliches Zahlungsmittel

Durch die Nutzung von Goldmoney haben Sie die Möglichkeit, sich monetär abzusichern. Sie tauschen Ihr eingezahltes Papiergeld in physisches Gold. Goldmoney ist die erste mir bekannte Plattform, der es gelingt, physisches Gold als reguläres Zahlungsmittel für den täglichen Alltagsgebrauch weltweit nutzbar zu machen.

Goldmoney kombiniert damit erstmalig die Wertaufbewahrungsfunktion von Gold mit einer weltweit anerkannten Zahlungsverkehrsfunktion über Ihren PC, Ihr Smartphone oder die Goldmoney Mastercard. Zusätzlich können Sie von anderen Goldmoney-Nutzern gebührenfrei Gold empfangen oder auch selbst versenden. Sie können sich Ihr Gold auch in Barrenform physisch ausliefern lassen. Als Kleinanleger können Sie sich Würfel aus Feingold zu je 10 Gramm liefern lassen. Größere Investments können über handelsübliche 1-Kilo-Goldbarren ausgeliefert werden. Sie haben auch die Möglichkeit,

9. Goldmoney: Physisches Gold wird zur digitalen Währung

Ihr Gold persönlich an den Tresorstandorten in Singapur, Zürich, Hongkong oder Toronto abzuholen.

Die Vorteile der goldhinterlegten Mastercard auf einen Blick
- ✓ Die Karte ist hochgeprägt, was ein Zeichen für eine echte Kreditkarte ist mit entsprechender Anerkennung in Geschäften und Hotels. Kreditkarten ohne Hochprägung werden dort gelegentlich abgelehnt.
- ✓ Die Mastercard ist für jeden Goldmoney-Kunden erhältlich.
- ✓ Sie können die Mastercard nicht nur als Plastikkarte bestellen, sondern auch als Metallkarte. Das bedeutet: Ihre Kreditkarte besteht wahlweise aus physischem Gold oder Silber. Für den Praxiseinsatz ist das allerdings wenig empfehlenswert, ebenso ist eine Kreditkarte aus purem Gold- und Silber mehr als auffällig, sodass ich Ihnen primär die Goldmoney-Kreditkarte aus Kunststoff ans Herz lege.
- ✓ Die Beantragung der Mastercard ist einfach und online möglich.
- ✓ Das Konto und die Mastercard sind pfändungssicher für deutsche Gläubiger.
- ✓ Hohe Diskretion
- ✓ Ihre Karte ist hinterlegt bzw. im Bedarfsfall gedeckt durch physisches Gold, das in bankenunabhängigen Hochsicherheitstresoren beispielsweise in Singapur, Hongkong, Zürich, New York, London oder Toronto und Ottawa in Kanada sicher verwahrt ist.
- ✓ Als Kartenwährung sind derzeit wahlweise die Währungen Euro, US-Dollar, Britischen Pfund und Schweizer Franken möglich.

Die Kontoeröffnung ist online einfach und schnell möglich

Die kostenlose Kontoeröffnung bei Goldmoney ist online mit einem relativ geringen Zeitaufwand umgesetzt. Sie benötigen lediglich eine Ausweiskopie sowie einen Adressnachweis in Form einer Verbrauchsrechnung, beispielsweise Ihrer Stromrechnung. Diese Dokumente können Sie einscannen und online im Rahmen der Kontoeröffnung hochladen. Bereits nach wenigen Minuten können Sie dann Geld auf Ihr neues, goldgedecktes Konto einbezahlen.

Ein- und Auszahlungen sind auf unterschiedlichen Wegen möglich

Ihr Goldmoney-Konto laden Sie ganz bequem per Überweisung, über Ihr Bitcoin-Konto oder über eine Kreditkarte auf. Die Aufladung über Bitcoin ist für mich beispielsweise sehr attraktiv.

> **Meine Empfehlung: Nutzen Sie die Kombination von Goldmoney-Konto und Prepaidkarte**
>
> Als langjähriger Goldmoney-Kunde schätze ich diese Möglichkeiten. Ebenso bin ich sehr gespannt auf die weiteren Entwicklungen in der Zukunft. Geplant ist beispielsweise, dass es zukünftig auch möglich ist, Rechnungen über Goldmoney zu schreiben, zu bezahlen und Zahlungen aller Art über Goldmoney entgegenzunehmen. Bereits heute ist es möglich, Zahlungen über Goldmoney-Konten abzuwickeln. Dadurch können Sie schnell und kostengünstig internationale Überweisungen durchführen.
> Info: www.goldmoney.com

10. Dukascopy aus der Schweiz bietet Ihnen ein mit Bitcoin aufladbares Konto

Ich habe Ihnen bereits empfehlenswerte Krypto-Kreditkartenanbieter bzw. Zahlungsverkehrsdienstleister wie beispielsweise Wirex (www.wirexapp.com) vorgestellt. Hier haben Sie die Möglichkeit, Ihre Kryptowährungen heute bereits im Alltag als Zahlungsmittel einzusetzen. Diese E-Geld-Institute bzw. Zahlungsverkehrsdienstleister haben jedoch keine Einlagensicherung wie eine Bank. Das Blockchain-Konto von www.bitwala.com verfügt hingegen über eine Einlagensicherung. Des Weiteren werden in naher Zukunft immer mehr Krypto-Banken entstehen.

Derzeit sind die meisten Banken von der Integration von Krypto-Dienstleistungen noch relativ weit entfernt. Aufgrund Ihrer so zahlreichen Anfragen weiß ich, dass viele unter Ihnen auf der Suche sind nach einer soliden Bank, die heute schon das konventionelle SEPA-Überweisungssystem mit den so innovativen Krypto-Einzahlungsmöglichkeiten kombiniert. Beispielsweise für den Übertrag einer Kryptowährung von einer Kryptobörse, den Umtausch in eine Fiat-Währung (Euro, US-Dollar oder Schweizer Franken) und die Ausgabe bzw. damit verbundenen Bezahlmöglichkeiten über eine Bank- oder Kreditkarte. Eine derartige Möglichkeit gibt es bereits, ich nutze dafür die noch relativ unbekannte Dukascopy Bank aus der Schweiz.

Die Dukascopy Bank ist durch die Schweizer Finanzmarktaufsicht FINMA reguliert

Dukascopy wurde 2004 durch die Schweizer André und Veronika Duka gegründet. Die Dukascopy Bank SA ist eine Schweizer Bank mit Hauptsitz in Genf, die internetbasierte, mobile Trading-Dienstleistungen mit Focus auf Devisen und Edelmetalle sowie Bank- und Finanzdienstleistungen durch eigenentwickelte Technologien, anbietet. Die Dukascopy Bank wird von der Eidgenössischen Finanzmarktaufsicht FINMA sowohl als Bank als auch als Effektenhändler reguliert.

Dadurch haben Sie als Anleger einen sehr hohen Kundenschutz, allen voran in Bezug auf Ihre Einlagen, da die gesetzliche Schweizer Einlagensicherung in Höhe von 100.000 Schweizer Franken (ca. 90.000 Euro) zum Tragen kommt. Das unterscheidet Ihre Kontoführung bei der Dukascopy Bank ganz wesentlich von weit weniger stark regulierten E-Geld-Instituten, die über keine Banklizenz und Einlagensicherung verfügen.

Meine Empfehlung: Ducascopy bietet Ihnen eine Krypto-Schnittstelle zum Bankensystem

Die Dukascopy Bank SA bietet Ihnen eine empfehlenswerte Möglichkeit, Ein- und Auszahlungen mit Bitcoins (BTC) zu erledigen. Dafür hat die Schweizer Bank ein spezielles Kontomodell eingeführt. Alle Informationen finden Sie auf der Website über die Auswahl »Krypto« unter dem Menüpunkt »Per Bitcoin aufladbare Konten«.
Info: www.dukascopy.com

11. In Deutschland gibt es bereits ein Krypto-Investment- und -Kreditsystem

Wenn ich in zahlreichen Medien immer sehr oberflächliche und undifferenzierte Berichte zur angeblich so unsicheren Rechtslage von Kryptowährungen in Deutschland – oder auch anderen Ländern – lese, die meist verbunden sind mit der Forderung nach einer klaren Regulierung, dann frage ich mich, ob die jeweiligen Journalisten bzw. Autoren überhaupt die realen Entwicklungen und Fakten kennen.

In den USA ist die Regulierung in der Praxis bereits sehr weit fortgeschritten – zum einen durch die mächtige US-Wertpapieraufsichtsbehörde United States Securities and Exchange Commission (SEC), zum anderen im Mekka der Hochfinanz, dem Bundesstaat New York, durch die Regierungsbehörde des New York State Department of Financial Services (NYSDFS). Bereits im Jahr 2015 wurde dem ersten US-Unternehmen (Circle) durch die US-Behörde eine BitLicense erteilt, um als Bitcoin-Börse aktiv zu werden bzw. Krypto-Dienstleistungen reguliert anzubieten. Mittlerweile verfügen auch börsennotierte US-Techkonzerne wie Square, die sich auf Zahlungsverkehrsdienstleistungen spezialisiert haben, über eine BitLicense.

Auch in Deutschland ist die Regulierung längst viel weiter, als der überwiegend negative Tenor in den Medien vermuten lässt. Am 15. April 2019 hat die Bundesanstalt für Finanzdienstleistungsaufsicht (BaFin) eine umfassende Stellungnahme zur »Tokenisierung« veröffentlicht. Bei der Tokenisierung handelt es sich um die digitalisierte Abbildung eines (Vermögens-)Wertes inklusive der in diesem Wert enthaltenen Rechte und Pflichten sowie dessen hierdurch ermöglichte Übertragbarkeit.

Bereits zu Jahresbeginn 2019 hat die BaFin den ersten Wertpapierprospekt zu einem Security Token Offering (STO) in Deutschland genehmigt. Schon weit länger hat die BaFin mit Bitbond (www.bitbond.com) eine Lizenz erteilt, dass Kredite über die Bitcoin-Blockchain vergibt. Nach meiner Einschätzung haben sowohl die Politik als auch die BaFin in Deutschland mittlerweile erkannt, wie wichtig es ist, liberale Rahmenbedingungen, Rechtssicherheit und Förderungen für die neue Krypto-Ökonomie zu schaffen.

Kredite sind ein wichtiger Faktor für eine Volkswirtschaft. Unternehmen können dadurch wichtige Zukunftsinvestitionen tätigen. Privatpersonen können ein Eigenheim oder ein Auto finanzieren. Unser derzeitiges Geldsystem

11. In Deutschland gibt es bereits ein Krypto-Investment- und -Kreditsystem

basiert auf einer Geldschöpfung durch die Notenbanken in Kombination durch eine Kreditvergabe über die Geschäftsbanken. Aufgrund der ausufernden Staatsverschuldung krankt gleichzeitig unser aktuelles Geldsystem. Es wird zu gravierenden Veränderungen kommen.

Mit dem Kreditgeschäft steht selbst der Ursprung des Bankenwesens vor der Revolution!

»Banking is necessary, Banks are not.« Das war die Aussage, die Bill Gates – der legändere Gründer von Microsoft – bereits im Jahr 1994 machte. Er prognostizierte, dass in Zukunft zwar das Bankgeschäft, jedoch nicht die Banken selbst noch gebraucht würden. Rund 25 Jahre später wurden seine zur damaligen Zeit provokanten und immer wieder kontrovers diskutierten Worte längst zur Realität.

Mit dem Kreditgeschäft steht selbst der Ursprung des Bankenwesens vor der Revolution: die Kreditvergabe »ohne Bank«, und das auch noch auf Blockchain-Basis. Was auf den ersten Blick exotisch, für einen konservativen Banker vermutlich auch befremdlich oder zumindest ungewohnt anmutet, ist bereits ein solides und seriöses Geschäftsmodell in Deutschland unter Aufsicht der BaFin. Die Bitbond GmbH aus Berlin ist die erste globale Darlehensvermittlung für Selbstständige und Kleinunternehmer.

Bitbond hat bereits Tausende von Darlehen an Nutzer aus 120 Ländern vermittelt.

Alle Zahlungstransaktionen werden bei Bitbond über die Bitcoin-Blockchain abgewickelt. Daher sind die Dienstleistungen von Bitbond weltweit über das Internet erreichbar und vollkommen unabhängig von Banken. Bitbond hat bereits über 150.000 Nutzer und Tausende Darlehen im Millionenbereich vermittelt.

> **Meine Empfehlung: Testen Sie Bitbond jetzt bereits als Geldanlage-Alternative**
>
> Über die Bitbond-Plattform werden Privatkredite auf Bitcoin-Basis vergeben, die durch Privatanleger als Darlehensgeber zur Verfügung gestellt werden. Der

minimale Darlehensbetrag beträgt 0,01 BTC (100 Euro). Ich teste die Möglichkeiten bereits seit einiger Zeit mit einem überschaubaren Betrag, um Erfahrungswerte zu sammeln. In einem diversifizierten Portfolio beträgt die erwartete Rendite 13 % p.a. nach Ausfällen! Anleger können bereits ab 25 Euro weltweit in unterschiedliche Kredite zu hochattraktiven Zinsen investieren. Befassen Sie sich jetzt mit diesen Möglichkeiten und testen Sie die Plattform und Entwicklungen von Bitbond.

Info: www.bitbond.com

III. Datenschutz & Privatsphäre

1. EU-PSD2-Richtlinie: Schützen Sie sich vor den Nachteilen – nutzen Sie die Vorteile!

Die neue EU-Richtlinie über Zahlungsdienste mit dem Namen »Payment Services Directive 2« (PSD2) schafft einen einheitlichen Rechtsrahmen für Banken und Zahlungsdienstleister im europäischen Binnenmarkt. Die grundlegenden Ziele des EU-Gesetzgebers sind die Förderung von Innovationen im Bereich der digitalen Bezahlmethoden, allen voran für Unternehmen aus der Branche des elektronischen und mobilen Zahlungsverkehrs, sowie die Steigerung der Effizienz und der Sicherheit bei der Abwicklung von Zahlungen. Die zweite Europäische Zahlungsdiensterichtlinie bringt zwei wesentliche Änderungen mit sich.

Vermutlich haben Sie im Jahr 2019 auch Post von Ihrer Bank erhalten, die im Zusammenhang mit der zweiten europäischen Zahlungsdiensterichtlinie (PSD2) stand, die am 14.09.2019 in Kraft getreten ist. Ich weiß, dass die Schreiben der Banken sehr häufig aus rechtlichen Gründen sehr fachjuristisch und fachchinesisch gehalten sind, sodass sie kaum ein Privatkunde versteht oder dieser sie, allein aufgrund des gigantischen Umfangs, erst gar nicht liest. Deswegen fasse ich die beiden wesentlichen Punkte für Sie zunächst noch einmal zusammen:

1. TAN-Listen auf Papier (iTAN) werden abgeschafft – Zwei-Faktor-Methoden (2FA) werden zur Pflicht

Bankkunden müssen sich spätestens jetzt beim Zugriff auf ihr Online-Banking zwingend mittels einer Zwei-Faktor-Methode (2FA) identifizieren. Das heißt, jeder Kunde muss sich immer mit zwei von drei möglichen Faktoren identifizieren, um einen autorisierten Zugang zu seinem Konto bzw. einer

III. Datenschutz & Privatsphäre

Auftragserteilung zu erhalten. Der erste Faktor sind dabei Ihr Benutzername und Ihr Passwort, der zweite Faktor eine Transaktionsnummer (TAN). Diese TANs müssen »dynamisch generiert« werden, und Papier ist eben nicht dynamisch.

Die gängigsten Alternativen, die Banken Ihnen jetzt anbieten, sind beispielsweise das chipTAN-Verfahren: Hier nutzen Sie einen TAN-Generator, in den Sie Ihre Bankkarte einführen. Außerdem das pushTAN-Verfahren: Dabei laden Sie sich eine spezielle App auf Ihr Smartphone. Oder die photoTAN: Hier nutzen Sie ebenfalls eine App und fotografieren mit Ihrem Smartphone einen QR-Code oder Barcode.

Das smsTAN-Verfahren, zu dem kein Smartphone benötigt wird, ist zwar nach wie vor noch weit verbreitet, wird aber ebenfalls nicht zukunftsfähig bleiben, weil es technologisch und somit auch sicherheitstechnisch veraltet. Die SMS an sich hat keine Zukunft. Schaffen Sie sich daher spätestens jetzt ein Smartphone an, falls Sie das noch nicht haben.

2. Drittanbieter erhalten Zugriffsmöglichkeiten auf Ihr Bankkonto

Auf Ihre Bankkonten können zukünftig auch Drittanbieter zugreifen, wenn Sie als Bankkunde diesem Zugriff zustimmen. Gemeint sind dabei Anbieter wie FinTech-Unternehmen, die Infrastrukturen von Banken nutzen, ohne selbst Bankdienstleistungen zu betreiben. Im Zuge der fortschreitenden Digitalisierung werden zahlreiche Banken verstärkt auch auf derartige Kooperationspartner zurückgreifen. Hier liegen eindeutig große Gefahren in Bezug auf den Datenschutz und Ihre Privatsphäre.

> **Fazit: Die EU-PSD2-Richtline bringt Licht und Schatten mit sich!**

Das Fürstentum Liechtenstein setzt als Nicht-EU-Land, aber Mitglied im Europäischen Wirtschaftsraum (EWR) die PSD2-Richtlinie ebenfalls um. Das liegt vor allem daran, dass sich 13 Banken im Fürstentum Liechtenstein ganz klar auf das Private Banking und das Vermögensverwaltungsgeschäft spezialisiert haben und nicht auf Zahlungsverkehrsdienstleistungen. Es gibt beispielsweise nach wie vor weder eine einzige Direktbank noch eine reine Online-Bank oder einen Discount-Broker mit Sitz im Fürstentum. Daneben

1. EU-PSD2-Richtlinie: Schützen Sie sich vor den Nachteilen – nutzen Sie die Vorteile!

entwickelt sich das Fürstentum Liechtenstein mit hoher Dynamik zu einem Standort für innovative FinTech- und Blockchain-Unternehmen. Um diesen Status weiter zu fördern, ist es für den kleinen und feinen Zwergstaat sehr wichtig, die zweite Europäische Zahlungsdienstrichtlinie PSD3 in nationales Recht umzusetzen.

Liechtenstein ist und bleibt dadurch ein solider und gleichzeitig innovativer Top-Standort für die Vermögensverwaltung, sei es über Banken, unabhängige Vermögensverwalter oder Versicherungsgesellschaften. Darüber hinaus bin ich mir sehr sicher, dass in Zukunft weitere attraktive FinTech-Unternehmen aus dem Fürstentum für Zahlungsverkehrsdienstleistungen gegründet werden. Für ein alternatives Bankkonto außerhalb der EU-Systeme, das auch für regelmäßige Überweisungsdienstleistungen genutzt wird, ist Liechtenstein allerdings nicht geeignet. Die Gebühren sind exorbitant hoch. Hier setzen Sie besser auf die Schweiz. Beispielsweise auf meine beiden Direktbanken-Favoriten www.swissquote.ch und www.strateo.ch.

Die Pflicht zur 2FA-Identifizerung schützt Bankkunden vor Missbrauch

Die Verpflichtung zu einer 2FA-Identifizerung ist begrüßenswert, dadurch werden Bankkunden geschützt und der Missbrauch durch Hackerangriffe deutlich erschwert. Neben den unbestrittenen Vorteilen der PSD2-Richtlinie in Bezug auf die verbesserte Sicherheitsfunktionen und den neuen Möglichkeiten für FinTech-Unternehmen sind auch Risiken vorhanden. Die PSD2-Richtlinie verpflichtet unter anderem Banken in der EU, Drittanbietern Zugang zu Bankkonten zu gewähren.

Sie müssen hier als Kunde zwar zustimmen, aber ich bin davon überzeugt, dass es aufgrund von Anwendungsfehlern bei Kunden, technischen Problemen bei den Banken oder auch Hackerangriffen auf Banken und FinTechs zu zahlreichen Fällen kommen wird, in denen unberechtigte Dritte zukünftig einen Zugang zu sensiblen Bankkundendaten erhalten, ohne dass dies gewünscht ist.

Die Schweiz ist als Nicht-EU-Mitglied von der PSD2-Richtlinie nicht betroffen!

Die PSD2-Regulierung der EU gilt nicht für die Schweiz. Die Schweizerische Bankiervereinigung (www.swissbanking.org) lehnt eine Regulierung analog zur PSD2-Richtlinie, respektive eine gesetzlich erzwungene Öffnung der Zugriffsrechte für Dritte, ab. Die Schweizerische Bankiervereinigung schreibt hier wörtlich:

»Eine einseitige Öffnung der Zugriffsrechte für Dritte, wie es die PSD2 innerhalb der EU verlangt, ist ein Experiment auf Kosten der Bankkunden, das gefährliche Verwirrung schafft und die Datensicherheit der Kunden untergräbt.« Eine PSD2-analoge Regulierung wird in der Schweiz daher nicht umgesetzt. In der Schweiz gewähren die Banken bereits heute Drittanbietern Zugriff auf Konten und öffnen die Kundenschnittstelle, wenn dies im beidseitigen Interesse von Bank und Kunden ist. Ein gesetzlicher Zwang für die Banken besteht jedoch nicht. Die Schweiz setzt somit auf marktwirtschaftliche Lösungen, die ich ausdrücklich begrüße.

Meine Empfehlung: Schützen Sie sich vor den Nachteilen – nutzen Sie die Vorteile!

Die EU-Zahlungsverkehrsrichtlinie macht ein Konto in der Schweiz noch wertvoller. Durch ein Konto in der Schweiz schützen Sie sich vor den negativen Auswirkungen der PSD2-Richtlinie ebenso wie vor den umfassenden Risiken der Haftungsgemeinschaft im Zusammenhang mit der EU-Bankenunion. Durch den gezielten Einsatz von ausgesuchten FinTech-Anbietern, die ich Ihnen im Rahmen dieses Buches ebenfalls vorstelle, nutzen Sie bewusst auch die positiven Entwicklungen der PSD2-Richtlinie zu Ihrem Vorteil.

2. Kombinieren Sie jetzt Online-Kaufen mit diskretem Barzahlen!

Die Evangelische Kirche von Berlin, Brandenburg und der Schlesischen Oberlausitz hat mittlerweile mit der Evangelischen Bank einen elektroni-

2. Kombinieren Sie jetzt Online-Kaufen mit diskretem Barzahlen!

schen Klingelbeutel vorgestellt, der es Gottesdienstbesuchern erlaubt, sowohl bar als auch digital zu spenden. Das ist ein weiteres Beispiel von vielen für den unaufhaltsamen Trend der Digitalisierung des Geldes. Ich weiß, dass viele unter Ihnen diese Entwicklung und die damit verbundenen Risiken, beispielsweise zum Opfer von Internet-Kriminellen zu werden, mit großer Sorge betrachten. Auch der zunehmenden Abschaffung des Bargeldes stehen viele von Ihnen noch kritisch gegenüber oder lehnen sie komplett ab. Gleiches gilt für die ebenfalls durch die Digitalisierung wachsenden Überwachungsmöglichkeiten durch Staaten und Unternehmen zu Lasten von Datenschutz und Privatsphäre.

Diese Entwicklungen lassen sich aber nicht mehr aufhalten, Sie werden sich damit arrangieren müssen. Je früher und je intensiver Sie das tun, umso besser. Die gute Nachricht: Es gibt attraktive Mittel und Wege, das Beste aus beiden Welten zum eigenen Vorteil zu kombinieren. So schließen sich zum Beispiel Online-Shopping und Barzahlen nicht mehr aus. Ich zeige Ihnen nachfolgend die neue Möglichkeit der Kombination von bar und digital – zum Schutz Ihrer Daten und Ihrer Privatsphäre.

Es gibt immer noch viele Bankkunden, die Kreditkarten, das Online-Banking und das Einkaufen im Internet ablehnen. Fehlendes Vertrauen in den Schutz der Daten und die Sicherheit der Privatsphäre sind die Hauptgründe dafür. Für sie ist Bargeld immer noch das optimale Zahlungsmittel. Jetzt gibt es dank Barzahlen.de die einzigartige Möglichkeit, das »analoge« Bargeld auch in der digitalen Online-Welt sicher und diskret zu verwenden. 44 % der Bundesbürger würden nach eigener Aussage inzwischen auch komplett auf Bargeld verzichten.

Zu diesem Ergebnis kommt eine aktuelle und repräsentative Studie des Digitalverbands Bitkom. Diese überraschend stark gestiegene Zahl verdeutlicht sehr eindrucksvoll den dynamisch ansteigenden Trend weg von der Bargeld- und hin zur Digitalgeldgesellschaft. Bei allen Vorteilen sind damit auch große Risiken verbunden. Anonyme Zahlungen beispielsweise sind im Alltag nur mit Bargeld möglich und mit »Barzahlen«. Dessen Dienstleistungen wurden zuletzt in Österreich deutlich erweitert und sind jetzt auch in der Schweiz zugänglich.

Der Trend von der Bargeld- zur Digitalgeldgesellschaft ist unumkehrbar

Auch ich stelle fest, dass viele klassische und konservative Bürger und Privatanleger die fortschreitende Digitalisierung unseres täglichen Lebens immer noch sehr skeptisch betrachten. Das verstehe ich sehr gut. Trotzdem gebe ich dabei immer zu bedenken, dass die Digitalisierung ein unumkehrbarer Megatrend ist, der auch Ihr Leben – ob Sie das wollen oder nicht! – immer weiter verändern wird, und zwar massiv. Die Bank und der Geldautomat der Zukunft sind Ihr Smartphone oder Ihre Smart Watch. Deswegen ist es sehr wichtig, dass Sie sich frühzeitig und proaktiv mit diesen gravierenden Veränderungen befassen, Erfahrungen sammeln und entsprechende Entwicklungen heute schon zu Ihrem Vorteil nutzen.

Hinter dem Barzahlungsservice Barzahlen.de steht das bereits im Jahr 2011 gegründete Berliner Unternehmen Cash Payment Solutions GmbH sowie die GRENKE Bank, die alle Zahlungsdienste erbringt. Barzahlen.de bietet Ihnen die Möglichkeit, Online-Einkäufe bar zu begleichen. Sie können aber auch die Rechnungen anderer Dienstleister wie Energieversorgungs- und Telekommunikationsunternehmen, Versicherungen, Kommunen und auch Banken über Barzahlen.de in bar begleichen. Zudem ist die Ein- und Auszahlung von Bargeld auf Ihr eigenes Girokonto möglich. Das ist in dieser Form einzigartig in Deutschland und seit 2018 auch in Österreich.

Der Schutz der Privatsphäre hat vielfältige, legitime Gründe

Dabei geht es nicht immer primär um den Schutz der eigenen Daten vor dem Staat oder einem Großkonzern, sondern auch vor der eigenen Familie. Ich kenne beispielsweise einen Leser, der Barzahlen.de deswegen verwendet, weil er bestimmte Geldausgaben – in diesem Fall die Verbrauchskosten für eine weitere Wohnung – vor seiner Ehefrau verbergen will. Dank Barzahlen.de laufen diese Transaktionen anonym und erscheinen weder auf Kontoauszügen noch auf Kreditkartenabrechnungen. Das ist auch Ihr legitimes Recht als freier Bürger.

Ein weiteres Beispiel stammt von einer Leserin, der ich Barzahlen.de schon vor vielen Jahren empfohlen habe. Sie ist schon über 80 Jahre alt, Witwe und will Ärger mit ihren drei Kindern vermeiden, weil sie leidenschaftlich

2. Kombinieren Sie jetzt Online-Kaufen mit diskretem Barzahlen!

gerne in Online-Casinos spielt. Bei allen Risiken ist natürlich auch das ihr gutes Recht, zumal sie geistig noch absolut fit ist. Durch die Einzahlungen über Barzahlen.de hat die Leserin äußerst verantwortungsbewusst für sich ein festes Monatsbudget definiert, das sie maximal einsetzt (Verlustgrenze). Eigentlich hat ein Sohn eine Kontovollmacht und kümmert sich um die Finanzen der Mutter. Da auch hier die Bareinzahlungen an die Online-Casinos weder bei ihrer Bank noch auf Kreditkartenabrechnungen erscheinen, kommt es hier zu keinen Diskussionen mit ihren Kindern. Ich persönlich würde es zwar auch nicht wirklich gut finden, wenn meine 84-jährige Mutter in Online-Casinos spielte, letztlich müsste ich ihre Entscheidung aber respektieren.

Barzahlen.de bietet Ihnen also umfassende Diskretionsmöglichkeiten, die es bei Banken in dieser Form nicht gibt. Obwohl dieser Service nicht neu ist, kennen viele diskretionsorientierte Bürger, die gerne bar bezahlen, Barzahlen.de noch gar nicht.

An 12.000 stationären Filialen: Online bar zahlen oder Geld abheben und einzahlen

Barzahlen.de funktioniert ganz einfach: Wenn Sie beispielsweise online bei einem Partnershop einkaufen, können Sie Barzahlen.de als Zahlungsart auswählen. Zur Abwicklung Ihrer Zahlung bekommen Sie dann einen sogenannten Barcode (Strichcode) per E-Mail, SMS oder auch per klassischem Brief zugesandt. Damit gehen Sie dann zu einer der 12.000 stationären Partnerfilialen und zahlen dort in bar. Der Online-Shop wird dann automatisch über die Zahlung benachrichtigt und liefert die Ware aus. Eine Registrierung bei Barzahlen.de ist übrigens nicht nötig.

Auf der Website können Sie auch so nach der nächstgelegenen Partnerfiliale suchen. Darüber hinaus können Sie in den Partnerfilialen auch – ganz ohne Mindesteinkauf – Bargeld abheben oder Geld auf Ihr Girokonto einzahlen, sofern Ihre Bank zu den teilnehmenden Kreditinstituten gehört, und Rechnungen von teilnehmenden Unternehmen bezahlen. Übrigens ist auch eine Auszahlung für den Fall möglich, dass Sie eine gekaufte Ware zurücksenden.

Derzeit ist Barzahlen.de deutschlandweit bereits in über 12.000 Filialen von REWE, dm, Penny, Real, Mobilcom-Debitel möglich, außerdem in den

Budni-Drogerien und den Filialen der Unternehmensgruppe Dr. Eckert, zu der die Marken Eckert, Ludwig und Barbarino gehören.

400 Filialen: 2018 ist Barzahlen.de auch in Österreich gestartet

Wie Deutschland ist auch Österreich eines der bargeldaffinsten Länder in Europa. Seit dem 24. September 2018 ist es auch in Österreich möglich, sämtliche Dienstleistungen von Barzahlen.de zu nutzen. Allerdings ist dm in Österreich mit seinen 400 Filialen bisher der einzige Partner von Barzahlen.at. Das wird sich in Zukunft aber sicherlich ändern.

Auch Amazon ist seit 2018 ein Partnershop von Barzahlen.de

Ich weiß, dass viele Bürger die Dienstleistungen von US-Großunternehmen wie Amazon.com deswegen nicht in Anspruch nehmen, weil sie kein Vertrauen in den dortigen Datenschutz haben. In den USA gibt es schon seit Jahren mit »Amazon Cash« die Lösung dafür. Seit dem 31.07.2018 ist nun auch in Deutschland die Barzahlung für Amazon-Einkäufe möglich, nämlich dank einer Kooperation mit Barzahlen.de. Mitbekommen hat das hierzulande aber noch so gut wie niemand. Der Service trägt den sperrigen Namen »Amazon vor Ort aufladen«. Das ist ein weiterer Meilenstein für Barzahlen.de, aber auch für Sie als Nutzer, weil Sie so auf dem gigantischen Marktplatz von Amazon jetzt mit Bargeld einkaufen können.

In der Schweiz steht Barzahlen.ch 24 Stunden täglich zur Verfügung!

Der Kooperationspartner beim aktuell erfolgten Markteintritt in der Schweiz ist die Schweizer Bundesbahn SBB. Als Kunde sind Sie in der Schweiz deshalb nicht auf irgendwelche Öffnungszeiten angewiesen, denn Sie können die Dienstleistungen von Barzahlen.ch rund um die Uhr an allen Billettautomaten (Fahrkartenautomaten) nutzen, also 24 Stunden am Tag an 7 Tagen in der Woche. Immerhin gibt es rund 1.500 derartiger Fahrkartenautomaten. Wenn Sie noch nie einen solchen SBB-Billettautomaten gesehen bzw. genutzt haben, werden Sie überrascht sein. Sie können dort sogar Bitcoins kaufen!

Warum ist Barzahlen.ch nicht nur für Schweizer interessant?

Vielleicht haben Sie wie viele meiner Leser ein Konto oder Wertpapierdepot in der Schweiz? Ein Bankenstandbein außerhalb der EU- und Euro-Systeme empfehle ich Ihnen ja fast schon gebetsmühlenartig. Jetzt haben Sie zusätzlich die Möglichkeit, auch von Ihrem Schweizer Konto Bargeld abzuheben und online einzukaufen, ohne dass Sie – welche Beweggründe Sie auch immer dafür haben – eine Datenspur hinterlassen. Nach einem Online-Kauf zahlen Sie dann ganz einfach, sicher und anonym mit Bargeld an einem SSB-Fahrkartenautomaten. Akzeptiert werden übrigens Zahlungen in Schweizer Franken und in Euro. Das ist also auch dann interessant, wenn Sie Euro-Bargeld als »Notgroschen« in einem Schweizer Schließfach deponiert haben.

Ich möchte nochmals ausdrücklich betonen, dass dies überhaupt nichts mit Steuerhinterziehung zu tun hat, sondern dem legitimen Schutz Ihrer Privatsphäre dient. Es ist Ihr gutes Recht, Zahlungen in bar und damit anonym durchzuführen. Es gibt genügend gute Gründe, die Diskretion sowohl gegenüber dem Staat als auch gegenüber anderen Personen zu wahren, von der Ehefrau oder dem Ehemann bis hin zu Kindern oder Geschäftspartnern.

Barzahlen.de ist ein TÜV-geprüftes Zahlungssystem

Zahlreiche Banken nutzen mittlerweile die Infrastruktur von Barzahlen.de zur Erweiterung ihrer eigenen Bankdienstleistungen und Filialen. Beispielsweise die Digitalbank N26, die Internetbank DKB, aber auch zunehmend klassische Banken wie einzelne Sparda-Banken und Sparkassen. Das Netzwerk von Barzahlen.de ist in den letzten Jahren so stark gewachsen, dass dadurch – weitestgehend unbemerkt – Deutschlands größte unabhängige Zahlungsinfrastruktur entstanden ist.

Zum so wichtigen Thema Sicherheit und Vertrauen gibt es noch einen weiteren interessanten Aspekt: Barzahlen.de ist seit dem Jahr 2013 als »Geprüftes Zahlungssystem« des TÜV Saarland zertifiziert. Das TÜV-Zertifikat bestätigt, dass die Prozesse des Zahlungsdienstes und damit der Einkauf mit Barzahlen.de besonders sicher sind. Die ganzheitliche Prüfung umfasst sowohl die Anwendungen des Nutzers als auch die im Hintergrund ablaufenden Unternehmensprozesse.

Barzahlen.de schützt bei Online-Einkäufen Ihre Daten und Privatsphäre

Mit Barzahlen.de geben Sie bei Einkäufen im Internet keinerlei sensible Daten preis. Ihre Kreditkarten- und Bankkonto-Daten brauchen nicht angegeben zu werden. Sie sind vollkommen sicher und vor Kreditkarten- und Passwortmissbrauch bei Banken (Phishing) geschützt. Sie müssen sich weder registrieren noch Ihre Daten auf irgendwelchen Drittseiten eingeben. Zahlreiche Unternehmen aus verschiedenen Branchen kooperieren bereits mit Barzahlen.de. Der Käuferschutz schützt Sie als Käufer darüber hinaus für den Fall, dass ein gekaufter Artikel nicht versandt wurde oder der gelieferte Artikel erheblich von der Artikelbeschreibung des Verkäufers abweicht.

Sollten Sie das Online-Banking per PC oder Smartphone ablehnen, können Sie jetzt einfach den Supermarkt oder die Drogerie zu Ihrer neuen Bankfiliale machen. Aufgrund des Filialsterbens bei Deutschlands Banken ist Barzahlen.de längst auf dem besten Weg, eine gute Alternative zu bieten. Ich bin sehr gespannt auf die weiteren Entwicklungen.

Meine Empfehlung: Kombinieren Sie die Vorteile beider Welten über »Barzahlen«!

Alle Partnerunternehmen und -filialen finden Sie auf den nachfolgenden Internetseiten fortlaufend aktualisiert. Ich bin mir sicher, dass Sie es nicht sehr weit bis zur nächsten Partnerfiliale haben, egal ob Sie in Deutschland, Österreich oder der Schweiz wohnen. Nutzen Sie jetzt diese Möglichkeiten!
Info: www.barzahlen.de – www.barzahlen.at – www.barzahlen.ch

3. So schützen Sie Ihre persönlichen Daten durch ein Virtuelles Privates Netzwerk

Die Themenbereiche Anonymität, Diskretion, Schutz von Privatsphäre und persönlicher Freiheit sind Ihnen ganz wichtig, wie ich von vielen Lesermeldungen weiß. Die immer weiter voranschreitende Digitalisierung bereitet vielen von Ihnen daher große Sorgen, vor allem wenn es um die Sicherheit Ihrer

3. So schützen Sie Ihre persönlichen Daten durch ein Virtuelles Privates Netzwerk

persönlichen Daten vor staatlicher Überwachung, den Datenmissbrauch zu Werbezwecken und die gleichzeitig stark ansteigende Internetkriminalität geht. Vor diesem Hintergrund ist der Einsatz von VPNs sinnvoll. Ich zeige Ihnen weiter unten meine drei Favoriten.

Was ist ein Virtual Private Network (VPN)?

VPN steht für »Virtuelles Privates Netzwerk«. Dabei handelt es sich um ein geschlossenes Netzwerk, bei dem die Netzwerkverbindung über einen gesicherten sogenannten IP-Tunnel läuft. Mit Ihrem eigenen VPN können Sie so auch von unterwegs sicher auf Ihre PC-Anwendungen zu Hause zugreifen. Dazu wird eine VPN-Software benötigt, die sowohl mit dem Router des Heim-Netzwerks kommuniziert als auch auf Ihrem Gerät installiert ist, mit dem Sie auf das Netzwerk zugreifen möchten.

Ein kleines Anwendungsbeispiel: Sie befinden sich im Urlaub in Italien und wollen auf Ihr Heimnetzwerk oder einen mobilen Anbieter, den Sie nutzen (Mail-Service, Bankkonto), zugreifen. Sie trauen allerdings dem lokalen Internet-Anbieter nicht oder möchten generell Ihre Verbindung ins Internet so gut wie möglich schützen. Also stellen Sie eine Verbindung zum Internet her und wählen sich anschließend mittels der Software in das VPN-Netzwerk ein. Nun können Sie so arbeiten, als ob Sie zu Hause an Ihrem PC wären, obwohl Sie Hunderte Kilometer entfernt sind. Ihre Vorteile: Über eine VPN-Verbindung können Sie alle Dienste nutzen, die nur in Ihrem privaten oder auch beruflichen Netzwerk nutzbar sind. Zudem haben Sie Zugriff auf alle lokal gespeicherten Dateien. Diese müssen nach Ihrer Rückkehr nicht aufwendig synchronisiert werden und bleiben sicher. Und Sie können im Internet surfen, ohne Angriffe Dritter befürchten zu müssen.

> **Durch diese VPN-Anbieter agieren Sie anonym und sicher im Internet**
>
> Als Nutzer von Online-Dienstleistungen sind Sie selbst dafür verantwortlich, dass auch der Weg, also Ihr Internet-Kanal zu Ihren Anbietern, sicher ist und bleibt. Die relativ kostengünstige Nutzung von Virtual Private Networks erhöht Ihre Sicherheit signifikant. Nachfolgend finden Sie meine drei TOP-Empfehlungen in diesem Segment.

Meine 3 Top-Anbieter: Virtual Private Networks (VPNs)

1. NordVPN hat seinen Unternehmenssitz in Panama und nutzt zahlreiche eigene Server weltweit. Das hat den Vorteil, dass der Service nicht den Restriktionen unterliegt, denen sich beispielsweise Anbieter aus den USA oder aus Deutschland unterordnen müssen. Auf der deutschsprachigen Internetseite finden Sie 18 Gründe, warum Sie NordVPN verwenden sollten. Das kostengünstigste Angebot beträgt 5,75 US-Dollar (5 Euro) pro Monat. Das ist mein Top-Favorit!
Info: www.nordvpn.com

2. Cyberghost wurde 2011 in Bukarest in Rumänien gegründet. Die Dienstleistungen sind ebenfalls alle in deutscher Sprache zugänglich, das kostengünstigste Angebot beläuft sich auf 4,99 Euro monatlich.
Info: www.cyberghostvpn.com

3. Websecuritas hat seinen Sitz im deutschen Kaiserslautern. Falls Ihnen Panama und Rumänien zu suspekt erscheinen, ist dies eine hervorragende Alternative. Das günstigste Angebot beträgt hier 7,99 Euro im Monat.
Info: www.websecuritas.com

4. E-Mail- und Passwort-Check: So prüfen Sie, ob Sie von einem Datendiebstahl betroffen sind

Die Internet-Kriminalität wird eine immer stärkere Belastung für die Wirtschaft. 5,2 Billionen US-Dollar Umsatz könnten Unternehmen weltweit durch Cyberattacken in den nächsten fünf Jahren entgehen. Das jedenfalls schätzen die Analysten von Accenture in der aktuellen Studie »Securing the Digital Economy: Reinventing the Internet for Trust«.

Am stärksten betroffen ist die Hightech-Industrie mit mehr als 753 Milliarden US-Dollar. Es folgen Biowissenschaften mit 642 Milliarden US-Dollar und die Automobilindustrie mit 505 Milliarden US-Dollar. Beim Thema Cybersecurity hinken die meisten Unternehmen der Raffinesse der Cyberkriminellen hinterher. Das führt zu einem Vertrauensverlust in die digitale

Wirtschaft. Im anschließenden Beitrag finden Sie eine grafische Übersicht, welche gigantischen Kosten durch diese Unsicherheit verursacht werden.

Millionenschäden durch Datenlecks
Finanzieller Schaden für Unternehmen je Datenleck in ausgewählten Ländern 2018

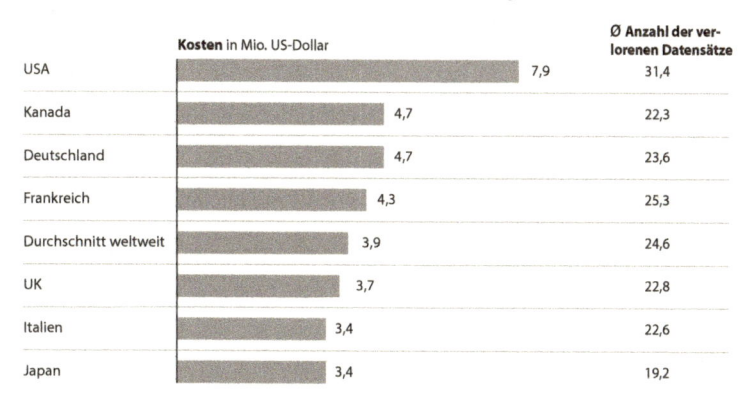

	Kosten in Mio. US-Dollar	Ø Anzahl der verlorenen Datensätze
USA	7,9	31,4
Kanada	4,7	22,3
Deutschland	4,7	23,6
Frankreich	4,3	25,3
Durchschnitt weltweit	3,9	24,6
UK	3,7	22,8
Italien	3,4	22,6
Japan	3,4	19,2

Quellen: IBM Scurity/Ponemon Institute/statista

Kontrollieren Sie Ihre Zugangsdaten auf einen möglichen Missbrauch

Ein weiterer Beleg für die explodierende Internet-Kriminalität ist jetzt wieder öffentlich geworden. Im Internet ist aktuell ein enorm großer Datensatz mit gestohlenen Log-in-Informationen und Passwörtern aufgetaucht. Rund 773 Millionen verschiedene E-Mail-Adressen und über 21 Millionen im Klartext lesbare unterschiedliche Passwörter sind darin enthalten.

Zahlreichen Nutzern aus Deutschland, Österreich oder der Schweiz ist gar nicht bewusst, ob sie von diesem Datenleck betroffen sind und ob vielleicht ihre sensiblen Login-Daten frei zugänglich im Internet kursieren. Das ist besonders dann sehr gefährlich, wenn Sie eine Kombination aus E-Mail und Passwort bei mehreren Webdiensten und Zugangsseiten verwenden.

Ich empfehle Ihnen eine Überprüfung dahingehend, ob Ihre Zugangsdaten schon einmal gehackt, bzw. gestohlen und möglicherweise missbraucht wurden, im Zusammenhang mit einem Datenskandal. Auf den nachfolgenden Abfrage-Portalen können Sie ganz einfach und schnell nachprüfen, ob Ihre E-Mail-Adresse oder Ihr Passwort jemals im Rahmen eines Sicherheitslecks oder Hacker-Angriffs erbeutet und veröffentlicht wurde.

> Meine Empfehlung: Sollten Sie betroffen sein, ändern Sie unbedingt und spätestens jetzt Ihre Passwörter!

Datendiebstahl – Abfrageportale

Portal	Eingabe	Internet
Firefox Monitor	E-Mail	https://monitor.firefox.com
Identity Leak Checker	E-Mail	https://sec.hpi.de/ilc
Have I been Pwned	E-Mail	www.haveibeenpwned.com
Pwned Passwords	Passwort	www.haveibeenpwned.com/Passwords
BreachAlarm	E-Mail	www.breachalarm.com

5. Ihr sicheres E-Mail-Konto in der Schweiz

Seit den 90er Jahren wird unser tägliches Leben immer digitaler. Besonders deutlich wird das in der Kommunikation. Nachrichten werden heute überwiegend per E-Mail versandt, kaum noch per Brief oder Fax. Auch die Kommunikation mit Behörden und der damit verbundene Einsatz hochsensibler Daten wird zunehmend digitaler. Für meinen E-Mail-Datenverkehr nutze ich seit Jahren einen sicheren Anbieter aus der Schweiz und damit außerhalb der Rechtsräume der USA und der EU. Der Zweck: Diversifikation und Optimierung meiner Daten für einen besseren Schutz meiner Privatsphäre.

Ihr E-Mail-Verkehr ist ein gefährdetes Einfallstor für Kriminelle, Datensammler und Schnüffler

Ich empfehle Ihnen, vor allem sensible E-Mails ab sofort besser zu schützen, beispielsweise in der Kommunikation mit Ihrer Bank im In- und Ausland, einem Finanzdienstleister, einer Kryptobörse, Ihrem Anwalt, Steuerberater, Arzt, Finanzamt oder im beruflichen Bereich mit Ihren Geschäftspartnern. Ihr E-Mail-Verkehr ist ein gefährdetes Einfallstor für Kriminelle, staatliche oder unternehmerische Datensammler und sonstige »Schnüffler«. Nutzen Sie für die Steigerung Ihrer Privatsphäre Datendienste, die außerhalb des

5. Ihr sicheres E-Mail-Konto in der Schweiz

immer bürgerunfreundlicher werdenden Rechtskreises der Europäischen Union liegen.

Auch alle US-Anbieter sind selbstverständlich stark zu hinterfragen, da es hier um den Datenschutz noch weit schlechter bestellt ist als in EU-Europa. Der aktuelle Datenskandal bei Facebook ist hier nur ein Mosaikstein. US-Firmen, speziell E-Mail-Provider wie beispielsweise »Gmail« von Google sind Datenkraken.

Die Schweiz verfügt über sehr strenge Datenschutzgesetze

Setzen Sie deswegen auf liberale und freiheitliche Länder, die nicht von EU- oder US-Gesetzen abhängig sind. Wegen der sehr strengen Datenschutzgesetze im Hinblick auf die Bürger- und Eigentumsrechte bietet Ihnen hier die Schweiz sehr attraktive Rahmenbedingungen. Meine Empfehlung ist der E-Mail-Provider ProtonMail aus Genf.

Hinter der Proton Technologies AG stehen Wissenschaftler, Ingenieure und Entwickler, die das Ziel haben, Online-Bürgerrechte zu schützen. ProtonMail ist ein verschlüsselter E-Mail-Dienst, dessen Server an zwei Standorten in der Schweiz stehen, in Lausanne und Attinghausen. Außerhalb der EU- und US-Gesetze ist die Proton Technologies AG erst dann dazu verpflichtet, Daten an Behörden auszuhändigen, wenn ein Schweizer Gerichtsbeschluss vorliegt. Das ist eine hohe und somit schützende Hürde für alle unbescholtenen Bürger, die ihr legitimes Recht auf Privatsphäre in Anspruch nehmen wollen.

Schaffen Sie jetzt mehr Sicherheit durch Nutzung von ProtonMail aus der Schweiz!

Die Technik von ProtonMail schützt Ihre E-Mails bereits, bevor sie an den Server von ProtonMail geschickt werden. Ihre Nachrichten werden auf ProtonMail-Servern in verschlüsselter Form gespeichert und auch verschlüsselt zwischen den Servern und Ihren Endgeräten (PC, Laptop, Smartphone) übertragen. Nachrichten zwischen ProtonMail-Nutzern werden ebenfalls verschlüsselt innerhalb des sicheren Server-Netzwerks übertragen. Da die Daten somit in allen Schritten verschlüsselt werden, ist das Risiko des Abfangens von E-Mails durch Dritte weitgehend ausgeschlossen.

> **Meine Empfehlung: Das E-Mail-Konto von ProtonMail ist in der Basisversion kostenlos!**
>
> ProtonMail bietet Ihnen grundsätzlich ein kostenloses E-Mail-Basiskonto. Das hat bereits ein hohes Datenspeichervolumen von 500 Megabyte und 150 Nachrichten pro Tag. Für Privatpersonen und »Ottonormalverbraucher« ist das Basiskonto von den Anwendungs- und Datenkapazitäten bereits vollkommen ausreichend. Auf jeden Fall eine Ergänzung zu Ihrem bisherigen E-Mail-Verkehr, speziell für hochsensible Nachrichten. Die Finanzierung der Serviceleistungen von ProtonMail erfolgt über Spenden. Darüber hinaus sind auch drei weitere Zusatzpakete mit höheren Leistungskapazitäten kostenpflichtig buchbar. Beginnend mit monatlichen Gebühren ab 5 Euro. Eröffnen Sie auf jeden Fall das kostenlose Basiskonto und testen Sie die Dienstleistungen!
> **Info: www.protonmail.ch**

6. So einfach und flexibel surfen Sie ab sofort anonym im Internet

Neben der latenten Gefahr krimineller Hackerangriffe wurden in den letzten Jahren – teilweise von der breiten Öffentlichkeit kaum bemerkt – einige sehr bedenkliche Gesetze und Überwachungsmaßnahmen beschlossen, die massiven Eingriffen in Ihre Privatsphäre und Bürgerrechte zur Folge haben. Ich spreche hier vom neuen BND-Gesetz, der Vorratsdatenspeicherung oder dem Videoüberwachungsverbesserungsgesetz. Auch zahlreiche Großkonzerne erfassen Ihre Daten bzw. Ihr Surfverhalten im Internet nahezu komplett. Jedenfalls wenn Sie ungeschützt unterwegs sind.

Deutschland befindet sich auf dem Weg zu einem neuen Überwachungsstaat

Die Vorratsdatenspeicherung, die im Juli 2017 in Kraft treten sollte, ist die Mutter aller staatlichen Überwachung. Gerichtlich wurde diese bislang untersagt. Seitdem verzichtete die Bundesnetzagentur darauf, sie bei Providern durchzusetzen, sie hängt aber weiterhin wie ein Damoklesschwert über den

Bürgern. Teilweise speichern Provider freiwillig die Daten, um gerüstet zu sein, falls die Vorratsdatenspeicherung doch in Kraft tritt.

Das neue BND-Gesetz erlaubt dem Bundesnachrichtendienst seit dem letzten Jahr, Internetknotenpunkte in Deutschland anzuzapfen, über die der weltweite Datenverkehr abgewickelt wird. Amnesty International sprach in diesem Zusammenhang von einem Freibrief für die Massenüberwachung.

Stasi oder NSA? In Deutschland gibt es eine neue Behörde namens Zitis

Auch die Strafverfolgungsbehörden haben neue Möglichkeiten erhalten. Eine zentrale Stelle für Informationstechnik im Sicherheitsbereich mit dem Namen Zitis (www.zitis.bund.de) hat mittlerweile ihre Tätigkeit aufgenommen. 60 Zitis-Mitarbeiter unterstützten seit dem Start Polizei und Verfassungsschutz durch die Dechiffrierung verschlüsselter Nachrichten. Bis zum Jahr 2022 soll Zitis auf über 400 Mitarbeiter anwachsen.

71 % der EU-Verbraucher wissen, was Cookies tun

Cookies sind kleine Dateien, die Webseiten auf PC oder Smartphones speichern. Ihr Zweck ist es unter anderem, sich Informationen wie persönliche Seiteneinstellungen und Anmeldeinformationen zu merken. Cookies können Nutzern aber auch durch das Internet folgen und dabei Daten zum Surfverhalten sammeln. 85 % der deutschen Internetnutzer kennen den Zweck der Programme, 48 % haben bereits Cookies im Browser geblockt oder zumindest eingeschränkt. Damit liegen die Deutschen deutlich über dem EU-Schnitt (71 % / 33 %).

EU: 71% wissen, was Cookies tun
Onliner, die den Zweck von Cookies kennen/die schon Cookies eingeschränkt haben*
in Prozent

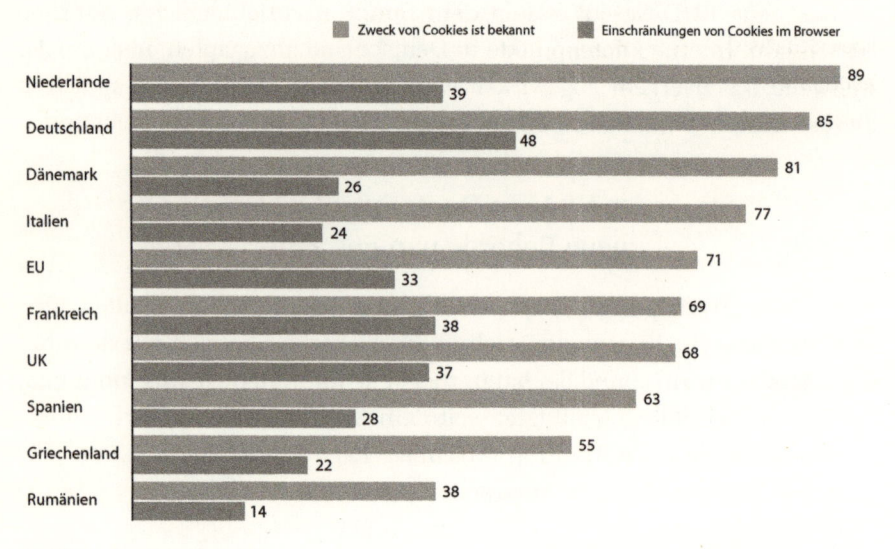

Land	Zweck von Cookies ist bekannt	Einschränkungen von Cookies im Browser
Niederlande	89	39
Deutschland	85	48
Dänemark	81	26
Italien	77	24
EU	71	33
Frankreich	69	38
UK	68	37
Spanien	63	28
Griechenland	55	22
Rumänien	38	14

Quellen: Eurostat/statista

Das anonyme Surfen im Internet ist ein Grundrecht, das Sie selbst einfordern müssen

Das Internet ist eine Datenkrake. Sie müssen sich bewusst sein, dass allein Ihre Suchanfragen und die von Ihnen besuchten Internetseiten eine sehr große Menge an persönlichen Informationen über Sie preisgeben, beispielsweise Ihre Interessen, Familienverhältnisse, politische Einstellung, Kaufverhalten oder auch Ihren Gesundheitszustand. Wehren können Sie sich mit Anti-Spionagesoftware.

Beispielsweise mit meinen drei favorisierten VPN-Netzwerken oder den vielschichtigen Schutzprogramme von Steganos, die ich Ihnen nachfolgend noch vorstelle. Ich weiß aber, dass derartige Programme manchen Lesern zu kompliziert zu installieren und zu aufwendig in der praktischen Umsetzung sind. Teilweise auch zu teuer. Deshalb habe ich auch eine ebenso einfache wie kostengünstige und flexible Lösung namens PrivacyDongle für Sie zur Hand.

> **Meine Empfehlung: Der PrivacyDongle schützt einfach und wirkungsvoll Ihre Privatsphäre im Internet**
>
> Der sogenannte PrivacyDongle (»Kopierschutzstecker«) der gemeinnützigen Datenschutzorganisation Digitalcourage e. V. ist ein USB-Stick, auf dem ein spezieller Firefox-Browser installiert ist. Jede Verbindung zu einer Webseite wird damit verschlüsselt und über das sogenannte Tor-Netzwerk hergestellt. Dies ermöglicht Ihnen ein unbeobachtetes Surfen, denn damit weiß weder Ihr Internetprovider, welche Webseiten Sie aufgerufen haben, noch der Webseitenbetreiber, wer Sie sind. Die Software hinterlässt auch keine Spuren auf Ihrem Rechner, da sie direkt vom USB-Stick gestartet wird.
>
> **Einfach und wirkungsvoll!**
>
> Sie müssen keine Software installieren, sondern gehen ganz einfach auf die Internetseite www.shop.digitalcourage.de. Dort können Sie sich den Privacy-Dongle für 30 Euro bestellen. Sie können den USB-Stick auch ganz bequem mit sich führen und an den unterschiedlichsten Geräten verwenden.
> **Info: www.digitalcourage.de**

7. Internet-Suche: Nutzen Sie DuckDuckGo als Alternative zu Google

Das US-Unternehmen Alphabet (Google) verdient rund 85 % seines Umsatzes mit Werbung. Google ist eine Datenkrake, das muss Ihnen klar sein. Es gibt allerdings auch Alternativen, die einen immer stärkeren Zuspruch erfahren.

Die alternative Suchmaschine von DuckDuckGo boomt

Über 30 Millionen Suchanfragen werden im Schnitt pro Tag in die Suchmaske von www.duckduckgo.com eingegeben. Anders als Google sammelt diese Suchmaschine keine Nutzerdaten von Ihnen und verzichtet auf personalisierte Werbung. Das und vermutlich die stetig länger werdende Liste von Datenskandalen und massiven Eingriffe in Privatsphäre und Bürgerrechte sorgen für einen bereits seit Jahren anhaltenden Aufwärtstrend. 2015 wurde erstmals die Marke von zehn Millionen Suchanfragen an einem Tag geknackt. Zwei Jahre später waren es schon 20 Millionen. Gleichwohl sind das im Vergleich mit Google immer noch sehr kleine Brötchen – laut Techcrunch laufen dort täglich drei Milliarden Suchanfragen auf.

Alternative Suchmaschine boomt
Ø Anzahl der täglichen Suchanfragen auf duckduckgo.com, jew. Oktober

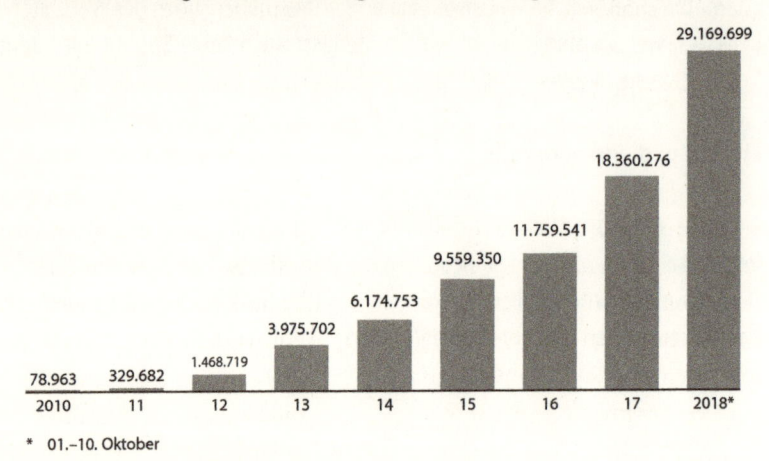

Jahr	Suchanfragen
2010	78.963
11	329.682
12	1.468.719
13	3.975.702
14	6.174.753
15	9.559.350
16	11.759.541
17	18.360.276
2018*	29.169.699

* 01.–10. Oktober

Quellen: duckduckgo.com/statista

Meine Empfehlung: Mit DuckDuckGo geben Sie Ihre Suchanfragen nicht der Datenkrake Google preis!

Die Idee hinter DuckDuckGo ist es, eine Suchmaschine zu entwickeln, die sich an der ursprünglichen - werbefreien - Version von Google orientiert. DuckDuckGo verzichtet hierzu auf den Einsatz von Tracking Codes und Cookies, was bedeutet, Ihre Anfragen werden weder gespeichert, noch wird Ihr Suchverhalten (Filterblasen) verfolgt. DuckDuckGo benutzt zusätzlich eine sichere SSL-Verschlüsselung und speichert keine IP-Adressen. Dadurch erzielen Sie einen signifikant höheren Datenschutz für Ihre Suchanfragen im Internet und somit einen weit besseren Schutz Ihrer Privatsphäre.

Info: www.duckduckgo.com

8. Das Komplettpaket für Datenschutz und Privatsphäre

Sie müssen Ihre persönlichen Daten und Ihre Privatsphäre dort schützen, wo sie am meisten gefährdet sind: im Internet. Eine weitere Optimierungsstufe schafft dafür das Unternehmen Steganos mit Sitz in Berlin. Es bietet Ihnen als Grundlage ein Virtuelles Privates Netzwerk, darüber hinaus weitere Serviceleistungen und Schutzfunktionen, sodass Sie ein umfassendes Sicherheitssystem erhalten – sozusagen ein Multi-Schutzschild.

Steganos kombiniert den VPN-Spurenvernichter mit Passwortschutz und Datensafe

Die Steganografie ist die Wissenschaft der verborgenen Speicherung oder Übermittlung von Informationen in einem Trägermedium (Container). Die Steganos Software GmbH ist ein deutsches Software-Unternehmen, dessen Hauptgeschäftsfelder Verschlüsselungs- und Sicherheitssoftware sind. Steganos schützt bereits seit 20 Jahren seine Kunden zuverlässig vor Datenspionen und Hackern. Der »Steganos Online Shield VPN« deaktiviert Ländersperren und schützt Sie im Internet vor Hackern oder unerwünschter Werbung durch die technologische Schaffung einer maximalen Diskretion.

Ihre Verbindung und Ihre Hardware werden gesichert, Cookies werden automatisch entfernt und Ihr Surfverhalten anonymisiert. Steganos bietet Ihnen hier eine persönliche Anti-Spionagesoftware und ergänzt die Dienstleistungen eines Virtuellen Privaten Netzwerkes um weitere Schutzfunktionen.

Passwörter sind die Schlüssel Ihres digitalen Lebens

Lassen Sie Ihre Wohnungstür unverschlossen? Haben Sie dieselben Schlüssel für Ihr Haus, Ihr Auto und Ihr Büro? Würden Sie Ihre Schlüssel wildfremden Menschen blind anvertrauen? Wohl kaum, im Internet ist genau das aber häufig der Fall. Passwörter sind die Schlüssel Ihres digitalen Lebens. Für die Sicherheit im Netz ist die Verschiedenheit und Qualität Ihrer Passwörter entscheidend. Sich immer mehr Passwörter für immer mehr Accounts auszudenken und zu merken, ist so gut wie unmöglich. Der Passwortmanager von Steganos ist hier eine ideale Lösung. Es gibt keinerlei Hintertüren, Masterpasswörter oder Nachschlüssel.

> **Meine Empfehlung: Steganos schützt Ihre Dokumente, Bilder und Passwörter innerhalb einer einzigen Anwendung**
>
> Die Dienstleistungen von Steganos schützen Ihre Dokumente, Bilder und Passwörter innerhalb einer einzigen Anwendung mit dem Ziel, die Vertraulichkeit zu sichern. Die Steganos-Produkte bzw. Schutzfunktionen können Sie kostenlos testen. Nutzen Sie diese Möglichkeiten. Meine Empfehlung ist das Schutzpaket der Privacy Suite, bei dem Datentresor und Passwortmanager kombiniert werden, und das zu einem sehr guten Preis. Dieses Servicepaket beinhaltet ein VPN-Netzwerk Ihrer Wahl und bietet Ihnen die höchste Schutzfunktion für Ihre Daten und Privatsphäre.
> Info: www.steganos.de

9. Der hochsichere Online-Speicher mit Passwortmanager aus der Schweiz

Über das Unternehmen DSwiss mit Sitz in Zürich haben Sie die Möglichkeit, all Ihre wichtigen Dateien und Passwörter an einem hochsicheren Ort in der Schweiz zu speichern und jederzeit darauf zuzugreifen. Alle Kundendaten werden ausschließlich in Schweizer Datenzentren gehortet. Der Hauptdatenspeicher steht dabei in einem ehemaligen Militärbunker in den Schweizer Bergen, also eine digitale Alpenfestung. Zu den Eigentümern von DSwiss gehört u. a. die Zürcher Kantonalbank.

Die digitale Alpenfestung aus der Schweiz

Ich bin mir sicher, auch Sie benötigen mittlerweile allein im Bereich Ihres privaten Vermögensmanagements weit mehr als fünf unterschiedliche Passwörter oder Geheimnummern. Darunter fallen beispielsweise Codes für Dienstleistungen im Online-Banking, dem Internet-Wertpapierhandel, dazugehörige Zugangscodes für E-Mail-Konten oder für geschlossene Internetseiten bei den unterschiedlichsten Finanzdienstleistern, Brokern, Kryptobörsen oder Geheimnummern für Ihre Bank- und Kreditkarten. Auch bei meinem Premium-Magazin »Kapitalschutz vertraulich« haben Sie eine Kundennummer, verbunden mit einem Passwort, über das Sie unsere Online-Dienstleistungen nutzen können, allen voran das Investor-Fragen-Tool.

Auch Vergesslichkeit, Krankheit oder Tod sind latente Risiken für Ihre Daten

Haben Sie sich schon einmal damit beschäftigt, was bei Tod oder schwerer Krankheit mit all Ihren digitalen Daten passiert? Vergesslichkeit, Krankheit und Tod sind latente Risiken für Ihre Daten. Ich werde immer wieder mit derartigen Fragen konfrontiert. Nicht selten äußern mir gerade ältere Kunden die Sorge, dass sie mit zunehmendem Alter den Überblick über ihre Vermögensstrukturen verlieren könnten. Die Angst vor dem Vergessen ist dabei absolut berechtigt. Leider nimmt die Wahrscheinlichkeit immer stärker zu, dass Menschen von Alzheimer-Demenz oder anderen schweren bzw. einschränkenden Krankheiten betroffen werden.

Ich kenne Kunden, die ihre zahlreichen digitalen Datenzugangscodes schriftlich niederschreiben und zu Hause verstecken. Allein für den Fall, dass sie ein Passwort oder eine Geheimzahl einmal vergessen. Das ist allerdings ein Risiko. Vor allem dann, wenn der Zettel entwendet wird oder schlicht vergessen wird, wo er versteckt wurde. Mir sind auch schon Fälle begegnet, in denen der »Passwortzettel« aus Versehen weggeworfen wurde oder die Schrift verblasst ist.

Ich beobachte auch, dass versucht wird, Daten so gut zu »verschlüsseln« oder zu verstecken, dass nicht selten die Entschlüsselung oder das Auffinden nicht mehr gelingt. Mir selbst ist das auch schon passiert. Allerdings habe ich mittlerweile mit SecureSafe aus der Schweiz eine hervorragende Lösung gefunden, die ich Ihnen vor allem wegen ihrer hilfreichen Funktionen sehr empfehlen kann.

Die 3 wichtigsten SecureSafe-Funktionen

1. sicherer Datenspeicher: Speichern, sichern und organisieren Sie all Ihre wichtigen Dateien in einem hochsicheren Bereich in der Schweiz. Greifen Sie von überall darauf zu.

2. sicherer Passwort-Manager: Speichern Sie Ihre Passwörter, PINs, Kreditkartennummern, Online-Banking-Log-ins etc. im integrierten Passwort-manager.
3. Datenvererbung: Stellen Sie sicher, dass Ihre Familienmitglieder auf Ihre wichtigen Daten zugreifen können, falls Ihnen etwas zustoßen sollte.

> **Schaffen Sie sich jetzt vorsorglich Ihren eigenen Schweizer Datensafe**
>
> SecureSafe bietet Ihnen bereits sehr umfassende, kostenlose Dienstleistungen. Ein Schweizer Datensafe mit 100 Megabyte privatem Speicherplatz und einem Passwort-Safe mit bis zu 50 Passwörtern ist gebührenfrei! Zusätzlich ist die Möglichkeit sehr interessant, dass Sie über die Vererbungsfunktion ein digitales Testament hinterlegen können. Dadurch können Sie Begünstigte festlegen für den Zugriff auf Ihre digitalen Daten nach Ihrem Tod. Der digitalen Alters-, Krankheits- und Todesfallvorsorge kommt in unserer zunehmend virtuellen Welt eine immer größere Bedeutung zu.
> **Info: www.securesafe.ch**

10. Nutzen Sie RFID-Blocker für Ihre Bankkarten, Ihren Personalausweis und Reisepass

RFID ist die Abkürzung für »Radio Frequency Identification« und bedeutet die Identifizierung von Gegenständen per Funk, ohne sie zu berühren. Daten werden dabei kontaktlos aus einem Speicher herausgelesen, hineingeschrieben oder gelöscht. Ein digitaler Datenklau kommt dadurch leider weit häufiger vor, als viele Bürger vermuten. Ich spreche nicht nur vom Datenmissbrauch bei Bank- und Kreditkarten, sondern auch vom kontaktlosen Identitätsdiebstahl bei neuen Personalausweisen und Reisepässen, die RFID-Chips beinhalten.

Ihre Ausweisdokumente, Bank- und Kreditkarten haben einen RFID-Chip

Vielen Bürgern ist nicht bekannt, dass die meisten neuen Bank- und Kreditkarten sowie Personalausweise und Reisepässe RFID-Chips integriert haben

10. Nutzen Sie RFID-Blocker für Ihre Bankkarten, Ihren Personalausweis und Reisepass

mit sensiblen, personenbezogenen Daten darauf. Oder mit Legitimationsdaten für kontaktlose Bezahlvorgänge bei Bank- und Kreditkarten. Diese sind überwiegend automatisch aktiviert. Daten, die zwischen RFID-Lesegeräten und -Chips ausgetauscht werden, können von Angreifern gelesen, missbraucht, manipuliert oder zerstört werden. Die Methoden, die beim Angriff auf RFID-Systeme zum Einsatz kommen, sind sehr unterschiedlich.

Haben Sie beispielsweise Ihre Geldbörse in der hinteren Hosentasche, können Ihre Bankkartendaten ausgelesen werden, wenn ein Lesegerät beispielsweise unter einem Stuhl in einem Restaurant angebracht ist, auf den Sie sich setzen. Oder in der engen Straßenbahn, wenn Ihnen eine Person in krimineller Absicht ein Lesegerät einfach nur an Ihre Hosentasche hält. Derartige Fälle nehmen aufgrund der zunehmenden Bargeldeinschränkung in Kombination mit stark ansteigenden, kontaktlosen Bezahlvorgängen und den automatisch freigeschalteten Bank- und Kreditkarten immer stärker zu.

Diese beiden Anbieter bieten Ihnen wirkungsvolle und kostengünstige RFID-Blocker

Ich empfehle Ihnen, RFID-Schutzhüllen nicht nur für Ihre Bank- und Kreditkarten zu nutzen, sondern beispielsweise auch für Paybackkarten, Kundenkarten oder Ihre Gesundheitskarte, die hochsensible Daten enthält. Selbst Hotelzimmerkarten wurden schon ausgelesen und Wertgegenstände anschließend aus dem Zimmer oder sogar aus dem an die Karte gekoppelten Tresor gestohlen.

Ohne dass ich der Ansicht bin, übermäßig ängstlich zu sein oder gar unter Verfolgungswahn zu leiden: Ich verwahre alle meine »Plastikkarten« in RFID-Schutzhüllen! Der Anbieter www.rfid-blocking.de ist mein Favorit, den ich Ihnen empfehle. Sie erhalten hier TÜV-geprüfte RFID-Blocking-NFC-Schutzhüllen. Ich verwende diese Produkte bereits seit Jahren selbst und kann deshalb bestätigen, dass ein Auslesen meiner Daten dadurch nicht mehr möglich ist.

Die Produkte von RFID-Blocking erwerben Sie kostengünstig über Amazon
Das Sicherheitshüllen-Set von RFID Blocking besteht aus insgesamt 12 einzelnen NFC-Blockern: 10 Karten-Schutzhüllen und 2 Reisepass-Schutzhüllen. Der Diebstahl von Daten Ihrer Bank- und Kreditkarten, Ihres Ausweises oder Ihres Reisepasses wird dadurch wirkungsvoll verhindert.

Der Anbieter RFID Blocking bietet seine Produkte nur über den Versandhändler Amazon an. Sie benötigen somit für den Erwerb ein – kostenloses – Konto bei www.amazon.de. Sollten Sie keinen Amazon-Account haben und auch keinen eröffnen möchten, nachfolgend eine Alternative.

Pass-Sicherheit.de bietet Ihnen Beratung und Kundenservice

Das Unternehmen www.pass-sicherheit.de bietet Ihnen ebenfalls kostengünstig ein sehr umfassendes Angebot an RFID-Geldbörsen und RFID-Schutzhüllen, sogar abgestimmt auf Damen oder Herren. Bei diesem Anbieter haben Sie zusätzlich den Vorteil, dass Sie sich auch telefonisch beraten lassen können.
Info: www.pass-sicherheit.de - Tel.: 0049-8007241248

11. So regeln Sie Ihren digitalen Nachlass einfach und effektiv

Bis zum Jahr 2024 werden in Deutschland 3,1 Billionen Euro vererbt. Aber längst vererben wir nicht nur materielle Werte wie Konten, Aktiendepots, Goldbarren oder Immobilien. Es gibt auch ein virtuelles Erbe, dem eine wachsende Bedeutung zukommt. Viele Bürger vernachlässigen die Regelung des digitalen Nachlasses allerdings sträflich. Ich zeige Ihnen, wie Sie die richtigen Vorsorgemaßnahmen treffen.

93 % aller Internetnutzer haben keine Regelung getroffen für ihren digitalen Nachlass

Laut Branchenverband Bitkom haben 93 % aller Internetnutzer bislang noch keine Regelungen für ihren digitalen Nachlass getroffen. Mir ist es auch deswegen ein Anliegen, Sie über diese Thematik frühzeitig zu informieren, weil ich gerade in den letzten Monaten und Jahren auch zahlreiche Investmentmöglichkeiten empfohlen habe, die in dieses Digitalsegment fallen.

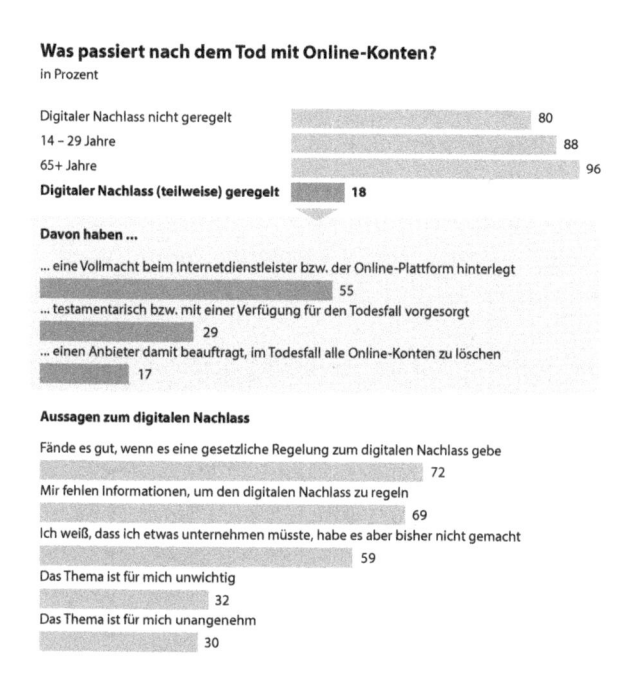

11. So regeln Sie Ihren digitalen Nachlass einfach und effektiv

Was passiert nach dem Tod mit Online-Konten?
in Prozent

Digitaler Nachlass nicht geregelt — 80
14 - 29 Jahre — 88
65+ Jahre — 96
Digitaler Nachlass (teilweise) geregelt — 18

Davon haben ...

... eine Vollmacht beim Internetdienstleister bzw. der Online-Plattform hinterlegt — 55
... testamentarisch bzw. mit einer Verfügung für den Todesfall vorgesorgt — 29
... einen Anbieter damit beauftragt, im Todesfall alle Online-Konten zu löschen — 17

Aussagen zum digitalen Nachlass

Fände es gut, wenn es eine gesetzliche Regelung zum digitalen Nachlass gebe — 72
Mir fehlen Informationen, um den digitalen Nachlass zu regeln — 69
Ich weiß, dass ich etwas unternehmen müsste, habe es aber bisher nicht gemacht — 59
Das Thema ist für mich unwichtig — 32
Das Thema ist für mich unangenehm — 30

Quellen: Bitkom/statista

Jeder zweite Deutsche hat seine Passwörter rein im Kopf abgespeichert

Nach aktuellen Umfragen hat jeder zweite Deutsche seine Passwörter für die unterschiedlichsten Online-Konten nur in seinem Kopf abgespeichert. Das ist auf der einen Seite durchaus sinnvoll, weil dadurch kein Missbrauch der Passwörter durch Dritte erfolgen kann. Auf der anderen Seite kommt es im Todesfall, aber auch im Fall von Vergesslichkeit oder einer Handlungsunfähigkeit aufgrund einer Krankheit zu Problemen.

Ich recherchiere bereits seit Langem, was Internet-Anbieter, Rechtsanwälte, Verbraucherschützer oder sonstige Experten in diesem Zusammenhang empfehlen. Grundsätzlich gibt es drei Möglichkeiten, um Ihre Interessen im Todesfall oder Notfall zu wahren: erstens die Hinterlegung einer Vollmacht beim jeweiligen Online-Anbieter. Hier sehe ich das Problem, dass es in Deutschland keine rechtlichen Regelungen gibt und viele Internet-Dienstleister derartige Vollmachten gar nicht annehmen.

Eine weitere Möglichkeit, die häufig empfohlen wird, ist die testamentarische Verfügung für den Todesfall mit Hinterlegung beim Notar. Ja, das ist zweifelsohne ein sicherer Weg, aber aus meiner Sicht vollkommen unpraktisch und kostspielig. Wenn ich zum Beispiel heute diese Verfügung mache, aber im Laufe des Jahres neue Konten eröffne oder weitere Online-Verträge abschließe, fehlen diese darin. Um stets auf dem aktuellen Stand zu sein, müsste ich meine testamentarische Verfügung immer wieder ändern. Das ist nicht nur aufwendig, sondern auch kostspielig, weil jedes Mal Gebühren anfallen.

Die dritte Möglichkeit, auf die ich häufig gestoßen bin, ist die Beauftragung eines spezialisierten Dienstleisters zur Regelung Ihres digitalen Nachlasses. Mich hat bei meinen Tests allerdings kein Anbieter überzeugt. Viele versuchen hier aus meiner Sicht, auf einen lukrativen Zug aufzuspringen. Mir hat dabei immer auch das Vertrauen gefehlt, dass meine Daten oder Passwörter bei diesen Anbietern auch wirklich sicher sind und ob es diese Anbieter in zehn oder 15 Jahren auch wirklich noch gibt, wenn ich sie benötige. Des Weiteren sind auch hier Änderungen stets relativ aufwendig und kostspielig. Deswegen rate ich Ihnen zu einem einfachen, kostengünstigen und dennoch sicheren Weg, den ich auch für mich selbst gewählt habe.

Bestimmen Sie vorsorglich einen digitalen Bevollmächtigten!

Grundsätzlich empfehle ich Ihnen auch, Ihre Digitalvorsorge nicht nur rein auf Ihren Tod abzustimmen, sondern auch für den Fall, dass Sie selbstbestimmt nicht mehr in der Lage sind, auf Ihre Online-Konten zuzugreifen, beispielsweise wegen eines Unfalls, des Eintritts der Pflegebedürftigkeit oder einer schweren Krankheit wie Alzheimer-Demenz.

Notieren Sie deswegen in Ihrem Testament für den Fall Ihres Todes und in Ihrer Vorsorgevollmacht für den Fall, dass Sie nicht mehr handlungsfähig sind, was mit Ihren Daten und Ihren Online-Konten geschehen soll. Definieren Sie für beide Fälle eine Vertrauensperson, die sich um Ihren digitalen Nachlass bzw. Ihre digitalen Daten kümmert.

> **Speichern Sie Ihre Online-Kontonummern und Zugangsdaten offline auf einem USB-Stick – verwahren Sie diesen in einem Bankschließfach/Tresor**

Halten Sie in Ihrem Testament fest, dass ein Bestandteil Ihres Testaments auch ein digitales Testament ist, das sich auf einem USB-Stick in einem Bankschließfach bei der Bank XY befindet. Holen Sie mindestens einmal jährlich Ihren USB-Stick aus dem Bankschließfach und bringen Sie Ihre Daten auf den neuesten Stand. Ich habe mir vorgenommen, meinen USB-Stick – auf dem ich all meine Konten mit Adressen und Passwörtern in einem Excel-Sheet dokumentiert habe – halbjährlich einem Update, also einer Aktualisierung, zu unterziehen.

Mir hilft das übrigens sehr, nicht nur in Sorge vor meinem Tod oder einer Handlungsunfähigkeit, sondern weil ich manche Konten, auf die ich nicht häufig zugreife, oftmals schlicht vergesse. So habe ich stets ein »Backup«, also eine Sicherheitskopie, für mich selbst in der Hinterhand.

Meine Empfehlung: Die Checkliste für Ihre digitalen Vorsorgemaßnahmen

- ✓ Befassen Sie sich jetzt mit der Dokumentation und Sicherung Ihrer digitalen Zugangsdaten für den Fall Ihres Todes, Ihrer Handlungsunfähigkeit oder schlicht zum Schutz vor Ihrer eigenen Vergesslichkeit.
- ✓ Dokumentieren Sie Ihre Online-Konten bei Anbietern mit Kontonummern, Vertrags- und Zugangsdaten ganz in einer einfachen Tabelle in einem Word-Dokument oder einer Excel-Datei.
- ✓ Speichern Sie das Dokument mit diesen Daten auf einem USB-Stick, den Sie an einem sicheren Ort deponieren. Ich empfehle hier ein Bankschließfach. Sollten Sie einen Tresor zu Hause wählen, ist es ratsam, den USB-Stick zusätzlich zu verschlüsseln oder zumindest mit einem Kennwort zu schützen.
- ✓ Machen Sie in Ihrem Testament und in Ihrer Vorsorgevollmacht einen Hinweis auf den USB-Stick und bestimmen Sie eine Person Ihres Vertrauens als digitalen Bevollmächtigten für den Fall Ihrer Handlungsunfähigkeit (Vorsorgevollmacht) und einen Digitalen Nachlassverwalter für den Fall Ihres Todes (Testament). Wichtig ist, dass diese Vollmacht

die Sie Ihrem Testament beilegen, ausdrücklich den Passus »Über den Tod hinaus« enthält.
- ✓ Halten Sie die Daten auf dem USB-Stick stets aktuell (mindestens jährliche Aktualisierung oder auch fortlaufend bei Eröffnung neuer Konten bzw. beim Abschluss neuer Online-Verträge).
- ✓ Um eventuellen, technischen Problemen vorzubeugen, rate ich dazu, zwei USB-Sticks mit identischen, duplizierten Inhalten zur Datensicherung zu verwenden.
- ✓ Betreiben Sie bitte nicht zu viel Aufwand: Hier ein Beispiel für eine einfache Dokumenten-Tabelle:

Anbieter	Internetadresse	Nutzername / Vertragsnummer / Kontonummer	Passwort	Zuletzt geändert am:

12. Fast wie Bargeld: Die Mastercard der Reisebank für diskrete Bezahlvorgänge

Als Bankkaufmann habe ich vor allem während meiner Ausbildung überwiegend am Schalter gearbeitet. Häufig habe ich dabei Reiseschecks des US-Unternehmens American Express ausgestellt. Diese Reiseschecks waren wegen ihrer einfachen und sicheren Funktionsweise bei unseren Kunden zur damaligen Zeit sehr beliebt.

Die Reisebank Mastercard ist kontoungebunden ohne Namensaufdruck

Die Mastercard der Reisebank ist eine kontoungebundene, flexibel aufladbare Kreditkarte, die keinen Namensaufdruck enthält. Dadurch eignet sie sich als perfekte Alternative zu den früher so beliebten Reiseschecks. Die Reisebank Mastercard funktioniert, ohne dass Sie bei der Reisebank ein Bankkonto eröffnen müssen, ohne jegliche Kreditverpflichtung und ohne vorherige Schufa-Abfrage. Die Konditionen der Reisebank Mastercard sind sehr empfehlenswert. Bei einer Gültigkeit von jeweils 24 Monaten kostet sie im ersten Jahr 29 Euro. Der Jahrespreis reduziert sich im zweiten Jahr auf 15 Euro. Monatlich fallen Grundkosten in Höhe von lediglich 1 Euro an.

Attraktiv: Bargeld einzahlen und überall, auch online, bezahlen!

Die Funktion, eine Geld- oder Kreditkarte durch eine Bargeld-Einzahlung an den bundesweit über 90 Niederlassungen der Reisebank aufzuladen (unter anderem an den großen Bahnhöfen und Flughäfen), wird nach meiner Erfahrung von vielen konservativen Verbrauchern geschätzt, die ihre ersten Schritte im digitalisierten Geldsystem gehen. Gleiches gilt in Bezug auf die hohe Diskretion durch den fehlenden Aufdruck Ihres Namens.

Die empfehlenswerte Anwendung der Reisebank Mastercard ist die kostenlose Einzahlung von Bargeld in Kombination mit dem Online-Einsatz innerhalb des Euro-Raumes. Sie können überall auf der Welt, wo Mastercard Karten akzeptiert werden, mit Ihrer Reisebank-Karte bezahlen, in stationären Geschäften ebenso wie im Internet, beim Teleshopping oder im Versandhandel. Der Bezahlvorgang ist stets kontoungebunden und somit sehr sicher und diskret, was besonders bei Zahlungen im Internet, aber auch in fremden Ländern sehr wichtig ist, weil Sie dadurch keinerlei Hinweise auf Ihre Kontoverbindung hinterlassen.

Alle Umsätze innerhalb der EU und des EWR (EU + Liechtenstein, Norwegen und Island) sind kostenlos, auch das Aufladen mit Bargeld oder über eine normale Banküberweisung. Bargeldabhebungen über die Karte sind hingegen relativ teuer; sie kosten 1 % (mind. 2,85 Euro) an Reisebank-Geldautomaten und 2 % (mind. 5 Euro) an fremden Geldautomaten. Bargeldabhebungen sollten Sie daher nur im Notfall tätigen bzw. im Bedarfsfall, wenn Sie die Kosten dafür als vertretbar erachten.

Die Reisebank Mastercard können Sie jetzt auch bequem online erwerben!

Neben dem direkten Erwerb der Karte in einer Niederlassung der Reisebank können Sie die Mastercard seit Kurzem auch bequem online bestellen. Die Legitimation erfolgt dann über Postident oder via Videochat.
Info: www.reisebank.de – Tel.: 0049(0)69978807-650

IV. Vermögensanlage und Kapitalschutz

1. Adler, Delfin, Elefant oder Hirsch – Welcher Anlegertyp sind Sie?

Vor einiger Zeit habe ich das hochinteressante Buch des deutschen Philosophen Richard David Precht gelesen mit dem Titel: »Wer bin ich – und wenn ja wie viele?« Precht ist einer der profiliertesten Intellektuellen im deutschsprachigen Raum. Er ist Honorarprofessor für Philosophie an der Leuphana Universität Lüneburg sowie Honorarprofessor für Philosophie und Ästhetik an der Hochschule für Musik Hanns Eisler in Berlin. Sein Bestseller vermittelt beeindruckende Einblicke in die Welt der menschlichen Psyche und hat mich sehr stark zum Nachdenken animiert.

Das Buch, das Sie über den stationären Buchhandel oder Online-Buchhändler wie Amazon zum moderaten Preis von 14,95 Euro kaufen können, ist einfach zu verstehen. Die Gedankengänge von Richard David Precht waren für mich als »Psychologie-Laien« sehr gut, weil klar nachzuvollziehen. Aktuelle Vorgänge in unserer komplexen Welt, die in zahlreichen Bereichen vollkommen aus den Fugen geraten ist, werden dadurch mit einer alternativen Sichtweise und durch eine ganz andere Brille betrachtet und bewertet. Richard David Precht beschreibt nicht nur die verschiedenen Bilder der Menschen in den unterschiedlichen Philosophien, sondern stellt auch kluge Fragen, die Ihnen immer wieder neue Anregungen an die Hand geben werden und Sie zum Nachdenken bewegen.

Die Quintessenz des Buches und das abschließende Fazit von Richard David Precht ist dabei: »Realisieren Sie Ihre guten Ideen und füllen Sie Ihre Tage mit Leben und nicht Ihr Leben mit Tagen.« Meine Überzeugung ist es, dass Ihnen dieses Buch eine sehr gute philosophische, aber auch psychologische Hilfestellung bietet, die Welt und die aktuellen globalen Entwicklungen besser zu verstehen. Gleiches gilt für die mehr als bedenklichen Entwicklungen in Europa und Deutschland, in Bezug auf die wichtigen Themen und Herausforderungen unserer Zeit – von der Migration und Demografie bis hin zur Digitalisierung. Ich fokussiere mich in meinem Buch – das Sie gerade lesen – auf die praxisnahen Antworten. Darauf aufbauend zeige ich Ihnen nachfolgend einen kostenlosen Investment-Profiler, der Ihnen Ihre Anleger-Psychologie aufzeigt.

Verhaltensorientierte Finanzmarkttheorie in der Praxis: Nutzen Sie regelmäßig einen Investment-Profiler!

Der Adler zieht in luftiger Höhe seine Kreise und hat das große Ganze im Blick. Der Delfin macht gerne Luftsprünge und lässt sich von seinen Gefühlen leiten. Der Hirsch weiß um seine Wirkung und reagiert auch in stressigen Situationen selbstbewusst. Und der Elefant setzt mit Bedacht seine Schritte, nimmt sich Zeit für Entscheidungen und scheut auch vor schwierigen Exkursionen in unbekanntes Terrain nicht zurück. Diese Formulierungen aus den Auswertungs-E-Mails zum neuen Investment-Profiler sind zwar im eloquenten Marketing-Jargon und durchaus auch mit einem Augenzwinkern geschrieben. Aber die Resultate, die sich hinter dem Test verbergen, sind wissenschaftlich erprobt.

Der Investment-Profiler des HBL Asset Managements basiert nämlich auf Forschungsergebnissen der verhaltensorientierten Finanzmarkttheorie (engl. behavioural finance). Untersuchungen der Behavioural Finance zeigen, dass das emotionale Korsett des Menschen auch beim Geldanlegen eine wichtige Rolle spielt. Zum Beispiel dann, wenn wir uns entscheiden müssen, in welche Aktie, Obligation oder in welches Finanzprodukt wir investieren wollen. Oft lassen wir uns in solchen Situationen von unserem Denk-, Wahrnehmungs- und Erinnerungsapparat zu irrationalem Handeln verleiten. Etwa weil wir uns falsch erinnern. Oder weil wir unser Urteilsvermögen überschätzen. Oder wegen einer der vielen weiteren mentalen Verzerrungsformen (engl. cognitive biases), die die menschliche Wahrnehmung verfälschen.

Die Hypothekarbank Lenzburg AG aus der Schweiz setzt den Risiko-Profiler seit Sommer 2018 im persönlichen Beratungsgespräch ein. Der Risiko-Profiler umfasst ein Diagnose- und ein Risikotool. Das Diagnosetool analysiert das Finanzwissen und emotionale Aspekte der Kunden, das Risikotool ermittelt ihre Risikotoleranz. Das übergeordnete Ziel: Die Bank will verhindern, dass Irrationales in den Entscheidungsprozess mit einfließt. Diese Zusammenhänge haben die Wirtschaftswissenschaft und die Verhaltensökonomie seit den 1970er-Jahren untersucht und erforscht. Ein Pionier in diesem Bereich war der Psychologe Daniel Kahnemann, der für seine Prospekt-Theorie 2002 mit dem Wirtschafts-Nobelpreis ausgezeichnet wurde.

Meine Empfehlung: Testen Sie Ihr Anlage-Wissen und erstellen Sie Ihr persönliches Anlageprofil!

Acht Fragen, acht Antworten: Mit dem neuen Robo-Analytiker des HBL Asset Managements der Hypothekarbank Lenzburg aus der Schweiz können Sie sich selbst die Diagnose stellen, kostenlos und unverbindlich. Die Methode ist wissenschaftlich getestet. Für die Erhebung und Auswertung müssen Sie keinerlei persönliche Daten eingeben. Möchten Sie ein ebenfalls kostenloses detailliertes Profil erhalten, müssen Sie lediglich eine E-Mail-Adresse angeben. Ihr Profil erhalten Sie dann umgehend zugesandt, ebenfalls absolut unverbindlich. Nutzen Sie jetzt diese Möglichkeit und testen Sie ganz einfach Ihre persönlichen psychologischen Eigenschaften.
Info: www.hblasset.ch/investment-profiler

2. Vier bewährte Empfehlungen für die Erstellung Ihres persönlichen Risiko-Reports

Ich nutze und empfehle wissenschaftliche Risiko-Profiler bereits seit vielen Jahren. Daher verfüge ich über umfassende Erfahrungswerte. Nachfolgend für Sie meine vier wichtigsten Grundlagen:

1. Beziehen Sie Ihren Ehe- oder Lebenspartner in die Risikoanalyse mit ein

Gerade bei Gemeinschaftskonten oder Depots stelle ich immer wieder fest, dass meist entweder das Risikoprofil des Mannes oder der Frau als »Entscheider« oder Hauptansprechpartner für die Bank bei der Kundenanalyse Berücksichtigung findet. Das führt aber in fast allen mir bekannten Fällen zu falschen Werten. Denn Ihre Frau oder Ihr Mann denkt vielleicht ganz anders als Sie und das Kapital und die Vermögenswerte gehören doch Ihnen beiden! Ich bin der festen Überzeugung, dass viele Privatanleger in ihren Finanzentscheidungen erfolgreicher wären, wenn sie – wie beim Autokauf oder dem Kauf einer neuen Waschmaschine – auch den Partner stärker einbeziehen würden.

Kaum ein Bankberater wird Sie auf diesen so wichtigen Punkt aktiv ansprechen, weil das für ihn mehr Arbeit bedeutet und die Komplexität der Zusammenarbeit erhöht. Das ist aber ein ganz wichtiger Aspekt! Daher ist der Report, den Sie beispielsweise über den oben empfohlenen Risiko-Profiler erhalten, für Sie nur aussagekräftig, solange Sie ihn allein erstellen. Wenn Sie aber mit einem Partner/einer Partnerin (Ehe, Lebensgemeinschaft) leben und Sie gemeinsame Entscheidungen treffen und auch ein gemeinsames Vermögen haben, sollte Ihr Partner ebenfalls den Fragebogen zu seiner Risikobereitschaft ausfüllen. Denn beide Risikoprofile müssen berücksichtigt werden, wenn gemeinsame Entscheidungen anstehen. Sie werden überrascht sein, wie unterschiedlich die Ergebnisse oftmals sind!

2. Überprüfen Sie Ihre Risikobereitschaft bei wesentlichen Veränderungen in Ihrem Umfeld

Rahmenbedingungen, die Ihre Risikobereitschaft beeinflussen, sind – abgesehen von Ihrer individuellen Persönlichkeit – Ihr finanzielles Wissen und natürlich auch Ihre bisherigen finanziellen Erfahrungen, ebenso Ihr persönliches, familiäres und berufliches Umfeld mit Ihren spezifischen Zielen für die Zukunft. Sollte sich einer dieser Punkte wesentlich und nachhaltig ändern, muss Ihre Risikobereitschaft aufgrund dieser Einflüsse neu erhoben werden. Aus eigener Erfahrung weiß ich, dass sich ein Risikoprofil deutlich verändert, wenn man beispielsweise Kinder bekommt. Diese Überprüfung bei sich verändernden Rahmenbedingungen ist nicht nur für Ihre künftige Entscheidungsfindung sinnvoll, sondern auch dafür, dass Sie Entscheidungen, die Sie vor der Veränderung getroffen haben, eben nun überdenken und neu bewerten können.

3. Kontrollieren Sie Ihr Risikoprofil regelmäßig

Bei Anlegern, die sich erstmalig mit ihren Finanzen oder Kapitalanlagen auseinandersetzen, ist zu beobachten, dass sie zu einer erhöhten Risikobereitschaft neigen. Gerade unerfahrene Kapitalanleger oder aber auch Anleger, die sich mit neuen Anlageprodukten oder neuen Märkten beschäftigen, sollten ihre Risikobereitschaft daher regelmäßig neu überprüfen. Generell rate ich im Zuge Ihrer persönlichen Vermögenskontrolle – mindestens – zu einer jährlichen Überprüfung Ihres Risikoprofils. Aufgrund des überschaubaren Zeitaufwandes, der bei der Nutzung eines Risiko-Profilers entsteht, können Sie hier aber durchaus auch halbjährlich eine Überprüfung vornehmen.

Vor allem, wenn Sie schon lange Kunde einer Bank oder eines Vermögensverwalters sind, sollten Sie einmal Ihr heutiges Risikoprofil mit dem vergleichen, das bei der Bank abgespeichert ist. Aus meiner Bankpraxis kann ich bestätigen, dass bei langjährigen Kunden zu Beginn einmal eine – meist – vollkommen unzureichende Risikoanalyse gemacht wurde, auf deren Grundlage heute noch Anlageentscheidungen getroffen und umgesetzt werden. Wann hat Ihr Bankberater das letzte Mal mit Ihnen eine Risikoanalyse in dieser Form gemacht? Ich würde in zahlreichen Fällen sogar behaupten: Noch nie! Deswegen:

4. Besprechen Sie Ihr Risikoprofil mit Ihrem Vermögensberater

Führen Sie Aufzeichnungen über das Gespräch und lassen Sie diese nach dem Gespräch von Ihrem Vermögensberater als Bestätigung unterschreiben. Wichtig ist vor allem, dass Sie und Ihr Berater identische Vorstellungen von Ihrem Risikoprofil haben.

> **Meine Empfehlung: Überprüfen Sie auch einmal die Auswertungen Ihres Bankberaters oder Vermögensverwalters**
>
> Lassen Sie diesen Test doch einmal von Ihrem Bank- bzw. Vermögensberater oder Vermögensverwalter machen, und finden Sie heraus, wie er Sie einschätzt. Sie sehen dann durch die Auswertungen, wie identisch oder unterschiedlich Ihr Berater Sie einstuft. Das Ganze dient nicht der Bloßstellung Ihres Beraters, son-

> dern Sie und Ihre Berater haben damit die Möglichkeit, extreme Abweichungen direkt zu besprechen und zu ergründen. Risiko-Profiler helfen dadurch auch Ihrem Vermögensberater, was dieser zu schätzen wissen sollte.

3. Vorbild Superreiche: Machen Sie jetzt Ihre eigene professionelle Finanzausschreibung

Für Vermögensverwalter, Family Offices, Banken, Fonds, Versicherungen, Stiftungen oder Pensionskassen gibt es mit Institutional Money (www.institutional-money.com) bereits seit vielen Jahren eine professionelle und bewährte Anlaufstelle, um nach lukrativen Investmentmöglichkeiten zu suchen und solide Vermögensverwaltungsmandate zu vergeben.

Sie können dort anhand eigener Kriterien anonym nach geeigneten Investments bzw. Vermögensverwaltungen suchen und eine erste Vorauswahl treffen. Diese Vorgehensweise nennt man in der Fachsprache der Finanzwelt »Request for Proposals« (RFP), auf Deutsch: Ausschreibung.

Neu: Das bewährte RFP-Prinzip für Privatanleger

Diese Möglichkeit eröffnet sich seit Kurzem auch Ihnen als Privatanleger. Sie können hier anhand eigener Vorgaben nach passenden Vermögensverwaltern suchen. Ihre Daten bleiben dabei geschützt, denn die Anfrage erfolgt anonym. Passt das Profil eines Vermögensverwalters zu Ihrer Ausschreibung, dann bewirbt sich der Vermögensverwalter bei Ihnen. Sie brauchen sich dann nur noch denjenigen, der Ihren Vorstellungen entspricht, auszuwählen. Umgekehrt bietet diese Plattform natürlich auch Vermögensverwaltern die Möglichkeit, neue Kunden zu gewinnen. Dieses Prinzip gibt es jetzt auch für Privatanleger.

Finanzausschreibung.de bietet Ihnen den Zugang zu über 800 Vermögensverwaltern

Wenn Sie beispielsweise Ihr Bad neu fliesen lassen, machen Sie vermutlich eine Handwerker-Ausschreibung. Das Angebot bzw. den Fliesenleger mit

3. Vorbild Superreiche: Machen Sie jetzt Ihre eigene professionelle Finanzausschreibung

dem besten Preis-Leistungs-Verhältnis wählen Sie anschließend aus und vergeben ihm den Auftrag. Genau diese Strategie empfehle ich Ihnen auch bei Finanzdienstleistern und Vermögensverwaltern. Ich stelle Ihnen eine neue Plattform vor, die Anleger und Finanzdienstleister genau zu diesem Zweck zusammenführt. Dort können Sie diese empfehlenswerte Ausschreibungsstrategie ganz einfach umsetzen.

Ich bin mir sicher, Sie haben diese Erfahrung auch schon gemacht: Die Suche nach einer vertrauenswürdigen und gleichzeitig kompetenten Bank oder nach einem soliden Vermögensverwalter, der Ihr hart verdientes Geld zu angemessenen Kosten verwaltet, ist gar nicht so einfach. Genau hier setzen die neuen Dienstleistungen von Finanzausschreibung.de an, indem sie Sie direkt mit Vermögensverwaltern zusammenführen.

Als Privatanleger haben Sie dadurch jetzt ebenfalls die Möglichkeit – ganz nach dem bewährten Vorbild von Institutional Money –, die Verwaltung Ihres Vermögens professionell auszuschreiben. Passt das Profil eines Vermögensverwalters zu den Kriterien Ihrer Ausschreibung, bewirbt sich dieser bei Ihnen. Aktuell bieten bereits über 800 Vermögensverwalter ihre Dienstleistungen über Finanzausschreibung.de an.

Bei den Vermögensverwaltern handelt es sich entweder um Mitarbeiter von Finanzinstituten oder um unabhängige Vermögensverwalter. Voraussetzung ist, dass sie über eine Banklizenz oder eine Erlaubnis zur Ausübung der Finanzportfolioverwaltung von der BaFin gemäß § 32 Gesetz über das Kreditwesen (KWG) verfügen.

Als ehemaliger private Banker und diplomierter Vermögensmanager kenne ich das erfolgreiche System von Institutional Money bzw. die Vorgehensweise, Vermögensverwaltungs-Mandate in einem Ausschreibungsprozess zu vergeben, bereits seit Jahrzehnten. Ich bin fast schon überrascht, dass eine derartige Dienstleistung erst jetzt in dieser empfehlenswerten Art und Weise zur Verfügung gestellt wird.

Der Initiator und Geschäftsführer von Finanzauschreibung.de ist Dr. Elmar Peine. Er hat früher für das Handelsblatt gearbeitet und war Leiter des Hauptstadtbüros des Axel Springer Finanzen Verlags. Seit dem Jahr 2014 ist er Herausgeber des eMagazins »Private Banker« für Vermögensverwalter. Hinter Finanzausschreibung.de steht also ein erfahrener und renommierter Unternehmer mit einem umfassenden Netzwerk im Vermögensverwaltungsbereich.

Die Leistungen von Finanzausschreibung.de auf einen Blick

1. Für Kapitalanleger: Als privater oder institutioneller Anleger können Sie ganz nach Ihren Vorstellungen und völlig kostenlos eine Ausschreibung erstellen. Dabei können Sie, je nach Kenntnisstand und Risikobereitschaft, detaillierte Einstellungen vornehmen, die es Ihnen ermöglichen sollen, den für Ihre Bedürfnisse passenden Vermögensverwalter zu finden. Ihre Ausschreibung wird dann völlig anonym an mehr als 800 Vermögensverwalter übermittelt. Ihre Anonymität währt dabei so lange, wie Sie es wünschen. Eine begonnene Ausschreibung können Sie jederzeit ohne Begründung wieder beenden. Nach erfolgter Ausschreibung werden passende Bewerbungen an Sie weitergeleitet. Es besteht insgesamt nach meiner Einschätzung eine hohe Wahrscheinlichkeit, dass Sie hier einen für Sie geeigneten Vermögensverwalter finden. Finanzausschreibung.de bietet Ihnen darüber hinaus auch eine kostenlose Kontrolle bezüglich der Einhaltung der Versprechen der Vermögensverwalter.
2. Für Vermögensverwalter: Als Vermögensverwalter bietet Ihnen Finanzausschreibung.de die Möglichkeit, sich den Interessenten für eine Vermögensverwaltung zu präsentieren und dadurch neue Kunden zu gewinnen.
3. Für Vermittler: Als Steuerberater, Rechtsanwalt, Wirtschaftsprüfer, Finanz-, Versicherungs- oder Immobilienmakler – um nur einige finanznahe Beispiele zu nennen – können Sie über Finanzausschreibung.de natürlich ebenfalls den passenden Vermögensverwalter für Ihre Kunden suchen und finden. Dadurch können Sie Ihr Dienstleistungsangebot mit entsprechenden zusätzlichen Einnahmen erweitern und Ihren Kunden gleichzeitig einen richtig guten Mehrwert liefern.

Fazit

Finanzausschreibung.de können alle Anleger vom Amateur bis hin zum Profi individuell angepasst nutzen. Je nach Kenntnisstand machen Sie die Vorgaben, die Ihnen wichtig sind. Kapitalabsicherung, Umschlagshäufigkeit, Nachhaltigkeit oder Gebühren sind nur vier von mehreren Dutzend einstellbaren Variablen.

Meine Empfehlung: Lassen Sie sich von einem Vermögensverwalter finden!

Die Dienstleistungen von Finanzausschreibung.de sind für Sie als Privatanleger anonym und kostenlos. Bezahlt wird die Plattform über eine Vermittlungsprovision, die die Vermögensverwalter im Fall einer erfolgreichen Vermittlung an Finanzausschreibung.de zahlen. Für Ihre Finanzausschreibung müssen Sie in einem standardisierten Ablaufprozess bestimmte Auswahlkriterien angeben, beispielsweise welche Kapitalanlagen Sie bevorzugen und welchen Vergleichsindex Sie sich wünschen.

Darüber hinaus müssen Sie aus den derzeit drei zur Verfügung stehenden Gebührenmodellen das für Sie passende auswählen: erstens eine prozentual berechnete Vermögensverwaltungspauschale, die dann alle Kosten abdeckt. Zweitens eine Management-Gebühr, die lediglich die Verwaltung Ihres Vermögens betrifft. Depot- und Transaktionskosten werden dann gesondert in Rechnung gestellt. Oder drittens eine Managementgebühr in Kombination mit einer Gewinnbeteiligung.

Attraktives Geschäftsmodell: Die Vermittlung von Vermögensverwaltungsmandaten ist nicht zulassungspflichtig

Da ich auch zahlreiche Berater und Finanzdienstleister unter meinen Lesern habe, kann es zusätzlich für Sie interessant sein, die Dienstleistungen selbst als Vermögensverwalter oder Vermittler zu nutzen. Die BaFin hat bestätigt, dass die Vermittlung von Vermögensverwaltungsmandaten keine erlaubnispflichtige Tätigkeit ist und demnach von jedermann (auch gelegentlich) ausgeübt werden kann. Wenn Sie also als Privatperson oder für Ihr Unternehmen über Finanzausschreibung.de ein Mandat vermitteln, erhalten Sie eine Provision.
Info: www.finanzausschreibung.de – Tel.: 0049(0)3069042-003

4. Die erste digitale Aktien-Vermögensverwaltung aus dem Fürstentum Liechtenstein

In Liechtenstein hat die Vermögensverwaltung eine sehr lange Tradition und wird seit vielen Jahrzenten äußerst professionell betrieben. Allerdings sind die Mindestanlagesummen der Banken und Vermögensverwalter mit 300.000 bis 500.000 Euro in aller Regel sehr hoch. Im soliden Fürstentum geht zu Jahresbeginn 2019 der erste bankenunabhängige digitale Vermögensverwalter an den Start.

Kleinanleger haben nur noch Zugang zu Vermögensverwaltungen von der Stange

Die bürokratischen Regelungen der seit Jahresbeginn 2018 in Kraft getretenen EU-Richtlinie MiFID II führten dazu, dass klassische Banken und Vermögensverwalter ihre Dienstleistungen stark standardisieren mussten. Die Aufzeichnungsvorschriften und das Meldewesen nehmen seither weit mehr Zeit in Anspruch als die Kundenberatung. Für Vermögenswerte unter ca. 400.000 (+/- 100.000) Euro ist eine individuelle Anlageberatung und Vermögensverwaltung auf Basis von Direktinvestments in Aktien nicht mehr möglich, da die Finanzinstitute das nicht mehr als lukrativ ansehen. Viele Privatanleger wünschen sich jedoch eine solche individuelle Anlageberatung auch für Aktieninvestments.

Hierzu gibt es jetzt eine Lösung in Form des ersten digitalen Vermögensverwalters aus dem Fürstentum Liechtenstein mit dem Namen Estably, der seine professionellen Dienstleistungen bereits ab einer Mindestanlagesumme von 35.000 Euro anbietet. Das ist für Liechtensteiner Verhältnisse eine sehr geringe Einstiegshürde. Hinter Estably steht der durch die Liechtensteiner Finanzmarktaufsicht FMA konzessionierte und überwachte bankenunabhängige Vermögenverwalter Früh & Partner (www.fpartner.li) mit langjähriger Erfahrung auf dem Finanzplatz Liechtenstein. Während die klassischen Vermögensverwaltungsdienstleistungen von Früh & Partner erst ab einer Mindestanlagesumme von 500.000 Euro zugänglich sind, kommen Sie bei der digitalisierten Vermögensverwaltung über www.estably.com mit deutlich weniger Kapital zum Zuge.

Die Leistungen von Estably auf einen Blick:

Geringe Mindestanlagesumme: Bereits ab 35.000 Euro kommen Sie in den Genuss einer bankenunabhängigen digitalen Vermögensverwaltung mit Sitz im soliden Fürstentum Liechtenstein.

Online-Konto und -Vertragseröffnung: Sie müssen nicht persönlich ins Fürstentum Liechtenstein reisen, wie das derzeit für ausländische Kunden noch bei allen Banken der Fall ist. Vertragsabschluss und Depoteröffnung sind dank eines komplett digitalen Identifizierungsverfahrens online möglich.

Volle Transparenz und tagesaktuelle Reportings: Über tagesaktuelle Reportings haben Sie die Entwicklung Ihres Kapitals jederzeit transparent im Blick und Sie erhalten wichtige Updates und Neuigkeiten zu Ihren Depotpositionen.

Erfahrung & Kompetenz statt Algorithmen: Estably kombiniert das Knowhow des Vermögensverwaltungsspezialisten Früh & Partner aus Liechtenstein mit einer modernen IT-Infrastruktur. Die Vermögensverwaltung basiert daher nicht wie bei den meisten am Markt befindlichen Robo-Advisors rein auf Algorithmen, sondern wird auf Basis einer Value-Investment-Strategie »von echten Menschen« umgesetzt. Weiterführende Details zu dieser Vermögensverwaltungs-Strategie finden Sie in einem »Whitepaper«, das Sie über die Internetseite www.estably.com anfordern können.

Auswahl zwischen drei Portfolios: Estably bietet Ihnen drei Portfolios, aus denen Sie nach Ihren Bedürfnissen auswählen können. Der Unterschied liegt vor allem in der Gewichtung des Aktien- und Anleiheanteils im Portfolio, wobei ein höherer Aktienanteil in der Regel mit höheren Chancen, aber auch höheren Schwankungen gleichzusetzen ist.

Kostenpauschale für die Vermögensverwaltung: Estably berechnet eine jährliche Vermögensverwaltungspauschale in Höhe von 1,2 %, kombiniert mit einer erfolgsabhängigen Komponente von 10 % der erwirtschafteten Gewinne nach dem sogenannte High-Water-Mark-Prinzip. Beim High-Water-Mark-Prinzip wird die performanceabhängige Gebühr nur dann fällig, wenn neue Höchststände erzielt werden. Bei einer schlechten Performance müssen Sie diese Gebühr dann also nicht entrichten. In der Vermögensverwaltungspauschale sind neben den Kosten für die Vermögensverwaltung auch alle Transaktionskosten sowie die Konto- und Depotführungsgebühren enthalten. Häufige Umschichtungen gehen somit nicht zu Ihren Lasten. Sie haben eine vollkommen transparente Kalkulationsbasis, da nur in Einzelaktien oder Einzelanleihen investiert wird, weil noch keine weiteren Produktkosten, wie zum Beispiel Fondsgebühren anfallen.

Depotführung: Der einzige Wermutstropfen, den ich sehe, ist die Depotführung, die zum Start rein über die deutsche Baader Bank erfolgt. Hier hätte ich mir natürlich auch eine Bank aus Liechtenstein gewünscht, das ist aber aus abwicklungstechnischen Gründen beim Handel der Einzelaktien und der entsprechenden Bruchteilsanteile derzeit noch nicht möglich, für die nahe Zukunft aber geplant. Die Wertpapiere in Ihrem Depot werden getrennt vom restlichen Bankvermögen verwahrt und sind im Falle einer Insolvenz der Bank geschützt. Für Ihr Konto gilt die gesetzliche Einlagensicherung von 100.000 Euro.

Die 3 Aktien-Portfoliostrategien von Estably im Überblick

1. Ertrag: Konservative Portfolio-Strategie

Aktien: 30 %   Anleihen: 60 %   Barbestand: 10 %

Das Portfolio »Ertrag« hat aufgrund des hohen Anleihenanteils eine konservative Ausrichtung und verfügt über eine relativ geringe Aktienquote. Das Ziel des ertragsorientieren Portfolios ist der langfristige Vermögenszuwachs mittels laufender Zins- und Dividendenerträge bei nur moderaten Kursschwankungen.

2. Moderat: Wachstumsorientierte Portfolio-Strategie

Aktien: 60 %   Anleihen: 30 %   Barbestand: 10 %

Hinter »Wachstum« steht ein ausgewogenes Portfolio, das grundsätzlich jeweils zur Hälfte aus Aktien und Anleihen besteht. Die Aktienquote kann allerdings variieren, darf dabei aber höchstens 60 % betragen. Das Ziel der wachstumsorientierten Portfolio-Strategie ist ein langfristiger, realer Vermögenszuwachs durch laufende Zins- und Dividendenerträge, aber auch durch Kurssteigerungen.

3. Dynamisch: Chancenreiche Portfolio-Strategie

Aktien: 90 %   Anleihen: 0 %   Barbestand: 10 %

Das Portfolio »Dynamisch« ist ein reines Aktiendepot aus Qualitätsunternehmen, die über ein großes Wachstumspotenzial verfügen. Das Ziel dieser Strategie ist der langfristige, deutliche Vermögenszuwachs des Portfolios bei gleichzeitig erhöhten Kursschwankungen.

Meine Empfehlung: Die Kombination von Standort, Aktien, Menschen und Maschinen ist einzigartig

Das Besondere dabei ist, dass im Gegensatz zu zahlreichen anderen bereits am Markt aktiven Robo-Anbietern keine Finanzprodukte oder Indizes zur Umsetzung der Anlagestrategien eingesetzt werden, sondern Direktinvestments in Aktien. Dadurch haben Sie nicht nur einen Zugang zu einem durch die Finanzmarktaufsicht Liechtenstein (FMA) regulierten professionellen Vermögensverwalter, sondern Sie umgehen durch die mit Aktien hinterlegten Anlagestrategien auch die steuerlichen Fallstricke der Investmentsteuerreform, die nur für Investmentfonds und börsennotierte Indexfonds (ETFs) relevant sind.
Scalable Capital, der deutsche Marktführer unter den digitalen Vermögensverwaltern, setzt beispielsweise zur Umsetzung seiner Anlagestrategien nur Finanzprodukte in Form von ETFs ein. Estably verfolgt hingegen eine Art Reinheitsgebot, basierend auf Aktien. Sie können sich bereits jetzt unverbindlich auf der Internetseite www.estaby.com registrieren, sodass Sie zum Start umgehend informiert werden und sich dann auch für weiterführende Fragen direkt an das Unternehmen wenden können.
Sie haben mit Estably einen digitalen Vermögensverwalter, der nicht wie so viele Robo-Advisors rein auf Algorithmen basiert, sondern auf Menschen in Form von Vermögensverwaltungs-Experten, die auf Basis der Value-Ansätze von Warren Buffett und der klaren Vorgaben der ausgewählten Portfolio-Strategie direkt in aussichtsreiche Aktien, aber auch in solide Anleihen investieren. Auch wenn bei Estably alles online passiert: Bei Fragen stehen Ihnen die – menschlichen – Mitarbeiter von Estably selbstverständlich zur Verfügung.
Info: www.estably.com

5. Edelmetall-Sparpläne: Der Zinseszinseffekt ist tot – es lebe der Cost-Average-Effekt!

Wir leben derzeit in einer historisch noch nie dagewesenen Null- oder gar Negativzinszeit. Es herrscht ein massiver Verlust des Vertrauens in die politischen Systeme der großen Volkswirtschaften, die internationalen Notenbanken und die Stabilität der Währungs- und Finanzmärkte. Vor diesem Hintergrund ist es zwingend erforderlich, dass Sie unterschiedliche Investmentstrategien nutzen und diszipliniert umsetzen.

Immer mehr Banken führen Negativzinsen ein

Mit der Nassauischen Sparkasse (Naspa) aus Wiesbaden hat eine der größten Sparkassen Deutschlands zum 01.07.2019 einen Negativzins in Höhe von -0,4 % für Privatkunden mit Einlagen von mehr als 500.000 Euro auf Giro- und Tagesgeldkonten eingeführt. Die Büchse der Pandora ist längst geöffnet, niemand kann mehr seriös ausschließen, dass wir nicht in naher Zukunft auch Minuszinsen von 1 oder 2 % auf Spareinlagen oder gar Einlagenkonten sehen werden.

Setzen Sie auch bei Sparplänen auf physische Edelmetalle

Der bewährte Zinseszinseffekt existiert faktisch nicht mehr oder droht, ins Negative abzudriften. Dafür wird der Cost-Average-Effekt immer wertvoller. Dieser optimiert nachhaltig Ihre durchschnittlichen Einstiegskosten, indem Sie in zu verschiedenen Zeiten in Tranchen investieren. Beispielsweise über regelmäßige Zahlungen in Sparpläne, die Sie als Anleger automatisch disziplinieren.

Bei Edelmetallen müssen Sie auch im Sparplan-Bereich nicht auf Finanz- bzw. Bankprodukte zurückgreifen. Es gibt auch hier eine sehr empfehlenswerte, weil bewährte Alternative, nämlich einen bankenunabhängigen Sparplan auf physische Edelmetalle der Anbieter GoldRepublic oder BullionVault. Dank dieser Sparplanstrategie verteilen Sie Ihre Anlagegelder auf unterschiedliche Einstiegszeitpunkte.

Vorsicht vor Papiergold-Sparplänen!

Zahlreiche Sparpläne auf Edelmetalle beziehen sich auf reine Zahlungsversprechen, also Papiergold. Einige Anbieter sind darüber hinaus bei Sparplänen unverhältnismäßig teuer. Auch sogenanntes Xetra-Gold oder Euwax-Gold besteht aus gesicherten deutschen Anleihen. Diese Finanzprodukte beurteile ich als strategische Gold-Investments ebenfalls sehr kritisch, weil Sie sich damit weiterhin direkt im Banken- und Finanzsystem der EU und in der EU-Bankenunion bewegen.

Meine Empfehlung: Nutzen Sie das bankenunabhängige Sparplankonzept für physische Edelmetalle

Neben dem direkten Erwerb von Edelmetallen in Eigenverwahrung sowie der Lagerung von Edelmetallen im Ausland in Schließfächern, Zollfreilagern, liechtensteinischen Sachwertfonds oder Versicherungspolicen sind für mich der physische Erwerb und die Lagerung von Edelmetallen über spezialisierte Online-Plattformen ein weiterer wesentlicher Baustein meiner Kapitalschutz-Strategien.
Für die Anlage von Edelmetallsparplänen sind die beiden Anbieter GoldRepublic aus den Niederlanden (mit physischer Verwahrmöglichkeit in der Schweiz in Zürich) oder BullionVault mit Verwahrmöglichkeiten u.a. in den USA, Großbritannien, Singapur, der Schweiz oder Kanada meine Favoriten.
Info: www.goldrepublic.de – www.bullionvault.de

6. Realwert-Kunst: BullionArt bietet Ihnen limitierte Skulpturen aus massivem Silber

Reinhard Deutsch (1936–2007) habe ich persönlich leider nur ganz flüchtig kennengelernt. Der selbstständige Kaufmann und Unternehmer arbeitete einst als freier Journalist und Finanzpublizist. Einem breiten Publikum bekannt wurde er durch eine Vielzahl von Artikeln, überwiegend zu geldtheoretischen Fragen und zum Edelmetall Silber. Sein erstes Buch »Die Geldfalle – Warum der Silberpreis explodieren wird« erschien bereits im Jahr 2000.

Im Sommer 2006, ein Jahr vor seinem Tod, erschien sein Werk »Das Silberkomplott«.

Kunstobjekte aus massivem Silber sind eine Ergänzung zu Barren und Münzen

Frauke Deutsch – die Tochter von Reinhard Deutsch – bietet Ihnen mit Ihrem Unternehmen BullionArt stilvolle Skulpturen ausgewählter Künstler aus reinem 999er Feinsilber in streng limitierter Auflage. Das Unternehmensmotto lautet: »Kunst statt Barren«. Für mich sind die Silber-Skulpturen von BullionArt kein Ersatz für Anlagesilber in Form von Barren, sondern eine gute Ergänzung und Diversifikationsmöglichkeit. Außerdem sind sie eine Alternative zu Sammlermünzen aus Silber, die – im Gegensatz zum Anlagesilber in Form von Barren und Münzen – ebenfalls einen teils erheblichen Aufschlag zum reinen Materialwert besitzen.

Die zusätzlichen Wertsteigerungspotenziale: Limitierung und steigende Nachfrage

Die einzigen Kunstgegenstände, die ich bislang seit dem Jahr 2010 bewusst sammle, sind die limitierten Werke des weltberühmten Künstlers James Rizzi. Diesen habe ich im Jahr 2010 auf einer Kreuzfahrt in Rom kennengelernt und mein erstes signiertes, auf 350 Stück limitiertes Bild von ihm erworben. Im Jahr 2011 ist James Rizzi gestorben, die Preise seiner Bilder haben sich seither vervielfacht. Bei einem bekannten und gefragten Künstler führt der Tod zu einem abgeschlossenen Lebenswerk und somit einem absolut begrenzten Angebot, da er keine neuen Bilder bzw. Werke mehr »produzieren« kann.

Genau dieser Effekt kann auch bei den limitierten Silber-Skulpturen der ausgesuchten Künstler eintreten, die Sie über BullionArt erwerben können. Ich will dabei aber selbstverständlich nicht pietätlos auf den möglichen und früher oder später eintretenden Tod der Künstler spekulieren. Die Künstler können ja auch bereits zu Lebzeiten sehr bekannt werden, was zu steigenden Preisen führt. Im Unterschied zu meinen James-Rizzi-Bildern ist bei den Silber-Kunstwerken, die Sie über BullionArt käuflich erwerben können, bereits der Materialpreis wegen des verwendeten Silbers bedeutend höher.

> **Meine Empfehlung: Kombinieren Sie den Sachwert von Silber mit dem Kunstwert einer Skulptur**
>
> Durch ein Investment in die Kunstwerke aus massivem Silber von BullionArt haben Sie die Möglichkeit, den materiellen Wert des Edelmetalls Silber als Anlageobjekt (Bullion) mit dem ideellen Wert eines Kunstobjektes (Art) zu verbinden. Vergleichbar mit einer Sammlermünze entsteht dadurch auch die Chance auf eine zusätzliche Sammlerwertsteigerung.
> Außerdem können Sie das erworbene Silber als dekoratives Kunstobjekt in Ihre Wohnung, Ihr Haus oder Ihr Büro stellen. Im Gegensatz zu einem Silberbarren im Tresor oder einem Bankschließfach hat ein Kunstobjekt den Vorteil, dass Sie sich daran auch täglich erfreuen können. Dadurch entsteht der Effekt einer zusätzlichen »emotionalen Rendite«, die nicht selten sogar höher einzuschätzen ist als eine rein monetäre Rendite.
> Eine Versicherung der Silberskulptur ist in der Regel im Rahmen Ihrer Hausratversicherung möglich und selbstverständlich auch ratsam. Die günstigste limitierte Skulptur, die Sie derzeit kaufen können, stammt von der Künstlerin Susanne Kraisser. Sie hat ein Silber-Feingewicht von 0,5 kg und kostet derzeit 1.500 Euro. Die teuerste Skulptur des Künstlers Maximilan Verhas mit einem Feingewicht von 10 kg kostet 10.900 Euro. Alle derzeit käuflichen Silber-Kunstobjekte finden Sie mit ausführlichen Beschreibungen, Preisen und Bildern auf der Internetseite von BullionArt.
> **Info: www.bullionart.de**

7. Die Welt der Technologiemetalle bietet Ihnen jetzt große Gewinnchancen

Neben den Edelmetallen gibt es weitere hochinteressante Technologiemetalle, die vor großen Kurschancen und derzeit noch kaum im Rampenlicht von Investoren stehen. Ich werfe für Sie einen Blick auf attraktive Technologiemetalle und Seltene Erden, die teilweise nach langen Durststrecken jetzt das Potenzial auf große Kurszuwächse haben. Gleichzeitig empfehle ich Ihnen, in diesem Segment in Tranchen zu investieren. Dafür bieten sich Sparpläne an.

Technologiemetalle sind ein Basisbaustein für unsere Welt der Zukunft

Aufgrund ihrer jeweils besonderen Fähigkeiten sind Technologiemetalle und Seltene Erden – die nicht börsengehandelt werden – in unserer modernen Welt unverzichtbar geworden. Deren Verwendungsspektrum reicht vom Einsatz bei innovativen Solar- und Energietechnologien über die Herstellung von Flachbildschirmen, Smartphone-Displays bis hin zur Produktion von LED-Lampen, leistungsfähigen Computerchips und einer Vielzahl von Anwendungen in der modernen Hochleistungsindustrie.

Die Einkaufsgemeinschaft für Sachwerte GmbH

Seit dem Jahr 2005 handelt das oben genannte Unternehmen die Edelmetalle Gold, Silber, Platin und Palladium und lagert diese in einem bankenunabhängigen Hochsicherheitstresor (www.embraport.ch) nahe Zürich in der Schweiz. Das Unternehmen und seinen Geschäftsführer Dr. Jürgen Müller kenne und schätze ich bereits seit vielen Jahren.

2009 kamen die Technologiemetalle Indium, Gallium, Germanium, Rhenium sowie die Seltenen Erden Neodym, Dysprosium, Europium und Terbium hinzu, die ebenfalls bankenunabhängig in einem deutschen Hochsicherheitslager verwahrt werden. Hier ist der Handels- und Lagerpartner die Frankfurter Tradium GmbH (www.tradium.com), einer der größten europäischen Händler für Technologiemetalle. Besonders empfehlenswert finde ich die flexiblen Sparplanmöglichkeiten, die bei der Einkaufsgemeinschaft für Sachwerte GmbH für vier strategische Metalle und vier Seltene Erden möglich sind.

Die 8 Sparplan-Metalle auf einen Blick

Strategische Metalle	Seltene Erden
Indium	Neodymoxid
Gallium	Dysprosiumoxid
Germanium	Europiumoxid
Rhenium	Terbiumoxid

Setzen Sie auf die flexiblen Sparpläne für Technologiemetalle und Seltene Erden

Für den Vermögensaufbau über Sparpläne in einzelne strategische Metalle oder Seltene Erden empfehle ich Ihnen das Angebot und die Dienstleistungen der Einkaufsgemeinschaft für Sachwerte GmbH. Über Sparplan-Strategien nutzen Sie den Effekt der »Diversifikation über die Zeit«. Über die Einkaufsgemeinschaft für Sachwerte GmbH können Sie wöchentlich mit jedem beliebigen Betrag in die obigen acht Technologiemetalle und Seltenen Erden investieren. Es gibt dabei keinen Mindestanlagebetrag oder sonst branchenübliche »Mindest-Regeln«. Die Höhe Ihrer Investition, die Aufteilung zwischen den jeweiligen Metallen oder die Zeitpunkte der Sparraten bleiben Ihnen überlassen.

Meine Empfehlung: Sparpläne zugunsten minderjähriger Kinder

Umgesetzt wird Ihr Sparplan, indem Sie bei Ihrer Bank einen Dauerauftrag einrichten. Ihr Geld landet dann auf einem Sammeltreuhandkonto bei der Heidenheimer Volksbank. Sie können Ihren Sparplan ganz flexibel gestalten, und zwar in Bezug auf das zu besparende Metall, die Höhe und die Häufigkeit. Sie können Ihren Sparplan auch jederzeit wieder stoppen oder ändern, indem Sie einfach Ihren Dauerauftrag löschen oder entsprechend anpassen. Auch Zuzahlungen sind jederzeit möglich.
Einzigartig ist die Möglichkeit bei Strategischen Metallen und Seltenen Erden, die Sparpläne auch für minderjährige Kinder, Enkel oder Patenkinder einzurichten. Nach dem 18. Lebensjahr können die angesparten Metalle dann kostenlos auf die Kinder übertragen werden.
Info: www.technologiemetalle.org – Tel.: 0049(0)7323-92013-92

8. Genossenschaftsanteile: Eine altbewährte und zukunftsfähige Anlagealternative!

Vor mittlerweile über 20 Jahren habe ich meine Banklehre bei einer deutschen Genossenschaftsbank abgeschlossen. Auch in meinen späteren Berufsjahren im Angestelltenverhältnis habe ich ausschließlich bei Genossenschaftsbanken in Österreich, der Schweiz und im Fürstentum Liechtenstein gearbeitet. Daher ist mir der genossenschaftliche Gedanke bestens vertraut: Sich gegenseitig zu helfen, um im Verbund gemeinsame Ziele besser zu erreichen, das sind die grundlegenden und äußerst sinnvollen Ziele einer jeden Genossenschaft.

Die Mitglieder einer Genossenschaft sind dabei gleichzeitig Eigentümer und Kunden ihrer Genossenschaft. In ihrer 160-jährigen Geschichte haben sich Genossenschaften nicht nur bei Banken, sondern auch in vielen anderen Branchen etabliert und bewährt. Im deutschsprachigen Raum sind Genossenschaften vor allem im Finanzwesen, in der Landwirtschaft, in Handel und Gewerbe sowie im Wohnungsbau verbreitet. In dieser Ausgabe lege ich den Fokus auf ausgesuchte attraktive Genossenschaftsanteile von soliden Banken. Meine Genossenschaftsanteile in Höhe von 2.500 Euro, in die ich damals bei meiner Ausbildungsbank meine ersten Lehrgelder investierte, habe ich heute noch. Ein stabiles und solides Investment, das sich seither in all den turbulenten Jahren mit weit über 4 % p. a. stets überdurchschnittlich verzinst hat.

Genossenschaften sind über Jahrhunderte bewährte und rechtssichere Gesellschaftsformen

Allein in Deutschland vereinen die fast 8.000 Genossenschaften über 22 Millionen Mitglieder. Sie sind gleichzeitig Eigentümer und Kunden ihrer Genossenschaft. Eine Genossenschaft ist eine »demokratische Unternehmensform«, da jedes Mitglied das gleiche Stimmrecht besitzt, und zwar unabhängig von der Anzahl seiner Anteile. Die Geschäftsanteile der von mir nachfolgend empfohlenen Genossenschaften werden ordentlich verzinst. Beim Austritt aus der Genossenschaft wird der Preis der Anteile wieder ausgezahlt. Die Risiken sind relativ gering, die Renditen hingegen attraktiv und somit eine gute Alternative und Ergänzung zu Zins- und Dividendenpapieren.

Eine Genossenschaft ist ein Zusammenschluss von Personen, die durch einen Geschäftsbetrieb ein gemeinsames Ziel verfolgen. Das Ziel einer Genossenschaft ist in der Regel, die eigenen Mitglieder wirtschaftlich und sozial zu fördern. Gesetzlich geregelt wird die Genossenschaft durch das Genossenschaftsgesetz vom 20.05.1889. Damit ist das Genossenschaftsgesetz älter als das Bürgerliche Gesetzbuch, das Handelsgesetzbuch sowie die Gesetze über GmbHs (GmbHG) und Aktiengesellschaften (AktG).

8. Genossenschaftsanteile: Eine altbewährte und zukunftsfähige Anlagealternative!

Mit einer Insolvenzquote von oftmals nicht einmal 0,1 % ist die eingetragene Genossenschaft seit Jahrzehnten die mit Abstand insolvenzsicherste Unternehmensform in Deutschland. Zum Vergleich: Bei GmbHs und Einzelunternehmern liegt die Quote für 2018 bei ca. 40 %, bei Aktiengesellschaften immerhin noch bei 0,5 %. Umfassende Grundlageninformationen zum Thema Genossenschaften erhalten Sie beim Deutschen Genossenschafts- und Raiffeisenverband (DGRV) unter www.genossenschaften.de – Tel.: 0049(0)30-726220-900.

Wie werden Zinsen bzw. Dividenden aus Genossenschaftsanteilen versteuert?

Ihre erzielten Zinsen bzw. Dividenden aus einer genossenschaftlichen Beteiligung müssen wie jeder Kapitalertrag versteuert werden. In aller Regel fallen die Abgeltungsteuer in Höhe von 25 % sowie der Solidaritätszuschlag und ggf. Kirchensteuer an.

Für Leser aus Österreich ist die Wertzuwachssteuer in Höhe von 25 % fällig, die ebenfalls eine abgeltende Wirkung entfaltet. In manchen Fällen besteht allerdings ein Veranlagungswahlrecht für Kapitalerträge, das sich auch auf genossenschaftliche Dividenden erstreckt. Sie haben die Möglichkeit, die Erträge mit Ihrem individuellen Steuersatz zu versteuern, falls Ihre individuelle Steuerprogression niedriger als 25 % ist. Dies ist der Fall bei einem zu versteuernden Einkommen unter 15.500 Euro bei Alleinstehenden und unter 31.000 Euro bei gemeinsam Veranlagten.

In der Praxis wird das überwiegend bei Kindern, Studenten, Rentnern und Arbeitslosen der Fall sein. Das ist vor allem dann interessant für Sie, wenn Sie Genossenschaftsanteile für minderjährige oder nicht erwerbstätige Familienmitglieder erwerben möchten.

Solide Genossenschaftsanteile von Banken bieten Ihnen attraktive Renditen

Anteile an Genossenschaftsbanken werfen Dividenden ab, die deutlich höher sind als die Zinsen für Sparanlagen. Ein Genossenschaftsanteil kostet meist zwischen 50 und 100 Euro, die Geldinstitute zahlen darauf jährlich eine Dividende. Die Höhe der Ausschüttung ist allerdings nicht garantiert. Die

Zahlung wird jährlich neu festgelegt und richtet sich nach dem unternehmerischen Erfolg. Da Genossenschaftsbanken jedoch nicht mit den Kundengeldern an den internationalen Kapitalmärkten spekulieren und regional solide verwurzelt sind, erwirtschaften sie auch in Krisenzeiten stabile Renditen. Seit Gründung der Sicherungseinrichtung vor 75 Jahren hat noch nie ein Kunde einer angeschlossenen Genossenschaftsbank einen Verlust seiner Einlagen erlitten, weil es noch nie eine Insolvenz gab.

Bevor Probleme auftraten, wurden angeschlagene Institute bislang stets mit anderen Genossenschaftsbanken verschmolzen. Eine große Hürde stellt allerdings das Regionalprinzip dar. Die Mehrzahl der Genossenschaftsbanken nimmt nur Mitglieder innerhalb ihres Geschäftsbereichs auf. Zudem ist der Zugang zu den Genossenschaftsanteilen in der Regel begrenzt. Aber auch hier gibt es Alternativen. Viele PSD-, Sparda-, Raiffeisen- und Volksbanken bieten Ihnen derzeit attraktive Zinsen auf ihre Genossenschaftsanteile. Deswegen meine nachfolgenden Empfehlungen.

Zins- und Dividendenalternativen: Investieren Sie in Genossenschaftsanteile

1. **Fragen Sie bei Genossenschaftsbanken in Ihrer Region nach**
   Als Anleger können Sie Genossenschaftsanteile zahlreicher Volks- und Raiffeisenbanken leider nur eingeschränkt zeichnen. Genossenschaftsbanken sind grundsätzlich dem sogenannten Regionalitätsprinzip verpflichtet. Das bedeutet: Um Genossenschaftsanteile zeichnen zu können, muss Ihr Wohnsitz, Lebensmittelpunkt oder zumindest ein geschäftlicher Anknüpfungspunkt (z. B. Kredit- oder bestehende Kundenbeziehung) in der jeweiligen Region der Bank liegen. Auch als Leser bzw. Kunde einer Genossenschaftsbank in Österreich oder der Schweiz können Sie diese Möglichkeiten bei Ihrer Bank nutzen. Meine Empfehlung lautet daher: Fragen Sie bei Genossenschaftsbanken in Ihrer Region nach den Möglichkeiten und Konditionen. Eine Übersicht aller genossenschaftlichen Volks-, Raiffeisen- und Sparda-Banken in Deutschland finden Sie unter: www.bvr.de.

2. **Die Sparda-Bank Nürnberg legt das Regionalitätsprinzip großzügig aus**

8. Genossenschaftsanteile: Eine altbewährte und zukunftsfähige Anlagealternative!

Bei der Sparda-Bank Nürnberg können Sie ein von den Basisfunktionen her sehr attraktives Girokonto ganz einfach online eröffnen. Dadurch können Sie auch Genossenschaftsanteile erwerben, die 52 Euro je Anteil kosten. Maximal können pro Person 99 Anteile erworben werden (Anlagesumme 5.148 Euro). Die jährliche Dividende beträgt aktuell 2 %.
Info: www.sparda-n.de

3. **Die Genossenschaftsanteile der GLS Bank stehen jedem Anleger aus dem In- und Ausland offen**
Um Genossenschaftsanteile der ökologisch ausgerichteten GLS Bank zu erwerben, benötigen Sie kein Konto bei der GLS Bank, ein Referenzkonto reicht aus. Die Dividende beträgt aktuell 1 bis 3 %. Genossenschaftsanteile können ab einer Anlagesumme von 500 Euro unbegrenzt gezeichnet werden.
Info: www.gls.de

4. **Die Apobank ist sehr attraktiv**
Ein Angebot ist mir bei meinen Recherchen besonders aufgefallen, allerdings gibt es hier die Einschränkung, dass Sie Arzt, Apotheker oder Heilberufler (Chiropraktiker, Heilpraktiker, Orthopäde, Osteopath, Masseur, Altenpfleger, Therapeut, medizinischer Bademeister usw.) sein müssen, damit Sie hier Kunde werden können. Sollte das auf Sie zutreffen, stehen Ihnen auch die Genossenschaftsanteile der Deutschen Apotheker- und Ärztebank eG offen. Ein Geschäftsanteil kostet 1.500 Euro, die Dividende lag zuletzt bei 4 %.
Info: www.apobank.de

5. **Erhöhen Sie Ihr Anlagevolumen und nutzen Sie Steuervorteile**
Da auch Ehepartner und Kinder Genossenschaftsmitglieder werden können, haben Familien die Möglichkeit, ihre Einlage auf einfache Weise zu verdoppeln bzw. zu vervielfachen, je nachdem, wie viele Kinder im Haushalt leben oder Enkelkinder vorhanden sind. So können Sie zum einen eine größere Anzahl an Genossenschaftsanteilen kaufen und gleichzeitig die beschriebenen Steuervorteile in Anspruch nehmen.

9. Zinshaus-Alternativen: Immobilieninvestments ab 1.000 Euro

Wer sich ein einzelnes Haus oder eine Eigentumswohnung leisten und daraus Mieteinnahmen generieren kann, hat zunächst einmal sehr viel Geld und Zeit investiert. Wie wäre es, wenn Sie sich stattdessen ohne größere Kosten und zeitlichen Aufwand mit beispielsweise 10.000 Euro an zehn verschiedenen Renditeimmobilien – die in ganz Deutschland oder auch Österreich verteilt sind – beteiligen? Ich zeige Ihnen heute eine ganz neue Möglichkeit, schon mit 1.000 Euro in Mietimmobilien zu investieren. Sie haben keinen Aufwand, müssen sich nicht um die Weiterentwicklung, Vermietung und Instandhaltung kümmern und sind nicht an die Immobilie gebunden, weil Sie Ihre Anteile über den neuen Immobilien-Handelsplatz für Mietimmobilien von Exporo jederzeit einfach und schnell wieder verkaufen können.

Online-Immobilieninvestments bieten Ihnen vielfältige Möglichkeiten

Die Exporo AG mit Sitz in Hamburg betreibt die führende Online-Plattform für Immobilieninvestments. Unter dem Motto »Einfach und direkt in Immobilien investieren« können Sie sich als Anleger bereits seit einigen Jahren mit kleinen Beträgen an attraktiven Immobilienprojekten beteiligen. Dabei profitieren Sie von kurzen Laufzeiten und attraktiven Renditen. Mietshäuser, auch »Zinshäuser« genannt, versprechen ihrem Eigentümer sichere Einnahmen und Wertzuwächse.

Bisher hatten viele Kapitalanleger allerdings noch keinen Zugang zu profitablen Bestandsimmobilien, weil das erforderliche Investitionskapital schlicht zu hoch ist. Dieses Immobiliensegment hat Exporo seit Kurzem auch erschlossen und bietet Ihnen in seinem neuen Bereich »Exporo Bestand« ausgesuchte und überprüfte Investments in bereits bestehende Renditeimmobilien. Diese Bestandsimmobilien generieren fortlaufende Mieteinnahmen. Ein Investment ist für Sie hier bereits ab 1.000 Euro möglich.

Die Vorteile von »Exporo Bestand« auf einen Blick
✓ Geringes Mindestinvestitionsvolumen von 1.000 Euro pro Bestandsimmobilie

9. Zinshaus-Alternativen: Immobilieninvestments ab 1.000 Euro

- ✓ Renditeerwartungen von 3-7 % p. a.
- ✓ Regelmäßige Erträge in Form quartalsweise ausgeschütteter Mietüberschüsse aus geprüften Bestandsimmobilien
- ✓ Fortlaufend neue Investmentangebote und Diversifikationsmöglichkeiten in lukrative Bestandsimmobilien in Deutschland
- ✓ Kein zusätzlicher Aufwand für die Vermarktung, Verwaltung oder Instandhaltung der vermieteten Bestandsimmobilie
- ✓ Keine zusätzlichen Kosten: Alle anfallenden Aufwendungen sind transparent dargestellt und in den prognostizierten Renditen bereits berücksichtigt.

Meine Empfehlung: Gezielt investieren und breit diversifizieren!

Mit »Exporo Bestand« können Sie sich jetzt bereits mit einer Investitionssumme von nur 1.000 Euro an vermieteten Bestandsimmobilien beteiligen ohne weitere Aufwendungen etwa für die Instandhaltung oder Verwaltung. Mit »Exporo Bestand« profitieren Sie gleich doppelt: Wie ein Eigentümer erhalten Sie regelmäßige Ausschüttungen aus den Mietüberschüssen und sind gleichzeitig auch am Wertzuwachs der Immobilie beteiligt. Hier liegen natürlich auch Risiken: Wie Börsen sind auch Immobilienmärkte keine Einbahnstraßen. Mieten können sinken oder gar ausfallen und Immobilienpreise können ebenfalls fallen. Dennoch waren und sind vermietete Immobilien eine attraktive und sehr solide Kapitalanlage.
Gerade vor dem Hintergrund der immer weiter zunehmenden Wohnungsnot in zahlreichen Großstädten Deutschlands ist auch nicht damit zu rechnen, dass sich daran in Zukunft etwas ändert. Darüber hinaus sind Ihre Investments über den neuen Marktplatz von Exporo unter www.exporo.de/bestand stets handelbar. Sie sind dadurch weit flexibler als bei einem direkten bzw. konventionellen Immobilieninvestment. Mit 10.000 Euro haben Sie keine realistische Möglichkeit, ein Zinshaus zu erwerben. Mit Exporo-Bestand können Sie hingegen 10.000 Euro in zehn unterschiedliche Bestandsimmobilien gezielt investieren und gleichzeitig breit diversifizieren. Nutzen Sie diese neuen Möglichkeiten!
Info: www.exporo.de – Tel.: 0049(0)40-2109173-00

10. Garagen und Stellplätze als attraktive Immobilieninvestments

Im Bereich der Immobilieninvestments denken Anleger in erster Linie an Grundstücke, Häuser, Wohnungen oder Gewerbeimmobilien. Diese Kapitalanlagen sind sinnvoll, aber auch mit Aufwendungen für Erhalt und Wartung der Immobilie verbunden. Ein Grundstück hingegen muss nicht gewartet werden, wirft allerdings – außerhalb einer landwirtschaftlichen Nutzung – auch in der Regel keinen laufenden Ertrag ab. Garagen und Stellplätze sind hingegen pflegeleichte Immobilieninvestments mit Wertsteigerungspotenzial, es ist relativ wenig Einstiegskapital erforderlich und die Mietrenditen sind sehr attraktiv.

Die Vermietung privater Parkflächen ist ein lohnendes Geschäftsmodell

Aktuell sind in Deutschland mehr als 45 Millionen Personenkraftfahrzeuge zugelassen. Gerade in den Innenstädten großer Metropolen wie Berlin, Hamburg oder München wird freier Parkraum immer gefragter. Kostenlose Parkplätze in Innenstädten werden immer seltener. Gleichzeitig ist aber durch den verstärkten Zuzug in die Städte ebenso wie durch die Entwicklung zum Zweitwagen bei Familien eine Nachfragesteigerung nach bezahlbarem Parkraum zu beobachten. Für die Betreiber privater Parkflächen sind das lohnende Rahmenbedingungen für ihr Geschäftsmodell. Rund 3,5 Millionen Stellplätze werden in Deutschland von privaten Unternehmen vermietet. Branchengrößen in Deutschland sind beispielsweise Apcoa Parking, Q-Park, Indigo Park, Vinci Park oder Interparking. Allein diese Unternehmen generieren einen Jahresumsatz von mehr als 2 Milliarden Euro.

Mit Parkflächen lassen sich Renditen zwischen 4 und 6 % erzielen

Eine Studie der Columbia Universität kam vor einiger Zeit zu dem Ergebnis, dass mit Stellplätzen Renditen zwischen 6 bis 8 % erzielbar sind. Für einen Privatinvestor sind diese Größenordnungen nicht unrealistisch. In deutschen Innenstädten sind die Parkgebühren in den letzten Jahren jährlich um ca. 4,5 % angestiegen.

10. Garagen und Stellplätze als attraktive Immobilieninvestments

Aufgrund meiner Recherchen und Vergleiche (Kaufpreis für einen Stellplatz in Relation zu den Mieteinnahmen) erachte ich somit erzielbare Renditen zwischen 4 bis 6 % als realistisch erzielbar. Die Erträge müssen selbstverständlich als Einkünfte aus Vermietung und Verpachtung versteuert werden. In der aktuellen Nullzinsphase sind Renditen in dieser Größenordnung auf Basis eines soliden Immobilen-Sachwerts dennoch außergewöhnlich hoch.

Parkplätze sind Immobilien. Deswegen gilt auch hier: Der Lage kommt die größte Bedeutung zu. Auf dem Land ist Parkraum in der Regel kein rares Gut, daher hält sich die Nachfrage und somit auch das Preissteigerungs- und Renditepotenzial in Grenzen. In den Städten ist die Situation hingegen ganz anders, was sich an den Parkgebühren widerspiegelt. 4 Euro für eine Stunde Parkzeit sind keine Seltenheit. Es gibt auch Extrembeispiele. Im New Yorker Stadtteil Manhattan kostet eine Stunde Parken umgerechnet rund 16 Euro.

Setzen Sie bei Parkplatz-Immobilien auf Direktinvestments

Ich bin mir sicher, Sie haben sich auch schon über teure Parkgebühren geärgert. Drehen Sie den Spieß einfach um und nutzen Sie die attraktiven Rahmenbedingungen als Parkraumvermieter. Garagen und Stellplätze sind solide Anlagen, die weder kapital- noch arbeitsintensiv sind. Die benötigte Investitionssumme ist vergleichsweise gering, wie Sie den nachfolgenden Tabellen entnehmen können. Der Wartungs- und Instandhaltungsaufwand ist ebenfalls stark begrenzt, weshalb die laufenden Unterhaltskosten relativ gering sind.

Auch die Suche nach einem Mieter ist sehr leicht, da keine Besichtigungen durchgeführt werden müssen. Die Abrechnung ist ebenfalls einfach, da in der Regel keine Nebenkosten umgelegt werden müssen. Die Nachfrage von Anlegerseite nach Garagen und Stellplätzen bzw. Stellplätzen in Tiefgaragen ist noch nicht so hoch wie bei Wohnimmobilien, was derzeit noch vergleichsweise niedrige Preise mit sich bringt.

Institutionelle Anleger wie Pensionskassen oder spezialisierte Fonds investieren bereits seit Jahren in den Markt für Parkflächen. Privatanleger haben zu derartigen Investments hingegen bislang keinen effizienten Zugang, vor allem weil es nach meinen Recherchen kein empfehlenswertes Anlageprodukt gibt, das ausschließlich in Parkraum investiert. Deswegen rate ich

Ihnen bei Interesse an diesem so lukrativen Anlagesegment dazu, Garagen und Stellplätze direkt zu kaufen und selbst zu vermieten. Als grober Richtwert für den Kaufpreis in guten Lagen gilt etwa das 12- bis 14-Fache des Jahresertrags. Für Top-Lagen ist mit mehr zu rechnen.

Investments in Stellplätze haben auch – überschaubare – Risiken

Bei allen Vorteilen von direkten Parkplatz-Investments will ich auch die Risiken kurz beleuchten. So kann es zum Beispiel sein, dass der Wert Ihres Tiefgaragenstellplatzes fällt, wenn in unmittelbarer Nähe eine neue Tiefgarage oder ein Parkhaus gebaut wird und das Angebot an Stellplätzen dadurch stark steigt. Ebenso haben Sie Einnahmenausfälle, wenn Sie keinen Mieter finden oder einen zahlungsunwilligen Mieter haben, gegen den Sie vorgehen müssen. Grundsätzlich beurteile ich diese Risiken aber als überschaubar und kalkulierbar, vor allem, weil als Gegenwert stets eine reale Immobilie als Sachwertinvestition gegenübersteht.

Die Vorteile von Parkplatz-Investments auf einen Blick
- ✓ Flexible und unmittelbare Investitionsmöglichkeit in einen realen Immobilien-Sachwert
- ✓ Die Preise für Garagen und Stellplätze sind derzeit noch auf moderaten Kaufniveaus
- ✓ Positives Marktumfeld in Großstädten: Anzahl kostenloser Stellplätze schrumpft, PKW-Zulassungen steigen
- ✓ Attraktives Renditepotenzial zwischen 4 bis 6 %
- ✓ Geringe Einstiegssummen für Immobilien-Direktinvestments
- ✓ Möglichkeit der Risikostreuung durch gezielte Verteilung von Investitionen in unterschiedliche Objekte oder Großstädte
- ✓ In der Regel sehr niedrige Instandhaltungskosten
- ✓ Einfache Verwaltung, kaum Verwaltungsaufwendungen
- ✓ Wertzuwächse sind nach Ablauf der Spekulationsfrist von 10 Jahren steuerfrei

> **Meine Empfehlung: Nutzen Sie die großen Immobilienportale im Internet zu Suche nach attraktiven Garagen und Stellplätzen**
>
> Empfehlenswert für die Suche nach entsprechenden Stellplatzangeboten zum Kauf sind – neben Immobilienanzeigen in den jeweils regionalen Zeitungen – die großen Immobilienportale wie www.Immobilienscout24.de, www.immonet.de oder www.immowelt.de. Vergleichbares finden Sie über die jeweiligen Landesportale natürlich in Österreich oder in der Schweiz.
> Auf Immobilienscout24 finden Sie aktuell beispielsweise allein in München und Umgebung zahlreiche Angebote an Garagen und Stellplätzen. Tiefgaragenstellplätze sind in Münchens Vororten bereits ab rund 4.000 Euro erhältlich. In Schwabing kann ein einzelner Tiefgaragenstellplatz aber auch bereits 40.000 Euro kosten.
> **Info: www.immobilienscout24.de** – www.immonet.de – www.immowelt.de

11. Norwegen: Die drei besten Banken für Ihr Geld

Nach der Schweiz und Liechtenstein liegt Norwegen mit Kanada etwa gleichauf, was die Anzahl der Anfragen in Bezug auf die Eröffnung eines Bankkontos angeht. Grundsätzlich ist eine Kontoeröffnung in Norwegen – ohne Wohnsitz oder Arbeitserlaubnis – nicht möglich. Aber es gibt sehr wohl einen Weg für Sie und Ihr Geld ins solide norwegische Bankensystem.

Norwegen ist eine Stabilitätsoase Europa

Die EU-Bankenunion soll verhindern, dass sich lokale Bankenkrisen derart ausweiten, dass sie die gesamte Eurozone schwächen oder gar zum Scheitern bringen können. Was erst einmal positiv klingt, ist letztlich nichts anderes als eine Haftungs- und Umverteilungsgemeinschaft für den Fall einer schweren EU-Bankenkrise. »Dank« der Bankenunion bedrohen diese Risiken auch Ihr Konto und damit Ihr Geld bei einer EU-Bank.

Norwegen ist kein Mitglied der EU. Haftungs- oder Umverteilungsrisiken über das Euro-System, die EZB, den ESM, Target2 oder die EU-Bankenunion gibt es in Norwegen deshalb nicht. Die Eigentumsrechte der Bürger haben in Norwegen höchste Priorität, das Bankensystem ist gesund. Dadurch ist Norwegen eine Stabilitätsoase für Ihr Geld, das Sie auf diese Weise außerhalb der EU und des EU-Bankensystems anlegen und sinnvoll diversifizieren können.

Norwegens Währung und Bankensystem sind gesund

Als Nicht-EU-Mitglied gehört Norwegen wie das Fürstentum Liechtenstein dem Europäischen Wirtschaftsraum (EWR) an. Das solide skandinavische Land ist eines der reichsten weltweit. Das Königreich ist faktisch schuldenfrei dank der gigantischen Rücklagen des größten Staatsfonds der Welt. Als eines der elf letzten Länder weltweit kann Norwegen das höchstmögliche Rating (AAA) bei allen drei großen Rating-Agenturen vorweisen. Norwegen ist insgesamt also ein äußerst sicherer Hafen für einen Teil Ihrer Liquiditätsreserven, die Sie bei einer norwegischen Bank als Tages- oder Festgeld anlegen sollten. Mittlerweile stehen Ihnen hierfür drei attraktive Alternativen zur Verfügung.

Diese drei Norwegen-Banken eignen sich perfekt für die Sicherheit Ihrer Liquiditätsreserven

Über die Weltsparen-Plattform haben Sie auf einfache Weise Zugang zu drei soliden Banken aus dem Königreich Norwegen mit Tagesgeld- und Festgeldangeboten in Euro oder Norwegischen Kronen. Dadurch schaffen Sie sich ein solides und diversifiziertes finanzielles Standbein außerhalb der risikobehafteten EU-Bankenunion.

Mit einem Konto bei der Monobank oder der Komplett Bank können Sie die Sicherheit einer Norwegischen Bank für ein Tagesgeld oder Festgeld in Euro nutzen, ohne die Fremdwährungsrisiken der Norwegischen Krone (NOK) eingehen zu müssen. Wollen Sie hingegen bewusst die Fremdwährungschancen der Norwegischen Krone nutzen, ist die BN Bank für Sie ideal geeignet. Oder Sie splitten Ihren Anlagebetrag ganz einfach auf und verteilen diese.

Die Einlagensicherung für Neuabschlüsse von Tages- oder Festgeldern hat sich bei Norwegischen Banken seit dem 01.01.19 verändert. Jetzt sind auch in Norwegen umgerechnet 100.000 Euro je Bank und Kunde zu 100 % garantiert. Die Kontoeröffnung ist ganz einfach online möglich und nimmt, sobald Sie sich bei www.weltsparen.de registriert haben, nur wenige Klicks in Anspruch. In der nachfolgenden Tabelle habe ich die wichtigsten Punkte der drei Norwegen-Banken – die alle über einen deutschsprachigen Kundenservice verfügen – für Sie zusammengefasst.

Meine Empfehlung: Weltsparen ist Ihr Banken-Sprungbrett ins Königreich Norwegen

BN Bank: Die BN Bank ist eine norwegische Direktbank, die zur »SpareBank-1«-Gruppe gehört. Das 1961 gegründete Institut hat seinen Hauptsitz in Trondheim. Angebot: Einjahresfestgeld in Norwegischen Kronen (NOK). Mindestanlage: 10.000 Euro.

Komplett Bank: Die Komplett Bank ist eine norwegische Bank mit Sitz in Lysaker und wurde im Jahr 2014 gegründet. Mehrheitseigentümer ist die »Komplett Group«, ein Betreiber von bekannten Online-Shops in Skandinavien. Angebot: Tagesgeld und Festgeld (1 und 2 Jahre) in Euro. Mindestanlage: 5.000 Euro.

BRAbank: BRAbank (ehemals Monobank) wurde im Jahr 2015 als reine Online-Bank mit Sitz in Bergen gegründet. Mittlerweile ist die Bank auch in Finnland und Schweden aktiv. Mindestanlage: 5.000 Euro.
Info: www.weltsparen.de

12. Catawiki: Die Handelsbörse für Uhren, Schmuck, Kunst, Oldtimer und besondere Objekte

Bereits seit vielen Jahren empfehle ich den Kauf von edlen Anlageuhren, allen voran der Marke Rolex. Eine Rolex ist für mich wie ein Krügerrand oder ein Diamant eine weltweit anerkannte Währung. Ich zeige Ihnen nachfolgend eine neue, noch vollkommen unbekannte Möglichkeit, wie Sie Luxusuhren sicher und günstig erwerben, aber auch zu Höchstpreisen verkaufen können. Ich habe die Plattform »Catawiki«, von der ich hier spreche, jetzt über Monate intensiv verfolgt, Rücksprache mit Uhrenexperten gehalten und selbst getestet. Ich bin begeistert. Das Handelsangebot geht mittlerweile weit über Uhren hinaus und ist auch für Kunstsammler oder alternative Sachwert-Investments in besondere Objekte bzw. Werte empfehlenswert.

Jede Woche werden auf Catawiki über 2.500 Uhren angeboten

Die Internet-Handelsbörse Catawiki hat ihren Sitz in den Niederlanden. Erfreulicherweise ist der Internetauftritt deutschsprachig. Noch ist Catawiki weitestgehend unbekannt. Daher freut es mich sehr, Ihnen die einzigartigen Dienstleistungen von Catawiki heute frühzeitig präsentieren zu können. Auf Catawiki werden wöchentlich rund 2.500 Uhren zum An- und Verkauf angeboten. Darunter befinden sich begehrte Luxusuhren von A wie Audemars Piguet bis hin zu R wie Rolex, meinem Favoriten für edle Anlageuhren. Es gibt dabei Auktionen, die sich ausschließlich bestimmten Marken wie Cartier, Breitling oder Rolex widmen. Das ist aber noch nicht alles.

Uhren-Experten prüfen und betreuen die Auktionen auf Catawiki

Von den etablierten vertrauenswürdigen Marken wie Omega über High-End-Luxusmarken wie Audemars Piguet oder Patek Philippe bis hin zu den relativen Newcomern auf dem Uhrenmarkt wie Jean-Mairet & Gillman finden Sie in den Auktionen von Catawiki eine vielfältige, weltweit kuratierte Auswahl an Uhren. Kuratiert deswegen, weil ausgesuchte Uhrenexperten die eingestellten Angebote auf der Plattform überprüfen und betreuen. Catawiki bietet Ihnen somit eine seriöse Möglichkeit, ausgesuchte Anlageuhren sicher zu erwerben. Gleichzeit ist Catawiki eine ganz hervorragende Handelsbörse für Sie als Uhren-Anleger. Sie erhalten dadurch die Möglichkeit, Ihre bereits erworbenen Besitztümer im Bedarfsfall zu Höchstpreisen sicher und schnell zu verkaufen und entsprechende Renditen zu realisieren. Das könnten Sie natürlich auf eBay heute auch schon, aber eine spezialisierte Handelsplattform wie Catawiki bietet hier weit bessere Möglichkeiten.

12. Catawiki: Die Handelsbörse für Uhren, Schmuck, Kunst, Oldtimer und besondere Objekte

Die Handelsbörse bietet Ihnen hohe Qualitäts- und Sicherheitsstandards

Catawiki hat es sich zum Ziel gesetzt, besondere Gegenstände durch Online-Auktionen für jeden zugänglich zu machen. Das Expertenteam kuratiert alle Auktionen mit äußerster Sorgfalt, um eine möglichst hohe Qualität bieten zu können. Derzeit gibt es auf Catawiki für die unterschiedlichsten Bereiche bereits rund 200 Experten. Alle Objekte werden online zur Bewertung eingereicht und, sobald sie genehmigt wurden, als Auktion eingestellt. Das Mindestgebot liegt immer bei 1 Euro. Wenn ein Bieter ein Objekt ersteigert hat, zahlt dieser den Kaufpreis und die Versandkosten.

Die Zahlung wird 14 Tage lang einbehalten – das gibt dem Käufer die Möglichkeit, das Objekt nach Erhalt ausgiebig zu prüfen. Erst nachdem der Käufer den ordnungsgemäßen Zustand bestätigt hat, wird der Verkäufer ausgezahlt. Das ist ein begrüßenswerter Sicherheitsmechanismus für alle Beteiligten. Catawiki kombiniert für mich das Beste aus zwei attraktiven Welten. Und es ist frei zugänglich und nutzbar für jeden von Ihnen.

Catawiki ist die hervorragende Kombination von »Bares für Rares« und »eBay«

Vermutlich kennen Sie die ZDF-Fernsehsendung »Bares für Rares« mit Horst Lichter. In der Sendung werden unterschiedliche Objekte von unabhängigen Experten geschätzt und professionellen Händlern zum Kauf angeboten: von Gemälden, Skulpturen, Vasen, Geschirr und Keramik über Uhren, Münzen und Schmuck bis hin zu einer Vielzahl historischer Gegenstände.

Auf eBay gibt es auch zahlreiche Rolex-Uhrenmodelle zu kaufen, teilweise zu sehr attraktiven Preisen. Das gilt übrigens auch für Goldbarren oder Goldmünzen. Aber eBay ist ein Massenhandelsplatz ohne eine detaillierte Prüfung und Betreuung der eingestellten Waren. Es fehlt die sogenannte Kuration (Experten-Prüfung und –Betreuung) in Kombination mit der Erstellung einer Expertise. Diese ist bei klassischen Auktionshäusern wie Christie's oder Sotheby's, aber auch bei »Bares für Rares« ein grundlegender Bestandteil.

Genau diese grundlegenden Möglichkeiten bietet Ihnen jetzt Catawiki über seine Internet-Handelsbörse www.catawiki.de. Catawiki kombiniert dabei die Vorteile einer Online-Plattform nach dem Vorbild des weltweit größten Online-Marktplatzes eBay mit einer individuellen Experten-Beurteilung für besondere Objekte, analog der Fernsehsendung »Bares für Rares«. Dadurch erhalten Sie als Verkäufer eine geldwerte Expertise, an der Sie sich orientieren können. Als Käufer haben Sie eine deutlich höhere Sicherheit – nicht nur im Segment edler Anlageuhren – der Echtheit und Qualität der von Ihnen erworbenen Wertgegenstände.

Sie vermuten, einen »Schatz« zu Hause zu haben? Reichen Sie ihn einfach zur Bewertung ein!

Die Catawiki-Experten sind stets auf der Suche nach interessanten Objekten. Sie können ein interessantes Objekt, das Sie verkaufen möchten, den Bewertungs-Spezialisten – nach dem Vorbild von »Bares für Rares« – jederzeit zur Bewertung vorlegen. Unter »Mein Catawiki« haben Sie auf www.catawiki.de die Möglichkeit, Ihr Objekt für eine Auktion anzubieten. Der Experte wird Ihnen mitteilen können, für welche (Themen-)Auktion Ihr Objekt geeignet ist.

Sollten Sie eine erste Einschätzung über den zu erwartenden Ertrag wünschen, so teilen Sie dies unter »Nachricht an den Experten« mit. Ich habe bereits eine Rolex über Catawiki gekauft und eine andere Rolex verkauft. Zusätzlich habe ich ein paar Whiskyflaschen gekauft. Die gesamte Abwicklung aller drei Transaktionen war hervorragend. Ich war sowohl mit meinem erzielten Verkaufspreis für meine Rolex als auch mit den Einkaufspreisen hochzufrieden.

Meine Empfehlung: Informieren Sie sich jetzt über die umfassenden Möglichkeiten und Objekte bei Catawiki

Informieren Sie sich selbst über die aktuellen Angebote und führen Sie Tests durch, um eigene Erfahrungswerte zu sammeln. Stöbern Sie einfach ein wenig auf der hervorragend gestalteten Webseite unter www.catawiki.de, dann bekommen Sie ein Gefühl dafür, welche großen Möglichkeiten diese neue Handelsbörse auch für Sie bietet, sei es als Käufer oder als Verkäufer. Aktuell bin ich sehr begeistert von den angebotenen Oldtimern auf Catawiki. Dieser Markt ist ebenfalls seit Jahren ein hochattraktives Anlagesegment.
Info: www.catawiki.de

13. Flüssiges Gold: Nutzen Sie die neue Handels-Plattform für Whisky-Investments

Whisky ist für mich eine mittlerweile bewährte alternative und solide Kapitalschutz-Anlage, mit der Sie hohe Erträge erzielen können. Die sehr guten Lagerfähigkeiten in Kombination mit einer hohen Wertstabilität und teilweise enormen Preissteigerungen machen den Getreidebrand für mich zum Krügerrand unter den edlen Spirituosen. Nicht nur wegen der Farbe spreche ich hier von flüssigem Gold.

Seit dem Jahr 1980 hat sich Whisky im Schnitt mit 5 % jährlich verzinst. In den letzten Jahren ist Whisky als eigenständige Anlageklasse verstärkt in den Fokus internationaler Investoren gerückt. Zudem ist ein Unternehmen entstanden, das bei deutschsprachigen Kapitalanlegern derzeit nach wie vor sehr unbekannt ist: WhiskyInvestDirect bietet Ihnen als Privatanleger die einzigartige Möglichkeit, direkt in schottischen Whisky zu investieren. WhiskyInvestDirect wurde im Jahr 2014 gegründet. Trotz dieser noch sehr kurzen Historie hatte ich von Beginn an ein sehr großes Vertrauen in das Geschäftsmodell von WhiskyInvestDirect, weil das Unternehmen auf der Edelmetallhandel-Handelsplattform von BullionVault (www.bullionvault.de) aufbaut.

Über BullionVault können Sie ganz einfach online physisches Gold oder Silber kaufen und in bankenunabhängigen Hochsicherheitstresoren in Zürich, Singapur, London oder Kanada zu sehr günstigen Konditionen einlagern. BullionVault habe ich Ihnen vor rund zehn Jahren das erste Mal empfohlen. Meine persönlichen Erfahrungen, ebenso wie die zahlreicher Leser, sind seither sehr positiv. Im Prinzip funktioniert WhiskyInvestDirect wie BullionVault, mit dem wesentlichen Unterschied, dass Sie anstatt in Gold oder Silber eben in unterschiedliche Whiskys aus Schottland physisch investieren.

**WhiskyInvestDirect
macht die Anlageklasse Whisky online investierbar**

Die Handelskommission bei Kauf und Verkauf der unterschiedlich handelbaren Whiskysorten beträgt bei WhiskyInvestDirect 1,75 %. Bei einer Flasche, die Sie im Supermarkt oder einem Spirituosengeschäft erwerben, ist die Handelsmarge um ein Vielfaches höher. Zusätzlich fallen für die Verwahrung Ihres erworbenen Whiskys Einlagerungskosten an. Diese betragen – inklusive einer Versicherung – jährlich 0,15 Britische Pfund GBP (0,17 Eurocent) je Litre of Pure Alcohol (LPA). Bei Mindestlagerungskosten von 3 GBP (3,50 Euro) pro Monat. Auch das ist absolut vertretbar.

Die Whisky-Industrie handelt in der Maßeinheit Litre of Pure Alcohol (LPA). 1 LPA sind dabei ungefähr 3,5 Standard-Whiskyflaschen mit einem Inhalt von 70 cl bei einem Alkoholgehalt von 40 %. Auf den ersten Blick mag das sehr verwirrend erscheinen, aber dass eine Unze Gold und Silber 31,1 Gramm sind oder 1 Barrel Öl 159 Liter sind, war für mich vor 30 Jahren auch Neuland.

> **Meine Empfehlung. Testen Sie die Plattform: Sie erhalten 1 Liter schottischen Whisky risikolos geschenkt**
>
> WhiskyInvestDirect macht die Anlageklasse Whisky einfach online investierbar, im Gegensatz zu BullionVault derzeit leider nur in englischer Sprache. Eine Mindestanlage gibt es nicht, Sie können einen Liter Whisky je nach Sorte und Jahrgang bereits ab rund 1,20 Euro erwerben. Ebenso haben Sie die Möglichkeit, bereits ab 100 GBP (ca. 110 Euro) Investitionssumme in Whisky-Investmentpakete unterschiedlicher Sorten und Jahrgänge zu investieren. Das halte ich für sehr empfehlenswert, weil Sie dadurch Ihr Geld zusätzlich streuen können. Registrieren Sie sich ganz einfach online auf www.WhiskyInvestDirect.com und eröffnen Sie ein Konto. Sie erhalten dafür einen Liter schottischen Whisky als erste Kontogutschrift geschenkt, um die Handels- und Lagerungssysteme zu testen. Nutzen Sie diese in dieser Form einzigartige Möglichkeit!
> **Info: www.whiskyinvestdirect.com**

14. Nutzen Sie den kostenfreien Finanzmanager von »Rentablo« für Ihre Depotanalyse

Die Banken und die gesamte Finanzdienstleistungsindustrie befinden sich derzeit im größten Veränderungsprozess ihrer Geschichte. Die digitale Transformation im Finanzbereich bedeutet dabei für Digitalunternehmen (FinTechs) in diesem Segment in erster Linie: Kunden müssen praktikable Lösungen mit klarem Mehrwert angeboten werden, die zu ihrem Leben

14. Nutzen Sie den kostenfreien Finanzmanager von »Rentablo« für Ihre Depotanalyse

passen. Für Sie als Verbraucher ist es wichtig, sich dieser neuen Digitalwelt zu öffnen, frühzeitig Erfahrungen zu sammeln und Möglichkeiten zu Ihrem Vorteil zu nutzen. Heute zeige ich Ihnen in diesem Bereich mit dem Unternehmen »Rentablo« eine weitere, grundlegend kostenlose Möglichkeit, Ihr Anlage- und Risikomanagement zu optimieren.

Das Geschäftsmodell von Rentablo profitiert von zwei starken Trends

Die Rentablo GmbH ist ein junges FinTech-Unternehmen mit Sitz in Berlin, das bisher noch kaum bekannt ist. Dennoch hat Rentablo bereits enorme Erfolge vorzuweisen. Über 8.000 Kunden verwalten mit dem Rentablo-Finanzmanager Vermögenswerte von mehr als 400 Millionen Euro. Die Plattform www.rentablo.de ist nach meiner Einschätzung technologisch ausgereift und hat sich in einem Markt etabliert, der hohe Zuwachsraten verspricht. Zum einen fördert ein demografisch bedingt rückläufiges Rentenniveau die Notwendigkeit zum eigenverantwortlichen Vermögensaufbau. Hierbei unterstützt Sie Rentablo durch innovative Planungswerkzeuge und günstige Produkte.

Als Multibank-Plattform bündelt Rentablo sowohl innovative neue als auch traditionelle Dienstleistungen und wird so zu einer zentralen Anlaufstelle für Endkunden. Rentablo erzielt hierbei wiederkehrende Abo-Einnahmen (Servicegebühren) und partizipiert an den über die Plattform vertriebenen Produkten und Dienstleistungen. Darüber hinaus profitiert Rentablo von der technisch und gesetzlich getriebenen Öffnung des Bankensystems im Rahmen der Europäischen Zahlungsdienstrichtlinie (PSD2).

Hoher Datenschutz: Wer hat Einsicht in Ihre Transaktionsdaten?

Rentablo vergibt Zugriffsrechte an seine Mitarbeiter streng nach dem »Need-to-Know«-Prinzip. Das bedeutet, einen Datenzugriff erhält selbst ein Mitarbeiter von Rentablo nur dann, wenn er diesen im Rahmen seiner Aufgabe benötigt. Darüber hinaus gewährt Rentablo seinen Mitarbeitern einen temporären Zugriff im Rahmen einer Beratung. All diese Abläufe werden selbstverständlich entsprechend kontrolliert. Alle durch Rentablo verwalteten Daten werden ausschließlich in hochsicheren deutschen Rechenzentren gespeichert. Gleiches gilt für die Datenverarbeitung von Kooperationspartnern.

> **Meine Empfehlung: Rentablo ist ein unabhängiger Navigationspartner für Ihren gezielten Vermögensaufbau**
>
> Im ersten Schritt analysiert Rentablo auf Basis der Künstlichen Intelligenz (KI) Kundenportfolios in Echtzeit und weist versteckte Provisionen aus. In weiterer Folge können Sie durch den Service von »Rentablo Cashback« nicht nur die immer noch weit verbreiteten Ausgabeaufschläge einsparen, sondern erhalten auch bis zu 100 % der versteckten Kickbacks (Provisionen) wieder zurück.
> Mit seinem Finanzmanager sorgt Rentablo für Transparenz über Ihre aktuelle Vermögenssituation mittels einer konsolidierten Verwaltung Ihrer Wertpapierdepots, Bankkonten, Versicherungen und sonstigen Vermögenswerte. Dadurch können Sie Ihre Vermögens- oder Altersvorsorgeziele selbst definieren und regelmäßig überprüfen.
> Rentablo wird dadurch für Sie zu einem wirkungsvollen digitalen Finanzberater und liefert Ihnen wichtige Antworten auf Basis von Fakten und Zahlen zu wichtigen Fragen wie: »Wo stehen Sie heute?«, »Welches Vermögen müssen Sie angespart haben, um Ihren Lebensstandard im Rentenalter zu halten?« oder »Was müssen Sie tun, um dieses Ziel zu erreichen?«.
> **Info: www.rentablo.de**

15. Setzen Sie auf das kostenlose Depot für Ihre Kinder, Enkel- oder Patenkinder

Eltern, Großeltern oder Paten stellen mir sehr häufig die Frage nach der besten Vorsorgemöglichkeit für minderjährige Kinder. ETF-Sparpläne für Kinder bieten hier eine einfache, sichere, flexible und kostengünstige Möglichkeit. Ohne Ausgabeaufschläge, ohne Depotgebühren und bereits ab 10 Euro monatlicher Sparrate.

15. Setzen Sie auf das kostenlose Depot für Ihre Kinder, Enkel- oder Patenkinder

Indexfonds (ETFs) auf Aktien sind die beste Möglichkeit des Vermögensaufbaus für Kinder!

Die Kaufkraft der gesetzlichen Rente wird in Zukunft weiter stark rückläufig sein. Bei staatlich geförderten Verträgen der privaten Altersvorsorge verdient vor allem die Finanzindustrie. Klassische Banksparpläne werfen aufgrund der durch die Notenbanken künstlich herbeigeführten Niedrigzinsphase keine attraktiven Renditen mehr ab. Hinzu kommen die Risiken durch die fragwürdige Einlagensicherung. Auch wenn es keine Garantie für die Zukunft ist, nehme ich hier die Geschichte als Grundlage meiner Empfehlung: Anleger, die in den vergangenen 100 Jahren Aktien von internationalen Unternehmen besessen haben, haben durchschnittlich zwischen 7 und 8 % pro Jahr verdient.

Dabei wurden Wirtschaftskrisen, Kriege und Währungsreformen trotz teilweise massiver, aber stets temporärer Kurseinbrüche unbeschadet überstanden. Für langfristige Sparpläne sind Kurseinbrüche in der Vermögensaufbauphase sogar stets eine Chance. Voraussetzung: ein ausreichender Zeithorizont sowie eine breite Streuung auf unterschiedliche Unternehmen, Branchen und Länder.

Der FondsSuperMarkt bietet einzigartige Top-Konditionen für minderjährige Kinder

Deswegen beurteile ich im Bereich der Bankprodukte bzw. Wertpapieranlagen langfristige Sparpläne auf Aktien-ETFs als die beste Möglichkeit des Vermögensaufbaus für Kinder und Jugendliche. Das gilt grundsätzlich natürlich auch für Erwachsene, die noch relativ viel Zeit haben (> 15 Jahre) für den gezielten Vermögensaufbau. Top-Konditionen bietet hier der Finanzdienstleister FondsSuperMarkt (www.fonds-super-markt.de) in Kombination mit der kostengünstigen Depotbank ebase (www.ebase.de).

Hinter dem FondsSuperMarkt steht die bereits im Jahr 1994 gegründete INFOS AG. Das Unternehmen vermittelt Investmentdepots und Investmentfonds zu sehr günstigen Discountpreisen als Alternative zu Direktbanken. Das Unternehmen bietet keine Anlageberatung, sondern dient informierten Anlegern bei der kostengünstigen Umsetzung ihrer Fondsinvestments. Ihre Sicherheit ist dabei ebenso hoch, wie wenn Sie die Fondsanteile bei Ihrer Bank oder einem Discountbroker in Deutschland verwahren.

Denn die erworbenen Fondsanteile stellen ein eigenständiges Sondervermögen dar. Der FondsSuperMarkt hat keinerlei Zugriff auf Ihr investiertes Geld, sondern arbeitet mit sechs kostengünstigen Depotbanken zusammen. Eine davon ist das Unternehmen mit dem Namen ebase.

ebase ist eine solide Direktbank für Finanzdienstleister

»ebase« steht für European Bank for Financial Services GmbH. Diese spezialisierte Bank gehört zur comdirect Gruppe und bietet innovative Depot- und Kontolösungen für Finanzdienstleister wie den FondsSuperMarkt. ebase besitzt eine Geschäftserlaubnis als Vollbank und unterliegt dadurch der Kontrolle der Bundesanstalt für Finanzdienstleistungsaufsicht (BaFin) sowie der Europäischen Zentralbank (EZB). Zusätzlich ist ebase Mitglied im Einlagensicherungsfonds des Bundesverbands Deutscher Banken sowie in der Entschädigungseinrichtung deutscher Banken GmbH. Der fragwürdige Einlagensicherungsfonds ist für Ihre Investments in diesem Fall allerdings nicht relevant, weil Sie ja in Aktien-ETFs investieren, die wiederum ein eigenständiges Sondervermögen sind.

Die Vorteile des ebase »Depot 4kids« auf einen Blick
- ✓ Kostenlose Depotführung für Minderjährige
- ✓ Fondskauf ohne Ausgabeaufschlag, keine Abschlusskosten
- ✓ ETF-Sparpläne ab 10 Euro monatlicher Sparrate möglich
- ✓ Umfangreiche Auswahl unter rund 6.000 Investmentfonds und ETFs (Exchange Traded Funds)
- ✓ Bequeme Online-Depotführung
- ✓ Hohe Flexibilität: Die Sparpläne können individuell angepasst, ausgesetzt oder gestoppt werden
- ✓ Sparraten sind in monatlichen, viertel-, halb- oder jährlichen Intervallen möglich
- ✓ Auch Einmalanlagen sind jederzeit möglich
- ✓ Der investierte Anlagebetrag ist im Bedarfsfall kurzfristig wieder auszahlbar
- ✓ Die Sparpläne sind für Berufseinsteiger auch als VL-Verträge (Vermögenswirksame Leistungen) möglich

> **Investieren Sie in die Zukunft »Ihrer« Kinder: Nutzen Sie die Vorteile des ebase Depot 4kids**
> Das über den FondsSuperMarkt erhältliche ebase Depot 4kids bietet Ihnen die Möglichkeit, frühzeitig mit dem Vermögensaufbau für Ihre Kinder, Enkel- oder Patenkinder zu beginnen. Die Kontoeröffnung für Minderjährige ist relativ einfach. Sie erhalten beim FondsSuperMarkt eine ausführliche Checkliste, was Sie zu beachten haben. Beispielsweise müssen den Depoteröffnungsantrag alle gesetzlichen Vertreter unterschreiben und es muss eine Geburtsurkunde des Kindes eingereicht werden. Bei alleiniger Vertretung ist einfach der Sorgerechtsbeschluss einzureichen. Bei einem gemeinsamen Sorgerecht von nicht verheirateten Eltern die Sorgeerklärung.
> **Welche ETFs bieten sich als Basis-Zielinvestment für Kinder an?**
> Innerhalb des ebase Depot 4kids sind grundsätzlich beliebig viele ETF- oder Fondssparpläne möglich. Aus den eingangs erwähnten Gründen rate ich Ihnen, auf breit gestreute ETFs zu setzen. Hierzu bietet sich ein ETF auf den Index MSCI World an. Der Aktienindex MSCI World bündelt die nach Börsenwert größten Unternehmen der Industriestaaten. Mit mehr als 1.600 Aktien aus 23 Ländern bietet er Ihrem Kind eine möglichst breite Streuung über Länder, Branchen und Währungen.
> Info: www.fonds-super-markt.de – Tel.: 0049(0)9371-94867-256

16. So investieren Sie risikooptimiert in chancenreiche Megatrend-Aktien!

Megatrends sind langfristige globale Entwicklungen, die für alle Bereiche in Gesellschaft wie Wirtschaft und somit für jeden einzelnen Menschen prägend sind, also auch für Sie. Im Gegensatz zu Modetrends haben Megatrends somit einen tiefgehenden gesellschaftlichen Einfluss. Sie verändern die Welt zwar langsam, dafür aber tiefgreifend und langfristig. Ein Megatrend kann folglich Nachfrage und Angebot bezüglich einzelner Produkte oder Dienstleistungen enorm beeinflussen. Entsprechend ist ein Megatrend für den Erfolg vieler Unternehmen und ganzer Branchen entscheidend.

Nutzen Sie ETF-Sparpläne für Ihre Investments in Megatrends!

Neue Indexkonzepte auf Basis börsengehandelter Indexfonds (ETFs) ermöglichen es Ihnen jetzt, gezielt in einzelne Megatrends zu investieren. Ich zeige Ihnen in dieser Ausgabe ausgesuchte Sparplan-Strategien auf die fünf lukrativsten Megatrends: Digitalisierung, Alternde Bevölkerung, Robotik, Onlinesicherheit und Biotechnologie. Alle von mir empfohlenen ETFs haben eine »physische Produktstruktur«. Das heißt, es werden keine Derivate eingesetzt, sondern die jeweiligen Aktien der Unternehmen direkt in den ETF gekauft.

1. Megatrend »Digitalisierung«: Das Internet der Dinge ist der Multi-Milliarden-Zukunftsmarkt

Die Digitalisierung hat nicht nur große Veränderungen in Wirtschaft, Gesellschaft oder Politik, sondern auch in den Bereichen Bildung, Kultur oder Sport bewirkt. Im ursprünglichen Sinn bedeutet der Begriff der Digitalisierung das Umwandeln von analogen Werten in digitale Formate. Diese Daten lassen sich informationstechnisch verarbeiten. Häufig wird der Begriff der Digitalisierung aber auch für die sogenannte digitale Revolution verwendet.

Die Film- und Fotoindustrie ist ein hervorragendes Beispiel für die Macht der Digitalisierung, weil Sie diese Entwicklung in Ihrem Alltag mir Sicherheit miterleben konnten: Digitale Kameras haben analoge Kameras und Fotoapparate mittlerweile fast komplett ersetzt. Gleiches gilt für analoge Tonträger (LPs, Kassetten, CDs), die überwiegend durch digitale Geräte (MP3-Player) abgelöst wurden. Zahlreiche weitere Branchen werden diesen einschneidenden Entwicklungen bereits in naher Zukunft folgen.

Ganze Arbeits- und Wirtschaftsbereiche werden verschwinden und durch neue digitale Geschäftsfelder ersetzt. Am deutlichsten bewusst wird mir persönlich die fortschreitende Digitalisierung im Zusammenhang mit den zahlreichen Applikationen (Apps) für die unterschiedlichsten Bereiche, die ich mittlerweile wie selbstverständlich über mein Smartphone nutze.

Unser Leben wird immer mehr durch Algorithmen bestimmt

Die Digitalisierungsstufe, in der wir uns aktuell befinden, geht bereits weit über die bloße Umwandlung von analogen Werten in digitale Daten hinaus.

16. So investieren Sie risikooptimiert in chancenreiche Megatrend-Aktien!

Algorithmen bestimmen zunehmend unser Leben. Mittels Algorithmen kann ein Problem bzw. eine Aufgabenstellung von einem Computer auf Grundlage mathematischer Strukturen in Einzelschritten gelöst werden. Wie weit diese Algorithmen bereits heute unser tägliches Leben bestimmen, dessen sind sich die meisten Bürger noch gar nicht bewusst. Bei einer einfachen Google-Suche oder beim Online-Shopping schlagen Ihnen beispielsweise Algorithmen Angebote vor, die zu Ihnen passen könnten.

Gebäudemanagement- oder Verkehrsregelungssysteme werden ebenso durch Algorithmen gesteuert wie Wettervorhersagen, Versicherungsgebühren oder Strompreise. Auch Herzschrittmacher oder Hörgeräte folgen einem Algorithmus. Gleiches gilt für zahlreiche Funktionen Ihres Autos, vom Einparkassistenten bis hin zum Navigationssystem. In modernen Autos agieren derzeit bereits circa 100 Steuergeräte auf Basis von Algorithmen untereinander. Industriell gefertigte Produkte und Lebensmittel entstehen ebenfalls mithilfe von Maschinen, die Algorithmen nutzen.

Die Welt ist auf dem Weg zur totalen digitalen Vernetzung

Soweit es sich um körperliche Dinge handelt, sind immer mehr davon untereinander vernetzt, zum Beispiel Maschinen, Ampeln, Wetterstationen, Beleuchtungssysteme und vieles mehr. Diese Vernetzung von Gegenständen über das Internet wird als Internet der Dinge (IoT = Internet of Things) bezeichnet. Da jegliche Gegenstände unseres täglichen Lebens zukünftig miteinander verbunden werden können – und auch werden -, spricht man auch vom »Internet von Allem« (IoE = Internet of Everything). Aus einem kürzlich von McKinsey veröffentlichten Bericht geht hervor, dass sekündlich 127 neue Geräte mit dem Internet verbunden werden. Dennoch stehen wir hier erst ganz am Beginn!

Das mobile Internet ist der Wegbereiter für das Internet der Dinge. Die rasante technologische Entwicklung der letzten Jahre hat dazu geführt, dass das Internet der Dinge den Massenmarkt erreicht hat. Auf Basis einer Studie des statistischen Bundesamts und Morgan Stanley werden bereits für das Jahr 2020 weltweit 70 Milliarden internetfähige Geräte, über 3 Milliarden Smartphone-Nutzer und rund 7 Milliarden Internetnutzer prognostiziert. Der starke Anstieg der mobilen Internetgeschwindigkeit, die seit dem Jahr 2000 um jährlich rund 62 % zunimmt, wird sich bis 2020 fortsetzen und zur explodierenden Akzeptanz von IoT-Diensten beitragen. Parallel dazu wird die NFC-Technologie als internationaler Übertragungsstandard zum kontaktlosen Austausch von Daten – beispielsweise für mobile, kontaktlose Bezahlvorgänge – mit 95 % bis zum Jahr 2020 eine nahezu vollkommene Marktdurchdringung erfahren. Die IoT-Bühne steht bereits und wird in Zukunft weiter perfektioniert!

Ist die Digitalisierung der 6. Kondratieff-Zyklus?

Der russische Wissenschaftler Nikolai D. Kondratieff (1892-1938) gilt als der Begründer der sogenannten Theorie der langen Wellen. Diese Wellen beschreiben etwa 50 bis 60 Jahre dauernde Zyklen des wirtschaftlichen Auf- und Abschwungs.

Demnach folgen auf einen Abschwung durch wegweisende neue »Basisinnovationen« neue, lang andauernde Zyklen des Aufschwungs. Bislang gab es im Zuge der Industrialisierung fünf sogenannten Kondratieff-Zyklen, die durch die folgenden Basis-Innovationen eingeleitet wurden:

1. Die Dampfmaschine
2. Die Eisenbahn
3. Die Elektrotechnik
4. Das Automobil
5. Die Informationstechnik

Aus Sicht zahlreicher Wirtschaftsforscher erfüllt die Digitalisierung alle Voraussetzungen für einen neuen, 6. Kondratieff-Zyklus, der weitere 30 bis 40 Jahre erhebliche Auswirkungen auf Wirtschaft und Gesellschaft haben wird. Davon können Sie als Privatanleger profitieren, indem Sie sich kostengünstig und breit diversifiziert an ausgesuchten Unternehmen beteiligen, die im Bereich der Zukunftsentwicklungen rund um die Digitalisierung unserer Welt tätig sind.

> **Meine Empfehlung: Über den »Digitalisation ETF« investieren Sie in Unternehmen, die von der Digitalisierung massiv profitieren**
>
> Der iShares Digitalisation UCITS ETF (ISIN: IE00BYZK4883) basiert auf einem Aktienindex, der sich aus innovativen Unternehmen aus Industrie- und Schwel-

lenländern zusammensetzt, die überwiegend Erträge aus digital ausgerichteten Dienstleistungen und Produkten generieren.
Info: www.ishares.com/de

2. Megatrend Demografischer Wandel: Die Alterung der Bevölkerung führt zu einem gigantischen Wachstumsmarkt

2030 werden laut einer Prognose der Vereinten Nationen rund 1,2 Milliarden mehr Menschen auf der Welt leben als heute. Das entspricht in etwa der gesamten Bevölkerung Chinas. Die Anzahl der Senioren über 60, die Baby-Boomer von gestern, wird dabei so stark ansteigen, dass sie die Anzahl der Kinder bis zum Jahr 2047 überholen wird. Die »alternde Bevölkerung« ist somit ein unbestreitbarer Megatrend.

Zahlreiche Industrieländer vergreisen

Die Lebenserwartung der Menschen steigt vor allem in den Industrieländern ganz massiv. Die zunehmende Alterung der Weltbevölkerung führt zu sich grundlegend verändernden Bedürfnissen der Menschen. Der darauf basierende Megatrend der sogenannten »Ageing Population« (Alternden Bevölkerung) wird sich nicht nur fortsetzen, sondern weiter verstärken. Allein in den USA wird der jährliche Umsatz mit Produkten und Dienstleistungen für Senioren bereits heute auf über 7 Billionen Euro geschätzt.

Es handelt sich deshalb um den drittgrößten Wirtschaftszweig der Welt. Bis zum Jahr 2020 wird dieser Wert voraussichtlich über 13 Billionen Euro erreichen. Laut Hochrechnungen der Vereinten Nationen werden die mit dieser Bevölkerungsgruppe verbundenen Umsätze bis zum Jahr 2030 in den USA und in Japan mehr als 50 % des Bruttoinlandsprodukts (BIP) ausmachen.

Das Berufsbild des »Seniorenberaters« wird in zahlreichen Branchen neu entstehen

Branchen und Sektoren werden in unterschiedlichem Maße von den veränderten Bedürfnissen der älteren Generation 60+ profitieren. Das Berufsbild des »Seniorenberaters« wird zunehmend in zahlreichen Branchen entstehen.

Da der Anteil der Senioren auf den wohlhabenden Kontinenten zweifelsohne weiter zunehmen wird, ist der Megatrend »Alternde Bevölkerung« ein hervorragendes Thema für Anleger. Hier bieten sich Ihnen große Investments in Unternehmen an, die mit entsprechenden Produkten und Dienstleistungen von dieser Entwicklung am meisten profitieren.

> **Meine Empfehlung: Der »Ageing Population ETF« profitiert vom wachsenden Markt der Generation 60+.**
>
> Der iShares Ageing Population UCITS ETF (ISIN: IE00BYZK4669) basiert auf einem Aktienindex, der erhebliche Einkünfte aus den wachsenden Bedürfnissen der alternden Weltbevölkerung (gemeint sind Menschen über 60 Jahren) generieren.
> Info: www.ishares.com/de

3. Megatrend »Robotik«: Die kommerzielle und private Nachfrage nach Robotertechnik boomt

Als Robotik bezeichnet man einen Teilbereich der Ingenieur- und Naturwissenschaften, der wiederum die Bereiche Maschinenbau, Elektrotechnik, Informatik und andere umfasst. Die Robotik befasst sich dabei mit der Erstellung und Nutzung von Robotern und Computersystemen zur Steuerung und Informationsverarbeitung. Ein zentrales Einsatzgebiet von Robotern ist natürlich die Industrie. Aber auch Medizin-, Haushalts-, Dienstleistungs-, Logistik- oder Unterhaltungsroboter haben längst Einzug in Wirtschaft und Gesellschaft gefunden.

Roboter werden mit hoher Dynamik vielfältiger und leistungsfähiger

In zahlreichen Krankenhäusern gehören Roboterwerkzeuge längst zum Alltag, beispielsweise »CyberKnife«, ein Roboter für die Tumorbehandlung in der Radiochirurgie. Ein weiteres Beispiel für einen Medizinroboter ist das weltweit erste Exoskelett mit dem Namen »Ekso«, dass es Gelähmten ermöglicht, sich wieder auf den eigenen Beinen fortzubewegen. Das 21. Jahrhundert hat bislang eine Vielzahl neuer, erstaunlicher Innovationen in Robotik und

Automation hervorgebracht. Zur Jahrtausendwende waren nach Schätzungen der UN weltweit bereits rund 750.000 Industrieroboter im Einsatz. Bis zum Jahr 2020 sollen es über 3 Millionen Industrieroboter sein. Durch die Verbesserung von Sensoren, die Erhöhung der Präzision und den Einsatz künstlicher Intelligenz werden Roboter immer leistungsfähiger.

Die Roboter der Zukunft werden sich nicht nur bewegen sowie sehen, hören und fühlen können, sie werden auch eigenständige Entscheidungen treffen. Daneben sorgen auch strukturelle Veränderungen wie der demografische Wandel, steigende Lohnstückkosten in den Schwellenländern, Wünsche nach immer höherer Prozessoptimierung und die zunehmende Digitalisierung für eine steigende Nachfrage nach Robotik- und Automatisierungstechnik. Davon werden in diesem Bereich tätige Unternehmen massiv profitieren. Entsprechend können auch Sie als Anleger mit dem richtigen Investment aus diesem Megatrend Nutzen ziehen.

> **Meine Empfehlung: Der »Automation & Robotics ETF« investiert in den Zukunftsmarkt intelligenter Roboter**
>
> Der iShares Automation & Robotics UCITS ETF (ISIN: IE00BYZK4552) basiert auf einem Aktienindex, der sich aus Unternehmen zusammensetzt, die wesentliche Einkünfte aus der Entwicklung von Produkten oder dem Angebot von Dienstleistungen aus dem Bereich der Automatisierung und Robotik erzielen.
> Info: www.ishares.com/de

4. Megatrend »Onlinesicherheit«: Die Internet-Kriminalität hat immer Hochkonjunktur

Daten sind eine der wichtigsten Währungen unserer Zeit. Sie sind die Goldminen des 21. Jahrhunderts. Das Internet hat mittlerweile fast alle Bereiche Ihres Lebens erobert. Die immer schneller voranschreitende Digitalisierung führt dazu, dass Sie das Internet in Ihrem täglichen Leben immer stärker nutzen, ob Sie es wollen oder nicht. Das birgt letztlich auch erhebliche Risiken. Der Onlinesicherheit (Cybersecurity) kommt daher eine immer größer werdende Bedeutung zu. Auch hier haben wir es deshalb mit einem stabilen und zukunftsfähigen Wachstumsmarkt zu tun.

Ein Leben ohne Internet wird zunehmend unmöglich

Mit der weiter fortschreitenden Digitalisierung unseres Lebens steigt auch für Sie die Gefahr, zum Opfer von Internet-Kriminellen zu werden. Selbst Bürger, die das Internet bzw. die Digitalisierung kritisch sehen oder sogar ablehnen, kommen letztlich nicht darum herum, das Internet zum Beispiel via App zu nutzen. Gemeinsam mit der dank Smartphone fortschreitenden Mobilität führt dies dazu, dass die mobile Internetnutzung mit über 70 % deutlich vor der Nutzung via Desktop-PC liegt.

Die damit einhergehende zunehmende Nutzung freier WLAN-Netze erhöht noch die Gefahr, dass Sie dabei zum Opfer eines Daten-Missbrauchs werden. Kriminelle haben nie Urlaub, sie nutzen vor allem Reisezeiten, um beispielsweise gezielt unbedarfte Online-Nutzer anzugreifen. Eine beliebte Masche ist dabei, den Datenverkehr in nicht ausreichend abgesicherten WLAN-Netzen mitzulesen. Auch unzureichend abgesicherte mobile Endgeräte wie das Smartphone bieten gute Angriffspunkte.

Die Mehrzahl der Menschen in Deutschland glaubt dennoch, gut über die Gefahren informiert zu sein. Das ist ein großer Irrtum, sonst würde die Internet-Kriminalität nicht immer weiter zunehmen. Fast jeder Zweite hat in einer vor Kurzem veröffentlichten Umfrage des Digitalverbandes Bitkom angegeben, bereits Opfer von Internet-Kriminalität geworden zu sein. 54 % der Betroffenen sind dabei auf einem finanziellen Schaden sitzengeblieben. Fazit: Im Windschatten der Digitalisierung explodiert die Internet-Kriminalität!

Die Internet-Kriminalität macht weder vor Landesgrenzen noch vor verschlossenen Türen halt

Bedenklich ist dabei vor allem, dass rund ein Drittel der Internetanwender keine Sicherheitssoftware installiert hat bzw. dass diese nicht auf dem aktuellsten Stand ist. Deutschlandweit meldet das Bundeskriminalamt Schäden in Höhe von 71,8 Millionen Euro – dabei dürfte es sich aber nur um einen Bruchteil der tatsächlichen finanziellen Folgen von Kriminalität im Netz handeln. Das häufigste Vergehen ist der sogenannte Computerbetrug – 64 % der Fälle von Cybercrime fallen in diese Kategorie.

Cybercrime ist ein weltweites Phänomen, das weder an Landesgrenzen noch vor verschlossenen Türen Halt macht. Überall dort, wo Sie Computer, Smartphones und andere IT-Geräte nutzen, können Sie Opfer von Internet-Kriminalität werden – in Firmen, bei Behörden, in Universitäten, zu Hause oder unterwegs. Internet-Kriminelle haben immer Hochkonjunktur, weshalb Unternehmen, die sich auf Online-Sicherheitslösungen spezialisieren, von dieser aufgrund der zunehmenden Digitalisierung immer größer werdenden Bedrohung durch Cyberkriminelle stark profitieren.

Der Cybersecurity-Markt ist ein Multi-Milliardengeschäft

Eine große Herausforderung in Sachen Cybersecurity stellt auch die zunehmende Verbreitung des Internet of Things (IoT) dar. Beispielsweise, wenn die elektronischen Zugangsschlüssel zu einem digitalisierten Haus (Smart Home) oder die Sicherheitsfunktionen eines Autos geknackt werden. Diese Gefahren wurden uns bereits im Jahr 2015 in erschreckender Art und Weise deutlich vor Augen geführt. Ein moderner Jeep Cherokee konnte in den USA bei voller Fahrt gehackt werden. Die Angreifer konnten sämtliche digitalisierten Funktionen des Wagens – von der Scheibenwaschanlage über das Getriebe bis hin zu den Bremsen und der Lenkung – beeinflussen. Würden derartige Attacken auf Flugzeuge, Atomkraftwerke, Krankenhäuser oder Fabriken in böser Absicht durchgeführt, wären Katastrophen vorprogrammiert.

Die weltweiten Umsätze im Wachstumssegment »Cybersecurity« sollen sich auf Basis einer umfassenden Studie von »451 Research« von aktuell 138 Milliarden US-Dollar in diesem Jahr auf 232 Milliarden US-Dollar im Jahr 2022 nahezu verdoppeln. Der Hauptgrund dafür ist die stark ansteigende Zahl von Hackerangriffen und Internet-Kriminalität. Die weltweiten Schäden durch Cybercrime werden sich bis zum Jahr 2021 auf schätzungsweise 6 Billionen US-Dollar belaufen. Das bedeutet eine Verdopplung seit dem Jahr 2015, in dem Cybercrime-Schäden in Höhe von 3 Billionen US-Dollar zu beklagen waren.

Laut einer weiteren Studie des Marktbeobachters »Cybersecurity Ventures« werden sich die weltweiten Ausgaben für IT-Sicherheitsprodukte und -Dienstleistungen im Zeitraum zwischen 2017 und 2021 auf insgesamt eine Billion US-Dollar belaufen. Die Aktien der im »Cybersecurity ETFs« beinhalteten Unternehmen werden von diesen Rahmenbedingungen und Entwicklungen massiv profitieren.

> **Meine Empfehlung: Der »Cyber Security ETF« profitiert vom stark steigenden Bedarf für Online-Sicherheitslösungen**
>
> Der L&G Cyber Security UCITS ETF (ISIN: DE000A14ZT85) besteht aus Unternehmen, die aktiv an der Bereitstellung von Cyber-Sicherheitstechnologien und -Dienstleistungen beteiligt sind. Die im Index enthaltenen Unternehmen sind entweder solche, die an der Entwicklung von Hardware und/oder Software arbeiten, welche den Zugang zu Dateien, Websites und Netzwerken sowohl lokal als auch von außen sichern (Infrastrukturanbieter), oder solche, die diese Instrumente nutzen, um Kunden Beratungs- und/oder Cyber-Sicherheitsdienste (Dienstleistungsanbieter) anzubieten.
> Info: www.lgimetf.com

5. Megatrend »Biotechnologie«: Der Schlüssel im Kampf gegen Krankheiten wie Krebs!

Die Biotechnologie ist die Wissenschaft von den Methoden und Verfahren, mittels derer biologische Prozesse nutzbar gemacht werden. Dabei werden beispielsweise Enzyme, Zellen und ganze Organismen genutzt, um effizientere Verfahren zur Herstellung von chemischen Verbindungen und von Diagnosemethoden zu entwickeln. Häufige Anwendungsgebiete sind die Medizin, die Landwirtschaft und die Industrie.

Die Biotechnologie ist für viele Branchen relevant

Die Biotechnologie wird heutzutage in zahlreichen Branchen angewendet. Mit ihr lassen sich neue Medikamente entwickeln – vor allem im Kampf gegen Volkskrankheiten wie Krebs, neue Pflanzensorten züchten oder effizientere Alltagsprodukte wie Waschmittel und Kosmetika herstellen. Der Schwerpunkt der Biotechnologie liegt eindeutig im medizinischen Bereich. Hier geht es zum Beispiel um die Antikörperproduktion oder Genanalyse. Im Unterschied zu pharmazeutischen Produkten verfügen biotechnologische Produkte über eine biologische Basis statt einer chemischen. Neue Medikamente werden zunehmend aus lebenden Organismen wie Enzymen oder Bakterien hergestellt.

Medizinischer Fortschritt: Erbinformationen sind der Bauplan für alle Lebensvorgänge

Die Grundlagen der modernen medizinischen Biotechnologie wurden erst vor wenigen Jahrzehnten durch die moderne Genforschung gelegt. Die Entdeckung der molekularen Struktur der DNA als Erbmolekül im Jahr 1953 war dafür der Durchbruch. Die Entzifferung des sogenannten Humangenoms im Jahr 2001 war ein weiterer Meilenstein, die Analyseverfahren haben sich seither sprunghaft weiterentwickelt.

In der Folge sind zahlreiche Biotechnologie-Unternehmen entstanden, vor allem in den USA. Biotechnologie-Unternehmen habe stehts lange und teure Entwicklungsphasen zu überwinden. Viele schreiben dadurch in den Anfangsjahren Verluste, bevor sie zum Teil sehr erfolgreiche und profitable Produkte auf den Markt bringen. Daher empfehle ich Ihnen, über einen breit gestreuten ETF-Sparplan in die stets schwankungsfreudigen, aber ebenso chancenreichen Biotech-Aktien zu investieren.

> **Meine Empfehlung: Der »Biotechnology ETF« profitiert von den großen Chancen der US-Biotech-Branche**
>
> Der iShares Nasdaq US Biotechnology UCITS ETF (ISIN: IE00BYXG2H39) spiegelt die Anlageergebnisse des NASDAQ Biotechnology Index wider. Dieser besteht aus Aktien, die im Biotechnologie- und Pharmasektor gelistet sind.
> Info: www.ishares.com/de

17. Die fünf besten AAA-Währungen als Alternative zum Euro

Die Europäische Union, schicksalhaft verbunden durch ihre Gemeinschaftswährung Euro, kämpft derzeit an den unterschiedlichsten Fronten um ihre Stabilität und Existenzberechtigung: Da gibt es zum Beispiel den Handelsstreit mit den USA, den Brexit, die unterschiedlichen Ansichten in Bezug auf die Zuwanderung nach Europa und die Verteilung der Flüchtlinge und die nach wie vor ungelösten strukturellen und finanziellen Problemen Griechenlands.

EU: Von der Solidargemeinschaft zur Haftungs- und Transferunion

Die Europäische Union ist längst von einer Solidargemeinschaft zu einer Haftungs- und Transferunion mutiert. Die politischen, eindeutig EU-feindlichen Entwicklungen in Italien haben verdeutlicht, wie hoch die Wahrscheinlichkeit des Auseinanderbrechens der Währungsunion und wie gefährdet die Stabilität des Euro mittlerweile ist. Deswegen empfehle ich Ihnen schon seit Langem den gezielten Aufbau eines Währungs-Portfolios. Dadurch machen Sie sich unabhängiger und diversifizieren das Klumpenrisiko der Abhängigkeit vom fragilen Euro. Auch Staaten investieren und diversifizieren in Fremdwährungen in Form von Devisenreserven.

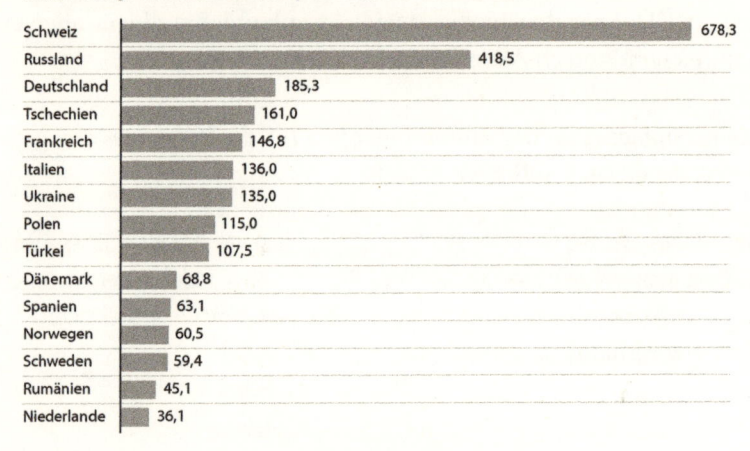

Länder in Europa mit den größten Devisenreserven
Fremdwährungs- und Goldreserven europäischer Länder in Milliarden Dollar

Schweiz	678,3
Russland	418,5
Deutschland	185,3
Tschechien	161,0
Frankreich	146,8
Italien	136,0
Ukraine	135,0
Polen	115,0
Türkei	107,5
Dänemark	68,8
Spanien	63,1
Norwegen	60,5
Schweden	59,4
Rumänien	45,1
Niederlande	36,1

Quelle: CIA Factbook 2016-2017/factmaps.com/statista

Fremdwährungen sind Zahlungs- und Wertaufbewahrungsmittel

Vom Grundsatz her sind Fremdwährungen vor allen Dingen Zahlungsmittel. Allerdings können diese Währungen eben auch zur Wertaufbewahrung und zur Risikodiversifikation in der Kapitalanlage genutzt werden. In diesem Bereich sind zahlreiche Privatanleger derzeit auf der Suche nach soliden Alternativen zum Euro. Ich empfehle Ihnen, rund 10 % Ihrer Liquiditäts- und

Bargeldreserven in den nachfolgenden fünf AAA-Fremdwährungen gleich gewichtet zu halten, und zwar in Schließfächern oder auf Währungskonten bei Banken und Anbietern außerhalb der EU-Systeme!

Der Devisenkurs einer Währung wirkt grundlegend wie der Aktienkurs eines Unternehmens. Während ein Aktienkurs die wirtschaftliche Situation und Entwicklung eines Unternehmens abbildet, steht ein Währungskurs für die Stärke einer Volkswirtschaft. Bei der Auswahl von Fremdwährungen zur strategischen Diversifikation und Wertaufbewahrung ist deshalb wichtig, auf solide Staaten zu setzen. Ich zeige Ihnen etwas weiter unten transparent und nachvollziehbar meine fünf AAA-Staaten und -Währungen sowie die besten Praxis-Strategien und die besten Anbieter für die Umsetzung in der Praxis.

Der Fall Griechenland zeigt: EU und EURO sind zum Scheitern verurteilt!

In den letzten 8 Jahren stand Griechenland mindestens drei Mal vor dem faktischen Staatsbankrott. Stets wurde kurz vor Eintritt dieses Ereignisses ein neues Rettungspaket seitens der Europäischen Union auf den Weg gebracht. Die berechtigte Sorge, dass eine griechische Staatspleite andere Euro-Länder mit in den Abgrund reißen und damit die EU und den Euro in ihrer Existenz selbst gefährden könnte, war schlicht zu groß. Deswegen wurde stets auf den notwendigen bzw. rational unumgänglichen Schuldenschnitt für Griechenland verzichtet.

Die strukturellen wie auch die finanziellen Probleme Griechenlands sind nach wie vor ungelöst. Jeder 5. Grieche ist arbeitslos, die staatliche Verschuldung liegt nach wie vor bei rund 180 % der Wirtschaftsleistung. Nach dem aktuellen, angeblich letzten Rettungspaket für Griechenland in Höhe von 15 Milliarden Euro soll Griechenland ab August 2018 wieder eigenständig wirtschaften. Der Staatshaushalt soll bis ins Jahr 2060 unter Beobachtung bleiben. Das ist einfach nur noch absurd. Die nächste Stufe, diese Fehlsteuerung zu kaschieren, ist dann nach meiner Erwartung der gemeinsame EU-Staatshaushalt, den Macron immer wieder fordert. Ausgehend von den Entwicklungen in Italien ist die Wahrscheinlichkeit für ein vorher eintretendes Ende der Währungsunion in ihrer derzeitigen Ausgestaltung und somit auch ein Ende des Euros in der heutigen Form deutlich angestiegen.

Euro- und EU-System mutieren im Krisenfall zur Haftungsfalle mit Umverteilungsfunktion!

Die Eigentumsrechte der EU-Bürger werden wegen der enormen Verschuldungen einzelner Länder immer weiter eingeschränkt. Die EU-Systeme ESM, EDIS, SRB und ESRB machen aus den Bürgern und Steuerzahlern derzeit noch relativ solider Staaten wie Deutschland oder Österreich eine Gesellschaft mit unbeschränkter Haftung für alle anderen EU-Länder! Ein AAA-Rating hat dadurch für ein Land innerhalb der EU keine qualitative Aussagekraft mehr. Von den zehn letzten AAA-Staaten bleiben nach Abzug dieser EU-Länder noch sechs empfehlenswerte Volkswirtschaften mit fünf grundlegend soliden Währungen.

Die 5 Währungen auf einen Blick

Währung	Währungskürzel
Australischer Dollar	(AUD)
Kanadischer Dollar	(CAD)
Norwegische Krone	(NOK)
Singapur-Dollar	(SGD)
Schweizer Franken	(CHF)

1. Australischer Dollar: Die solide Staatswährung von der anderen Seite der Welt

Der Staat Australien liegt auf der Südhalbkugel, aus unserer geografischen Sicht somit auf der anderen Seite der Welt (Down Under), und ist flächenmäßig das sechstgrößte Land und zugleich eines der am dünnsten besiedelten Länder der Erde. 21-mal größer als Deutschland, leben auf dem roten Kontinent lediglich 22,5 Millionen Menschen. Rund 92 % der Bevölkerung leben in den großen Metropolen des Landes nahe an den Küstenregionen. Die politischen, wirtschaftlichen, rechtlichen und sozialen Rahmenbedingungen sind seit Jahrzehnten absolut stabil.

Klasse statt Masse: Australien hat ein striktes Einwanderungsgesetz!

Die Fragen von Demografie und Migration zählen für mich zu den größten Herausforderungen, die Europa in den kommenden Jahren zu bewältigen hat. Die kontrollierte Zuwanderung ist ein wichtiger Wirtschaftsfaktor für die Zukunft, den EU-Europa und Deutschland derzeit vollkommen vernachlässigen. Nach meiner Überzeugung werden die Fehlsteuerungen in der Migration die EU- und Euro-Krise in der Zukunft massiv verschlimmern.

Ganz anders ist die Situation in Australien. Der Staat nimmt mehr Migranten auf als die meisten anderen wohlhabenden Länder. Rund 190.000 Menschen aus aller Welt werden Jahr für Jahr Australier – unter strengen Auflagen und Bedingungen. Die Einwanderer sind daher überwiegend jung und hoch qualifiziert. Dadurch wird das Problem der zunehmenden Überalterung der Bevölkerung gelöst und gleichzeitig der Wirtschaftsstandort, der Arbeitsmarkt und die Gesellschafts- und Sozialsysteme Australiens weiter gestärkt.

Die australische Wirtschaft wächst seit über 26 Jahren in Folge

Australiens Wirtschaft wächst mittlerweile seit über 26 Jahren in Folge. Wichtigste australische Exportgüter nach Deutschland sind Gold und Edelmetalle, Münzen und Agrarprodukte (Ölsaat). Der Australische Dollar wurde im Jahre 1966 als gesetzliches Zahlungsmittel eingeführt und löste damit das Australische Pfund als offizielle Währung ab.

Neben dem Commonwealth of Australia, zu dem auch die Weihnachtsinsel, die Kokosinsel und die Norfolkinsel gehören, gilt der Australische Dollar auch als offizielle Währung in Kiribati, Nauru und Tuvalu. Der Australische Dollar wird von »Note Printing Australia« gedruckt und von der »Reserve Bank of Australia« ausgegeben. Früher bestanden die Australischen Dollar-Scheine aus Papier, wurden seit 1988 allerdings nach und nach von der Reserve Bank of Australia durch sehr robuste Polymer-Scheine (Plastik) ersetzt. Der australische Dollar gehört zu den Top 10 der meistgehandelten Währungen weltweit.

*Die wichtigsten Fakten zum Australischen
Dollar (AUD) auf einen Blick*

- Zentralbank: Reserve Bank of Australia
- Der Australische Dollar, auch »Aussie« genannt, ist eine »Rohstoffwährung«, weil das Land über viele natürliche Ressourcen verfügt, wie z. B. Kohle, Eisenerz, Kupfer, Gold, Erdgas, Uran und erneuerbare Energien, die es auch exportiert.
- Australien verfügt über starke Handelsbeziehungen mit China, die wachsende chinesische Wirtschaft hat die australische Wirtschaft mit angetrieben.
- Australien versucht, seine Exportmärkte über China hinaus zu anderen pazifischen Staaten zu diversifizieren.

2. Kanadischer Dollar: Die attraktive Rohstoffwährung aus dem besseren Teil Nordamerikas

Kanada verfügt über die elftgrößte Volkswirtschaft der Welt. Der zweitgrößte Flächenstaat der Erde hat dabei die drittgrößten Erdölreserven der Welt sowie 20 % der weltweit zur Verfügung stehenden Frischwasserreserven. Die Holzvorräte sind ebenfalls beeindruckend: 46 % der Landfläche Kanadas sind von Wald bedeckt. Das entspricht einem Anteil von 10 % der weltweiten Waldflächen. Dieser Reichtum an natürlichen Ressourcen ist eine der Grundlagen für die hohe Attraktivität des liberalen nordamerikanischen Landes.

*Kanada verfolgt erfolgreich das Konzept der sozialen
Marktwirtschaft*

Kanada gilt als eine soziale Marktwirtschaft, der wirtschaftliche Spielraum für Aktivitäten ist dennoch sehr groß. Nach meiner Einschätzung ist Kanada heute weit näher an den Werten Ludwig Erhards, dem einstigen Vater der sozialen Marktwirtschaft und des deutschen Wirtschaftswunders, als die planwirtschaftliche Politik in der EU, der sich auch die Bundesrepublik Deutschland immer stärker beugen muss. Kanada verfügt zudem über ein stabiles politisches System mit großer Rechtssicherheit.

Kanada ist ein führender Produzent Landwirtschaftlicher Erzeugnisse

Kanada ist ein großer Exporteur landwirtschaftlicher Erzeugnisse. Die fünf größten Segmente sind dabei Getreide, Ölsaaten, Fleischprodukte, Lebendvieh und die Fischereiwirtschaft. In Bezug auf die großen Rohstoffvorkommen ist der Bergbau der wichtigste Sektor für den kanadischen Staat. Kanada ist beispielsweise der größte Produzent der Welt von Kalium, Nickel, Cadmium, Schwefel, Zink und Uran. Beim Abbau von Aluminium, Titan, Kobalt, Molybdän, Gold und Blei ist das Land Dritter. Über 80 % der geförderten Ressourcen werden exportiert, überwiegend in die Vereinigten Staaten von Amerika.

Der Kanadische Dollar wurde im Jahre 1871 als gesetzliches Zahlungsmittel in Kanada eingeführt. Der internationale Währungscode des Kanadischen Dollar lautet CAD. Umgangssprachlich wird der Kanadische »Dollar Buck« oder »Loonie« genannt. Die Kanadischen Dollarnoten sind alle gleich groß, lassen sich aber aufgrund der klaren Farbgebung sehr gut unterscheiden. Seit 2011 werden die Banknoten, für deren Produktion die Bank of Canada verantwortlich ist, aus Polymer-Kunststoff hergestellt – das senkt erheblich die Kosten, da der Kunststoffschein zweieinhalb Mal länger im Umlauf ist als sein Vorläufer aus Papier. Der kanadische Dollar gehört ebenfalls zu den Top 10 der meistgehandelten Währungen der Welt.

Die wichtigsten Fakten zum Kanadischen Dollar (CAD) auf einen Blick

- Zentralbank: Bank of Canada
- Der Kanadische Dollar (CAD) ist auch als »Buck« bekannt.
- Der Kanadische Dollar wird wie der Australische Dollar als »Rohstoffwährung« bezeichnet, weil Kanada weltweit führend in folgenden Rohstoffexporten ist: Öl, Holz, Fisch, Lebensmittel und viele Arten von Mineralien – Kupfer, Nickel, Pottasche, Uran, Gold.
- Kanada hat in der Regel einen bescheidenen Handelsüberschuss, wobei 70 % seiner Exporte in die USA gehen.

3. Norwegische Krone: Die Landeswährung mit der Rückdeckung des größten Staatsfonds der Welt

Norwegen ist mit einer Fläche von 387.000 Quadratkilometern das siebtgrößte Land Europas. Das mit lediglich 5 Millionen Einwohner dünn besiedelte Königreich ist enorm vielfältig und verfügt über eine lange Küstenlinie, begleitet von 50.000 Inseln, von denen rund 2.000 bewohnt sind. Wie Liechtenstein kann Norwegen aufgrund seiner EWR-Mitgliedschaft alle EU-Vorteile nutzen, muss als Nicht-EU-Mitglied aber die Nachteile nicht tragen. Besser geht es nicht, das ist genau die Situation, die Großbritannien nach dem Brexit gerne hätte.

Solides Norwegen: Gigantisches Staatsvermögen bei moderaten Schulden

In der Europäischen Union gibt es das Target2-System, ein Zahlungsverkehrssystem unter den Zentralbanken, basierend auf ungedeckten Forderungen. Deutschland haftet in diesem EU-System mittlerweile mit über 900 Milliarden Euro Volksvermögen, die mit großer Wahrscheinlichkeit verloren sein werden. Norwegen ist hingegen Westeuropas größter Öl- und Gasproduzent. Die Einnahmen aus der Energiebranche fließen in Norwegens rund 900 Milliarden Euro schweren Staatsfonds, den größten der Welt. Deutschland investiert somit in relativ gleicher Höhe – unverzinst und ungedeckt – Volksvermögen in fragwürdige Kredite, Norwegen hingegen weltweit in Aktien, Beteilungen und Produktivkapital.

Die Norwegische Krone basiert auf einem soliden Staat und einem gesunden Geldsystem

Verantwortlich für die Geldpolitik des Königreichs ist die eigenständige – und selbstverständlich von der EZB vollkommen unabhängige – Zentralbank mit dem Namen Norges Bank, die bereits 1816 gegründet wurde. Norwegens Geldpolitik folgt dabei Werten und Wegen, die EU-Europa längst verlassen hat. So definiert die Regierung Norwegens ein Inflationsziel für die Geldpolitik, das derzeit bei 2,5 % liegt. An dieser Größe orientiert sich die norwegische Notenbank, um über eine solide Geldpolitik optimale Rahmenbedingungen für Produktion und Beschäftigung zu gewährleisten. Im Gegensatz zur EZB versucht die Notenbank Norwegens dabei nicht, durch eine expansive Geldpolitik die Fehler der Politik zu kaschieren oder gar einzelne Staaten durch verdeckte Finanzierungen über Anleiheaufkaufprogramme zu retten.

Die Norwegische Krone ist eine der ältesten Währungen der Welt, sie wurde im Jahr 1875 offiziell als Zahlungsmittel eingeführt. Der internationale Währungscode der Norwegischen Krone lautet NOK. Die Notenbankpolitik Norwegens ist solide, das Geld gesund. Die Norwegische Krone gehört – im Gegensatz zu den anderen vier AAA-Währungen – nicht zu den Top 10 der meistgehandelten Währungen, aber interessanterweise zu den Top 5 der bei der ReiseBank in Form von Bargeld am häufigsten nachgefragten Währungen.

Die wichtigsten Fakten zur Norwegischen Krone (NOK) auf einen Blick

- Zentralbank: Norges Bank (Bank von Norwegen)
- Norwegen hat einen der höchsten Lebensstandards in Europa mit einer niedrigen Arbeitslosenquote.
- Norwegen ist reich an natürlichen Ressourcen: Erdöl, Wasserkraft, Fisch, Wald und Mineralien.
- Aufgrund des Ölreichtums von Norwegen tendiert die Währung dazu, durch den Ölpreis beeinflusst zu werden.

4. Singapur-Dollar: Der fernöstliche Dollar aus der asiatischen Schweiz

Singapur ist eine unabhängige Republik in Südostasien. Singapur gilt mit seinen rund 5,6 Millionen Einwohnern als einer der sichersten Orte der Welt und als Tor nach Asien.

Der größte Erfolgsfaktor ist das liberale Wirtschaftsmodell Singapurs

Der Stadtstaat Singapur weist ein solides Wirtschaftsmodell auf, das sich vor allem als der Finanz- und Handelsplatz in der Wachstumsregion Asien versteht. Unter anderem hat sich Singapur zum Ziel gesetzt, das führende biotechnologische Zentrum in Asien zu werden. Die Bevölkerung ist überwiegend sehr gut ausgebildet und die Besteuerung ist eine der niedrigsten weltweit. So ist es auch nicht verwunderlich, dass man beim Bruttosozialprodukt pro Einwohner unter den führenden Ländern der Welt ist.

Der Singapur-Dollar hat sich zu einer weltweit gefragten Währung entwickelt

Der Singapur-Dollar wurde im Zuge der Währungsumstellung im Jahre 1976 in Singapur eingeführt. Er ersetzte damit den damaligen Malaysia-Dollar. Der internationale Währungscode des Singapur-Dollar lautet SGD. Neben Singapur ist der Singapur-Dollar auch in Brunei gesetzliches Zahlungsmittel. Münzen und Geldscheine werden vom Board of Commissioners of Currency, Singapore (BCCS) ausgegeben. Der Singapur-Dollar gehört zu den Top 10 der meistgehandelten Währungen weltweit.

Die wichtigsten Fakten zum Singapur-Dollar (SDG) auf einen Blick

- Zentralbank: Monetary Authority of Singapore
- Der Singapur-Dollar, auch »Sing« genannt, wird mit Singapur von einem der weltweit wohlhabendsten Länder verwendet.
- Singapur hat eine hochentwickelte Marktwirtschaft mit stabilen Preisen und einem offenen Klima, das frei von Korruption ist.
- Die Wirtschaft ist von den Exporten getragen, vor allem aus den Bereichen Unterhaltungselektronik, IT-Produkte, Arzneimittel und Chemikalien.
- Dank des starken und weiter wachsenden Finanzdienstleistungssektors gilt Singapur als bedeutender südostasiatischer Finanzplatz

5. Schweizer Franken: Die Mutter aller Hartwährungen

Im Jahre 1798 wurde erstmalig eine gesamtschweizerische Währung eingeführt, die nach dem Vorbild Frankreichs den Namen Franken bekam. Der internationale Währungscode des Schweizer Franken lautet CHF. 1924 wurde der Schweizer Franken auch im Nachbarland, dem Fürstentum Liechtenstein, als offizielle Währung eingeführt. Zwischen beiden Ländern gibt es aber erst seit 1980 einen Währungsvertrag.

Gefragte Werte in Europa: Soziale, politische und wirtschaftliche Stabilität

Die Schweiz profitiert seit ihrer Unabhängigkeit 1291 sehr vom Status eines neutralen und rechtssicheren Raumes im Herzen Europas. Während in Deutschland, Österreich und zahlreichen weiteren EU-Ländern die Diskussionen um mehr direkte Demokratie statt bürokratischem EU-Zentralismus zunehmen, geht die Schweiz, aber auch das Fürstentum Liechtenstein, genau diesen volksnahen Weg. Die Schweiz hat ein hervorragendes politisches System und vergleichsweise vernünftige staatliche Instanzen. Die direkte Demokratie führt hier zu einer hohen politischen Stabilität, plötzliche Umbrüche wie in zahlreichen Staaten EU-Europas sind bei den Eidgenossen weit unwahrscheinlicher. Auch die Staatsverschuldung ist in Relation zu den USA oder der EU verschwindend gering.

Schuldenmeister USA
Staatsverschuldung der USA im Vergleich zur EU und der Schweiz 2018
in Bio. US-Dollar

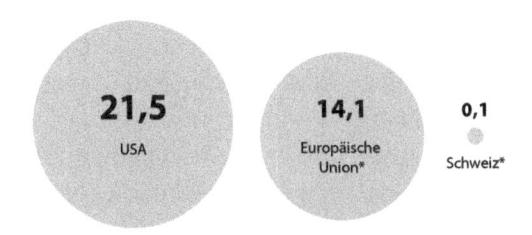

21,5 USA   **14,1** Europäische Union*   **0,1** Schweiz*

* umgerechnet von EUR und CHF in USD mit dem Wechselkurs vom 31.07.2019

Quellen: EFD/Eurostat/US Department of the Treasury/statista

Euro-Gegensatz: Der Schweizer Franken ist eine vorbildlich starke Gemeinschaftswährung

Im kommenden Jahr wird das Fürstentum Liechtenstein das 300-jährige Jubiläum seines Bestehens in unveränderten Staatsgrenzen feiern. Das ist für Europa ein relativ einzigartiges Jubiläum und verdeutlicht, wie hervorragend das kleine Fürstentum selbst größte Verwerfungen – vor allem die beiden Weltkriege – gemeistert hat. Im Jahr 1923 unterzeichnete das Fürstentum Liechtenstein einen Zollanschlussvertrag mit der Schweiz. Parallel dazu wurde der Schweizer Franken als liechtensteinisches Zahlungsmittel eingeführt. Neben dem Zollvertrag umfasst die Zusammenarbeit mit der Schweiz heute noch zahlreiche andere Verträge wie zum Beispiel den Währungsvertrag und weitere Vereinbarungen in Bereichen wie Bildung, Schutz geistigen Eigentums, Landwirtschaft, Straßenverkehr sowie indirekte Steuern und Abgaben. Der Schweizer Franken bildet als gemeinsame Währung von Schweiz und dem Fürstentum Liechtenstein – im Gegensatz zum Euro – somit die Grundlage einer soliden Währungsunion von zwei starken Partnern.

Die wichtigsten Fakten zum Schweizer Franken (CHF) auf einen Blick

- Zentralbank: Schweizerische Nationalbank
- Der Schweizer Franken, auch »Swissie« bzw. »Swissy« genannt, ist die Währung der Schweiz, Liechtensteins und der italienischen Gemeinde Campione d'Italia, eine kleine Enklave im Süden der Schweiz.
- Das Schweizer Pro-Kopf-BIP gehört zu den höchsten der Welt. Die Wirtschaft des Landes profitiert von einem hochentwickelten Dienstleistungssektor, der von den Finanzdienstleistungen angeführt wird, und einer ausgeklügelte Hightech-Industrie.
- Die meisten schweizerischen und liechtensteinischen Wirtschaftspraktiken entsprechen – bei eigenständiger Souveränität – denen der umliegenden Europäischen Union.

Achtung Scheinsicherheit! Währungskonten bei EU-Banken sind Teil des Systems

Auf Basis der obigen Tabelle empfehle ich Ihnen zur Diversifikation Ihrer liquiden Geldwerte eine Investition in die Währungen Australiens, Kanadas, Norwegens, Singapurs sowie der Gemeinschaftswährung der Schweiz und Liechtensteins. Interessanterweise bieten diese fünf Währungen auch geografisch eine sehr breite Streuung über vier Kontinente.

Dabei sollten Sie auf Währungskonten setzen, die nicht bei EU-Banken geführt werden. Ein Fremdwährungskonto ist vom Prinzip nämlich ein normales Bankkonto, das lediglich in einer ausländischen Währung geführt wird. Seit dem 03.07.2015 unterliegen auch Einlagen von Währungen außerhalb des Europäischen Wirtschaftsraums auf Fremdwährungskonten der gesetzlichen Einlagensicherung von 100.000 Euro pro Kontoinhaber. Das ist eine Scheinsicherheit. Ein NOK-Konto bei der Commerzbank ist Teil des EU-Systems. Ein NOK-Konto bei einer Schweizer Bank oder direkt bei einer norwegischen Bank hingegen nicht.

Währungs-Bargeld benötigt keine Bank und keine Einlagensicherung

Neben der Nutzung von Währungskonten bei Banken außerhalb der EU ist es auch sinnvoll, Bargeld in Fremdwährungen zu erwerben. Die Reisebank mit ihrem dichten Filialnetz und Online-Bestellmöglichkeiten ist dafür ideal geeignet. Bargelder außerhalb des Banksystems sind nicht von Bankenschieflagen, Negativzinsen oder sonstigen Kontozugriffen betroffen. Bei einer Schließfachverwahrung ist allerdings auch hier wichtig, auf Banken und Anbieter außerhalb der EU zu setzen, allen voran aus der Schweiz und Liechtenstein, weil auch Wertgegenstände in Bankschließfächern nur so lange sicher gelagert sind, bis der Staat die rechtlichen Spielregeln ändert. Das kann unter Umständen sehr schnell gehen.

Währungskonten und Währungs-Bargelder haben den attraktiven Vorteil gegenüber Wertpapieren wie Geldmarktfonds, die immer unter die Abgeltungsteuer fallen, dass die Kursgewinne aus derartigen Devisenkassa-Geschäften nach Ablauf der Spekulationsfrist von einem Jahr komplett steuerfrei sind!

> **Meine Empfehlung: Die 5 wichtigsten Strategien und Empfehlungen für Ihre Währungsinvestments**
>
> 1. Eröffnen Sie Währungskonten ausschließlich bei Banken oder Anbietern außerhalb der EU.
> 2. Verlagern Sie jetzt Ihre bereits bestehenden Währungskonten weg von EU-Banken.

> 3. Verwahren Sie auch Währungs-Bargelder nicht in EU-Bankschließfächern, sondern bei Anbietern, deren rechtlicher Sitz und Lagerort sich außerhalb der Europäischen Union befinden.
> 4. Verzichten Sie aus steuerlichen und rechtlichen Gründen auf Währungs-Geldmarktfonds.
> 5. Schichten Sie bestehende Währungs-Investments über Geldmarktfonds in Währungskonten oder Währungs-Bargelder um.

18. Meine Top-Alternative für Ihr Schweizer Konto oder Depot

Zehn Jahre nach der Finanzkrise sitzen die Banken in Europa immer noch auf einem gigantischen Berg fauler Kredite von über 800 Milliarden Euro. Zuletzt mussten in Italien erneut Banken auf Kosten der Steuerzahler gerettet werden, um einen Kollaps zu verhindern. Obwohl die EU-Bankenunion gerade die Haftung von Steuerzahlern verhindern soll. Das EU-Bankensystem bleibt riskant.

Liechtenstein für Konten und Depots in der Regel zu teuer

Bei relativ unbedeutenden italienischen Banken wie der Banca Carige lässt sich solch eine vergleichsweise günstige Rettung noch durchsetzen, was würde aber passieren, wenn die Deutsche Bank oder eine andere systemrelevante Großbank fällt? Die Risiken der unsäglichen EU-Bankenunion gefährden im Falle einer Systemkrise nicht nur das Geld auf Ihrem Konto, sondern längst auch Ihr Wertpapierdepot, das Sie bei einer Bank bzw. einem Discountbroker mit Sitz in der Europäischen Union führen. Setzen Sie deswegen auch auf Discountbroker-Alternativen außerhalb der EU!

Ich bekomme wöchentlich Leseranfragen zu Empfehlungen für Bankkonten im In- und Ausland. Grundsätzlich empfehle ich Ihnen, dass Sie neben den Bankverbindungen in Ihrem Heimatland mindestens ein solides Bankkonto außerhalb von EU- und Euro-Systemen nutzen sollten. Am besten eignet sich dafür der Schweizer Bankplatz, weil hier die Eintrittshürden in Form von Mindesteinlagen und Kosten im Gegensatz zum Fürstentum

Liechtenstein deutlich niedriger liegen. Dort können Sie normalerweise unter 100.000 bis 500.000 Euro erst gar kein Bankkonto oder Wertpapierdepot eröffnen.

Die einzige Ausnahme für ein einfaches und zumindest relativ kosteneffizientes Bankkonto, beispielsweise als zweites Standbein und strategisches Notfallkonto, stellt hier nach wie vor die Liechtensteinische Landesbank LLB (www.llb.li) dar, bei der Sie für die Eröffnung eines Bankkontos bzw. eines Wertpapierdepots »nur« eine Mindesteinlage von 30.000 Euro/30.000 CHF mitbringen müssen. Allerdings ist die Führung eines Wertpapierdepots mit dieser Größe einfach zu teuer und damit nicht empfehlenswert, erst recht bei regelmäßigen Handelsaktivitäten.

Die Schweiz ist mit Swissquote Bank meine Nr. 1 für Discountbroker außerhalb der EU

Für Wertpapierdepots außerhalb der EU bleibt daher die Schweiz meine erste Wahl. Und hier ist die Swissquote Bank (www.swissquote.ch) nach wie vor meine klare Nr. 1 unter den Discountbrokern, weil sie die umfassendste Produktpalette offeriert – vom klassischen Wertpapierhandel von Aktien, Anleihen oder Investmentfonds über den börslichen wie außerbörslichen Handel von derivativen Finanzprodukten (Optionsscheine, Zertifikate), dem Devisenhandel (Forex) bis hin zum Handel mit Kryptowährungen für Selbstentscheider ohne Beratungsbedarf. Dazu gibt es noch Online-Vermögensverwaltungen für den Fall, dass Sie Ihr Kapital oder zumindest Teile davon gezielt, bequem und professionell verwalten lassen möchten.

Ich habe auch zu keiner anderen von mir empfohlenen Bank mehr Rückmeldungen von Lesern bekommen als zur Swissquote Bank. Die überwiegende Mehrheit der Leser ist mit den Dienstleistungen, dem Produktangebot, den Konditionen und dem Service von Swissquote sehr zufrieden. Allerdings sind auch 10 bis 15 % meiner Leser von »Kapitalschutz vertraulich« mit einem Konto oder Depot bei der Swissquote Bank nicht so zufrieden.

Das sind dabei die häufigsten Kritikpunkte: die Internetseite ist zu unübersichtlich, die Handelsmodule sind zu kompliziert, es gibt zu wenig individuelle Hilfestellung durch direkte Ansprechpartner, die Mitarbeiter sind unfreundlich und die Kosten bei Aktien und ETFs zu hoch. Falls Sie ebenfalls nicht ganz zufrieden mit der Swissquote Bank sind oder noch kein Konto oder Depot bei einer Schweizer Bank bzw. einer Bank außerhalb der EU haben oder einfach nach einer zusätzlichen Alternative suchen, habe ich heute eine weitere Empfehlung für Sie: die Strateo Bank mit Sitz in Genf, die bereits seit dem Jahr 1998 am Markt ist.

Die Strateo Bank als sehr gute Alternative

Die Vorteile der Strateo Bank auf einen Blick
- ✓ Zuverlässige, sichere und schnelle Handelsplattform nach Schweizer Recht und mit Schweizer Bankwesengesetzen (Keine EU-Bankenunion)
- ✓ Gesetzliche Schweizer Einlagensicherung in Höhe von 100.000 CHF (ca. 90.000 Euro)
- ✓ Strenge Schweizer Datenschutzgesetze
- ✓ Zugang zu ausgesuchten Investmentfonds von Emittenten aus der Schweiz (Schweizer Rechtsstrukturen)
- ✓ Handelszugang zu 18 internationalen Aktienmärkten
- ✓ Keine Mindesteinlage, keine Kontoführungsgebühren
- ✓ Top-Konditionen auf dem Schweizer Markt mit transparenten Ordergebühren ab 7,50 CHF bzw. 7,50 EUR an europäischen Märkten sowie 10 USD an US-Börsen
- ✓ Komplette Online-Kontoeröffnung durch Video-Identifikation
- ✓ Kostenlose Multiwährungskonten in CHF, EUR, USD, GBP, CAD und SEK
- ✓ Breites Produktangebot: Aktien, ETFs, Optionen, Anleihen, Investmentfonds, Forex, CFD-Handel und Futures
- ✓ Möglichkeit eines risikolosen Demokontos und virtuellen Portfolios, Zugang zu professionellen Informations-, Analyse- und Trading-Tools
- ✓ Bestellmöglichkeit einer »Prime Karte« für Ihr Konto mit den Funktionalitäten einer MasterCard Kreditkarte
- ✓ Lombardkreditmöglichkeiten ab 10.000 CHF/EUR/USD
- ✓ Kein ausgelagertes, anonymes Callcenter, sondern deutschsprachiger bzw. mehrsprachiger, persönlicher Kundendienst mit qualifizierten Ansprechpartnern

Meine Empfehlung: Strateo ist eine Top-Bank aus der Schweiz für Aktien- und ETF-Anleger
Allen meinen Lesern von »Kapitalschutz vertraulich«, die aus welchen Gründen auch immer nicht ganz zufrieden mit der Swissquote Bank waren, habe ich den Discountbroker Strateo (www.strateo.ch) empfohlen. Mit sehr gutem Erfolg, denn bis auf einen einzigen Kunden waren alle Leser, die mit Swissquote unzufrieden waren, anschließend mit Strateo mehr als zufrieden und bewerten den Wechsel somit sehr positiv. Auf Wunsch erhalten Sie bei Strateo für Ihr Konto eine Mastercard, was für viele Leser ebenfalls ein wichtiger Aspekt ist, um bei Bedarf oder in einem Notfall (EU-Bankenkrise) auch einen direkten Zugang zum Strateo-Konto zu haben, sei es für Bargeldabhebungen oder für Bezahlvorgänge.

Vorteilhaft ist für Sie natürlich auch, dass Sie über Strateo in ausgesuchte Fonds investieren können, die nach Schweizer Recht aufgelegt wurden. Das sind derzeit die Schweizer Fondsgesellschaften Vontobel, Edmond de Rothschild, Pictet, UBP, Mirabaud und Lombard Odier. Sie schlagen damit zwei Fliegen mit einer Klappe: Sie handeln über einen Discountbroker außerhalb der EU, und zwar mit Finanzprodukten, die nicht von Emittenten aus Deutschland oder der Europäischen Union aufgelegt wurden. Der Bedarf an einer solchen Kombination steigt stetig, auch unter meinen Lesern von »Kapitalschutz vertraulich«.

Vom Angebot und von den Konditionen her ist die Strateo Bank gerade für Aktienanleger und ETFs sehr empfehlenswert; das bestätigen auch meine persönlichen Erfahrungen. Hervorheben kann ich auch noch die stets sehr freundlichen und kompetenten Mitarbeiter des telefonischen Supports. Wenn Sie bereits ein Swissquote-Konto oder ein Wertpapierdepot bei einer anderen Bank in der Schweiz haben, kann es nicht schaden, die Strateo Bank jetzt einmal zu testen. Vielleicht ist es für Sie eine gute Ergänzung. Sollten Sie noch kein Schweiz-Konto und Depot haben, ist die Strateo Bank – neben der Swissquote Bank – für Sie ein idealer Einstieg.

Info: www.strateo.ch – Tel.: 0041(0)800-1530-30

19. So einfach gründen Sie rechtssicher eine Auslandsfirma mit Bankkonto

Wiederholt wird mir von Freiberuflern, Selbstständigen oder Unternehmern die Frage gestellt, welchen Weg der Firmengründung und Kontoeröffnung ich aktuell für jene unter Ihnen empfehle, die entweder ortsunabhängig arbeiten, bereits im Ausland leben oder flexibel im Hinblick auf ihren Wohnsitz sind. Nachfolgend – unabhängig von Ihrer Staatsbürgerschaft oder Ihrem Wohnsitz – drei Top-Empfehlungen, mit denen ich sehr gute Erfahrungen gemacht habe.

Finger weg von Offshore-Gesellschaftsformen bei EU-Steuerwohnsitz!

Die große Finanzkrise des Jahres 2008 und die darauffolgenden Verwerfungen haben auch im rechtlichen und steuerlichen Bereich zu einem Paradigmenwechsel geführt. Der weltweite Automatische Informationsaustausch (AIA) von Bankkonten führt beispielsweise zu einer ziemlich hohen Transparenz von Auslandskonten oder Auslandsgesellschaften, die in der Vergangenheit nicht selten auch für Kapitalanlagezwecke im Zusammenhang mit Wertpapierdepots genutzt wurden.

Sogenannte Offshore- oder Domizilgesellschaften sind unternehmerische Rechtsformen, die außerhalb des eigenen Wohnsitzlandes registriert und gegründet werden. Für Kapitalanleger oder auch unternehmerisch tätige Personen mit Steuerwohnsitz in Deutschland bzw. einem Land innerhalb der Europäischen Union bergen derartige Konstruktionen erhebliche Risiken. Ich rate Ihnen aus aktuellem Anlass (die Daten aus dem automatischen Informationsaustausch AIA werden seit 1. Juli 2019 ausgewertet) nochmals dringend davon ab, als »Lösungsansatz« im Hinblick auf eine hohe Steuerbelastung derartige Auslandsfirmen als Vermögensverwaltungsgesellschaften (Besitzgesellschaften) oder operativ tätige Firmen (Betriebsgesellschaften) ohne steuerrechtlichen Beistand zu gründen.

Haben Sie Altlasten, sollten Sie spätestens jetzt einen versierten Fachanwalt für Steuerrecht aufsuchen, um entsprechende Maßnahmen (Umstrukturierung, Nachdeklaration, Selbstanzeige) zu prüfen. Das gilt selbstverständlich nicht nur für Auslandsgesellschafen, sondern auch für private Konten und Wertpapierdepots. Hier stehe ich Ihnen im Bedarfsfall mit unserem Experten-Netzwerk an spezialisierten Steuerberatern und Fachanwälten für Steuerrecht sehr gerne für eine Empfehlung zur Seite.

Meine Empfehlung: Die Top-Adresse zur Gründung einer Auslandsfirma ist das EU-Land Estland

Zur Gründung einer Auslandsfirma empfehle ich Ihnen die einzigartigen Möglichkeiten des EU-Landes Estland. Das gilt beispielsweise auch für den Fall, dass Sie Ihren Wohnsitz in der Schweiz, in Paraguay oder einem anderen Staat haben, in dem Sie nicht so einfach ein Bankkonto mit einer IBAN-Nummer erhalten. Nachfolgend drei bewährte Möglichkeiten:

1. Die digitale Staatsbürgerschaft aus Estland
Das e-Residency-Programm ermöglicht Ihnen den Zugang zu einer neuen digitalen Nation, betrieben durch die Republik Estland. Als e-Resident kann ein Unternehmen innerhalb der EU registriert und aus aller Welt digital verwaltet werden.
Info: www.e-resident.gov.ee

2. Das internationale Firmengründungsportal aus Estland
Das Portal 1Office ermöglicht es e-Residents, eine Firma innerhalb von 15 Minuten zu eröffnen. Weitere Services können zusätzlich über das Portal hinzugebucht werden. Ihre neue Firma kann so in der Regel in weniger als zwei Werktagen registriert und international gesetzeskonform starten.
Info: www.1office.co

3. Das E-Geld-Institut aus Finnland
Mit Holvi können Sie Ihr Geschäftskonto ganz einfach online eröffnen, auch ohne nach Estland reisen zu müssen. Zudem können Sie als Selbstständiger bzw. für Ihre Firma mit Sitz in Deutschland oder auch Österreich bei Holvi ganz einfach ein Konto mit deutscher IBAN-Nr. eröffnen. Auf der Website von Holvi finden Sie darüber hinaus umfassende weiterführende Informationen in deutscher Sprache für Selbstständige, Unternehmer oder Firmengründer. Holvi ist ein von der finnischen Finanzaufsichtsbehörde (FINFSA) lizenziertes und re-

guliertes E-Geld-Institut, das im gesamten EWR tätig ist und den identischen strengen Sicherheitsstandards wie traditionelle Banken unterliegt.
Info: www.holvi.com

20. So einfach eröffnen Sie online ein Bankkonto in Australien

Viele von Ihnen sind bereits meinen Empfehlungen gefolgt und haben zumindest ein Bankkonto außerhalb der fragilen Systeme der Europäischen Union und der Haftungsgemeinschaft der EU-Bankenunion eröffnet. Vor allem bei den kostengünstigen Schweizer Discountbrokern Strateo.ch oder Swissquote.ch. Der Wunsch nach einem zusätzlichen Bankkonto außerhalb Europas, das einfach online zu eröffnen ist, ist sehr groß. In meinen favorisierten Ländern Kanada und Norwegen ist das leider nicht mehr möglich. Allerdings bietet Australien jetzt eine solche Möglichkeit, die Sie als vorsorglichen Plan B ganz einfach und kostenlos umsetzen können.

Australien zählt zu den letzten zehn Ländern mit AAA-Rating

Die politischen, wirtschaftlichen, rechtlichen und sozialen Rahmenbedingungen in Australien sind seit Jahrzehnten absolut stabil. Australien zählt zu den letzten elf Ländern weltweit, die noch über ein AAA-Rating verfügen.

Klasse statt Masse: Australien hat ein striktes Einwanderungsgesetz!

Die Fragen von Demografie und Migration zählen für mich zu den größten Herausforderungen, die Europa in den kommenden Jahren zu bewältigen hat. Die kontrollierte Zuwanderung ist ein wichtiger Wirtschaftsfaktor für die Zukunft, den EU-Europa und Deutschland derzeit vollkommen vernachlässigen. Ganz anders ist die Situation in Australien. Der Staat nimmt mehr Migranten auf als die meisten anderen wohlhabenden Länder. Rund 190.000 Menschen aus aller Welt werden Jahr für Jahr Australier – unter strengen Auflagen und Bedingungen.

Die Einwanderer sind daher überwiegend jung und hochqualifiziert. Dadurch wird das Problem der zunehmenden Überalterung der Bevölkerung gelöst, gleichzeitig werden der Wirtschaftsstandort, der Arbeitsmarkt und die Gesellschafts- und Sozialsysteme Australiens weiter gestärkt. Das sind für mich ideale Rahmenbedingungen für einen Plan B fern von Europa. Beispielsweise durch die Schaffung eines vorsorglichen Banken-Standbeins.

Die Westpac Bank bietet Ihnen ein kostenloses Online-Bankkonto

Die australische Westpac Bank ermöglicht eine ganz einfache Online-Kontoeröffnung für Ausländer. Die Serviceleistungen sind gedacht für Auswanderer, Studenten, Langzeitreisende oder Expatriates, das sind Angestellte, die im Ausland arbeiten. Auch Sie können diese Möglichkeiten nutzen, selbst wenn Sie nicht vorhaben, nach Australien auszuwandern. Sie gehen dabei keinerlei Risiken oder Verpflichtungen ein. Es fallen keine Kosten an.

Meine Empfehlung: So einfach eröffnen Sie Ihr Konto in Australien

Das Konto »Westpac Choice« können Sie online eröffnen. Gehen Sie dazu auf die Internetseite www.westpac.com.au, wählen Sie »Personal«, dann links »Moving to Australia«. Klicken Sie dann weiter unten unter »Westpac Choice for migrants« auf »Open now« und geben Sie Ihre Daten ein. Der gesamte Vorgang dauert lediglich rund drei Minuten. Ihr Konto kann bis zu zwölf Monate vor einer Reise nach Australien eröffnet werden. Innerhalb von sechs Monaten muss lediglich eine Einzahlung getätigt werden.
Dafür gibt es keinen Mindestbetrag, Sie können also einfach und kostengünstig, beispielsweise über www.transferwise.com 5 Australische Dollar zur Aktivierung überweisen. Falls Sie in dieser Zeit keinen Bedarf an dem Konto haben und keine Aktivierung durch eine Legitimation vor Ort in Australien vornehmen können, führen Sie die Schritte in einem Jahr einfach wieder durch und eröffnen Sie ein neues Konto, sodass Sie stets über ein Notfallkonto in Australien verfügen, auf das Sie bei Bedarf jederzeit Geld überweisen können. Das ist ein perfekter, einfacher und kostengünstiger Plan B.
Info: www.westpac.com.au

21. Die Euro Pacific Bank aus Puerto Rico bietet Ihnen attraktive US-Vorteile

Puerto Rico ist Teil der USA, sämtliche außenpolitischen Angelegenheiten werden von den Vereinigten Staaten wahrgenommen. Alle Puerto Ricaner besitzen die US-amerikanische Staatsbürgerschaft. Dennoch ist Puerto Rico kein eigenständiger US-Bundesstaat, sondern hat den Status eines Freistaats. Im Gegensatz zur komplizierten Kontoeröffnung bei einer US-Bank, die derzeit für Europäer ohne offizielle Meldeadresse in den USA nicht möglich ist, erhalten Sie bei der Euro Pacific Bank problemlos ein Bankkonto.

Die Euro Pacific Bank ist ein international tätiges Unternehmen, das in den Bereichen Bankgeschäfte, Wertpapierdienstleistungen, Investmentfonds, Edelmetalle und allgemeine Finanzdienstleistungen tätig ist. Die Bank hat bereits eine rund 15-jährige sehr erfolgreiche Geschichte vorzuweisen. Rund 13.000 Kunden aus über 100 Ländern führen hier heute ein Konto.

Puerto Rico nimmt als US-Außengebiet NICHT am automatischen Informationsaustausch AIA teil

Falls Sie kein US-Steuerbürger sind, ist das sogenannte FATCA-Formular der Euro Pacific Bank für Sie ohne jegliche Auswirkungen. Puerto Rico nimmt als US-Außengebiet ebenfalls nicht am automatischen Informationsaustausch AIA teil, sodass – derzeit zumindest – keine Daten in diesem Zusammenhang an Ihr Heimatland gemeldet werden.

Einzigartige 100 %: Die Euro Pacific Bank verfügt über ein Vollreservesystem!

Die Euro Pacific Bank differenziert sich durch ein einzigartiges Bankenmodell von konventionellen Geschäfts- oder Privatbanken. Viele der traditionellen und risikobehafteten Bankdienstleistungen wie Hypotheken, Autokredite, Kredit- oder Handelsfinanzierungen werden schlicht nicht angeboten. Stattdessen konzentriert sich die Bank darauf, ausschließlich internationale Bank- und Investitionsdienstleistungen anzubieten, ohne jegliche Kreditrisiken.

Eine der wichtigsten Facetten des Geschäftsmodells dieser Bank ist das sogenannte Full-Reserve-Banking, also ein Vollreservesystem. Die Euro Pacific verfolgt dabei einen einzigartigen Ansatz im Bankgeschäft, indem es ein Verhältnis von 100 % der Reserven zu den Einlagen einhält. Diese Vollreserve-Struktur ist zu einer treibenden Kraft für das Wachstum und die Kundenbindung der Bank geworden, da die globalen Finanzmärkte zunehmend instabiler geworden sind.

> **Meine Empfehlung: Die Euro Pacific Bank ist ideal geeignet für ein strategisches Notfallkonto in Übersee**
>
> Sie können dort Privat- und Firmenkonten eröffnen. Der Registrierungsprozess ist praktisch der gleiche. Bei einem Firmenkonto (Corporate Account) werden zusätzlich Angaben zur Geschäftstätigkeit abgefragt. Ebenso müssen Dokumente wie ein Handelsregisterauszug übermittelt werden. Die Mindesteinlage für ein Edelmetallkonto beträgt lediglich 500 US-Dollar, für ein normales Währungs- und Wertpapierhandelskonto 2.500 US-Dollar. Die Bank hat mittlerweile für internationale Kunden eine kostenlose Telefonnummer. Sie haben auch die Möglichkeit, sich von einem Kundenberater der Bank zurückrufen zu lassen.
> **Info:** www.europacbank.com – Tel.: 001-888-527-4041 (gebührenfrei)

22. Der Notfallordner: Die zentrale Ablage für Ihre Alters- und Risikovorsorge

Wenn Sie bei Ihrem Bank- oder Versicherungsberater nachfragen, ob Ihnen dieser bei der finanziellen Planung Ihres Ruhestands behilflich sein kann, wird er diese Frage sicher mit »Ja« beantworten. Leider stehen dann oftmals nicht die Kundeninteressen im Mittelpunkt, stattdessen werden Ihnen überteuerte Versicherungs- oder Wertpapierprodukte verkauft. Wichtige Dinge wie die Erstellung einer Vorsorgevollmacht oder Nachlassplanung werden dagegen nicht angesprochen. Der Grund ist einfach: Der Finanzdienstleister verdient nichts daran.

Fehlende Regelungen bergen Risiken

Egal wie reich eine Person ist: Niemand ist davor geschützt, aufgrund von Krankheit oder Unfall nicht mehr in der Lage zu sein, seinen eigenen Willen zu äußern. Falls vorsorglich kein Bevollmächtigter bestellt wurde, wird ein Richter eine Betreuung anordnen. Wenn es der Richter für ratsam hält, wird er einen Berufsbetreuer bestellen. Diese verwalten ihre »Kunden« häufig mehr, als dass sie sich aktiv um sie kümmern. Dies liegt nicht daran, dass der Betreuer kein Interesse hat, er kann sich aufgrund der Vielzahl der ihm zugeordneten Betreuungsfälle und der nicht allzu üppigen Vergütung einfach nicht ausreichend um jeden einzelnen kümmern.

Dasselbe Risiko besteht auch in Fragen der medizinischen Versorgung. Falls Sie nicht durch eine Patientenverfügung festgelegt haben, welche Maßnahmen Sie sich wünschen oder – was noch viel wichtiger ist – nicht wünschen, gilt im Zweifel der Grundsatz, das Leben so lange wie möglich zu erhalten und zu verlängern. Hierbei geht es beispielsweise um künstliche Ernährung und Beatmung, Operationen oder Reanimationen. In der Pflege bringt die Betreuung von Schwerstkranken zudem die höchsten Gebührensätze mit sich. Schließen Sie – völlig unabhängig von Ihrem Alter! – als Notfallvorsorge unbedingt eine Patientenverfügung und Vorsorgevollmacht ab und sichern Sie damit die Durchsetzung Ihres Willens durch Vertrauenspersonen.

Vertretungsregelungen müssen im Notfall einfach und sicher gefunden werden

Die besten Vorkehrungen nutzen nichts, wenn sie im Ernstfall nicht gefunden werden. Legen Sie deshalb alles Wichtige in einem »Notfallordner« ab. Sie entlasten damit auch Ihre Angehörigen, da diese nicht lange suchen müssen, sondern schnell alles griffbereit haben. Informieren Sie Ihre Vertrauenspersonen auch über den Ablageort des Notfallordners. Am besten sprechen Sie die Inhalte auch schon persönlich miteinander durch.

Besorgen Sie sich zur Zusammenstellung einen Ordner und mehrere Trennblätter, die Sie anhand eines Inhaltsverzeichnisses beschriften. Legen Sie die jeweiligen Dokumente im Original bzw. als Kopie ab. Wesentlich ist auch die regelmäßige Aktualisierung Ihrer Unterlagen. Die Inhalte sollten

22. Der Notfallordner: Die zentrale Ablage für Ihre Alters- und Risikovorsorge

jährlich – oder bei Bedarf auch in kürzeren Abständen – überprüft und ggf. angepasst werden.

Die Checkliste für Ihren Notfallordner

- ✓ Persönliche Informationen: Inhaltsverzeichnis und Dinge, die wichtig sind; Kopien von Dokumenten
- ✓ Kontaktdaten von Angehörigen und anderen Personen, die im Notfall zu kontaktieren sind
- ✓ Testament und Bestattungsverfügungen: Die Originale werden am besten beim Amtsgericht oder Notar bzw. Bestatter hinterlegt.
- ✓ Vorsorgevollmacht und Betreuungsverfügung
- ✓ Patienten-, Sorgerechts- und ggf. Haustierverfügung
- ✓ Gesundheitsverzeichnis: Hierzu zählen Dinge wie Diabetiker- oder Impfausweis, Medikationsverordnungen und Informationen über Prothesen oder Herzschrittmacher.
- ✓ Finanzübersicht und Bankvollmachten: Informationen zu Ihren Bankkonten und Wertpapierdepots
- ✓ Versicherungen und Vorsorgeprodukte
- ✓ Immobilienübersicht
- ✓ Sonstige Verträge: z. B. Handyverträge, Vereinsmitgliedschaften
- ✓ Digitaler Nachlass: Mit Sicherheit haben Sie eine Vielzahl von Passwörtern, PINs und weiteren Zugangscodes im Einsatz. Sie sollten deshalb hier einen Hinweis hinterlegen, wo diese zu finden sind. Beispielsweise, dass Ihre Zugangsdaten für ein Kryptowährungskonto oder eine physische Hardware Wallet direkt in einem sicheren Schließfach in der Schweiz oder in Liechtenstein verwahrt werden.
- ✓ Berufliche Bereiche: Bei Unternehmern und Selbstständigen ist es von großer Bedeutung, entsprechende Vollmachten zu vergeben.

Der Notfallordner ist ein Basis-Baustein Ihrer Ruhestandsplanung

Natürlich ist es schwierig, sich mit dem eigenen Alterungsprozess und den Themen Krankheit oder Tod auseinanderzusetzen. Aus Erfahrung weiß ich

IV. Vermögensanlage und Kapitalschutz

jedoch, dass nach der Erledigung all dieser Dinge eine große Erleichterung und Zufriedenheit eintritt. Zögern Sie daher nicht, dieses wichtige Thema zeitnah anzugehen.

Das Schicksal kennt keine Altersgrenzen!

Die Anlage eines Notfallordners macht nicht nur im Hinblick auf die Ruhestandsplanung Sinn, sondern selbstverständlich auch für junge Mütter und Familienväter, Selbstständige oder Unternehmer, vollkommen unabhängig vom Alter. Das Schicksal kennt keine Altersgrenzen, ein Unfall oder eine schwere Krankheit kann jeden treffen. Regeln Sie deshalb auch diese unangenehmen Angelegenheiten frühzeitig!

> **Meine Empfehlung: Nutzen Sie die kostenlose Vorsorgemappe des DIA**
>
> Jeder wünscht sich ein langes und gesundes Leben. Jeder möchte auch im hohen Alter das Heft des Handelns in der Hand behalten. Doch die Erfahrung lehrt: Nicht immer geht diese Hoffnung in Erfüllung. So kann ein Schicksalsschlag sehr schnell die eigene Handlungsfähigkeit beeinträchtigen. Damit dann alles Weitere dem ursprünglichen Willen nach geschieht, muss beizeiten Vorsorge getroffen werden. Die Vorsorgemappe »Verfügungen, Vollmachten, Vorlagen« des Deutschen Instituts für Altersvorsorge (DIA) – die Sie kostenlos herunterladen können – enthält die dafür notwendigen Formulare (Vorsorgevollmacht, Patientenverfügung, Betreuungsverfügung, Kontovollmacht, Notfallkarte).
> **Info: www.dia-vorsorge.de**

23. Die wichtigsten Strategien zum Schutz Ihrer Immobilien

In Artikel 14 des Grundgesetzes (GG) steht eine für alle Vermögensinhaber ebenso bedeutende wie in Krisenzeiten sehr gefährliche Passage: »Eigentum verpflichtet. Sein Gebrauch soll zugleich dem Wohle der Allgemeinheit dienen.« Weit weniger bekannt ist Artikel 15 GG. Dieser erlaubt es, Grund und

Boden, Naturschätze und Produktionsmittel – per Gesetz und gegen Entschädigung – in Allgemeineigentum oder andere Formen der Gemeinwirtschaft zu überführen, also zu enteignen. In der Geschichte der Bundesrepublik wurde der Artikel 15 bislang noch nie angewandt. Das könnte sich in Zukunft ändern.

Für zahlreiche Bürger und Kapitalanleger stellen eigene Immobilien den wichtigsten Grundbaustein der persönlichen Altersvorsorge dar. Das führt dazu, dass mehr als die Hälfte des Vermögens deutscher Bürger in scheinbar soliden, krisensicheren Immobilienwerten steckt, die häufig sogar als »Betongold« bezeichnet werden. Gold ist allerdings jederzeit einsetzbar und mobil. Das Wort Immobil bedeutet hingegen »nicht beweglich«. Immobilien wecken deshalb immer dann staatliche Begehrlichkeiten, wenn Staaten in finanzielle Schieflagen geraten. Denn weglaufen können Sie mit Ihrer Immobilie nicht. Kapitalschutz-Strategien für Immobilien sind deshalb wichtig und richtig, aber nicht nur im Hinblick auf den Staat.

Betongold? Immobilien unterliegen zahlreichen Risikofaktoren!

Die Immobilienpreise sind in zahlreichen Ländern Europas – wie beispielsweise Deutschland, Österreich oder der Schweiz – längst durch die künstliche Niedrigzinspolitik verzerrt. Vor allem in Großstädten ist die Gefahr einer massiven Preisblase sehr groß. Neben den Marktpreisrisiken sind vielen Immobilienbesitzern die großen rechtlichen und steuerlichen Gefahren überhaupt nicht bewusst, ebenso wenig wie die Vermietungsrisiken, die über ihrem Immobilieneigentum wie ein Damoklesschwert schweben. Zahlreiche vor allem konservative Anleger vertreten aber nach wie vor die Ansicht, dass Immobilien als Grundbaustein eine absolut sichere Wertanlage darstellen.

Diese subjektive Bewertung hat überwiegend emotionale Gründe, da Immobilien in der Regel solide sind und nicht unter sichtbaren, täglichen Wertschwankungen leiden. Aber sind Immobilien tatsächlich so sicher und wertbeständig? Bei einer zunehmenden Anzahl von Immobilieneigentümern steigt mittlerweile die Sorge im Hinblick auf eine mögliche Entwertung in Form rückläufiger Immobilienpreise, einer Belastung durch Grundsteuererhöhungen, Straßenbaubeiträge und Kommunalabgaben, zunehmende Instandhaltungskosten oder gar einer Enteignung durch den Staat. Ich habe vor Kurzem alle Leseranfragen im Segment »Kapitalschutz für Immobilien«

ausgewertet. Für die wichtigsten und am häufigsten gestellten Fragen finden Sie nachfolgend meine Strategie- und einen Auszug aus meinen Experten-Empfehlungen.

Die 5 wichtigsten Immobilienschutz-Strategien

1. Eintragung einer erstrangigen Hypothek
Es ist sinnvoll, Ihre Immobilien ganz einfach vorsorglich selbst zu belasten, bevor dies möglicherweise Dritte tun. Dazu tragen Sie eine erstrangige Hypothek (Eigentümergrundschuld) auf Ihre Immobilie ein in Kombination mit der Beantragung eines Bankkredites. Die derzeitige Niedrigzinsphase sorgt für eine zusätzliche Attraktivität dieser Strategie. Mögliche Klumpenrisiken können reduziert werden. Freie Mittel aus dem Kredit können Sie beispielsweise gezielt in mobile Edelmetalle, Diamanten oder Wertpapierdepots im Ausland investieren.
Info: www.drklein.de – Tel.: 0049(0)451-1408-0

2. Eintragung eines Nießbrauchrechts
Die Eintragung eines Nießbrauchs ist für mich eine der effizientesten und kostengünstigsten Strategien, die ich kenne. Der Nießbrauch ist das unveräußerliche und unvererbliche absolute Recht, die Nutzungen aus einer fremden Sache, einem fremden Recht oder einem Vermögen zu ziehen. Tragen Sie beispielsweise für Ihre Immobilie einen Nießbrauch in Form eines lebenslangen Wohnrechtes für Ihre Frau, Ihre Kinder oder Ihre Enkel ein, wird die Immobilie selbst bei einer Zwangsversteigerung unattraktiv. Selbst für den Fall des schmerzlichen Eigentumsverlustes an Ihrer Immobilie haben Sie die beruhigende Sicherheit, dass Sie selbst oder Ihre Familienangehörigen durch das eingetragene Nießbrauchrecht weiterhin dort wohnen können.
Info: www.meyer-koering.de – Tel.: 0049(0)228-72636-0

3. Gründung Ihrer eigenen Familien-Genossenschaft
Sie und Ihre Familie haben durch dieses über Jahrhunderte bewährte Genossenschaftsrecht die Möglichkeit, Ihre eigene Genossenschaft als sogenannte »Kleine Familiengenossenschaft« für Immobilien zu gründen. Dazu bringen Sie Ihr bestehendes Immobilienvermögen (Eigenheim und/oder vermietete

Objekte) in Ihre Genossenschaft ein. Dieser Vorgang kann bei professioneller Planung steueroptimiert ablaufen. Ihr Immobilienvermögen wird dadurch in eine eigenständige Rechtsform transformiert. Es wird dadurch zum Eigentum Ihrer Genossenschaft mit zahlreichen vermögensschützenden Vorteilen wie beispielsweise steuerfreie Mieteinnahmen, kein Zugriff von Gläubigern auf die Immobilien, da diese ein geschütztes Sondervermögen der Genossenschaft sind. Ebenso wird ein Verlust des Immobilienvermögens bei Scheidung, Pflegebedürftigkeit oder Hartz IV ausgeschlossen. Sie können gleichzeitig zu Lebzeiten die Erbfolge regeln und die Erbschaftsteuer optimieren.
Info: www.dvsg.berlin – Tel.: 0049(0)30-467-240-711

4. Gründung eines Familienpools
Bei kleineren Immobilienvermögen bietet sich die Gründung eines Familienpools als vermögensverwaltende Gesellschaft an. Vermögensgegenstände wie Grundstücke, Immobilien oder auch Wertpapiere werden in den Familienpool übertragen, sodass diese Familiengesellschaft die neue Eigentümerin der Vermögenswerte ist. An diesem Familienpool werden dann neben dem bisherigen Vermögensinhaber alle Familienmitglieder beteiligt, auf die das Vermögen übergehen soll. Die Vermögensübertragung wird also nur noch durch Ein- und Austritt der jeweiligen Familienmitglieder als Gesellschafter und durch die Veränderung der Beteiligungsquoten gesteuert. Für eine derartige Vermögenskonstruktion bietet sich die Gesellschaftsform einer Personengesellschaft an, in welcher die Vermögenswerte weiterhin Privatvermögen bleiben.
Info: www.anwalt-steuern.com – Tel.: 0049(0)251-1432766

5. Abschluss einer Leibrente auf Immobilienbasis
Der Abschluss einer Leibrente auf Immobilienbasis ist speziell für kinderlose Immobilieneigentümer sehr interessant. Sie erhalten ein lebenslanges Zusatzeinkommen, das finanzielle Langlebigkeitsrisiko wird dadurch reduziert. Instandhaltungskosten fallen hierbei weg. Zusätzlich entsteht der Kapitalschutzeffekt eines Rentenmodells mit Überschuldungsschutz, beispielsweise für den Fall von Zwangshypotheken.
Info: www.deutsche-leibrenten.de – Tel.: 0049(0)696897794-0

24. Betongold: So einfach erhalten Sie rund um Ihr Immobilie Geld vom Staat

Trotz niedriger Zinsen für Immobilienkredite und Modernisierungsdarlehen sollten Immobilienkäufer weiterhin Investitionsprogramme der Förderbank KfW genauer unter die Lupe nehmen. Darauf weist das Unternehmen Interhyp hin, Deutschlands größter Vermittler für die private Baufinanzierung. Dabei geht es nicht rein um den Immobilienerwerb, sondern um die Sanierung, Renovierung oder schlicht einfach die gezielte Optimierung von Bestandsimmobilien.

Derartige Maßnahmen sind nicht nur wichtig für den Werterhalt, sondern tragen auch zur Steigerung der Lebensqualität bei, sei es bei einem Umbau auf Altersgerechtigkeit der Immobilie, bei Investitionen in den Einbruchschutz oder in energiesparende Umbaumaßnahmen: Mit den bestehenden Zuschüssen und Förderkrediten lassen sich mittlerweile eine Vielzahl von Maßnahmen bezuschussen oder fördern. Im ganzen Haus, im Eingangs- und Außenbereich.

> **Meine Empfehlung: Informieren Sie sich jetzt unverbindlich über Ihre Fördermöglichkeiten**
>
> Informieren Sie sich jetzt kostenlos und unverbindlich über die umfassenden, staatlichen Fördermöglichkeiten im Hinblick auf eine Optimierung Ihres Immobilienbesitzes. Um einen bildhaften Überblick über aktuelle Fördermöglichkeiten zu erhalten, hat Interhyp online knapp 100 verschiedene Maßnahmen anhand eines Hauses interaktiv aufbereitet. Vom Eingangsbereich über Keller, Fassade und Innenräume bis hin zum Dach finden Umbau- und Sanierungswillige in die drei Bereiche Energieeffizienz, Wohnkomfort und Einbruchschutz unterteilt, bei welchen Vorhaben der Staat ihnen finanziell unter die Arme greift.
>
> Praxisbeispiele: Wenn Sie ohnehin Ihr Bad umbauen möchten, können Sie mitunter den Kredit 159 nutzen oder den Zuschuss 455 B, wenn beim Waschtisch oder der Toilette auf Höhenverstellbarkeit geachtet oder die Dusche stufenlos zugänglich umgebaut wird. Beim Erneuern von Fenstern und Türen lassen sich Sanierungen häufig mit Vorgaben der KfW nach Energieeffizienz oder Einbruchschutz vereinen. Fenster zählen zu den potenziellen Schwachstellen der Ener-

> giebilanz eines Hauses. Moderne Fenster mit Wärmeschutzverglasung sorgen für warme Räume und senken den Energieverbrauch. Passende KfW-Produkte können das Programm 151/152 oder der Zuschuss 430 sein. Für mich bislang böhmische Dörfer!
> **Info: www.zuhause-foerdern-kfw.interhyp.de**

25. Der Top-Anbieter für Seniorenberatungen aus meinem Experten-Netzwerk

Zu meinen fünf grundlegenden Immobilienschutz-Strategien habe ich enorm viele positive Rückmeldungen erhalten. Das liegt natürlich auch darin begründet, dass die politischen und gesellschaftlichen Enteignungs-Diskussionen von großen Immobilienkonzernen mittlerweile ein Ausmaß angenommen haben, das für eine große Verunsicherung auch unter privaten Immobilieneigentümern sorgt. Ich habe beispielsweise festgestellt, dass speziell ältere Haus- oder Wohnungsbesitzer große Probleme haben, an Immobilienkredite zu kommen, oder zusätzlichen Beratungsbedarf im Hinblick auf Leibrenten und Umkehrhypotheken haben. Dafür habe ich jetzt auf Basis von positiven Leserrückmeldungen eine weitere Experten-Empfehlung für Sie.

Seniorenberatung und Ruhestandsplanung werden vernachlässigt

Die Gruppe der Rentner und Senioren hat andere Anforderungen an eine Finanzberatung als Menschen, die noch mitten im Berufsleben stehen. Das Thema »Erben und vererben« ist äußerst komplex. Damit Ihr Vermögen auch für folgende Generationen nachhaltig erhalten bleibt, ohne finanzielle Nachteile oder Streitigkeiten, ist es wichtig, klare Verhältnisse zu schaffen. Hierfür ist eine kompetente Ruhestandsberatung erforderlich, die von den meisten Banken und Finanzdienstleistern in der Breite sträflich vernachlässigt wird. Zu diesen Beratungsfeldern gehören grundlegend die nachfolgenden Bereiche.

Die 5 Felder des Generationenmanagements
1. Erbschaftsteuerplanung
2. Nachlasssicherung
3. Ruhestandsfinanzierung
4. Testamentserstellung
5. Vorsorgeplanung

Rentner und Senioren haben individuelle Bedürfnisse an eine Finanzberatung

Für einen Laien ist es nahezu unmöglich, sich das notwendige Wissen aus Fachbüchern oder dem Internet anzueignen und den Prozess der Ruhestandsplanung und des Generationenmanagements eigenständig und kompetent durchzuführen. Daher stellt sich die Frage, welcher Spezialist der richtige ist, um diesen anspruchsvollen Prozess zu begleiten. Da Banken und Finanzberater, aber auch Steuerberater diese Leistungen nur ungenügend abdecken, weiß ich aus meiner Erfahrung heraus, dass sich zahlreiche Senioren überwiegend an einen Notar wenden. Ich rate hingegen dazu, primär den Gang zu einem Fachanwalt für Erbrecht zu wählen.

Spezialisten-Beratung in drei Bereichen

Ebenso sind spezialisierte Generationenberater empfehlenswert. Hier habe ich mehrere positive Rückmeldungen von älteren Lesern zu der VMT Consult GmbH erhalten, die sich im Geschäftsfeld der Seniorenberatung und Ruhestandsplanung auf die Entwicklung von Finanzdienstleistungen für ältere Menschen spezialisiert hat. Anspruch und Ziel des Unternehmens ist es, die Lebensqualität von Rentnern langfristig zu erhöhen, um der sinkenden Einkommens- und Kaufkraft entgegenzutreten. Die Mitarbeiter des Unternehmens verfügen über langjährige Erfahrungen bei Banken, in der Versicherungswirtschaft und im Immobilienbereich. Neben der Beantragung von Immobiliendarlehen für Senioren hat sich das bundesweit tätige Unternehmen auf die folgenden drei interessanten und selten kompetent bedienten Bereiche spezialisiert.

1. Die Immobilienrente

Die Immobilienrente ist eine besondere Form des Darlehens für Menschen im Rentenalter: Wenn Sie Wohneigentum besitzen, das Sie selbst nutzen und weiterhin nutzen möchten, können Sie sich einen Teil des Immobilienwertes als Immobilienrente auszahlen lassen. Das Darlehen wird durch eine Grundschuld im Grundbuch abgesichert und Sie bleiben weiterhin Eigentümer Ihrer Immobilie. Die Auszahlung ist steuerfrei und hat keine Auswirkung auf Ihre Rente. Damit erhalten Sie eine Zusatzrente, unabhängig von den weiteren gesetzlichen Entwicklungen. Die Immobilienrente wird wahlweise zehn, 15 oder 20 Jahre gezahlt. Nach Ablauf erfolgt eine Anschlussfinanzierung zu aktuellen Marktkonditionen. Oder das Darlehen wird in der Zwischenzeit durch einen Verkauf abgelöst.

2. Die Umkehrhypothek

Die Finanzdienstleistung der Umkehrhypothek (Reverse Mortgage) ist in den USA entstanden und dort weit verbreitet. Mittlerweile werden Umkehrhypotheken auch in verschiedenen Ländern Europas angeboten. Die Niederlande waren das erste Land, später folgten beispielsweise Deutschland und Österreich. Bei der Umkehrhypothek handelt es sich um eine entgegengesetzte Immobilienfinanzierung. Das bedeutet, Sie erhalten eine zeitlich limitierte Finanzierung, bei der Sie keine weiteren monatlichen Belastungen haben. Auch hier bleiben Sie weiterhin Eigentümer und nutzen den Wert Ihrer Immobilie zu Lebzeiten für sich selbst. Ihr immobiles Betongold wird dadurch liquide, sodass Sie mehr finanziellen Freiraum für unvorhergesehene Ausgaben oder die Erfüllung persönlicher Wünsche erhalten. Die Auszahlung der Umkehrhypothek ist als Einmalzahlung oder in Kombination mit einer Zusatzrente möglich.

3. Die Leibrente

Nach deutschem Recht ist eine Leibrente eine kontinuierliche Zahlung für eine definierte Zeit bzw. bis zum Tod des Leibrentennehmers. Eine Leibrente wird üblicherweise zwischen einem Versicherungsunternehmen und einer Privatperson auf Basis eines Rentenvertrages oder zwischen zwei Privatpersonen – dem Leibrentengeber und dem Leibrentennehmer – vereinbart. Der Leibrentennehmer erhält ein notariell gesichertes Wohnrecht und eine Leibrente auf Zeit oder lebenslang. Dieses Modell ist ideal für Senioren, die keine Erben haben, weil sich mit Vertragsunterzeichnung die Eigentumsverhältnisse ändern. Der bisherige Hauseigentümer (Leibrentennehmer) übergibt das Immobilieneigentum an den Leibrentengeber und erhält dafür bis zu seinem Lebensende eine attraktive Zusatzrente. Das nicht zu unterschätzende Langlebigkeitsrisiko des Leibrentennehmers und die Unterhaltsverpflichtungen für die Immobilie gehen an den Leibrentengeber über.

> **Meine Empfehlung: Nutzen Sie die Möglichkeit einer kompetenten Ruhestandsberatung**
>
> Durch die fundierten Dienstleistungen der VMT Consult GmbH können die speziellen Bedürfnisse von Senioren und somit älteren Immobilienbesitzern, die kein Arbeitseinkommen mehr aufweisen, bedient werden. Ich weiß aus meiner Erfahrung, dass hier ein großer Bedarf besteht – von der Beantragung einer Eigentümergrundschuld oder Hypothek auf eine Immobilie im fortgeschrittenen Alter bis hin zu individuellen Beratungen bei Immobilienrenten, Umkehrhypotheken oder Leibrenten. Bei all diesen wichtigen Vorsorgethemen werden Sie bei Ihrer Bank oder Ihrem Vermögensberater sehr häufig auf Kopfschütteln und mangelnde Kompetenz stoßen.
>
> Auf die VMT Consult GmbH wurde ich von einem zufriedenen Leser (70 Jahre) aufmerksam gemacht. In den letzten Monaten habe ich das Unternehmen dann regelmäßig älteren Lesern empfohlen, die bei ihren Banken auf Granit gestoßen waren, beispielsweise bei der Eintragung einer erstrangigen Grundschuld in Kombination mit der Beantragung eines Darlehens. Sie hatten zuvor überwiegend die pauschale Antwort erhalten: »Sie sind leider zu alt für einen Kredit.« Mittlerweile haben mir mehr als fünf Senioren rückgemeldet, dass sie mit der Beratung und den Dienstleistungen der VMT Consult GmbH sehr positive Erfahrungen gemacht haben. Deswegen nehme ich jetzt das Unternehmen, das bundesweit tätig ist, in meine Experten-Datenbank als Empfehlung für »Senioren-Finanzdienstleistungen« mit auf.
>
> **Info:** www.vmt-immofinanz.de – Tel.: 0049(0)230714000-90

26. Kauf, Verkauf, Erbschaft, Schenkung oder Scheidung: Immobilienwertgutachten lohnen sich

Immobiliensachverständige, die häufig auch als Immobiliengutachter bezeichnet werden, überprüfen im Rahmen einer Außen- und Innenbesichtigung die komplette Immobilie. Aufgrund dieser Inaugenscheinnahme und auf Basis der grundbuchrechtlichen Eintragungen und Baupläne werden wesentliche Grundstücks- und Objektmerkmale erfasst, natürlich auch Baumängel und Bauschäden sowie Rechte und Belastungen, zum Beispiel eingetragene Hypotheken, Wohn- und Erbbaurechte oder ein Nießbrauch. Im Rahmen des Gutachtens erfolgt dann eine Grundstücksbeschreibung, eine Beurteilung der Makro- und Mikrolage und eine detaillierte Beschreibung des Objektes selbst. Solche Immobilienwertgutachten sind in den unterschiedlichsten Fällen hilfreich und wertvoll.

Die Immobilienbewertung hat weitreichende finanzielle Auswirkungen

Im Rahmen einer Erbschaft stellen Immobilien und Grundstücke in zahlreichen Fällen die größten Vermögenswerte. Deshalb sind sie auch wesentliche Faktoren für die Berechnung der Erbschaftssteuer. Während bei Vermögenswerten wie Bankkonten oder Wertpapierdepots in der Regel schnell klar und eindeutig definiert ist, wie viel diese wert sind, gestaltet sich die Bewertung bei Immobilien weitaus schwieriger.

In den letzten Monaten habe ich sehr viele rechtliche und steuerliche Fragen zu realen Praxisfällen im Zusammenhang mit der Bewertung von Immobilien erhalten. Interessanterweise sind alle Vorgänge, die mir zugetragen wurden, ähnlich gelagert. Leser haben Immobilien geerbt. Überwiegend handelte es sich dabei um ältere Häuser, die in den Nachlass der Eltern oder Großeltern eingeflossen sind. Im Anschluss wurden die Objekte seitens der Erben bzw. meiner Leser zum Verkauf gestellt. Dabei stellte sich heraus, dass der angesetzte Bodenwert des Finanzamtes für die Berechnung der Erbschaftsteuer häufig viel zu hoch war. Teilweise wurde beim anschließenden Verkauf der Immobilie nur 20 bis 30 % des Bodenwertes erzielt. Auch für die jährlich anfallende Grundsteuer sind die Bodenrichtwerte der einzelnen Bundesländer von großer Bedeutung.

Hier sind Wertgutachten durch Sachverständige bares Geld wert, um den zu hohen Steuerbelastungen gegenüber den Finanzämtern erfolgreich entgegenzuwirken. Aber nicht nur gegenüber dem Finanzamt sind Wertgutachten für Immobilien hilfreich, es gibt zahlreiche Bewertungsanlässe, die die Konsultation eines Immobilien-Sachverständigen empfehlenswert machen. Neben den zahlreichen Bewertungsdiskussionen bzw. steuerlichen Konfliktfällen mit den Finanzämtern kann ich in der Praxis meiner Leser vor allem von zahlreichen Streitigkeiten im Zusammenhang mit Erbfällen berichten.

Bewertungsanlässe für Immobilien auf einen Blick

Ankauf oder Verkauf von Immobilien	Beleihungswertermittlung	Bewertung von Rechten und Belastungen an Grundstücken
Beleihungswertermittlung für die Bank	Erbschaftsangelegenheiten	Ehescheidungen
Grundstückskauf oder -verkauf	gutachterliche Stellungnahmen	Nachweis gegenüber dem Finanzamt
Markt- und Verkehrswertermittlung	Plausibilisierung von Fremdgutachten	Nachweis gegenüber Gerichten
Unternehmensbewertung	Schenkungen	Versteigerungsverfahren
Unternehmensnachfolge	Grundbesitzbewertung für steuerliche Zwecke	Vermögensübersicht
Neubewertung des Anlagevermögens bei Unternehmen	steuerliche Rechnungslegung IAS/IFRS	Unklarheit bzw. Streitigkeiten z. B. innerhalb der Familie bzgl. Verteilungsfragen

Sachverständige und deren Gutachten schützen Ihren Immobilienbesitz auf unterschiedlichen Ebenen

Die Expertise des Immobiliengutachters ist in allen Bereichen der Immobilienbewertung gefragt und in zahlreichen Fällen empfehlenswert, da es im Immobilienbereich überwiegend um große Summen geht, unabhängig davon, ob es sich um einen Kauf, einen Verkauf, eine Erbschaft, Streitigkeiten mit dem Finanzamt, eine Scheidung oder sonstige familienrechtliche Auseinandersetzungen handelt. Ich empfehle Ihnen grundsätzlich, dass Sie sich vor schwierigen und weitreichenden Immobilien-Entscheidungen oder im Falle von Konflikten mit Immobilienbezug an einen Immobilien-Sachverständigen wenden. Das Honorar für ein Wertgutachten – im meist maximal sehr niedrigen vierstelligen Eurobereich – ist in Relation zu den großen finanziellen Auswirkungen nachteiliger Bewertungsansätze eine lohnenswerte Investition.

Bei Behörden und Gerichten wird, wie in Gesetzestexten und der Sachverständigenverordnung, in der Regel die Bezeichnung »Sachverständiger« verwendet. Seitens der Verbraucher wird überwiegend der Begriff des Gutachters bzw. Immobiliengutachtens eingesetzt. Grundsätzlich haben der Immobiliensachverständige und der Immobiliengutachter identische Aufgaben.

Aber Achtung: Die Bezeichnung eines Sachverständigen ist nicht gesetzlich geschützt, grundsätzlich kann sich jeder Sachverständiger nennen. Sie sollten daher bei der Suche und Auswahl eines Sachverständigen auf die nachweisliche Qualifikation achten. Es gibt in Deutschland derzeit mehrere Formen von Sachverständigen. Die häufigsten Bezeichnungen sind freie Sachverständige, staatlich anerkannte Sachverständige, zertifizierte Sachverständige (DIN EN ISO/IEC 17024) sowie öffentlich bestellte und vereidigte Sachverständige.

Kostenlose Immobilienbewertungen sind wertlos!

Die Kosten für ein Immobilienwertgutachten unterscheiden sich nach Umfang und Aufwand. Einfache Immobilienwertgutachten beginnen bei Gebühren von mehreren Hundert Euro und staffeln sich auf Basis des Objektwertes. Wird ein Verkehrswertgutachten für ein Gericht erstellt, wird das Honorar nach dem aktuell gültigen Justizvergütungs- und -entschädigungsgesetz berechnet.

In den letzten Jahren werden über Internet-Plattformen verstärkt kostenlose Immobilienbewertungen angeboten. Ich habe in den letzten Monaten zahlreiche Angebote analysiert. Meine Einschätzung: Diese Bewertungen sind überwiegend wertlos, da sie lediglich auf einem allgemeinen, unbekannten Algorithmus basieren. Die angeblich fundierten Gratis-Immobilienbewertungen sind ein Mittel, um Adressen von Immobilienbesitzern zu akquirieren und mögliche Verkaufsaufträge oder sonstige Dienstleistungen zu vertreiben.

Häufig werden die gewonnenen Adressen an Immobilienmakler aus der Region weiterverkauft. Das steht ebenso wie der Ausschluss einer Haftung in den jeweiligen AGB. Neben den von den realen Marktpreisen meist massiv abweichenden Wertfeststellungen haben derartige Immobilienbewertungen keinerlei Nutzen gegenüber Finanzämtern oder Gerichten.

> **Meine Empfehlung: Setzen Sie auf öffentlich bestellte bzw. gerichtlich zertifizierte Sachverständige**
>
> Es gibt den Bundesverband öffentlich bestellter und vereidigter sowie qualifizierter Sachverständiger e. V. (BVS) – Tel.: 0049(0)30255938-0 www.bvs-ev.de – der bereits im Jahr 1961 gegründet wurde. In dieser Vereinigung haben sich rund 3.000 Sachverständige aus 250 Sachgebieten zusammengeschlossen. Der BVS ist unterteilt in zwölf Landesverbände und weitere Fachverbände. Auf der Internetseite des Verbandes finden Sie ein Sachverständigenverzeichnis und eine Suchfunktion nach Mitgliedern in Ihrer Region, die Sie im Bedarfsfall kontaktieren können. Auch für Österreich gibt es mit der Vereinigung der allgemein beeideten & gerichtlich zertifizierten Sachverständigen (Tel.: 0043(0)154447-24 – www.sv-immo.or.at) für das Immobilienwesen einen derartigen Verband mit regionaler Mitgliederübersicht.
> **Info: www.bvs-ev.de und www.sv-immo.or.at**

27. Edelmetalle und Sachwert-Investments: 0 % EU – 100 % Liechtenstein

In einer Welt von Nullzinsen und explodierenden Geldmengen zählen metallische Rohstoffe zu den attraktivsten Anlageklassen, allen voran als »Versicherung« gegen Systemrisiken und als Basis-Depotbausteine. In einer überschuldeten Welt, die geopolitisch aus den Fugen geraten ist, bieten Ihnen die mobilen Sachwerte Gold und Silber sowohl einen hervorragenden Kapitalschutz als auch ein großes Kurssteigerungspotenzial.

Wenn Sie breit in physisches Gold, physisches Silber, physische strategische Metalle, aber auch Minengesellschaften sowie Agrarbeteiligungen und Bio-Energieanlagen investieren möchten, dann empfehle ich Ihnen den

SafePort Focus Fund (ISIN: LI0133662929). Sie profitieren hier von einer einfach investierbaren Sachwert-Vermögensverwaltung. Bei den SafePort-Investmentfonds nach liechtensteinischem Recht können Sie mit nur einem Investment in Edelmetalle investieren, ohne sich den Risiken von EU-Banken, -Fonds oder -Schließfach- und -Tresorverwahrungen auszusetzen.

Setzen Sie auf Hochsicherheitstresore außerhalb des Bankensystems und Banken außerhalb der EU

Ihre Metalle werden in Hochsicherheitstresoren im soliden Standort Liechtenstein in physischer Form verwahrt. Ihre Wertpapiere werden ebenfalls in Liechtenstein verwahrt, und alle juristisch beteiligten Stellen haben ihren Rechtssitz im Fürstentum Liechtenstein: vom Vermögensverwalter der Fonds (www.safeport-funds.com) – als Ihre Anlaufstelle und Ihr direkter Ansprechpartner – über die Fondsgesellschaft (www.caiac.li) und die Depotbank für die Direktverwahrung Ihrer Fondsanteile – bei der Sie selbst nicht tätig werden müssen (www.neuebankag.li) – bis hin zum bankenunabhängigen Zollfreilager (www.ozl.li) und der schützenden Überwachung durch die Finanzmarktaufsicht Liechtenstein (www.fma-li.li). Auch das hinter SafePort-Fonds stehende Unternehmen ist Mitglied im Liechtensteinischen Anlagefondsverband www.lafv.li.

Die SafePort Fonds auf einen Blick

Fondsname	ISIN
SafePort Precious Metals 95+ Fund	LI0103770074
SafePort Physical Gold 95+ Fund	LI0103770082
SafePort Physical Silver 95+ Fund	LI0103770090
SafePort Gold & Silver Mining Fund	LI0020325713
SafePort Silver Mining Fund	LI0026391222
SafePort Strategic Metals & Energy Fund	LI0103770108
SafePort PM Value Fund	LI0103770116
SafePort Loick Bio-Products & Bio-Energy	VCP8244T2077

Strategische Auslandsinvestments haben bei EU-Banken nichts zu suchen!

Die SafePort-Fonds sollten Sie aus strategischen Gründen der rechtlichen und geografischen Diversifikation direkt in Liechtenstein kaufen und sie dort auch verwahren. Einen liechtensteinischen »Goldfonds« in ein Depot bei einer deutschen oder österreichischen Bank einzuliefern ist genauso absurd, wie Gold aus Sorge vor einer EU-Bankenkrise zu kaufen, nur um es dann im Schließfach einer dieser EU-Banken zu verwahren. Edelmetalle gehören nicht in EU-Bankschließfächer und liechtensteinische Edelmetall-Sachwertfonds gehören nicht in EU-Bankdepots!

Meine Empfehlung: Nutzen Sie die kostengünstigen Direktverwahrung im Fürstentum Liechtenstein

Das Fürstentum Liechtenstein bietet Ihnen gegenüber den Staaten der Europäischen Union wichtige Standortvorteile. Längst nicht mehr als Steueroase, sondern als solide Haftungsschutzoase inmitten einer fragilen EU. Am kostengünstigsten zeichnen Sie die Fonds direkt bei der Fondsgesellschaft über SafePort Funds. Das hat den großen Vorteil, dass Sie je nach Anlagevolumen den Ausgabeaufschlag deutlich reduzieren können.

Darüber hinaus erreichen Sie eine sichere Direktverwahrung Ihrer Fondsanteile im Fürstentum Liechtenstein, ohne dass zusätzliche Kosten für eine meist sehr teure liechtensteinische Bank anfallen. Die geringe Mindestanlagesumme von 5.000 Euro ist einzigartig für ein solides Standbein im Fürstentum Liechtenstein!

Info: www.safeport-funds.com – Tel.: 00423-39001-75

---

28. Der Top-Dienstleister für Investments in physische Diamanten

Diamanten sind eine hervorragende Ergänzung zu Edelmetallen. Mittlerweile gibt es eine neue Möglichkeit, Preisentwicklungen von Diamanten auch in Echtzeit zu verfolgen. Außerdem gibt es jetzt die Möglichkeit, ein

»Investment Diamanten Depot« anzulegen in Kombination mit einem Zollfreilager in Antwerpen, also direkt am weltgrößten Handelszentrum für Diamanten.

Der renommierte Diamantenhändler Freiherr Diamonds bietet seinen Kunden neben dem An- und Verkauf von Diamanten auch eine sichere und bankenunabhängige Lagerung der – mehrwertsteuerfrei – erworbenen Diamanten in Antwerpen an, dem weltgrößten Handelszentrum für Diamanten unter dem Namen »Investment Diamanten-Depot«. Ihre Diamanten werden dort getrennt vom Lagerbestand der Firma vollversichert auf Ihren Kundennamen verwahrt. Der weltweite Versand ist jederzeit möglich. Nachfolgend habe ich Ihnen alle wesentlichen Vorteile übersichtlich zusammengefasst.

Die Vorteile des Investment Diamanten-Depots auf einen Blick

✓ Einrichten eines auf Ihre Kundenbedürfnisse zugeschnittenen Diamanten-Portfolios.
✓ Günstiger und sicherer Kauf von Investmentdiamanten aus dem qualitativ hochwertigen Sortiment eines professionellen Diamantenhändlers.
✓ Volle Mehrwertsteuer-Ersparnis: Der ausgewiesene Kaufpreis reduziert sich um die Mehrwertsteuer von 19 %.
✓ Keine Versandkosten
✓ Bankenunabhängige sichere Zollfreilagerung der über Freiherr Diamonds erworbenen Diamanten und Originaldokumente innerhalb der Firmengruppe in Antwerpen
✓ Die Diamanten werden von Experten geprüft und versiegelt in einem Safebag (Sicherheitstasche) auf Ihren Kundenamen gelagert.
✓ Es besteht voller Versicherungsschutz für die eingelagerten Werte.
✓ Sie erhalten als Kunde eine umfassende Fotodokumentation Ihrer erworbenen Diamanten.
✓ Eine persönliche Vor-Ort-Kontrolle und Besichtigung ist für Sie als Kunde in Antwerpen zusätzlich möglich.
✓ Ihre eingelagerten Diamanten können jederzeit weltweit an einen Ort Ihrer Wahl versendet werden.
✓ Sie erhalten vorteilhafte Wiederverkaufsoptionen innerhalb des Zollfreilagers, ohne die sonst notwendige Abholung der Diamanten beim Kunden und ohne eine erneute aufwendige Echtheitsprüfung.

✓ Einzigartig ist, dass Freiherr Diamonds jetzt eine täglich abrufbare Übersicht über die Preisentwicklung der investierbaren Diamanten ermöglicht.
✓ Die Zollfreilagerung für Diamantenkäufe ist ab einer Investition von 50.000 Euro möglich.

> **Meine Empfehlung: Die Preise für Anlagediamanten sind durch Freiherr Diamonds transparent**
>
> Im Gegensatz zu den Edelmetallkursen für Gold und Silber waren die Preise für Anlagediamanten unterschiedlicher Größen bzw. Karat-Zahlen bislang vollkommen intransparent. Hier hat Freiherr Diamonds seit einiger Zeit einen einzigartigen Service eingeführt, um die Transparenz auf dem Markt für Anlagediamanten zu verbessern.
> Basis dafür sind die Daten der IDEX (International Diamond Exchange). Das ist eine der – in der Welt der Diamanten – führenden Plattformen für Branchen- und Preisinformationen. Die dort auf neutraler Basis zusammengestellten Preisdaten gelten als wichtiger Richtwert für die gesamte Diamantenwirtschaft. Jeden Monat veröffentlicht IDEX in seinem »Diamond Retail Benchmark« die Diamantenpreise für alle gängigen Größen und Qualitäten. Diese Daten macht Ihnen Freiherr Diamonds jetzt zugänglich, gemeinsam mit seinen Angebotspreisen.
> Als Kunde können Sie die Preisentwicklung von Diamanten ab sofort in Echtzeit über die Internetseite www.freiherr-diamonds.com verfolgen. Über den Performance-Rechner können Sie darüber hinaus die Preisveränderungen abrufen, Vergleiche durchführen und auch direkte Diamanten-Käufe tätigen.
> **Info: www.freiherr-diamonds.com** – Tel.: 0049(0)6967830614-0

29. Numismatik-Portfolio: Kaiser Wilhelm als hervorragendes Einstiegsinvestment

Neben den klassischen Anlagemünzen wie dem Krügerrand aus Südafrika, dem Philharmoniker aus Österreich oder dem Maple Leaf aus Kanada gibt es – im Segment der physischen Edelmetalle zur Eigenverwahrung – das attraktive Feld der Numismatik, das sich unter anderem mit historischen Sammlermünzen beschäftigt. Bei Sammlermünzen spielt im Gegensatz zu den Anlagemünzen nicht nur der Materialwert eine große Rolle, sondern auch die Seltenheit. Zusätzlich zum Materialwert gilt: Je seltener eine historische Münze ist, desto wertvoller ist sie. Gleiches gilt auch für Münzen jüngerer Prägung, wenn diese eine strenge Limitierung aufweisen. Ich zeige Ihnen heute attraktive Sammlermünzen für den gezielten Aufbau Ihres Numismatik-Portfolios.

Neben dem Materialpreis zählen bei Sammlermünzen Qualität, Nachfrage und Seltenheit

Historische Münzen eignen sich für Sie vor allem zur zusätzlichen Diversifikation und Optimierung Ihrer physischen Edelmetallanlagen, die Sie direkt erwerben und eigenständig verwahren möchten. Solche Sammlermünzen sind vor allen Dingen deshalb so attraktiv, weil Gewinne nicht nur durch steigende Materialpreise, sondern auch durch den steigenden Sammlerwert erzielt werden können.

Darin liegt auch der Unterschied zu Anlagemünzen, die sich meistens nur am Materialwert orientieren. Sammlermünzen können hingegen deutlich vom reinen Materialpreis abweichen.

Vor allem bei historischen Münzen ist dies der Fall, aber auch bei Münzprägungen neuerer Zeit mit relativ geringen Auflagen. Qualität, Nachfrage und Seltenheit bestimmen somit ebenfalls den Wert einer Münze, zusätzlich zum Materialpreis. Seltene und sehr gut erhaltene Sammlermünzen gibt es aus unterschiedlichen Epochen der Münzgeschichte: von der Antike über das Mittelalter bis hin zur Neuzeit. Im europäischen Vergleich haben gerade deutsche Sammlermünzen in ausgezeichneten Erhaltungsgraden enorm an Wert zugelegt. Deshalb empfehle ich Ihnen auch deutsche Sammlermünzen als Einstiegs- und Basisinvestment.

Sammlerpreise sind effiziente Puffer bei Materialpreisrückgängen

Historische Münzen sind ein abgeschlossenes Kapitel unserer Geschichte, vergleichbar mit den Bildern eines Malers, der verstorben ist. Diese Münzen sind in einer begrenzten Anzahl vorhanden. Sie werden seit Langem nicht mehr geprägt. Die dadurch auftretenden Sammlerpreise halte ich für sehr effiziente Puffer, falls die Edelmetallpreise, aus welchen Gründen auch immer, deutlich abstürzen sollten. Vorteile könnten historische Münzen auch bei einem möglichen Goldverbot haben: In den USA blieb das private Sammeln historischer Goldmünzen beim Goldverbot im Jahr 1933 weiterhin zulässig, das heißt, die entsprechenden Münzen waren nicht verboten.

Deutsche Goldmark-Münzen sind meine Basis-Investments

Als Einstieg oder Basis-Investments rate ich Ihnen zum Kauf von Goldmark-Münzen aus dem Kaiserreich. Das Deutsche Reich entstand 1871. Im Zuge der Reichsgründung wurde eine Währungsreform durchgeführt und die Mark löste den Taler als Zahlungsmittel ab. Das Deutsche Reich bestand zur damaligen Zeit aus 25 Teilstaaten, und jeder Regent dieser Staaten hatte das Recht, seine eigene Reichsgoldmark zu prägen.

Weil von diesen Recht rege Gebrauch gemacht wurde, sind auch nach all dieser Zeit immer noch eine hohe Anzahl von Münzen vorhanden, die zwei Weltkriege und zahlreiche weitere politische Konflikte und wirtschaftliche Verwerfungen unbeschadet überstanden haben. Sie besitzen eine Feinheit von 900/1000. Durch diese Goldlegierung sind die historischen Goldmark-Münzen im Vergleich zu modernen Feingoldprägungen ausgesprochen robust und in der Regel auch hervorragend erhalten.

Die Münzen wurden in drei verschiedenen Größen und Werten geprägt: 5, 10 und 20 Reichsmark. Die 10-Mark-Münzen haben dabei ein Feingewicht von 3,58 Gramm, die 20-Mark-Münzen ein Feingewicht von 7,17 Gramm. Auf der Vorderseite der Münzen ist der jeweilige Regent abgebildet. Auf der Rückseite befinden sich das Staatswappen, der Nennwert sowie das Jahr der Prägung. Sie können die Münzen übrigens mehrwertsteuerfrei erwerben.

Vor allem die 20-Mark-Reichsgoldmünzen wurden so zahlreich geprägt, dass sie heute noch als beliebte Anlagemünzen gehandelt werden. Sie stehen jedoch bei Weitem nicht so stark im Rampenlicht der Öffentlichkeit wie beispielsweise der Krügerrand als klassische Anlagemünze.

Investieren Sie in die Kaiserreich-Münzen Wilhelm I und II

Attraktiv für Anleger, weil derzeit am kostengünstigsten, sind aus meiner Sicht die Münzen Wilhelm I mit den Jahrgängen 1871–1888 sowie Wilhelm II mit den Jahrgängen 1888–1913. Münzen anderer Regenten sind ebenfalls interessant, wurden aber weit seltener geprägt und werden deswegen teilweise mit erheblichen Preisaufschlägen gehandelt. Die Wilhelm-I- und -II-Kaiserreich-Münzen sind da mehr eine Mischung aus reinen Anlage- und Sammlermünzen und deshalb in meinen Augen attraktiver.

Sammlerwert und Materialwert liegen hier nicht so weit auseinander. Eine Sammlermünze ist generell weniger von der reinen Materialpreisentwicklung abhängig als eine reine Anlagemünze. Dadurch sind diese Münzen, die Sie selbst verwahren, eine ideale Ergänzung für Ihre bereits bestehenden physischen Edelmetall-Investments im Bereich der reinen Anlagemünzen von Krügerrand, Philharmoniker & Co.

Die Kaiserreich-Basis-Investments auf einen Blick

Wilhelm I   Jahrgang 1871–1888
Wilhelm II   Jahrgang 1888–1913

Gibt es auch empfehlenswerte Reichsmark-Alternativen?

Andere attraktive historische Goldmünzen finden Sie beispielsweise in Österreichischen Dukaten oder Kronen, Französischen Francs, Schweizer Franken oder Italienischen Lire. Auch diese Münzen sind ideale Basis-Investments für den Aufbau Ihres Numismatik-Portfolios.

Empfehlenswerte historische Gold-Münzen

Land	Bezeichnung	Details
Österreich	10 Kronen	Feingoldgehalt 3,050 g
	20 Kronen	Feingoldgehalt 6,098 g
	100 Kronen	Feingoldgehalt 30,488 g
	1 Dukate	Feingoldgehalt 3,440 g
	10 Dukaten	Feingoldgehalt 13,770 g

Frankreich	20 Francs (2. Republik Frankreich oder Napoleon III.)	Feingoldgehalt 5,8063 g
Schweiz	10 Schweizer Franken Vreneli Gold	Feingoldgehalt 2,903 g
	20 Schweizer Franken Vreneli Gold	Feingoldgehalt 5,807 g
Italien	20 Lire (Umberto oder Emanuel)	Feingoldgehalt 5,81 g

Meine Empfehlung: Empfehlenswerte Edelmetallhändler für den Erwerb historischer Münzen

Die nachfolgenden Edelmetallhändler haben sich mit ihren grundlegenden Dienstleistungen oder mit entsprechenden Spezialabteilungen auf das Anlagesegment der historischen Münzen spezialisiert. Bei allen Anbietern erhalten Sie auf Wunsch eine individuelle Beratung für den gezielten Aufbau Ihres Numismatik-Portfolios. Auch als Verkäufer von numismatischen Sammlungen oder einzelnen historischen Münzen sind sie dort in guten Händen, wenn Sie zu Bestpreisen einmal verkaufen möchten.
Info: www.proaurum-numismatik.de – Tel.: 0049(89)444584-0
www.degussa-goldhandel.de – Tel.: 0800-1 88 22 88 (kostenlos)
www.kuenker.de – Tel.: 0049(0)541-96202-0
www.emporium-numismatics.com – Tel.: 0049(40)25799-132

30. Bankenunabhängige Schließfächer in Zürich bieten Ihnen Sicherheit und Flexibilität

Das Netz des automatischen Informationsaustauschs AIA wird im Hinblick auf Ihre persönlichen Bankdaten immer weitreichender und engmaschiger. Gleichzeitig wird die Anonymität von Bargeld zunehmend eingeschränkt durch gesetzliche Barzahlungsbegrenzungen in immer mehr EU-Ländern.

Bankschließfächer wahren als einzige das Bankgeheimnis ... noch

Inhalte von Bankschließfächern sind bislang noch geheim. Das wird sich aber nach meiner festen Überzeugung ebenfalls bald ändern. Der Staat plant bereits eine zentrale Abrufstelle als Sammeldatenbank für Bankschließfächer. Ebenso hat Griechenland deutlich vor Augen geführt, wie schnell Schließfächer bei Banken blockiert werden können. An dem Tag, an dem in Griechenland die Bankkonten und Abhebungen eingefroren wurden, wurde auch der Zugang zu den Bankschließfächern gesperrt.

Ihnen muss bewusst sein, dass Sie sich auch mit Ihrem privaten Schließfach bei einer Bank in Deutschland oder innerhalb der Europäischen Union im EU-Bankensystem befinden. Bereits heute besteht bei deutschen Banken eine Buchführung über bestehende Schließfächer. Zahlreiche Banken erheben beispielsweise Daten über jeden Besuch des Schließfachs. Darüber hinaus gibt es gesetzliche Meldepflichten für Schließfächer im Todesfall.

Notfallreserven wie Edelmetalle gehören in bankenunabhängige Schließfächer!

Die Vereinbarungen zwischen der Schweiz, Liechtenstein und anderen Ländern bezüglich des automatischen Informationsaustauschs beziehen sich auf Kontoinformationen. Nicht auf die Gegenstände in Ihren Schließfächern. Das Problem ist allerdings, dass Sie bei den Banken in der Schweiz und in Liechtenstein meist ein Konto benötigen – oder gar ein Wertpapierdepot verbunden mit einer Mindestanlagesumme, – um überhaupt ein Schließfach anmieten zu können.

Sincona bietet Ihnen ein umfassendes Schließfachangebot

Die Sincona Trading AG aus der Schweiz stellt Ihnen an zentraler Lage – wenige Gehminuten vom Hauptbahnhof in Zürich – diskrete, versicherbare und jederzeit (24/7) zugängliche Schließfächer in unterschiedlichen Größen zur Verfügung, die allerhöchsten Sicherheitsansprüchen genügen. Das Unternehmen garantiert Ihnen neben höchster Diskretion auch die Sicherheit Ihrer Daten. Die Größen der Schließfächer, die sich außerhalb des Banken-

IV. Vermögensanlage und Kapitalschutz

systems befinden und die Sie deshalb ohne Konto mieten können, reichen von klein bis groß, sodass Sie für Ihre Werte genau das passende Fach finden werden. In den nachfolgenden Schließfachgrößen – alle Preise sind in Schweizer Franken (CHF) inkl. Mehrwertsteuer – gibt es derzeit noch freie Kapazitäten.

Verfügbare Schließfachgrößen und Preise

Breite/Höhe/Tiefe in cm	1 Jahr	6 Monate	3 Monate
25 x 5 x 40	200	120	75
25 x 8 x 40	250	150	90
25 x 16 x 45	450	270	160
25 x 19 x 45	500	300	180
25 x 29 x 45	750	450	270
25 x 33 x 45	825	495	300

Fragen Sie nach Sonderkonditionen für langfristige Mietverhältnisse

Anders als bei anderen Banken üblich, haben Sie bei Sincona auch die Möglichkeit, Ihr Tresorfach zu versichern. Als Mieterin oder Bevollmächtigter haben Sie bei Bedarf über 24 Stunden an 365 Tagen pro Jahr Zutritt zu Ihrem Schließfach, also im Bedarfsfall auch mitten in der Nacht oder am Wochenende. Für einen Zutritt außerhalb der Geschäftsöffnungszeiten werden verständlicherweise jedoch Zusatzkosten (pauschal 220 CHF) berechnet, sodass diese Möglichkeit wirklich nur in einem Notfall in Anspruch genommen werden sollte. Für eine mehrjährige Mietdauer (ab 5 Jahren) gewährt Ihnen das Unternehmen auf Anfrage Vorzugskonditionen.
Info: www.sincona-trading.com – Tel.: 0041-4421530-90

31. Attraktive Edelmetall-Sparpläne auf physische Münzen

Goldbesitz bedeutet pures Eigentum, das im Gegensatz zu jedem Bankguthaben oder verzinstem Wertpapier keinerlei Forderung gegenüber einem Dritten aus einem Zahlungsversprechen beinhaltet. Edelmetalle haben immer einen inneren, »intrinsischen« Wert. Neben ihrer Funktion als wichtigem Anlagebaustein in der Vermögensverwaltung ist es sehr sinnvoll, Edelmetall-Investments auch in Form von regelmäßigen Sparplänen umzusetzen. Attraktiv sind dabei die Abo-Programme für physische Münzen der Verkaufsstelle für Sammlermünzen (VfS) aus Deutschland, der Münze Österreich AG und der Eidgenössischen Münzstätte Swissmint.

Abo-Versandservices auf Münzen sind alternative Sparplan-Strategien

Reine Anlagemünzen wie beispielsweise der weltbekannte Krügerrand aus Südafrika, der Maple Leaf aus Kanada oder auch der Wiener Philharmoniker sind dafür geeignet, Kapitalanleger an der Wertentwicklung von raren Schätzen und realen Werten, die nicht künstlich auf Knopfdruck beliebig produziert werden können wie Papiergeld, partizipieren zu lassen. Sammlermünzen erhalten einen zusätzlichen Wert durch ihre historische Bedeutung, ihre relative Seltenheit sowie in aller Regel ihre hohe Prägequalität und Ästhetik. Der Geldwert einer Sammlermünze hängt nicht nur am Materialwert, sondern steigt mit seinem Sammlerwert, da seltene Münzen in guter Qualität gesuchte Raritäten sind.

Neben Direktinvestments in physische Edelmetalle haben Sie auch die Möglichkeit, Sparpläne auf physische Anlage- und Sammlermünzen abzuschließen, die Ihnen direkt nach Hause geliefert werden. Sowohl in Deutschland als auch in Österreich und der Schweiz gibt es offizielle Verkaufsstellen für Anlage- und Sammlermünzen, die Ihnen einen Abo-Versandservice bieten. Der Abschluss eines Münz-Abos und der Versand sind bei allen Anbietern auch international möglich. Ich halte diese Dienstleistungen für eine sehr attraktive Ergänzung für Anleger, die den Cost-Average-Effekt bequem und diszipliniert für den Erwerb physischer Münzen in Anspruch nehmen wollen.

Die VfS bietet Ihnen einen Abo-Versandservice auf die offiziellen Sammlermünzen Deutschlands

Das alleinige Recht, in Deutschland Euro-Münzen zu prägen, liegt beim Bund, vertreten durch das Bundesministerium der Finanzen (BMF). Die Offizielle Verkaufsstelle für Sammlermünzen (VfS) organisiert dabei den Verkauf und den Versand der Münzen für die Bundesrepublik Deutschland. Von der VfS wird im Auftrag des BMF jährlich ein umfangreiches Münzprogramm aufgelegt, das auf eine immer größer werdende Nachfrage trifft, was sich an den teilweise starken Preisaufschlägen unmittelbar nach Ausgabe der Münzen bei den Edelmetallhändlern widerspiegelt. Durch einen direkten Erwerb der neuen Goldmünzen (20, 50 und 100 Euro) bzw. den Abschluss eines Abonnements ist Ihnen der offizielle Ausgabepreis garantiert.
Info: www.deutsche-sammlermuenzen.de

Die Münze Österreich AG offeriert Münzsparpläne auf die Anlagemünzen der Philharmoniker

Die offizielle Münzprägeanstalt der Alpenrepublik trägt den Namen »Münze Österreich«. Auch die Prägung von Anlagemünzen der Philharmoniker Goldmünze sowie der Philharmoniker Silbermünzen erfolgen durch die Münze Österreich. Die Edelmetall-Sparpläne der Münze Österreich bieten Ihnen eine bemerkenswert unkomplizierte Vorsorgestrategie auf die beliebten Wiener Philharmoniker in Gold, Silber und Platin in einem frei wählbaren monatlichen, vierteljährlichen, halbjährlichen oder jährlichen Turnus.
Info: www.muenzeoesterreich.at

Swissmint offeriert Ihnen ein umfassendes Münzangebot im Aboservice

Die Eidgenössische Münzstätte Swissmint prägt die Schweizer Umlaufmünzen für den täglichen Zahlungsverkehr. Für den numismatischen Markt gibt Swissmint regelmäßig Sondermünzen in Bimetall, Silber oder Gold mit einem offiziellen Nennwert heraus, wofür ebenfalls ein bequemer Aboservice offeriert wird.
Info: www.swissmint.ch

V. Versicherungsschutz

1. Digitalisieren und optimieren Sie jetzt auch Ihr Versicherungsportfolio

Wegen der Niedrigzinsen, steigender regulatorischer Kosten und der dynamisch voranschreitenden Digitalisierung stehen nicht nur Banken, sondern auch Versicherungskonzerne vor großen Herausforderungen. Digital Bancassurance ist heute vielen Bürgern noch kein Begriff. Dahinter verbirgt sich die Digitalisierung von Allfinanz-Konzepten. Sie umfasst die Geschäftsbereiche von Banken über Versicherungen und Bausparkassen bis hin zu Fondsgesellschaften. Ich informiere Sie heute über die aktuellen Entwicklungen und zeige Ihnen neue Möglichkeiten und Anbieter, mit denen Sie Ihr Versicherungsportfolio weiter optimieren können.

Auslaufmodell Versicherungsvertreter: Herr Kaiser ist bereits seit 2009 in Rente

Bancassurance bedeutet wörtlich übersetzt »Bankversicherung«. Dahinter steht ein altbewährtes Geschäftskonzept, das in der Vergangenheit mit dem Begriff »Allfinanz« umschrieben wurde. Allfinanz oder eben Bancassurance bezeichnet die Kooperation von rechtlich getrennten Branchen der Finanzdienstleistungsindustrie wie Banken, Sparkassen, Bausparkassen, Versicherungs- oder Fondsgesellschaften. Digital Bancassurance bedeutet somit die zukunftsweisende Digitalisierung bestehender oder neuer Allfinanz-Konzepte. Ich bin sicher, Sie kennen noch »Herrn Kaiser«, die Werbefigur der Hamburg-Mannheimer Versicherung, die von 1972 bis 2009 regelmäßig in der Fernsehwerbung in Erscheinung trat. Gleiches gilt für die legendären TV-Werbespots der Allianz-Versicherung mit dem Slogan »Hoffentlich Allianz versichert«. Der klassische gebundene Versicherungsvertreter ist heute allerdings nicht mehr zeitgemäß. Es ist ein Trugschluss zu glauben, dass eine einzige Versicherungsgesellschaft stets das passende Produkt für jeden Kunden in allen Sparten anbieten kann. Wichtige Werte wie Objektivität, Transparenz und Vergleichbarkeit bleiben hier auf der Strecke.

Die neuen Gesetze PSD2 und IDD führen zu einem offenen Allfinanz-Wettbewerb

Diese Problematik hat auch der Gesetzgeber erkannt und schließlich reagiert. Endlich noch einmal eine EU-Gesetzgebung, die für Verbraucher große Vorteile bringt. Denn trotz der starken Versicherungslobby wurden vor Kurzem zwei weitreichende neue Gesetze auf den Weg gebracht, und zwar in Form der Payment Service Directive 2 (PSD2) und der Insurance Distribution Directive (IDD), die beide zu Jahresbeginn in Kraft getreten sind. Beide Gesetze sorgen jetzt – gezwungenermaßen – für ein weit offeneres Wettbewerbsumfeld in der Versicherungsbranche.

Das führt dazu, dass sich die klassische Bancassurance gerade grundlegend wandelt, und zwar weg vom klassischen Vertrieb von Versicherungsprodukten über den Bankschalter oder reine Versicherungsmakler, hin zu digitalen Lösungen, die es Ihnen als Verbraucher ermöglichen, nicht nur Ihr Banking, sondern auch Ihre Versicherungen online zu verwalten. Nach meiner festen Überzeugung wird in den kommenden Jahren diese neue, digitale Form der Bancassurance Ihren Umgang mit Versicherungen völlig verändern. Zu Ihrem Vorteil! Befassen Sie sich auch in diesem Segment so früh wie möglich mit den neuen Möglichkeiten.

> **Friendsurance ist meine Nr. 1 unter den unabhängigen, digitalen Versicherungsmaklern**
>
> Durch die PSD2-Richtlinie muss die Bank – auf Wunsch des Kunden! – die Bankkontodaten für andere Unternehmen und Dienstleister freigeben. Die neuen Anbieter haben dann die Möglichkeit, Ihnen mittels Analyse dieser Kontodaten ganz individuelle, auf Ihren persönlichen Bedarf zugeschnittene Angebote zu machen. Und das selbstverständlich zu einem weitaus geringeren Preis, als dies am Bankschalter oder über einen klassischen Versicherungsmakler der Fall ist.

> Sie können dadurch auch den Sinn bzw. Nutzen Ihrer bestehenden Versicherungsverträge professionell und frei von Interessenkonflikten überprüfen lassen, also einen fundierten Depotcheck für Ihr Versicherungs-Portfolio durchführen. Nutzen Sie jetzt diese neuen Möglichkeiten. Mein Favorit in diesem Bereich ist das Unternehmen Friendsurance mit Sitz in Berlin.
> **Info: www.friendsurance.de** – Tel.: 0800-087 088-0

2. Verlust von Grundfähigkeiten: So versichern Sie Ihr Einkommen und schützen Ihr Kapital!

Im Zusammenhang mit meinen Recherchen für dieses Buch habe ich weit über 100 Studien und ausgesuchte Reporte aus den unterschiedlichsten Bereichen gelesen und ausgewertet. Dabei ist mir einmal mehr bewusst geworden, dass das Wertvollste, das wir haben, nicht Geld ist, sondern die Gesundheit. Um die Gesundheit auch im Alter und im Falle eines Schicksalsschlages aufrechtzuerhalten, ist wiederum Geld sehr wichtig. Eine Grundfähigkeitsversicherung ist daher ein wichtiger Basisbaustein für Ihren Kapitalschutz.

Gesundheit und Arbeitskraft sind Ihre größten Vermögenswerte

Mit dem Gedanken, Grundfähigkeiten zu verlieren, die für das tägliche Leben benötigt werden, setzt sich niemand gerne auseinander. Dabei kann es jeden jederzeit treffen, und leider trifft es auch viele, wie die Zahlen belegen. Obwohl mittlerweile fast jeder Fünfte aus gesundheitlichen Gründen vor Erreichen des Rentenalters aus dem Erwerbsleben ausscheidet, sorgt nicht einmal jeder vierte Bundesbürger vor. Das ist bedenklich vor dem Hintergrund, dass die eigene Arbeitskraft für viele Menschen die wichtigste Einkommensquelle in ihrem Leben ist und die Arbeitsunfähigkeit ein existenzielles Risiko darstellt. Deswegen rate ich Ihnen jetzt: Befassen Sie sich mit der Absicherung Ihrer Grundfähigkeiten, und zwar durch den gezielten Abschluss einer Grundfähigkeitsversicherung.

Zu den Grundfähigkeiten eines Menschen zählen sensorische (sehen, hören), motorische (gehen, knien, greifen, heben oder tragen), feinmotorische (z. B. schreiben, Tastaturen benutzen) und intellektuelle, geistige Fähigkeiten des Alltags. Für die Ausübung der unterschiedlichsten Berufe sind die Grundfähigkeiten ganz wesentlich. Abgesichert werden die Grundfähigkeiten sehr häufig über die je nach Art der Arbeitstätigkeit sehr teuren Berufsunfähigkeitsversicherungen (BU), bei denen es dann in der Praxis im Versicherungsfall nicht selten zu massiven Problemen kommt. Die Streitigkeiten liegen hier überwiegend im Konflikt zwischen den Versicherungskunden und den Versicherungskonzernen im Hinblick darauf, ob eine Berufsunfähigkeit vorliegt, ärztlich attestiert wird und auch seitens der Versicherungsgesellschaft anerkannt wird. Grundfähigkeitsversicherungen sind dazu eine gute Alternative.

Grundfähigkeitsversicherungen gibt es in Deutschland erst seit dem Jahr 2000

Die erste Grundfähigkeitsversicherung wurde im Jahr 2000 auf dem deutschen Versicherungsmarkt angeboten. Grundfähigkeitsversicherungen zahlen Ihnen eine Rente, wenn Sie bestimmte elementare körperliche oder geistige Fähigkeiten verlieren. Im Gegensatz zur Berufsunfähigkeitsversicherung spielt die Frage, ob die versicherte Person im Leistungsfall weiterarbeiten kann oder will, keine Rolle. Solange die Beeinträchtigung besteht, wird die vereinbarte Rente monatlich ausbezahlt. Die Leistung einer Grundfähigkeitsversicherung ist dadurch unabhängig von einer weiteren oder später wieder neu aufgenommenen Berufstätigkeit.

Der Verlust einer jeden einzelnen Grundfähigkeit ist für die betroffene Person tragisch. Dennoch ist zu beachten, dass aufgrund unterschiedlicher Anforderungen an einen bestimmten Beruf die Absicherung gezielt ausgerichtet werden muss. Für mich, der überwiegend vor einem Laptop sitzt, wäre der Verlust eines Beines isoliert betrachtet ohne große Auswirkungen auf meine Arbeitstätigkeit. Für einen Dachdecker bedeutet hingegen ein derartiger Schicksalsschlag die Berufsunfähigkeit.

Der Verlust meines Gehörs würde mich zwar in meiner Arbeit einschränken, aber dennoch könnte ich weiterhin Recherchen tätigen, Analysen treffen und Berichte publizieren. Für zahlreiche andere Berufe ist das Hörvermögen hingegen wieder eine Grundlage der Berufsausübung. Deswegen kommt der gezielten Auswahl einer Grundfähigkeitsversicherung, abgestimmt auf die persönlichen Risiken und Bedürfnisse, eine ganz entscheidende Bedeutung zu.

2. Verlust von Grundfähigkeiten: So versichern Sie Ihr Einkommen und schützen Ihr Kapital!

> **Meine Empfehlung: Der Verlust einer Grundfähigkeit ist weit schlimmer als ein Börsen- oder Eurocrash!**
>
> Ich bekomme stets sehr viele besorgte Zuschriften mit Fragen im Hinblick auf meine Einschätzung zu einem möglichen Staatsbankrott, einem Banken- und Börsencrash oder dem Zusammenbruch des Euro. All diese Risiken sind fraglos latent und ich gebe Ihnen fortlaufend Empfehlungen, wie Sie sich davor schützen. Die persönlichen Auswirkungen des Verlustes einer Grundfähigkeit sind allerdings weit gravierender, emotional wie monetär. Treffen Sie deswegen auch hier eine Eigenvorsorge.

Die drei besten Anbieter für Grundfähigkeitsversicherungen

Die Grundfähigkeitsversicherung ermöglicht Ihnen eine kostengünstige Absicherung Ihrer Arbeitskraft und somit Ihrer Einkommensquelle. Sehen Sie Grundfähigkeitsversicherungen als Alternative zu einer Berufsunfähigkeitsversicherung, aber grundsätzlich als weitere Ergänzung im Falle eines Schicksalsschlags. Durch diese sinnvolle Risikoversicherung schaffen Sie gleichzeitig auch einen wirkungsvollen Kapitalschutz, da Sie bei Eintritt des Versicherungsfalls nicht auf Ihre angesparten Vermögenswerte zurückgreifen müssen.

Das renommierte, auf Versicherungsprodukte spezialisierte Analyseunternehmen ASCORE Das Scoring GmbH (www.dasscoring.de) mit Sitz in Hamburg hat aktuell Anbieter und Tarife von Grundfähigkeitsversicherungen untersucht. Für die bessere Vergleichbarkeit wurden die Grundfähigkeiten sinnvollerweise in drei Tarifkategorien unterteilt: geistige Tätigkeiten (z. B. Bürotätigkeiten, Computeranwender), soziale Tätigkeiten (z. B. Krankenpfleger, Lehrer) und körperliche Tätigkeiten (z. B. Handwerker).

Grundfähigkeitsversicherungen bieten attraktive Steuervorteile! Die Beiträge für die Grundfähigkeitsversicherung sind als Vorsorgeaufwendungen abzugsfähig. Im Leistungsfall ist die Rentenauszahlung hingegen lediglich mit dem Ertragsanteil zu versteuern.

Die nachfolgenden Versicherungsgesellschaften haben mit ihren jeweiligen Tarifangeboten für Grundfähigkeitsversicherungen in den einzelnen Kategorien die höchste Bewertung erhalten. Diese drei Versicherer empfehle ich Ihnen daher auf Basis der fundierten Experten-Analyse für den Abschluss einer Grundfähigkeitsversicherung, abgestimmt auf Ihr Berufsbild.

1. Geistige Tätigkeiten

Tarifname	Versicherungs-gesellschaft	Kontaktdaten
Premium Grundfähigkeitsschutz	Canada Life	Tel.: 0049(0)6102-30618-00 – www.canadalife.de
Plan D – Die 9	Dortmunder Lebensversicherung	Tel.: 0049(0)231-22950-0 – www.diedortmunder.de
NGF-DP	Nürnberger Lebensversicherung	Tel.: 0049(0)911531-5 – www.nuernberger.de

2. Soziale Tätigkeiten

Tarifname	Versicherungs-gesellschaft	Kontaktdaten
Premium Grundfähigkeitsschutz	Canada Life	Tel.: 0049(0)6102-30618-00 – www.canadalife.de
NGF-DP	Nürnberger Lebensversicherung	Tel.: 0049(0)911531-5 – www.nuernberger.de

3. Körperliche Tätigkeiten

Tarifname	Versicherungs-gesellschaft	Kontaktdaten
NGF-DP	Nürnberger Lebensversicherung	Tel.: 0049(0)911531-5 – www.nuernberger.de
Plan D –Die 15	Dortmunder Lebensversicherung	Tel.: 0049(0)231-22950-0 – www.diedortmunder.de

Kosten- und Leistungsbeispiele der Canada Life:
Betriebswirt, 35 Jahre: 1.500 Euro monatliche Rente, Monatsbeitrag 47,13 Euro. Geschäftsführer, 40 Jahre: monatliche Rente 3.000 Euro, Monatsbeitrag 116,14 Euro. Schreiner 25 Jahre: monatliche Rente 750 Euro, Monatsbei-

trag 23,53 Euro. Schornsteinfeger, 35 Jahre: Monatliche Rente 1.000 Euro, Monatsbeitrag 45,14 Euro. Abschließbar ist die Versicherung bis zum Höchstalter von 67 Jahren.

3. Diese beiden Cyberschutz-Versicherungen bieten Ihnen viel Leistung für kleines Geld

Vermögensschäden durch Identitätsmissbrauch, Angriffe auf Bankkonten durch gestohlene Passwörter oder Kreditkartenbetrug sind Themenbereiche, die heute schon von großer Wichtigkeit sind und zukünftig aufgrund der fortschreitenden Digitalisierung noch weit wichtiger werden. Das belegen aktuelle Zahlen: Rund 25 Millionen Deutsche sind im vergangenen Jahr bereits Opfer von Cyberkriminalität geworden. Cyberschutz-Versicherungen bieten hier relativ kostengünstige und effiziente Schutzfunktionen.

Im Windschatten der Digitalisierung explodiert die Internet-Kriminalität

Ich weiß, dass viele von Ihnen der zunehmenden Digitalisierung sämtlicher Lebensbereiche skeptisch bis restriktiv gegenüberstehen. Vor allem wegen der fortschreitenden Abschaffung des Bargeldes und der damit ansteigenden Überwachungsmöglichkeiten und Missbrauchsrisiken. Diese Sorgen sind absolut berechtigt, wie aktuelle Zahlen belegen.

978 Millionen Cyberkriminalitäts-Opfer in 20 Ländern zählte der Norton Cyber Security Insights Report im Jahr 2017, darunter 23,4 Millionen aus Deutschland. Tendenz weiter ansteigend. Den Betroffenen ist insgesamt ein Schaden von 172 Milliarden US-Dollar entstanden. Das sind im Schnitt 142 US-Dollar pro Fall. Die häufigsten Formen von Internet-Kriminalität sind Viren, gestohlene Passwörter und Kreditkartenbetrug.

Überprüfen Sie jetzt den Leistungsumfang Ihrer bestehenden Versicherungen im Hinblick auf Internet-Betrugsfälle

Wenn Sie eine gute Privathaftpflicht-, Hausrat- und Rechtsschutzversicherung haben, profitieren Sie bei vielen Delikten bereits von einem Grundschutz. Überprüfen Sie deswegen – am besten gemeinsam mit Ihrem Versicherungsberater – jetzt Ihre bestehenden Versicherungen im Hinblick auf den Leistungsumfang bei Internet-Betrugsfällen.

Empfehlenswert: Die Cyberschutz-Versicherungen für Jahresbeiträge von 6,90 und 7,90 Euro

Zusätzlich empfehle ich Ihnen den Abschluss einer privaten Cyber-Versicherung. Der »FinanzSchutz« von CosmosDirekt sowie der Ergo Internetschutzbrief haben sich auf die Erstattung von Vermögensschäden spezialisiert. Neben zahlreichen weiteren Serviceleistungen versichert Sie der FinanzSchutz der CosmosDirekt gegen illegale Abbuchungen von Ihrem Bankkonto bis 10.000 Euro. Der Ergo Direkt Internet-Schutzbrief sogar bis 15.000 Euro.

Das ist in beiden Fällen deutlich mehr, als eine Hausratversicherung leistet. Die Jahresbeiträge beider Cyberschutz-Versicherungen sind mit 7,90 und 6,90 Euro so verschwindend gering, dass ich Ihnen ganz grundlegend zum einfachen Online- und Direktabschluss einer der beiden Policen rate.

Tarif	Telefon	Internet
CosmosDirekt FinanzSchutz	Tel.: 0049(0)681-9666-800	www.cosmosdirekt.de
Ergo Internet-Schutzbrief	Tel.: 0049(0)800-999-4580	www.ergodirekt.de

Expertennetzwerk: Der bundesweit tätige Rechtsanwalt für Internetbetrugsfälle

Auf Rechtsanwalt Thomas Feil bin ich vor drei Jahren durch einen Fernsehbeitrag in SAT1 aufmerksam geworden. Seither verfolge ich seine interessanten Publikationen und habe ihn bereits mehrfach empfohlen. Überwiegend bei Le-

> sern, die durch Hackerangriffe auf Bankkonten – teilweise erhebliche – Vermögensschäden erlitten haben und im Konflikt mit ihrer Bank stehen.
> **Info: www.recht-freundlich.de** – Tel.: 0049(0)511-473906-0

4. So schützen Sie sich und Ihre sensiblen Daten vor Internet-Betrügern

Die Digitalisierung schreitet in unserer Gesellschaft mit immer größeren Schritten voran. Zukünftig wird es kaum noch Möglichkeiten geben, sich diesen technologischen Entwicklungen, deren Basis das Internet ist, zu verschließen. Außer man zieht sich vollkommen zurück und lebt als Einsiedler. Für viele Bürger ist das Internet mittlerweile auch – aus den verschiedensten Gründen – zu einem festen Bestandteil ihres täglichen Lebens geworden.

Vom in vielen Segmenten zunehmend digitalisierten Arbeitsplatz über Online-Einkäufe und -Bankgeschäfte bis hin zur Abgabe der Steuererklärung per Mausklick: Gerade die Kommunikation mit Behörden und der damit verbundene Einsatz hochsensibler Daten wird zunehmend digitaler.

Die Gefahr, Opfer einer digitalen Straftat zu werden, steigt massiv an

Durch die dynamische Entwicklung der modernen Technologien steigt allerdings auch die Gefahr massiv an, dass Internetnutzer früher oder später von einer Straftat im digitalen Bereich betroffen werden. Cybercrime ist dabei das englische Schlagwort für die stark zunehmende digitale Kriminalität über das Internet. Dass die Internet-Kriminalität in Deutschland einen immer höheren Stellenwert einnimmt, belegen auch die aktuellen Zahlen des Bundeskriminalamts BKA. Im Jahr 2016 haben deutsche Polizeibehörden 82.649 Online-Verbrechen registriert. Das entspricht einem massiven Anstieg von rund 80 % im Vergleich zum Vorjahr.

Die Dunkelziffer der Internetkriminalität ist noch um ein Vielfaches höher. Nach Schätzungen des Bundes Deutscher Kriminalbeamter (BDK) werden rund 90 % aller Internet-Straftaten überhaupt nicht angezeigt.

Internet-Hauptgefahren: Cybermobbing und Datenmissbrauch durch Hackerangriffe

Zu den größten Gefahren des Internets zählt das sogenannte Cybermobbing. Darunter versteht man die üble Nachrede, Belästigung, Beleidigung bzw. Rufschädigung im Internet. Häufig geschieht dies durch den Missbrauch sensibler Fotos oder Videos aus Rache. Für Unternehmen wie für Privatpersonen sind die Imageschäden und damit verbundenen negativen Folgen häufig gravierend. Doch nicht nur das: Die dokumentierten Selbstmordfälle aufgrund von Cybermobbing nehmen leider auch zu, weil die betroffenen Personen offensichtlich immer häufiger mit der Situation überfordert waren.

Sollten Sie kleine oder jugendliche Kinder haben, ist es aus meiner Sicht unerlässlich, Ihre Kinder im Zuge Ihrer Fürsorgepflicht und Verantwortung rechtzeitig und ausführlich auf die Risiken des Internets vorzubereiten. Gleichzeitig sollten Sie Ihren Familienangehörigen im Fall eines bereits eingetretenen Schadens zur Seite stehen und helfen können.

Ein weiterer digitaler Kriminalitätsbereich, vor dem viele Bürger eine sehr große Sorge haben, sind Hackerangriffe. Das sind vereinfacht gesagt Online-Einbrüche in Ihren Computer, Laptop oder Ihr Smartphone mit der betrügerischen Absicht, Ihre persönlichen Daten für kriminelle Handlungen zu missbrauchen.

Für derartige Fälle bietet Ihnen Roland Schutzbrief-Versicherung AG jetzt eine innovative Versicherung namens »ROLAND WebSecure«, die erst seit wenigen Wochen auf dem Versicherungsmarkt erhältlich ist und einzigartig vorteilhafte Schutzfunktionen bietet.

Die Cyberschutz-Versicherung

Die wichtigsten Schutzbrief-Vorteile auf einen Blick

✓ Online-Schutz-Radar: Sie erzielen durch die Cyberschutz-Police »ROLAND WebSecure« die professionelle Überwachung Ihrer privaten und sensiblen Daten im Internet. Der Schutzbrief bietet Ihnen einen täglichen Scan des World Wide Web und Darknet nach Ihren sensiblen Daten, inklusive einer umgehenden Warnung via E-Mail, falls ein Daten- bzw. Identitätsmissbrauch entdeckt wird.

✓ **Cybermobbing-Schutz:** Sie erhalten umfassende Hilfen bei Fällen von Cybermobbing und Reputationsschäden. Von der psychologischen Erstberatung bis hin zur juristischen Soforthilfe. In Zusammenarbeit mit externen Dienstleistern und Rechtsanwälten lässt ROLAND WebSecure die gefundenen Beiträge mit rufschädigendem oder diffamierendem Inhalt löschen und abmahnen.

✓ **Datenrettung:** Gerade durch E-Mails schleichen sich oft unbemerkt Viren ein. Der Internet-Schutzbrief sorgt dafür, dass Ihre Daten nach Beschädigungen durch Online-Attacken wiederhergestellt werden. Sei es auf Festplatten, Smartphones, Tablets oder SD-Speicherkarten.

✓ **Telefonische Rechtsberatung für alle Internet-Risiken:** Qualifizierte Mitarbeiter stehen Ihnen rund um die Uhr zur Verfügung.

✓ Der Versicherungsschutz besteht für Sie und Ihren Ehe- oder Lebenspartner sowie für in häuslicher Gemeinschaft lebende Kinder bis zur Vollendung des 23. Lebensjahres.

✓ Die jährlichen Kosten in Höhe von 69,90 Euro sind für das Gesamtpaket der Schutzfunktionen und Serviceleistungen enorm günstig.

Die Cyberschutz-Versicherung bietet Ihnen einen professionellen Internet-Rundumschutz für sehr wenig Geld!

Die innovative Cyberschutz-Versicherung mit dem Namen »ROLAND WebSecure« umfasst nicht nur professionelle Serviceleistungen für den Fall, dass Sie von einem Online-Schaden betroffen sind. Die Versicherungspolice dient zusätzlich auch vorbeugend Ihrem Schutz vor kriminellen Handlungen im Internet durch die Funktion des »Online-Schutz-Radars«. Dazu erhalten Sie nach Abschluss der WebSecure-Versicherung den Zugang zu einem speziell dafür konzipierten Service-Portal.

Hier können Sie Daten, die Ihnen wichtig und schützenswert sind, zur täglichen Überwachung eingeben. Beispielsweise Kreditkartennummern, Bankkontonummern oder Social-Media-Konten (Facebook, XING, LinkedIn usw.). Findet der Online-Schutz-Radar daraufhin Hinweise auf einen Missbrauch, informiert er Sie umgehend per E-Mail, sodass Sie zeitnah entsprechende Schritte (Kartensperren, Kontosperren, Passwortänderungen, Strafanzeigen usw.) einleiten können.

> **Meine Empfehlung: Die Leistungen des Online-Schutz-Radars sind einzigartig am Markt**
>
> Es gibt nichts Vergleichbares. Datendiebstähle werden dadurch so früh wie möglich aufgedeckt, sodass Sie rechtzeitig entsprechende Schritte einleiten können, um Schäden zu verhindern. Die professionelle Datenrettung und telefonische Rechtsberatung bei Cybermobbing sind zusätzliche attraktive Bausteine dieses ganz hervorragenden Gesamtpaketes.
> Ich rate Ihnen grundsätzlich zum Abschluss der Web-Secure-Versicherung, falls Sie das Internet für die E-Mail-Kommunikation sowie für Bankgeschäfte und Online-Einkäufe nutzen. Oder eben auch zum Schutz Ihrer Kinder. Selten hatte ich eine Empfehlung für Sie, bei der mich das angebotene Preis-Leistungs-Verhältnis so überzeugt hat wie bei dieser umfassenden Internetschutz-Versicherung.
> Info: www.roland-schutzbrief.de – Tel.: 0049(0)221-8277-500

5. Auch mit 100 Euro Sparbeitrag können Sie die Liechtenstein-Vorteile nutzen

Eine Versicherungspolice nach liechtensteinischem Recht, die auch in Deutschland und Österreich gesetzeskonform ist, bewerte ich als hervorragenden Kapitalschutz-Baustein. Eine grundlegende Übersicht der liechtensteinischen Versicherungsgesellschaften finden Sie auf der offiziellen Internetseite des Versicherungsverbandes von Liechtenstein unter www.versicherungsverband.li. Aufgrund regulatorischer Anforderungen liegt die Mindestanlagesumme für den Abschluss einer liechtensteinischen Versicherungspolice in aller Regel bei rund 100.000 Euro. Aber es gibt auch eine attraktive Sparplan-Alternative.

Investmentfondspolicen gehören ins Fürstentum Liechtenstein

Im Gegensatz zu traditionellen Versicherungsverträgen, bei denen der Versicherungsnehmer weder mitentscheidet noch transparent darüber informiert wird, wie das Geld angelegt wird, haben Sie bei Investmentfondspolicen die Wahl der Investments selbst in der Hand. Klingt erst einmal gut, allerdings haben Sie bei deutschen oder österreichischen Fondspolicen unter den negativen gesetzlichen Rahmenbedingungen zu leiden. In Deutschland beispielsweise unter dem § 314 VAG (Versicherungsaufsichtsgesetz), der einen Enteignungspassus beinhaltet für den Fall der Schieflage eines Versicherungsunternehmens.

Derartiges gibt es bei Versicherungspolicen aus dem Fürstentum Liechtenstein nicht. Zwar gilt hier das deutsche oder österreichische Versicherungsvertragsrecht, aber nicht das jeweilige Versicherungsaufsichtsrecht. Dadurch können Sie die anlagespezifischen rechtlichen und steuerlichen Vorteile Ihres Heimatlandes intelligent mit den attraktiven Möglichkeiten im Fürstentum Liechtenstein kombinieren. Das geht schon ab einem Einmalbeitrag in Höhe von 7.500 Euro oder ab einem Sparplanbeitrag von 100 Euro.

Die wichtigsten Vorteile der Vermögensbildungspolice

- ✓ Vermögensaufbau in ein steuer- und rechtskonformes, professionelles Versicherungskonzept aus Liechtenstein bereits ab 100 Euro monatlich bzw. ab 7.500 Euro Einmalbeitrag
- ✓ Innerhalb der 73 Anlagemöglichkeiten können Sie die entsprechenden Fonds und ETFs individuell auswählen und jederzeit wechseln. Auch Teilauszahlungen und Zuzahlungen sind möglich.
- ✓ Vorteilhafte Besteuerung. Die Entscheidung »Renten- oder Kapitalauszahlung« kann auch kurzfristig vor Vertragsablauf getroffen werden.
- ✓ Bei einer Anlage oder einem Sparplan über eine Investmentfondspolice sparen Sie sich im Gegensatz zur Direktanlage in Investmentfonds oder ETFs die Vorabpauschale.

Meine Empfehlung: Liechtenstein-Policen kombinieren die Vorteile von Anlage- und Versicherungswelt

Für den nachhaltigen Erfolg Ihres persönlichen Vermögensmanagements und dem wirkungsvollen Schutz Ihres Kapitals kommt es ganz entscheidend auf eine gezielte und intelligente Strukturierung Ihrer Kapitalanlagen an. Gerade auch im Hinblick auf die immer wichtiger werdenden rechtlichen und steuerlichen Gefahren. Die Vermögensbildungspolice der liechtensteinischen Versicherungsgesellschaft Vienna Life Lebensversicherung AG kombiniert ausgesuchte Investmentfonds und ETFs mit den Rechts- und Steuervorteilen einer fondsgebundenen Rentenversicherung. Dadurch werden die Vorteile beider Finanzwelten optimal verbunden.

Als Versicherungsnehmer partizipieren Sie dadurch direkt und transparent an der Entwicklung Ihrer Investments. Dafür stehen Ihnen innerhalb der Vermögensbildungspolice eine Vielzahl von flexibel auswählbaren Investmentfonds und ETFs (73) zur Verfügung: von physischen Edelmetallfonds und zahlreichen Aktien-ETFs von iShares über beliebte Investmentfonds beispielsweise von Carmignac, Dr. Jens Erhard, Fidelity oder Templeton bis hin zu Themenfonds, beispielsweise auf Wasser oder Edelmetalle.
Info: www.vienna-life.li – Tel.: 00423-235-0660

6. Meine vier Top-Anbieter für Krebsversicherungen

Über Krieg, Terror, Naturkatastrophen oder Geldrisiken in Form des Euro lesen Sie täglich in den Medien. Deswegen sind Sie diesbezüglich stark sensibilisiert. Ich will diese Gefahren nicht herunterspielen, dennoch müssen Sie sich bewusst sein, dass die schwere Volkskrankheit »Krebs« ein weit größeres persönliches Risiko für Sie darstellt als alle Kriegs-, Terror- und Euro-Gefahren zusammen. Vermutlich kennen Sie niemanden persönlich, der durch Krieg, Terror oder eine Naturkatastrophe zu Tode kam. Ich bin mir sicher, Ihnen sind aber sehr wohl Menschen in Ihrem Umfeld bekannt, die an Krebs erkrankt oder gestorben sind.

Diagnose Krebs: Das sind die erschreckenden Zahlen!

Jedes Jahr erhalten allein in Deutschland eine halbe Million Menschen die Diagnose Krebs. Rund 4 Millionen Deutsche sind derzeit von Krebs betroffen. Im Laufe seines Lebens erkrankt fast jeder zweite Deutsche an Krebs. Eine Krebsversicherung ist daher ein überlegenswerter Kapitalschutz-Baustein für den leider nicht unwahrscheinlichen Fall einer derartigen Schock-Diagnose. Sie steigert Ihre Chancen auf Heilung und nimmt Ihnen und Ihrer

Familie die häufig eintretenden zusätzlichen finanziellen Sorgen. Ich zeige Ihnen nachfolgend meine vier Favoriten für den Abschluss einer Krebsversicherung.

100 % Anstieg! Die Zahl der Krebserkrankungen hat sich seit 1970 verdoppelt

Die drei meistgesuchten Versicherungen bei Google des letzten Jahres sind: 1. Krebsversicherung, 2. Drohnenversicherung 3. Cyberversicherung. Die Heilungschancen bei der Schock-Diagnose Krebs sind in den letzten Jahren erfreulicherweise stark angestiegen. Die finanziellen Kosten sind allerdings enorm, der Leistungskatalog der Gesetzlichen Krankenversicherung GKV ist begrenzt.

Die Zahl der Krebsfälle beläuft sich nach aktuellen Zahlen des Robert-Koch-Instituts auf 483.000 neue Krankheitsfälle pro Jahr, Tendenz weiter steigend. Das bedeutet einen Anstieg von 100 % seit dem Jahr 1970. Ein wesentlicher Grund dafür ist der demografische Wandel in unserer Gesellschaft. Die Bürger in unserem Land werden immer älter, das Krebsrisiko nimmt proportional zum Lebensalter stark zu. Mit 70.000 Fällen im Jahr ist Brustkrebs die häufigste Neuerkrankung bei Frauen. 3 von 10 betroffenen Frauen sind bei der Diagnose jünger als 55 Jahre.

Positive Entwicklung: Die Heilungschancen sind so gut wie nie zuvor

Parallel zu den ansteigenden Krebsfällen gibt es allerdings auch erfreuliche Entwicklungen. Die medizinischen Fortschritte in den Bereichen Forschung, Früherkennung, Diagnostik und Behandlung führen dazu, dass die Überlebenschancen im Fall der Schock-Diagnose Krebs ebenfalls stark gestiegen sind. Durchschnittlich leben Krebspatienten heute rund 5 Jahre länger als noch vor 40 Jahren.

V. Versicherungsschutz

Vorsorge ist der beste Gesundheitsschutz: Defizite bei GKV und PKV

Der gesetzliche Schutz in Bezug auf die bestmöglichen Behandlungsleistungen bei einer Krebserkrankung ist jedoch begrenzt. Unsere Gesundheitssysteme stehen grundsätzlich vor großen finanziellen Herausforderungen. Daher ist die optimale Behandlung für betroffene Krebspatienten meist mit sehr hohen Zusatzkosten und finanziellen Belastungen verbunden. Eine Langzeitstudie der German Hodkin Study Group kommt zu dem Ergebnis, dass 35 % aller Krebspatienten unter finanziellen Problemen leiden.

Die Früherkennung ist bei Krebs der wichtigste Schlüssel zur erfolgreichen Heilung. Der Leistungskatalog der Gesetzlichen Krankenkassen GKV wurde in den letzten Jahren in Bezug auf die möglichen Früherkennungsprogramme zwar erweitert, allerdings sind bei Weitem nicht alle medizinisch sinnvollen Vorsorgemöglichkeiten zugänglich. Auch zahlreiche Tarife der privaten Krankenversicherungen PKV weisen hier Defizite auf. Deswegen sind private Krebsversicherungen als Zusatzversicherungen eine sinnvolle Ergänzung.

So schützen Sie sich vor den finanziellen Auswirkungen der Volkskrankheit Krebs

In einigen Medien und von Seiten von Verbraucherschützern wurden Krebsversicherungen in der Vergangenheit teilweise sehr kritisch beurteilt. Der Vorwurf an die Versicherungsgesellschaften, mit der »Angst der Menschen vor Krebs« als Verkaufsargument zu arbeiten, wurde hier nicht selten in den Raum geworfen. Keine Frage, »die Angst« ist ebenso wie »die Gier« der beste Verkäufer. Die Zahlen belegen allerdings, dass die Sorgen der Menschen vor Krebs nicht unbegründet sind.

Daher beurteile ich es als legitim, dass die Versicherungskonzerne auch damit »werben« bzw. entsprechende Produkte entwickeln, da es hier offensichtlich einen Absicherungsbedarf der Menschen gibt. Ich halte den Abschluss einer eigenständigen Krebsversicherung vor allem dann für sehr empfehlenswert, wenn in einer Familie bereits gehäuft Krebsfälle aufgetreten sind oder eine genetische Vorbelastung vorliegt. Nachfolgend finden Sie vier ausgesuchte Versicherungsgesellschaften, die Krebsversicherungen anbieten und die mir bei meinen Recherchen wiederholt positiv aufgefallen sind.

4 Top-Anbieter von Krebsversicherungen auf einen Blick

Versicherungsgesellschaft	Telefon	Internet
Advigon Versicherung AG	Tel.: 004233750277	www.advigon.com
InterRisk Lebens-versicherungs-AG	Tel.: 0049(0)61127870	www.interrisk.de
Münchener Verein Versicherungsgruppe	Tel.: 0049(0)8951521000	www.muenchenerverein.de
Würzburger Versicherungs-AG	Tel.: 0049(0)93127950	www.wuerzburger.com

Holen Sie sich mindestens drei unterschiedliche Vergleichsangebote ein!
So wie Sie von Handwerkern Kostenvoranschläge einholen, so empfehle ich Ihnen diese Vorgehensweise auch bei Finanzdienstleistungen. Holen Sie, abgestimmt auf Ihre persönlichen Daten bzw. die Person, mindestens drei unterschiedliche Angebote ein und vergleichen Sie die Leistungen und Konditionen. Setzen Sie dazu einfach einen Standardbrief bzw. eine Mail auf und senden Sie diese am besten an alle vier oben empfohlenen Versicherungsgesellschaften.

Meine Empfehlung: Nutzen Sie den neutralen und bequemen Online-Vergleichsrechner für Krebsversicherungen

Darüber hinaus bin ich bei meinen Recherchen auf einen sehr attraktiven Versicherungsmakler gestoßen, der sich auf Krebsversicherungen spezialisiert hat. Über die Internetseite www.krebsversicherung24plus.de bietet die Vemaro GmbH als Versicherungsvermittler eine Online-Vergleichsmöglichkeit von vier unterschiedlichen Krebsversicherungs-Anbietern. Interessanterweise finden sich unter den vier Gesellschaften auch drei von mir in der obigen Tabelle empfohlenen: die Advigon Versicherung AG, die Münchener Verein Versicherungsgruppe und die Würzburger Versicherungs-AG. Die

> InterRisk Lebensversicherungs-AG ist leider nicht in diesem Online-Vergleich enthalten, dafür aber die Krebsversicherung der IDEAL Versicherung AG.
> Der Vergleichsrechner ist sehr unkompliziert aufgebaut. Sie müssen lediglich Ihr Geburtsdatum eingeben und erhalten dann umgehend eine ganz hervorragende, erste Leistungs- und Kostenübersicht der vier angebotenen Krebsversicherungen mit unterschiedlichen Tarifen. Jetzt können Sie den Tarif, der auf Ihre Bedürfnisse am besten passt, auswählen. Anschließend können Sie direkt über die Vemaro GmbH ein kostenloses Angebot unverbindlich anfordern.
> Info: www.krebsversicherung24plus.de – Tel.: 0049(0)46349368990

7. Risiko Schicksalsschlag: Diese sieben Versicherungen bieten Ihnen einen guten Schutz

Beim Thema »Versicherung« denken wir viel zu häufig an klassische Versicherungen. Limitierte Sachwerte wie Gold, Silber und Diamanten, aber auch limitierte Währungen wie Bitcoins sind auch eine effiziente Art der Versicherung gegen Systemrisiken. Eine Wohnsitzverlagerung oder zumindest eine Auswanderungsoption im Hinblick auf ein zweites Standbein im Ausland ist beispielsweise auch eine Art Versicherung. Eine Auslandsversicherung aus dem Fürstentum Liechtenstein ist ebenso eine Versicherung gegen die mögliche Instabilität oder den Kollaps des deutschen Inlands-Versicherungssystems.

> Nicht auf allem, was Sie gegen etwas versichert, muss »Versicherung« draufstehen.

Nicht Euro oder Terror, sondern Pflege und schwere Krankheiten sind die größten Risiken

Auch falls ich mich wiederhole, ist es mir ein Anliegen, nochmals und auch immer wieder darauf hinzuweisen: Die hohe Eintrittswahrscheinlichkeit eines Pflegefalls oder einer schweren Krankheit gerät – vor den globalen und oftmals abstrakten Terrorgefahren, Eurokrisen oder Staatsüberschuldungen – häufig vollkommen in den Hintergrund. Dass in Zukunft Bomben von

Terroristen explodieren, ist signifikant weniger wahrscheinlich, als dass die Anzahl der Pflegefälle – gerade auch aufgrund des Eintritts einer schweren Krankheit – explodiert!

Sie selbst schützen durch entsprechende Versicherungen Ihre Kinder zumindest finanziell davor, dass Sie Ihre Familienmitglieder auf die wichtige Thematik von Pflege- und Dread-Disease-Versicherungen aufmerksam machen. Dadurch sichern Sie sich selbst wiederum finanziell und auch emotional (psychisch) vor den Auswirkungen eines Pflegefalls oder einer schweren Krankheit innerhalb Ihrer Familie ab.

Die private Pflegeversicherung und Dread-Disease-Versicherungen sind grundlegende Kapitalschutz-Strategien

Die vigo Krankenversicherung VVaG, die im Jahr 1985 als Düsseldorfer Versicherung gegründet wurde, hat ein einzigartiges Produkt am Markt. VVaG bedeutet »Versicherungsverein auf Gegenseitigkeit«. Die vigo Krankenversicherung ist dadurch nicht gewinnorientiert, sondern arbeitet kostendeckend. Alle Überschüsse kommen den Kunden zugute.

Das Produkt »Düsseldorfer Pflegegeld« der vigo ist aus meiner Sicht sehr empfehlenswert. Mit dieser neuen Lösung zur Absicherung des Pflegerisikos sind die neuen gesetzlichen fünf Pflegegrade zusätzlich individuell und flexibel versicherbar. Interessant ist vor allem, dass diese Pflegeversicherung weltweit gilt. Es gibt kein Höchstalter für die Aufnahme und die Gesundheitsfragen sind altersunabhängig.

Dread-Disease-Versicherungen schützen Patienten, aber auch ihre Angehörigen vor dem Eintritt von schweren Krankheiten wie beispielsweise Alzheimer-Demenz, Multiple Sklerose, Krebs, Herzinfarkt oder Gehirnschlag. 500.000 Menschen erkranken jährlich in Deutschland an Krebs, 300.000 erleiden einen Herzinfarkt und 200.000 einen Schlaganfall. Nachfolgend finden Sie meine Favoriten für den Abschluss einer Dread-Disease-Versicherung. Ich empfehle Ihnen, zumindest drei unterschiedliche individuelle Angebote einzuholen.

Unternehmen	Tarif	Telefon	Internet
Canada Life	Schwere-Krankheiten	004961023061800	www.canadalife.de
Cardea Life	Cardea Moments	004232370101	www.cardealife.com
Die Bayerische	Premium Protect	00498967870	www.diebayerische.de
Gothaer	Perikon	004922130800	www.gothaer.de
Nürnberger	Ernstfallschutz Comfort	00499115315	www.nuernberger.de
Zurich Life	Krankheits-Schutzbrief	00498001802392	www.zurich-irland.de

8. Der Check Ihrer Krankenversicherung muss höchste Priorität haben!

Die Gründe, die für eine Rückkehr in das Solidarsystem der gesetzlichen Krankenversicherung sprechen, sind unterschiedlich. Ich erhalte hierzu immer mehr Anfragen. Der Weg zurück ist allerdings nicht ohne Weiteres möglich. Der Gesetzgeber stellt sehr strenge Anforderungen an die Rückkehr in die GKV. Er will verhindern, dass Versicherte in jungen Jahren von den niedrigen Beitragssätzen in der PKV profitieren und später bei zunehmendem Alter wieder in die dann günstigere GKV zurückkehren.

Die Rückkehr in die GKV

Ab 55 Jahren wird die Rückkehr in die GKV fast unmöglich

Für einen Wechsel von der PKV in die GKV sind bestimmte Voraussetzungen zu erfüllen. Diese sind davon abhängig, ob Sie als Versicherter bisher angestellt oder selbstständig tätig waren, von der Versicherungspflicht befreit waren oder die Altersgrenze von 55 Jahren bereits überschritten haben. Falls Sie älter als 55 Jahre sind, haben Sie leider kaum noch eine Möglichkeit, in die GKV zurückzukehren.

Eine Ausnahme kommt für über 55-Jährige bei der Aufnahme in die Familienversicherung des gesetzlich versicherten Ehepartners zur Anwendung,

8. Der Check Ihrer Krankenversicherung muss höchste Priorität haben!

sofern das eigene Einkommen unter 435 Euro im Monat liegt oder bei einem Minijob unter 450 Euro monatlich.

Ihr Verdienst und Beschäftigungsstatus sind ausschlaggebend

Haben Sie die Altersgrenze von 55 Jahren noch nicht erreicht, können Sie die PKV als Arbeitnehmer nur verlassen, wenn Ihr Bruttoeinkommen unter die Jahresarbeitsentgeltgrenze (JAEG) von derzeit 59.400 Euro fällt, zum Beispiel wenn Sie von Vollzeit in Teilzeit wechseln. Sie sind dann automatisch wieder versicherungspflichtig in der GKV.

Sind Sie selbstständig, bietet sich Ihnen ein Schlupfloch. Wenn Sie hauptberuflich in ein Angestelltenverhältnis wechseln, in dem Sie ebenfalls weniger als 59.400 Euro im Jahr verdienen, steht Ihnen ebenfalls die Rückkehr in die GKV offen. Ihre selbstständige Tätigkeit können Sie dennoch im Nebenberuf weiter ausüben. Ihre Arbeit als Angestellter muss allerdings den Hauptteil Ihrer Einnahmen und Arbeitszeit ausmachen. Selbstständige, die älter als 55 Jahre sind und ihr Gewerbe aufgeben müssen, haben zudem die Möglichkeit, in die gesetzliche Familienversicherung zu wechseln.

Ein Tarifwechsel innerhalb der PKV ist eine sinnvolle Alternative

Sollte eine Rückkehr in die GKV nicht möglich sein, weil keine der oben genannten Bedingungen erfüllt ist, kann der Beitrag in der PKV über einen Tarifwechsel gesenkt werden. Speziell für langjährig Versicherte ergeben sich häufig Möglichkeiten, für annähernd gleiche oder nur geringfügig schlechtere Leistungen weniger Versicherungsprämien zu bezahlen.

Versicherte, die Risikozuschläge in ihrem Vertrag haben und erfreulicherweise einen verbesserten Gesundheitszustand aufweisen – der durch ein aktuelles ärztliches Attest bestätigt werden muss –, können deren Streichung beantragen. Das führt ebenfalls zu deutlich günstigeren Beiträgen.

> **Meine Empfehlung: Ihr wichtigstes Kapital ist Ihre Gesundheit!**
>
> Die Aures Finanz AG & Cie. KG aus meinem Experten-Netzwerk ist ein spezialisierter und anbieterunabhängiger Versicherungsmakler mit einer sehr hohen Kompetenz in allen Versicherungssegmenten. Vor allem die hohe und langjährige Kompetenz und das Beratungsangebot im Krankenversicherungsbereich sind dabei herauszuheben. Nutzen Sie die Möglichkeit einer kompetenten Krankenversicherungsberatung – oder auch in weiteren wichtigen Versicherungsbereichen wie beispielsweise der Pflegeversicherung oder einer Versicherung gegen eine schwere Krankheit –, bei der Sie ein auf Ihre individuellen Bedürfnisse abgestimmtes unverbindliches Angebot erhalten, und zwar zur Optimierung des wichtigsten Kapitals, das Sie haben: Ihrer Gesundheit.
> Info: www.aures.ag – Tel.: 0049(0)208-810-820

9. Meine vier Top-Anbieter für Internationale Krankenversicherungen

Aufgrund Ihrer Zuschriften weiß ich, dass es auch einen großen Bedarf an Informationen zu internationalen, also weltweit gültigen Krankenversicherungen gibt. Beispielsweise für Auswanderer. Hier habe ich mittlerweile Erfahrungswerte zu vier attraktiven Anbietern, die ich Ihnen empfehlen kann.

Zahlreiche Bürger sind fälschlicherweise der Meinung, dass die gesetzliche Krankenversicherung auch im Ausland immer einen Schutz bietet. Das gilt allerdings nur für Länder, mit denen Deutschland ein Sozialversicherungsabkommen abgeschlossen hat. Hierzu gehören ausschließlich Länder innerhalb Europas. Bei Reisen außerhalb Europas erbringt die gesetzliche Krankenversicherung hingegen keinerlei Leistungen. Das bedeutet, dass die Kosten für ambulante oder stationäre Behandlungen komplett selbst bezahlt werden müssen. Auch innerhalb Europas müssen Sie mit stark eingeschränkten Leistungen rechnen, da die Versorgungsregelungen im jeweiligen Reiseland gelten.

9. Meine vier Top-Anbieter für Internationale Krankenversicherungen

Die ärztlichen Versorgungsleistungen sind im Ausland meist unterhalb der deutschen Standards

In zahlreichen Ländern liegen die ärztlichen Versorgungsleistungen dabei unterhalb der hohen Standards in Deutschland. Das führt in der Praxis immer wieder dazu, dass bei Weitem nicht alle Behandlungen im Ausland durch die gesetzliche Krankenversicherung in Deutschland erstattet werden. Der Abschluss einer zusätzlichen Auslandskrankenversicherung kann bei fehlendem Rundumschutz auch für Privatversicherte sinnvoll sein, da auch hier oftmals der Versicherungsschutz bei Auslandsaufenthalten eingeschränkt ist. Beispielsweise in Bezug auf die Reisedauer, die häufig auf ein bis drei Monate begrenzt ist. Zahlreiche deutsche Versicherungen bieten leider nach wie vor keine Auslandskrankenversicherungen für Einzelpersonen mit einem dauerhaften Aufenthalt oder Wohnsitz im Ausland an.

Achtung! Reisekrankenversicherungen sind keine effizienten Alternativen für langfristige Auslandsaufenthalte

In der Praxis sehe, lese oder höre ich immer wieder von Fällen, bei denen Personen mit Auslandswohnsitz versuchen, ihren Kranken- oder Unfallversicherungsbedarf mit kostengünstigen Reisekrankenversicherungen abzudecken, die einfach immer wieder neu abgeschlossen werden für wenig Geld. Die Standard-Reiseversicherung, die Sie bei Ihrer Bank häufig für rund 7 bis 12 Euro abschließen können, gilt beispielsweise für maximal sechs Wochen am Stück. Ein hervorragendes Vergleichsportal für Reisekrankenversicherungen finden Sie unter: www.covomo.de

Eine Auslandsreisekrankenversicherung (ARKV) als Alternative zu einer dauerhaften Krankenversicherung im Ausland zu wählen ist allerdings eine sehr gefährliche Strategie. Denn tatsächlich besteht kein Versicherungsschutz, weil keine Urlaubsreise und kein kurzfristiger Auslandsaufenthalt vorliegen.

Meine Empfehlung: Internationale Krankenversicherungen sind nicht nur für Auswanderer attraktiv

Ein Ausstieg aus dem deutschen bzw. heimischen Versicherungssystem kann aus den unterschiedlichsten Gründen sinnvoll sein, unabhängig von einer Auswanderung oder einem dauerhaften Auslandsaufenthalt. Ich hatte einen Fall, bei dem ein Leser eine internationale Krankenversicherung deswegen abgeschlossen hat, weil diese bei vergleichbaren Leistungen kostengünstiger war als seine private Krankenversicherung (PKV) aus Deutschland. Nachfolgend meine vier Favoriten für internationale Krankenversicherungstarife mit unbegrenzter Laufzeit.

Empfehlenswerte Anbieter für internationale Krankenversicherungen

Anbieter	Sitz	Internet	Höchstabschlussalter
BDAE	Deutschland	www.bdae.com	67 Jahre
Cigna	USA	www.cignaglobal.com	Keine Altersgrenze
Foyer	Luxemburg	www.foyerglobalhealth.com	Keine Altersgrenze
Inter	Deutschland	www.inter.de	70 Jahre

VI. Rechtsschutz

1. Die zehn besten Rechtsschutzpolicen für Ihren Kapitalschutz

60 % der Deutschen waren bereits einmal von einem Rechtskonflikt betroffen. Jährlich gehen rund 20 Millionen Rechtsfälle vor Gericht. Das liegt vor allem daran, dass in den vergangenen Jahren die Konflikte mit Anlageberatern, Vermittlern, Banken, Versicherungen, Fondsgesellschafften, Vermögensverwaltern oder Bausparkassen massiv zugenommen haben. Ebenso wird zunehmend auch der Rechtsweg beschritten gegen Ärzte, Handwerker, Mieter, Vermieter, Finanzämter oder sonstige Behörden, Unternehmen und Institutionen.

Produkthaftungsklagen schützen Ihre Rechte

Auch Produkthaftungsklagen sind in Europa auf dem Vormarsch. Denken Sie nur an den Abgasskandal bei Volkswagen. Ich spreche jetzt nicht von den zahlreichen Anlegerklagen gegen den VW-Konzern wegen der großen Kursverluste betroffener Aktionäre, sondern von Verbraucherklagen gegen die Volkswagen AG im Hinblick auf die Rückabwicklung von Kaufverträgen. Im Januar 2017 hat erstmals ein Gericht in Brandenburg ein wegweisendes Urteil gesprochen: Ein VW-Kunde darf seinen mit illegaler Software manipulierten VW-Passat zurückgeben. Er bekommt den vollen Kaufpreis zurückerstattet, ohne Abzüge.

Die zehn besten Rechtsschutzversicherungen für Kapitalanleger und Verbraucher

Mit einer starken Rechtsschutzversicherung und einer Deckungszusage im Rücken können Sie Konflikten und Prozessen ganz gelassen entgegensehen und Ihre Rechte durchsetzen. Auch Ihre Gegenpartei wird dann sehr schnell wahrnehmen, dass Sie sich keine Sorgen um Anwalts- oder Gerichtskosten machen. Dadurch sind Ihre Gegner aus meiner Erfahrung einer außergerichtlichen Streitbeilegung weit aufgeschlossener.

Das Analysehaus Franke und Bornberg hat private Rechtsschutzversicherungen geprüft. Insgesamt wurden 141 Tarife von 38 Versicherern untersucht und bewertet. Streitfragen rund um Kapitalanlagen mit Wertpapieren und Beteiligungen wurden dabei als ganz wesentliches Empfehlungskriterium mitberücksichtigt.

Durch mein Anwalts-Netzwerk verfüge ich über umfassende Erfahrungswerte aus der Praxis

Ich selbst führe seit Jahren eine Datenbank mit empfehlenswerten Rechtsschutzversicherungen. Hier fließen persönliche Erfahrungswerte und vor allem die Rückmeldungen meiner Kunden und Informationen von Anwälten aus meinem Experten-Netzwerk mit ein. Mich hat es sehr gefreut, dass ohne Ausnahme alle empfehlenswerten Versicherungskonzerne für Rechtsschutz-Policen aus meiner Datenbank auch in der Auswertung von Franke und Bornberg als empfehlenswert aufgeführt sind. Nachfolgend die zehn am besten bewerteten Rechtsschutz-Versicherungen.

Die 10 besten Rechtsschutz-Versicherungen

Versicherungsgesellschaft	Telefon	Internet
ADVOCARD Rechtsschutzversicherung AG	0049(0)40-237310	www.advocard.de
Allianz Versicherungs-AG	0049(0)893800-0	www.allianz.de
ARAG SE	0049(0)211-98700-700	www.arag.de
AUXILIA Rechtsschutz-Versicherungs-AG	0049(0)89-53981-333	www.ks-auxilia.de
DMB Rechtsschutz-Versicherung AG	0049(0)221-3763840	www.dmb-rechtsschutz.de
HUK-COBURG-Rechtsschutzversicherung AG	0049(0)800-2153153	www.huk.de

Neue Rechtsschutz-Ver- sicherungsgesellschaft AG	0049(0)621-42040	www.nrv-rechtsschutz.de
RECHTSSCHUTZ UNION (Alte Leipziger)	0049(0)6171-6600	www.rechtsschutz-union.de
ROLAND Rechtsschutz- Versicherungs-AG	0049(0)221-8277-500	www.roland-rechtsschutz.de
Württembergische Ver- sicherung AG	0049(0)711662-0	www.wuerttembergische.de

Meine Empfehlung: Holen Sie mindestens drei Angebote ein und vergleichen Sie!

Holen Sie für den Abschluss Ihrer persönlichen Rechtsschutzversicherung mindestens drei unterschiedliche Angebote ein. Vergleichen Sie die Leistungen und Konditionen.

2. Die persönliche Absicherung für alle juristischen Fragen des täglichen Lebens

Im Anwalts- und Rechtsschutzbereich gibt es seit Kurzem eine neue Dienstleistung, die in dieser Form bislang einzigartig und gleichzeitig günstiger ist als eine klassische Rechtsschutzversicherung. Sie erhalten dabei für eine pauschale Jahresgebühr von lediglich 99 Euro die Möglichkeit, sich gegen alle rechtlichen Fragen des Lebens durch eine telefonische Rechtsberatung, Konfliktlösung und Mediation abzusichern.

Prävention und frühzeitige Soforthilfe sind wichtige Rechtsschutzbereiche

Ich weiß, dass es für viele von Ihnen eine Hürde darstellt, bei einem womöglich einfachen rechtlichen Problem gleich einen Anwalt aufzusuchen. Eine Rechtsschutzversicherung ist zweifelsohne eine wichtige Versicherung, die Sie vor Rechtsrisiken und teuren Anwaltskosten schützt, aber auch keine praktikable Lösung für unkomplizierte, aber dennoch dringende Frage-

stellungen. Wenn Sie ein rechtliches Problem oder auch nur eine juristische Frage haben, stehen Ihnen grundsätzlich zwei Wege zur Verfügung, die am häufigsten genutzt werden:
1. Sie kontaktieren direkt einen Rechtsanwalt, dessen Erstberatung nach dem geltenden Rechtsanwaltsvergütungsgesetz in der Regel bereits rund 230 Euro kostet.
2. Der zweite Weg, den viele Ratsuchende wählen, ist die eigenständige Google-Suche nach Hinweisen oder vergleichbaren Fällen im Internet. Dieser Weg verursacht zwar keine Kosten, bringt Ihnen aber keine Rechtssicherheit und führt nicht selten zu einer gefährlichen und später teuren Fehleinschätzung.

Der LawGuide schließt eine Lücke bei den Rechtsschutzversicherungen

Mit dem neuen ROLAND LawGuide sind Sie hingegen auf der rechtssicheren Seite. Der LawGuide ist – übersetzt – ein Rechts-Wegweiser: Statt allgemeiner Informationen erhalten Sie von den LawGuides eine individuelle Antwort auf Ihre persönliche Frage. Sie können sich dabei sicher sein, dass die erhaltene Auskunft aktuell ist und ein Anwalt dafür auch haftet. Falls notwendig, steht Ihnen auch der Weg offen, mehrfach nachzufragen. Zusätzlich haben Sie die Möglichkeit, einen professionellen Mediator einzuschalten, der Ihnen bei der Konfliktlösung hilft.

Eine Mediation ist ein bewährtes Verfahren, in dem ein neutraler Dritter – der Mediator – zwischen den Konfliktparteien vermittelt. Eine Mediation ist schneller, effizienter und wesentlich angenehmer als ein Gerichtsverfahren.

Die wichtigsten Fakten zum LawGuide auf einen Blick
- ✓ Juristische Soforthilfe durch erfahrene Rechtsanwälte und Mediatoren
- ✓ Schnelle und einfache Rechtsberatung am Telefon durch ausgesuchte Rechtsanwälte
- ✓ Kostengünstige Jahresprämie in Höhe von 99 Euro
- ✓ Relativ hohe Flexibilität durch Laufzeit von einem Jahr
- ✓ Für alle Lebensbereiche und Rechtsfragen einsetzbar
- ✓ Keine Ausschlüsse, keine Wartezeiten, keine Selbstbeteiligung
- ✓ Hilfe für mehr Rechtssicherheit im Alltag durch Musterverträge

Wie sind der Ablauf und die Funktionsweise des LawGuides in der Praxis?

Für den Fall, dass Sie eine rechtliche Frage oder ein rechtliches Problem haben, wählen Sie als LawGuide-Kunde einfach die Telefonnummer 0221-8277-4500. Ein LawGuide-Berater verbindet Sie dann umgehend mit einem kompetenten Rechtsanwalt. Die Servicezeiten sind Montag bis Freitag von 08:00 Uhr bis 20:00 Uhr und Samstag von 08:00 bis 14:00 Uhr.

Der Rechtsanwalt erklärt Ihnen auf Basis Ihrer Fragestellung die rechtliche Situation und stimmt das weitere Vorgehen gemeinsam mit Ihnen ab. Auf Ihren Wunsch hin kümmert sich der Rechtsanwalt um die weitere Konfliktlösung oder Sie nehmen die Möglichkeit einer Mediation in Anspruch. Die meisten Fragen oder Probleme sollen dadurch schnell und unmittelbar geklärt werden. Sollte diese beiden Wege dennoch nicht zum Erfolg führen, können Sie den LawGuide erneut anrufen, und gemeinsam mit Ihnen wird dann nach weiteren Lösungsmöglichkeiten gesucht.

Telefonische Rechtsberatung und Mediation zum Top-Preis

Der Roland-Gruppe ist mit dem LawGuide ganz grundlegend die Entwicklung einer in dieser Form bislang einzigartigen Dienstleistung gelungen. Versicherungen arbeiten nicht selten mit Haken und Ösen in Form von Ausschlüssen oder hohen Selbstbeteiligungen bei optisch günstigen Prämien. Das ist beim LawGuide alles nicht der Fall. Für lediglich 99 Euro Jahresgebühr erhalten Sie ein umfassendes Rechtsschutzpaket frei von Fallstricken.

Meine Empfehlung: LawGuide ist für jedes juristische Problem und jede Rechtsfrage geeignet

Mit Ausnahme von gewerblichen, freiberuflichen oder sonstigen selbstständigen Tätigkeiten ist der Law-Guide für jeden Rechtsbereich nutzbar, Sie können sich von erfahrenen und entsprechend spezialisierten Rechtsanwälten individuell beraten lassen. Egal ob es sich um eine Mieterhöhung, einen Verkehrsunfall, eine Kündigung, eine Scheidung, eine Reklamation in Bezug auf einen Kauf, eine Finanzierung oder einen Hausbau handelt: Als LawGuide-Kunde können sich zu allen Themen und individuell für Ihren spezifischen Fall eine rechtlich verbindliche Experten-Meinung einholen. Ihr Ehe- und Lebenspartner und Ihre in Ihrem Haushalt lebenden Kinder sind übrigens mitversichert.

Ich empfehle Ihnen, diese neue Rechtsschutz-Möglichkeit in Anspruch zu nehmen. Auch als günstigen Rechtsschutz-Einstieg, falls Sie noch gar keine Rechtsschutzversicherung haben. Das Preis-Leistungs-Verhältnis ist überragend. Das Warten auf einen Termin beim Anwalt vermeiden Sie durch den Versicherungsschutz des LawGuides ebenso wie ein teures Anwaltshonorar.

Ebenso müssen Sie Ihre Rechtsschutzversicherung nicht unmittelbar für jede Frage in Anspruch nehmen. Der LawGuide bietet Ihnen sowohl einen Privat- als auch einen Berufsrechtsschutz, von A wie Arbeitsrecht bis V wie Verkehrsrecht. Ich beurteile die Dienstleistungen des LawGuides nicht als Alternative zu einer Rechtsschutzversicherung, sondern als sinnvolle Ergänzung für einen Bereich, in dem Rechtsschutzversicherungen praktische Defizite aufweisen.

Info: www.roland-lawguide.de – Tel.: 0049(0)221-8277-500

3. So einfach kommen Sie jetzt als Kapitalanleger oder Verbraucher zu Ihrem Recht

Konflikte mit Anlageberatern, Vermittlern, Banken, Versicherungen, Fondsgesellschaften oder Vermögensverwaltern nehmen seit Jahren immer weiter zu. Produkthaftungsklagen sind auch in Europa mittlerweile auf dem Vormarsch. Denken Sie nur an den Diesel-Abgasskandal bei VW. Viele für Sie als Verbraucher oder Kapitalanleger nachteilige Verträge lassen sich mittlerweile rückabwickeln. Ebenso bestehen Ansprüche auf Entschädigungszahlungen bei fehlerhaften Leistungen. Ich zeige Ihnen mit der Verbaucherhilfe24 eine effiziente Möglichkeit zur geldwerten Durchsetzung Ihrer Rechte!

Die »Verbraucherhilfe24« vereint 60 spezialisierte Rechtsanwälte

Die Demafair GmbH mit Sitz in München betreibt das Internetportal www.verbaucherhilfe24.de mit sehr umfangreichen Dienstleistungen im Bereich des Verbraucherschutzes. Das Unternehmen selbst ist keine Rechtsanwaltskanzlei, arbeitet aber mit einem breiten Netzwerk von Anwälten zusammen. 60 spezialisierte Juristen aus unterschiedlichen Partnerschaftskanzleien machen mittlerweile mit.

Das Unternehmen selbst ist als sogenannter Rechtsdienstleister beim Amtsgericht München nach dem Rechtsdienstleistungsgesetz (RDG) registriert und beschäftigt rund 30 Mitarbeiter. Nach eigenen Angaben wurden mittlerweile rund 80.000 Verträge überprüft. Die Tätigkeitsfelder der Verbraucherhilfe24 habe ich Ihnen in der nachfolgenden Tabelle zusammengefasst.

Die Tätigkeitsfelder auf einen Blick
- ✓ Lebensversicherungen
- ✓ Diesel-Abgasskandal
- ✓ Darlehens-/Kreditverträge
- ✓ Kapitalanlagen 4 Krankenversicherungen
- ✓ bAV (betriebliche Altersversorgung) Rückabwicklung
- ✓ Versicherungsschäden
- ✓ Verkehrsrecht
- ✓ Fluggastrechte

Nutzen Sie den umfassenden Service der risiko- und kostenlosen Prüfung Ihrer Verträge

Die Struktur der Demafair GmbH passt perfekt zu meinen Rechtsschutz-Strategien und ermöglicht Ihnen einen Kosten- und Rechtsschutz. Attraktiv sind die Dienstleistungen vor allem dann, wenn Sie keine Rechtsschutzversicherung bzw. keine Deckungszusage einer Rechtsschutzversicherung für einen bestimmten Konflikt haben und der Fall nicht eindeutig ist. Nach der kostenfreien Prüfung Ihres Vertrages durch jeweils spezialisierte Partneranwälte gibt Ihnen das Unternehmen innerhalb von 48 Stunden eine Rückmeldung, ob Ihr Antrag Aussicht auf Erfolg hat.

Ist Ihr Vertrag anfechtbar, wird Ihnen gleichzeitig die Höhe Ihres Anspruchs mitgeteilt sowie die anfallenden Kosten, die vom Anspruchsbetrag in Abzug gebracht werden, sodass Sie eine klare Entscheidungsgrundlage haben, ob Sie das Unternehmen mit der Durchsetzung Ihrer Interessen beauftragen oder nicht doch einen anderen Anwalt zu Rate ziehen.

> **Meine Empfehlung: Die kostenlose Beratungshotline bietet Ihnen einen zusätzlichen Mehrwert**
>
> Im Gegensatz zu reinen Internetanbietern mit teilweise stark fragwürdigen Leistungen bietet Ihnen die Verbraucherhilfe24 zusätzlich eine kostenlose Beratungshotline, bei der Sie einen kompetenten Ansprechpartner zur Seite gestellt bekommen, mit dem Sie Detailfragen klären und die weiteren Schritte persönlich besprechen können. Sollte übrigens wider Erwarten Ihr Anspruch rechtlich doch nicht durchsetzbar sein, müssen Sie trotzdem keinerlei Kosten tragen.
> Info: www.verbraucherhilfe24.de – Tel.: 0049(0) 891241474-0

4. So wahren Sie Ihre Rechte bei Konflikten mit Ärzten

Zum Kapitalschutz gehört es auch, dass Sie Ihre Rechte wahrzunehmen wissen. Denn wer auf die Durchsetzung seiner rechtlichen Ansprüche verzichtet, lässt in der Regel bares Geld auf der Straße liegen. Das gilt speziell auch für den Bereich der Patientenrechte, denn Konflikte mit Ärzten und Krankenhäusern nehmen nach meinen Erfahrungen stark zu.

Konflikte und Schadensersatzforderungen gegen Ärzte steigen stark an

Die Anzahl und die Höhe der Schadensersatzforderungen gegen Ärzte sind in den vergangenen Jahren immer weiter gestiegen. Die Praxis zeigt dabei auch, dass Sie als betroffener Patient Ihre Rechte selbst in die Hand nehmen müssen. Dafür sollten Sie grundsätzlich in drei Schritten vorgehen:

Die drei wichtigsten Schritte bei Konflikten mit Ärzten:
1. Versuch der gütlichen Einigung: Kontaktaufnahme und schriftlich dokumentierte Reklamation beim betroffenen (Zahn-)Arzt mit dem grundsätzlichen Ziel einer gütlichen Einigung. Das bedeutet: Sollte Ihr Vertrauen zum Arzt trotz der negativen Auswirkungen noch vorhanden sein, kann zum Beispiel eine kostenlose Nachbehandlung durch den Arzt oder einen

Kollegen zur Behebung der verursachten Probleme zu Ihrer Zufriedenheit erfolgen.
2. Einschaltung der zuständigen Ärztekammer und Berufshaftpflichtversicherung: Führt Ihr Versuch der gütlichen Einigung nicht zum Erfolg, rate ich Ihnen zur Einschaltung der Bundesärztekammer, (www.bundesaerztekammer.de) bzw. der jeweiligen Landesärztekammer, die es in allen Bundesländern gibt. Die Ärztekammern nehmen sich der Beschwerden nach meiner Erfahrung sehr verantwortungsvoll an und verfügen zusätzlich über entsprechende Schlichtungsstellen. Ärzte haben für medizinische Fehler, die sie im Rahmen ihrer Behandlungstätigkeiten begehen, eine Berufshaftpflichtversicherung. Lassen Sie sich andernfalls von der zuständigen Landesärztekammer die Versicherungsgesellschaft des betroffenen Arztes nennen und informieren Sie diese in einem weiteren Brief über Ihre Beschwerde. Diese für Sie kosten- und risikolose Vorgehensweise erhöht zugleich den Druck auf den betroffenen Mediziner ganz erheblich. Für Zahnärzte gibt es eine eigene Bundeszahnärztekammer, www.bzaek.de. Auch in anderen Ländern, wie beispielsweise der Schweiz, www.fmh.ch, oder Österreich, www.aerztekammer.at, gibt es Ärztekammern.
3. Beschreitung des Rechtweges unter professioneller Beratung: Hier schalten Sie einen auf Medizinrecht spezialisierten Rechtsanwalt ein und beschreiten ggf. den Rechtsweg vor Gericht, zum Beispiel mit einer Klage gegen Ihren Zahnarzt über einen spezialisierten Anwalt für Zahn- und Medizinrecht.

Meine Empfehlung: Schützen Sie Ihr Kapital durch die professionelle Durchsetzung Ihrer Patientenrechte

Zur Wahrung und Durchsetzung Ihrer Patientenrechte empfehle ich Ihnen die Kanzlei für Zahn- und Medizinrecht unter Führung von Volker Loeschner als Fachanwalt für Zahn- und Medizinrecht. Aufgrund der rechtlichen Spezialisierung dieser Kanzlei sind hier alle Voraussetzungen erfüllt, um Ihre berechtigten Ansprüche gegenüber Ärzten, Krankenhäusern, Medikamentenherstellern, Versicherungen, Krankenkassen, Unfallgegnern und anderen Konfliktparteien durchzusetzen. Von der Arztkostenerstattung bis hin zu Schadensersatzleistungen und Schmerzensgeld.
Info: www.zahn-medizinrecht.de – Tel.: 0049(0)30-544817-86

5. Ihre Krankenkasse zahlt nicht? So einfach legen Sie jetzt Widerspruch ein

Vielleicht können Sie die nachfolgende Aussage aus eigner Erfahrung bereits bestätigen: Als Kunde müssen Sie sich immer häufiger wegen Fragen der Kostenerstattung für Behandlungen und Medikamente mit Ihrer Kranken- oder Rentenversicherung herumschlagen, weil Arztrechnungen und Rezepte abgelehnt werden. Eine vor Kurzem veröffentlichte Umfrage der Stiftung Warentest unter Krankenversicherten kam zu dem Ergebnis, dass jeder Dritte bereits einmal einen Konflikt mit seiner Versicherung hatte. Ich zeige Ihnen heute eine neue und noch vollkommen unbekannte Möglichkeit, wie Sie ganz einfach, risikolos und kostenlos zu Ihrem Recht kommen.

Ihr Vorteil: Aufgaben von Anwälten werden zunehmend digitalisiert

Die Digitalisierung von Rechtsdienstleistungen, die Ihnen die Geltendmachung Ihrer Rechte stark vereinfachen, schreitet mit hoher Dynamik voran. Das bedeutet: Auch Aufgaben von Anwälten werden zunehmend digitalisiert und automatisiert, wodurch enorme Zeit- und Kosteneinsparungen erzielt werden. Unternehmen, die sich auf derartige Dienstleistungen spezialisieren, werden als LegalTechs bezeichnet, eine Kombination aus den Wörtern »Legal« (Recht) und »Technology«. Ich verfolge diese Entwicklung mit großem Interesse. LegalTech-Dienstleister werden immer mehr zu einer wirkungsvollen Alternative und Ergänzung zu einer Rechtsschutzversicherung.

Gerade für den Fall, dass Sie über keinen Rechtsschutz oder keine Deckungszusage Ihrer Rechtsschutzversicherung, verfügen, ist der Einsatz von Legal Techs perfekt geeignet, weil Sie erst dann etwas bezahlen müssen, wenn Ihr Rechtsproblem bereits erfolgreich gelöst wurde und Sie bares Geld erhalten. Heute stelle ich Ihnen für das so wichtige Feld der Konflikte mit Krankenkassen und Krankenversicherern einen ganz neuen LegalTech-Anbieter vor, der Ihnen einzigartige Vorteile bietet. Kostenlos!

Die Smart Legal GmbH wurde durch zwei Rechtsanwälte gegründet

Ich spreche von der neu gegründeten Smart Legal GmbH aus Hamburg. Gründer und Geschäftsführer des Unternehmens sind die beiden Hamburger Rechtsanwälte Felix Korten und Jan-Philippe von Hagen von der Rechtsanwaltskanzlei K+ Korten Rechtsanwälte AG (www.korten-ag.de), die ebenfalls ihren Sitz in der Hansestadt hat. Um die neuen Dienstleistungen der Smart Legal GmbH und der mit dem Unternehmen verbundenen Partneranwälte in Anspruch zu nehmen, registrieren Sie sich einfach unter www.widerspruch.online und wählen die Art der Behandlung aus, für die Sie keine Kostenerstattung erhalten haben und deshalb mit Ihrer Krankenkasse oder Ihrer Krankenversicherung in einem Konfliktfall stehen. Nachfolgend die am häufigsten reklamierten Behandlungsarten. Sollte Ihr Reklamationsfall hier nicht beinhaltet sein, wählen Sie ganz einfach die Option »Sonstiges«:

Die am häufigsten beanstandeten Behandlungsarten

Behindertenfahrzeuge, Rollstuhl, Rollator	Häusliche Krankenpflege	Haushaltshilfe
Ergotherapie	Hörgerät	Fahrtkosten
Inkontinenzhilfe	Krankengeld	Inhalator
Physiotherapie, Massage	Orthese / Schiene	Logopädie
Schuhe / Einlagen	Zahnarzt / Zahnersatz	Vorsorge / Reha

Achtung! Ein Widerspruch muss innerhalb eines Monats erfolgen

Die Beauftragung eines professionellen Anwalts dauert mit dem neuen Legal-Tech-Angebot nur wenige Minuten. Wichtig ist, dass Sie schnell reagieren, wenn die Kasse eine Leistung nicht übernehmen will. Als Patient haben Sie einen Monat Zeit, Ihren Widerspruch geltend zu machen. Dafür sind nach der Registrierung und der Auswahl der beanstandeten Behandlungsart lediglich drei Schritte erforderlich:

Schritt 1: Bescheid der Krankenkasse hochladen
Schritt 2: Angaben zur Ablehnung eingeben
Schritt 3: Vorlage für Vollmacht herunterladen, unterschreiben und wieder hochladen

Der Vorgang bleibt für Sie in jedem Fall kostenlos!

Schon ist Ihr Antrag für den Widerspruch angelegt. Dieser wird kurzfristig seitens der Smart Legal GmbH geprüft und anschließend über die Kooperationsanwälte bei der Krankenkasse eingereicht. Sie werden informiert, sobald es einen positiven oder negativen Bescheid gibt. Den Status Ihres Widerspruchs können Sie auf der Übersichtsseite »Ihre Widersprüche« jederzeit einsehen. Der Rechtsdienst bleibt für Sie als Versicherten in jedem Fall kostenlos: Hat der Widerspruch Erfolg, sind die Krankenkassen gesetzlich dazu verpflichtet, eine Aufwandsentschädigung für die Anwälte zu bezahlen. Bei einem verlorenen Fall trägt hingegen die Smart Legal GmbH alle Kosten.

Ein wichtiges Thema in Bezug auf die sensiblen, hochgeladenen Patientendaten ist natürlich der Datenschutz: Die Daten der Benutzer werden seitens der Smart Legal GmbH mit größter Sorgfalt unter Beachtung des europäischen Datenschutzgesetzes verwaltet. Sowohl Ihre persönlichen Daten als auch alle hochgeladenen Dokumente und Fotos werden verschlüsselt gespeichert. Sämtliche Daten werden nach der Bearbeitung Ihres Falles gelöscht, sofern gesetzliche Aufbewahrungsbestimmungen nichts anderes vorsehen.

Meine Empfehlung: Erfahrene Anwälte setzen kostenlos Ihr Recht durch!

Sehr häufig sind Versicherte über ihre Ansprüche gegenüber den Krankenkassen trotz sehr guter Erfolgsaussichten viel zu wenig informiert. Beispiel Hörgeräte: In 68 % der Streitfälle um abgelehnte Hörgeräte geben die Sozialgerichte den Versicherungsnehmern Recht. Hier häufen sich Fälle, in denen Krankenkassen Zahlungen für höherwertige Hörgeräte verweigern, obwohl dies medizinisch notwendig und von Ärzten verschrieben ist. Die Smart Legal GmbH betreibt mit »Widerspruch.Online« einen Legal-Tech-Service, der Sie als Patient kostenlos dabei unterstützt, Leistungsansprüche gegenüber der gesetzlichen Kranken- oder Rentenversicherung professionell durchzusetzen. Durch dieses digitale

> Angebot wird Ihnen als Patient und Verbraucher die Scheu genommen, sich gegen eine große Organisation zu wenden, um Ihre Rechte geltend zu machen. Die kooperierenden Rechtsanwälte des Online-Dienstes verfügen über eine jahrelange Erfahrung im Sozialrecht. Im Auftrag des Versicherten legen die Experten Widerspruch gegen einen negativen Kassenbescheid ein. Dabei werden in jedem Einzelfall die aktuellen medizinischen Erkenntnisse herangezogen. Die Erfolgschancen liegen nach Angaben der Smart Legal GmbH bei durchschnittlich rund 30 %. Nutzen Sie diese einzigartige, neue Möglichkeit und setzen Sie jetzt vollkommen kostenlos und risikolos Ihre Patientenrechte durch.
> **Info: www.widerspruch.online**

6. Was tun, falls sich Ihre Versicherung weigert zu bezahlen?

Nach einem Schaden zählt man eigentlich auf eine schnelle Hilfe durch die Versicherung. Häufig findet man sich dann stattdessen im Streit mit dieser wieder. Denn die Versicherungsgesellschaften versuchen auf Teufel komm raus, die Kosten im Schadensfall so gering wie möglich zu halten. Nicht selten wollen sie überhaupt nicht zahlen. In einem solchen Fall dürfen Sie als Versicherungsnehmer nicht den Kopf in den Sand stecken und die Ablehnung vorschnell akzeptieren. Wehren Sie sich, um nicht trotz teurer Prämienzahlungen auf dem Schaden sitzen zu bleiben.

Ihre Chancen bei Konflikten mit Versicherungen sind viel besser, als Sie denken

Das Geschäftsprinzip einer Versicherung fußt darauf, möglichst viele standardisierte Verträge mit Kunden abzuschließen. Aufgrund des hohen Gesamtvolumens der eingenommenen Beitragszahlungen können die Risiken gebündelt werden, die Versicherungsleistungen können so einfacher von der Versicherung getragen werden. Versicherungsmathematiker der Konzerne beschäftigen sich dabei intensiv mit der Berechnung der Versicherungsbeiträge, die sich unter anderem nach der statistischen Wahrscheinlichkeit von Schadenseintritten richten. Zusätzlich kommen persönliche Rahmenbedingungen der Versicherungsnehmer zum Tragen, wie beispielsweise das Alter, der Beruf, der Wohnort, das Einkommen oder die Familiensituation.

Bei privaten Versicherungsunternehmen ergeben sich die möglichen Leistungsansprüche allein aus den vertraglichen Regelungen. Auf Basis des abgeschlossenen Versicherungsvertrages übernimmt der Versicherer ein bestimmtes Risiko gegen eine Beitragszahlung des Versicherungskunden. Es besteht das Prinzip der Vertragsfreiheit. Ob und mit welcher Versicherungsgesellschaft Sie einen Vertrag abschließen, liegt ganz bei Ihnen. Gleiches gilt für die Versicherungsgesellschaft, der es freigestellt ist, ob sie mit Ihnen einen Versicherungsvertrag abschließt. Lediglich in wenigen Bereichen gibt es eine Versicherungspflicht, wie beispielsweise bei der Kfz-Haftpflichtversicherung. Den umfangreichen Versicherungsbedingungen der Konzerne, die Sie beim Vertragsabschluss akzeptieren müssen, kommt deshalb eine große Bedeutung zu.

Trotzdem sind Sie hier nicht rein der Willkür der mächtigen Versicherungsgesellschaften ausgesetzt, denn auch diese müssen sich an das maßgebende Versicherungsvertragsgesetz (VVG), das Versicherungsaufsichtsgesetz (VAG) und das Bürgerliche Gesetzbuch (BGB) halten. Dass sie es damit nicht immer so genau nehmen, zeigt sich an zahlreichen Gerichtsverfahren gegen Versicherungen, die in der Mehrheit der Fälle zugunsten des Versicherungsnehmers entschieden werden. Ihre Chancen bei Ablehnung oder Kürzung einer Versicherungsleistung stehen somit grundsätzlich sehr gut. Sie müssen diese allerdings auch durchsetzen.

Nehmen Sie in einem Konfliktfall zunächst die kostenlosen Schlichtungsstellen in Anspruch!

Ich rate Ihnen im Konfliktfall mit einer Versicherungsgesellschaft nicht sofort zur Konsultation eines Rechtsanwalts. Denn durch das zum 1. April 2016 in Kraft getretene Verbraucherstreitbeilegungsgesetz (VSBG) steht Ihnen bei fast allen Rechtsgeschäften der Weg zu einer Verbraucherschlichtungsstelle offen. Nutzen Sie deshalb zunächst dieses sogenannte Ombudsmann-Verfahren, das kostenlos und in zahlreichen mir bekannten Fällen sehr wirkungsvoll ist. Für Streitfälle mit privaten Versicherungsgesellschaften ist der Ombudsmann für Versicherungen zuständig.

6. Was tun, falls sich Ihre Versicherung weigert zu bezahlen?

Ansprechpartner	Telefon	Internet
Ombudsmann für Versicherungen	Tel.: 0800-3696000	www.versicherungsombudsmann.de

Auch in Österreich und der Schweiz gibt es das kostenlose Ombudsmann-Verfahren

Da ich mittlerweile zahlreiche Leser aus Österreich und der Schweiz habe, möchte ich auch darauf hinweisen, dass es dort ähnliche Schlichtungsverfahren gibt. Auch in Österreich existiert eine Informations- und Beschwerdestelle im Zusammenhang mit Versicherungsverträgen beim Versicherungsverband Österreich. Hier ist der Service ebenfalls kostenlos. Gleiches gilt für die Schweiz mit der Stiftung Ombudsman der Privatversicherung und der Suva. Auch im Fürstentum Liechtenstein existiert eine Schlichtungsstelle für Konflikte mit Versicherungsgesellschaften und weiteren Finanzdienstleistern.

Ansprechpartner	Telefon	Internet
VVO Versicherungsverband Österreich	Tel: 0043(0)1-71156-250	www.vvo.at
Stiftung Ombudsman Schweiz	Tel: 0041(0)44 21130-90	www.ombudsman-assurance.ch
Liechtensteinische Schlichtungsstelle	Tel: 0042(0)323810-30	www.schlichtungsstelle.li

Konsultieren Sie einen Fachanwalt, falls sich Ihre Versicherung vor der Zahlung drückt

Versicherungsgesellschaften versuchen häufig, ihre Kunden im Versicherungsfall mit unzureichenden Leistungen abzufinden. Als Versicherungsnehmer sollten Sie sich dann keinesfalls mit einer Teilzahlung oder gar einer pauschalen Ablehnung abspeisen lassen. Die Versicherungen setzen nach meiner Einschätzung ganz bewusst darauf, dass ihre Kunden häufig uninformiert sind und einer juristischen Auseinandersetzung in der Regel aus dem Weg gehen. Dabei reicht es oft schon, ein Schlichtungsverfahren einzuleiten bzw. durchzuführen. Sollte das Schlichtungsverfahren des Versicherungs-Ombudsmanns allerdings erfolglos sein, dürfen Sie nicht den Mut verlieren.

Ich empfehle Ihnen in einem derartigen Fall die Konsultation eines spezialisierten Fachanwalts für Versicherungsrecht, der Sie als Mandant sowohl gerichtlich als auch außergerichtlich vertritt und aufgrund von Praxisfällen und Gerichtsverfahren die Argumente und Tricks der Versicherungen kennt.

Rechtsschutzversicherungen übernehmen in aller Regel die Kosten

Die anfallenden Anwaltskosten werden bei einem streitigen Versicherungsschaden in der Regel von Ihrer Rechtsschutzversicherung übernommen. Achten Sie darauf, dass Ihr Rechtsbeistand bei Ihrer Rechtsschutzversicherung eine Deckungszusage einholt. Im Fall der Fälle wird durch Ihren Fachanwalt für Versicherungsrecht – aufgrund der für Sie als Verbraucher vorteilhaften Rechtsprechung – auch auf juristischem Wege eine Deckungszusage angefordert. Das führt nach meinen Erfahrungswerten in den meisten Fällen zum Erfolg.

Die häufigsten Konfliktfälle mit Versicherungen entstehen übrigens im Bereich der Berufsunfähigkeitsversicherungen, Krankenversicherungen und der Deckungszusagen von Rechtsschutzversicherungen im Zusammenhang mit Klagen aufgrund von Falschberatungen und gescheiterten Kapitalanlagen.

Meine Empfehlung: Nutzen Sie die verbraucherfreundliche Rechtsprechung!

Die Chancen auf eine Kapitalwiederherstellung bzw. auf Schadenersatz sind auch im Versicherungsbereich aufgrund der zunehmend verbraucherfreundlichen Rechtsprechung sehr hoch. Auch die Rückabwicklungen von Lebensversicherungen oder Verbraucherkreditverträgen fallen in diesen Bereich. Die Rahmenbedingungen sind also gut für Sie als Verbraucher und Versicherungskunde. Sie sollten Ihre Rechte in einem Konfliktfall durchsetzen! Fachanwälte für Versicherungsrecht in Ihrer Region finden Sie unter www.anwalt.de.

7. Raus aus Rürup: Versicherungen und Vermittler kassieren 38 % der Prämien!

In Deutschland altert die Gesellschaft. Das führt gleichzeitig dazu, dass das Rentenniveau weiter sinken wird, weil die Finanzierung der deutschen Rentenversicherung im Umlageverfahren erfolgt. Das Buch eines ehemaligen Versicherungsmanagers mit dem Titel »Alt, arm und abgezockt: Der Crash der privaten Altersvorsorge« hat aktuell eine neue Diskussion über die Gefahren des deutschen Lebensversicherungssystems ausgelöst.

Rürup-Renten sind unflexibel und unrentabel

Rürup-Verträge wurden und werden vor allem an Besserverdiener vertrieben, die kurz vor Rentenbeginn ihre Altersvorsorge noch aufstocken und Steuern sparen wollen. Die massiven Nachteile durch die nachgelagerten Steuerbelastungen im Alter wurden jedoch sehr häufig vollkommen außen vor gelassen. Gleiches gilt für die gigantischen Kostenbelastungen. Im Herbst 2017 wurde eine Studie der Technischen Universität Chemnitz veröffentlicht, die leider in den Medien kaum beachtet wurde. Die Finanzwissenschaftler der Universität kamen dabei auf Basis realer Daten zu dem Ergebnis, dass die Kosten eines Rürup-Vertrages mit sage und schreibe 38 % (!) des angesparten Endwertes der Anlage zu Buche schlagen.

Die an die Kunden ausgehändigten Produktinformationsblätter verschleiern hingegen diese massiven Gebührenbelastungen und weisen im untersuchten Fall lediglich Effektivkosten in Höhe von 2,2 % aus. Viele Rürup-Kunden würden die Verträge schlicht nicht abschließen, wenn sie richtig über die steuerlichen Belastungen in der Zukunft und die hohen Kosten informiert wären.

Nutzen Sie anwaltliche Hilfe zur Überprüfung Ihrer privaten Altersvorsorge!

Ich kenne viele Fälle, in denen unzufriedene Anleger ihre Kapitalanlagen oder Wertpapierdepots überprüfen lassen. Gleiches gilt für Versicherungsprodukte. Auch hier findet häufig ein Wechsel der Versicherungsgesellschaft, des Versicherungsberaters oder des Versicherungsmaklers statt. Im Fall von privaten Lebens- und Rentenversicherungsverträgen, Verträgen der betrieblichen Altersversorgung bAV oder Riester- und Rürup-Verträgen ist nach meiner Erfahrung die professionelle juristische Überprüfung durch einen spezialisierten Rechtsanwalt sinnvoll.

Als Versicherungskunde, der beispielsweise eine Rürup-Rente abgeschlossen hat, können Sie dadurch die Verpflichtung Ihres Vermittlers zum Schadensersatz wegen unvollständiger Beratung durch eine Feststellungsklage gerichtlich entscheiden lassen. Eine erfolgreiche Durchsetzung Ihrer Ansprüche ist umgehend bares Geld wert durch die Rückerstattung Ihrer Prämien sowie einen Schadenersatzanspruch und schützt Sie zusätzlich vor den latenten Zukunftsrisiken Ihres einst abgeschlossen Vertrages.

Meine Empfehlung: Das erste Telefonat über Ihr Anliegen erfolgt unentgeltlich!

Rechtsanwalt Dr. Johannes Fiala aus meinem Expertennetzwerk hat sich erfolgreich spezialisiert auf die Bereiche Bankenhaftung bezüglich fehlerhafter Beratung bei Kapitalanlagen, Versicherungshaftung, Beraterhaftung, Vermittlerhaftung und Maklerhaftung: An ihn können Sie sich vertrauensvoll bei juristischen Fragen im Hinblick auf die Rückabwicklungsmöglichkeiten von unrentablen Rürup-Verträgen und Co. wenden. Sie müssen auch keine Sorge haben, dass – wie bei Anwälten häufig üblich – sofort die Gebührenuhr zu ticken beginnt und Sie deswegen umgehend eine teure Rechnung erhalten. Das erste Telefonat über Ihr Anliegen erfolgt unentgeltlich!
Info: www.fiala.de – Tel.: 0049 (0)891790-900

8. Dank dieser drei Vorteile ist das gerichtliche Mahnverfahren bares Geld wert

Ich bin mir sicher, dass auch Sie im Laufe Ihres Privat- und Geschäftslebens schon einmal oder mehrmals das Problem hatten, dass Sie Ihrem Geld aus den unterschiedlichsten Gründen hinterherlaufen mussten. Beispielsweise weil eine Rechnung, die Sie als Unternehmer gestellt haben, nicht bezahlt wurde.

8. Dank dieser drei Vorteile ist das gerichtliche Mahnverfahren bares Geld wert

Oder Sie hatten eine berechtigte unbezahlte Geldforderung gegenüber einem Vermittler, einem Vermögensberater, einem Mieter, einem Vermieter, einer Bank, einem Steuerberater, einem Händler und Dienstleister oder ganz allgemein einer sonstigen natürlichen oder juristischen Person, die nicht beglichen wurde. Häufig folgt daraufhin entweder ein Verzicht auf das Geld durch Passivität oder in weit weniger Fällen der durchaus teils kostspielige Gang zum Rechtsanwalt.

Das gerichtliche Mahnverfahren ist einfach und ohne teuren Rechtsanwalt und Zivilprozess durchführbar

Der Mahnbescheid ist hier eine echte Alternative zum teuren Zivilprozess. Das gerichtliche Mahnverfahren verläuft im Idealfall ohne Gerichtstermin und ohne Betreuung durch einen Rechtsanwalt. Je nach Bedarf und Sachlage können Sie damit die nachfolgenden drei Ziele verfolgen:

1. **Rechtlicher Druckaufbau:** Im Gegensatz zu einer gewöhnlichen Zahlungsaufforderung oder einer schriftlichen Mahnung versteht Ihr säumiger Gegner die gerichtliche Aufforderung als druckvollen Hinweis, dass die nun durch Mahnbescheid und Vollstreckungsbescheid geltend gemachten Ansprüche durch eine umgehende Zahlung zu befriedigen sind. Behördliche Zahlungsaufforderungen bewirken hier nicht selten wahre Zahlungswunder.
2. **Vollstreckungs- und Pfändungsmöglichkeit:** Sie schaffen mit dem Titel, den Sie im Rahmen des gerichtlichen Mahnverfahrens erwirken können, die Basis für eine Vollstreckung. Diese kann im Anschluss je nach Erfolgsaussichten in Form einer Lohn- und Kontopfändung oder auch direkt durch einen Gerichtsvollzieher erfolgen.
3. **Sicherung Ihres Rechtsanspruches auf 30 Jahre:** Sollte weder die Zahlung Ihres Schuldners erfolgen noch die Zwangsvollstreckung in Vermögenswerte derzeit möglich sein, so sichern Sie mit dem gerichtlichen Mahnbescheid Ihre Forderung zumindest vor der gesetzlichen Verjährungsfrist von lediglich drei Jahren. Ein mittels Mahn- und Vollstreckungsbescheid erwirkter Titel verjährt nicht und hat eine Gültigkeit von 30 Jahren. Diese lange Laufzeit des Titels ist ebenfalls ein hervorragendes rechtliches Druckmittel, das für die Zukunft wie ein Damoklesschwert über Ihrem Schuldner hängt.

Meine Empfehlung: Umfassende Dienstleistungen von Mahnbescheide.de

Das grundlegende Ziel des gerichtlichen Mahnverfahrens besteht darin, den Schuldner dazu zu bringen, zu zahlen. Ich empfehle Ihnen dabei die Nutzung von Mahnbescheide.de, denn über dieses Portal ist es professionell, einfach und zudem kostenlos möglich, einen juristisch einwandfreien Mahnbescheid bei der richtigen Stelle zu beantragen. Der gesamte Ablauf des gerichtlichen Mahnverfahrens mit allen Fristen wird dabei für Sie überwacht. Die Betreuung reicht dabei vom Mahnbescheidsantrag bis hin zur Zwangsvollstreckung.

Die Kosten sind günstig, transparent und fair

Neben den Gerichtskosten, die das Mahngericht erhebt, und der Pauschale von lediglich 24,99 Euro fällt für die Dienstleistung von Mahnbescheide.de eine erfolgsbasierte Provision in Höhe der realisierten Verzugszinsen an. Weitere Gebühren fallen nicht an.
Die Gerichtskosten richten sich gestaffelt nach dem Streitwert. Bei einem Streitwert von 1.000 Euro betragen diese beispielsweise 32 Euro. Bei 10.000 Euro fallen 120,50 Euro an und bei 25.000 Euro betragen die Gerichtskosten 185,50 Euro. Auf der Internetseite www.mahnbescheide.de finden Sie neben detaillierten Checklisten und Ablaufbeschreibungen auch einen Gerichtskostenrechner, über den Sie alle anfallenden Kosten vorab berechnen können.
Info: www.mahnbescheide.de – Tel.: 0049(0)991-2962920

9. Mit diesen sechs Anbietern schaffen Sie sich Ihre eigene Rechtsabteilung

Es gibt mittlerweile einige Online-Rechtsportale, die Ihnen umfassende Basis-Dienstleistungen im Legal-Tech-Bereich bieten. Der Vorteil: Sie können im Bedarfsfall kostengünstige professionelle Rechtsdienstleistungen in Anspruch nehmen, oft zu klar kalkulierbaren Festpreisen. In vielen Fällen erhalten Sie vorab sogar eine kostenlose juristische Ersteinschätzung zu Ihrem Rechtsproblem. Im Ergebnis ist das so, als ob Sie über eine eigene

Rechtsabteilung verfügen, die Sie bei auftretenden Problemen in Anspruch nehmen können.

LegalTechs helfen Ihnen dabei, Ihre Verbraucherrechte durchzusetzen

Mehr als zwei Drittel aller Verbraucher haben Angst vor den Kosten eines Rechtsstreits und verzichten deshalb lieber auf ihr Recht. Genau hier setzen Legal-Tech-Unternehmen mit ihren Dienstleistungen an. Stellvertretend für LegalTechs möchte ich Ihnen zunächst die Dienstleistungen der financialright GmbH (www.myright.de) näher vorstellen. Dieses Rechtsportal hat mir selbst bereits erfolgreich bei einem fehlerhaften Bußgeldbescheid geholfen.

Das Internet-Portal www.myright.de bietet Ihnen unter anderem die Möglichkeit, schnell und kostenlos Ihre erhaltenen Bußgeldbescheide auf Richtigkeit überprüfen zu lassen. Das ist häufiger sinnvoll, als Sie vielleicht denken, denn jeder zweite Bußgeldbescheid gilt als fehlerhaft. Daneben bietet Ihnen myright.de weitere Anwaltsdienstleistungen zur Schadensregulierung bei Auto- und Radunfällen, die kostenlose Prüfung von Abfindungszahlungen sowie die Unterstützung im Dieselskandal.

LegalTechs bieten Ihnen Top-Anwälte, zu denen Sie als einzelner Verbraucher keinen Zugang hätten

Den größten Erfolg verzeichnet myRight bislang im Zusammenhang mit dem Diesel-Abgasskandal, bei dem einige Musterfeststellungsklagen für Tausende Kunden durchführt wurden. Rund 19.000 Besitzer manipulierter Dieselfahrzeuge haben so mittlerweile beim Landgericht Braunschweig über myRight eine Schadenersatzklage gegen die Volkswagen AG eingereicht. Die Schadenssumme beläuft sich dabei auf rund 500 Millionen Euro.

Als Kläger tritt hier myRight.de bzw. die FinancialRight GmbH auf, Ihre Rechte werden dabei aber natürlich von renommierten Anwaltskanzleien vertreten. Als Verbraucher agieren Sie so auf Augenhöhe mit dem juristischen Gegner, was Ihnen ansonsten schier unmöglich wäre. Im Abgasskandal hat myRight.de beispielsweise die US-amerikanische Kanzlei von Staranwalt Michael Hausfeld (www.hausfeld.com) mandatiert, der schon das Verfahren

VI. Rechtsschutz

gegen VW in den USA erfolgreich geführt hat. Als einzelner Verbraucher hätten Sie keinen Zugang zu dieser sündhaft teuren Top-Kanzlei. Noch etwas breiter aufgestellt als myRight.de sind die nachfolgenden sechs empfehlenswerten Online-Rechtsportale, mit denen Sie sich quasi Ihre »eigene Rechtsabteilung« schaffen, die Sie im Bedarfsfall einfach und flexibel in Anspruch nehmen können.

6 empfehlenswerte LegalTech-Anbieter

1. **advocado:** Die advocado GmbH verfügt über mehr als 350 spezialisierte Partner-Kanzleien und bietet Ihnen professionelle Rechtsberatung in allen rechtlichen Angelegenheiten sowohl für Privat- als auch für Geschäftskunden. Auch komplexe Themen wie die Regelung des eigenen Nachlasses, die Durchsetzung von Ansprüchen und Problemen aufgrund von Baumängeln, die Gründung eines Unternehmens oder der Verkauf von Unternehmensanteilen werden über das Rechtsportal von www.advocado.de vollständig digital, ohne großen Aufwand und zu fairen Gebührensätzen abgewickelt. Nach einer kostenlosen Ersteinschätzung können Sie anschließend eine Rechtsberatung zu einem transparenten Festpreis in Anspruch nehmen.
Info: www.advocado.de

2. **Jurato:** Auf der Online-Rechtsplattform www.jurato.de können Sie Ihren Rechtsfall individuell ganz einfach online anlegen und verwalten. Registrierte Partneranwälte bieten Ihnen dann eine individuelle Beratung zum Festpreis an. Die aufwendige Suche nach einem für Ihren spezifischen Fall geeigneten Anwalt entfällt dadurch komplett. Stattdessen kommen entsprechend versierte Rechtsanwälte direkt auf Sie zu und schicken Ihnen jeweils ein individuelles Beratungsangebot. Die Angebote und Profile der Rechtsanwälte können Sie anschließend in Ruhe vergleichen und dann den geeignetsten Anwalt beauftragen. Jurato bietet Ihnen also eine einfache Ausschreibungs- und Vergleichsmöglichkeit für Ihren juristischen Auftrag, auf den sich die Anwälte »bewerben« können.
Info: www.jurato.de

3. **Legalbase:** Legalbase wird vom führenden Experten für Firmengründungen in Deutschland offeriert, nämlich der firma.de Firmenbaukasten AG, die unter www.firma.de Beratungsangebote für Unternehmer und Gründer von Start-ups bietet. Die dort angebotenen Leistungen umfassen beispielsweise Firmengründungen, Lohn- und Finanzbuchhaltung sowie Steuer- und Rechtsberatung zu transparenten und günstigen Preisen. Legalbase ist sehr empfehlenswert, falls Sie selbstständig bzw. Unternehmer sind.
Info: www.legalbase.de

4. **FAQ-Recht:** FAQ steht für »häufig gestellte Fragen« (Frequently Asked Questions). Das Informationsportal www.faq-recht.de stellt Ihnen juristische Informationen in einer gut verständlichen Sprache und klar strukturiert zur Verfügung. Dabei werden Ihnen Lösungen für häufige Problemfälle, Zusammenfassungen von ausgesuchten Gerichtsurteilen, Vergleichsfälle, kommentierten Gesetzestexte, Definitionen von Rechtsbegriffen und viele weitere Informationen geboten. Dadurch erhalten Sie die Möglichkeit, sich selbst kostenlos zu Ihrem Rechtsproblem zu informieren. Daneben können Sie in den unterschiedlichsten Rechtsgebieten eine kostenlose Ersteinschätzung von entsprechend spezialisierten Anwälten einholen und sich anschließend – zu transparenten Kosten – weiter beraten lassen.
Info: www.faq-recht.de

5. **FragRobin:** Hinter dem Internetportal www.fragrobin.de steht ein sogenannter Anspruchsrechner, der Sie zunächst durch einige Fragen führt und Ihnen dann eine automatisierte kostenlose Ersteinschätzung in über 100 Rechtsgebieten liefert – von Abfindung über Elternzeit und Scheidung bis hin zur Zugverspätung.
Info: www.fragrobin.de

6. **Frag einen Anwalt:** www.frag-einen-anwalt.de wurde bereits 2004 gegründet und ist damit ein wahrer Legal-Tech-Pionier. Sie können hier jegliche Rechtsfrage ganz unkompliziert online einstellen und selbst ei-

> nen Preis für die Beantwortung festlegen. Ist ein Anwalt bereit, Ihr Preisangebot anzunehmen, erhalten Sie innerhalb von zwei Stunden eine rechtsverbindliche Antwort durch einen entsprechend qualifizierten Partneranwalt.

10. Ponzi und Scam: So erkennen Sie Betrugssysteme

Die Digitalisierung ist nicht nur ein Schlagwort, sondern hält Einzug in immer mehr Bereiche unseres Lebens. Wir befinden uns derzeit inmitten einer Digitalen Revolution, die ganz grundlegend eine Vielzahl an positiven Veränderungen mit sich bringt. Aber wo Licht ist, ist auch Schatten. Ich bin grundsätzlich von der Evolution unseres Geldsystems auf Basis der Blockchain-Technologie absolut überzeugt. Dennoch stehe ich dem aktuellen Hype, basierend auf der – derzeit – wichtigsten Kryptowährung, dem Bitcoin, in Teilbereichen auch sehr kritisch gegenüber.

Eine Entwicklung ist dabei nach meiner Einschätzung mit großen Risiken verbunden. Tag für Tag sehe ich in den sozialen Netzwerken wie XING, Facebook, Twitter oder LinkedIn Postings von Personen, die mit gigantischen Gewinnversprechen oder vollkommen irrationalen Aussagen und Geschichten die unterschiedlichsten Investitionsmöglichkeiten rund um Bitcoin- und Blockchain-Geschäftsmodelle, Mining-, Arbitrage-, Trading- oder ganz allgemein Investment-Programme anpreisen. Dafür werden nicht nur hohe Renditen, sondern auch hohe Einkommenspotenziale durch Provisionszahlungen, meist auf MLM-Basis, versprochen. (MLM steht für »Multi Level Marketing«).

Zwischen einer Plastikdose für die Küche und einer kryptografischen Digitalwährung für Ihr Geld gibt es allerdings signifikante Unterschiede. Überwiegend werden Networker ebenso auf MLM-Systeme treffen im Zusammenhang mit Gesundheitsprodukten wie beispielsweise Anti-Faltencremes oder Abnehmpillen, Nahrungsmitteln wie besonderen Kaffeesorten, angeblichen Heilsäften oder den unterschiedlichsten Nahrungsergänzungsmitteln.

Hat Sie Ihr Friseur, der Kellner Ihrer Pizzeria oder ein Finanzvermittler bereits auf Bitcoin und Blockchain angesprochen?

Teilweise bekomme ich Zuschriften verbunden mit Angeboten von Personengruppen, die vor wenigen Monaten vermutlich noch nicht einmal die Begriffe Bitcoin oder Blockchain kannten, geschweige denn ihre grundlegenden Funktionsweisen verstanden haben. Das stelle ich fest, wenn ich gelegentlich einmal fachliche Nachfragen stelle. Wenn ich mir dann die Lebensläufe der Personen anschaue, muss ich feststellen, dass schlicht keine fundierte Kompetenz außerhalb einer reinen Vertriebsaktivität vorliegt!

Das mag arrogant klingen, dessen bin ich mir bewusst. Ich habe großen Respekt vor Quereinsteigern in den unterschiedlichsten Segmenten, aber ein Friseur, ein Bäcker, ein Kellner, ein Automechaniker, ein Elektriker oder eine Hausfrau, die gestern Tupperware oder ein Nahrungsergänzungsmittel verkauft hat und heute in das scheinbar so lukrative Blockchain-, Bitcoin- oder Krypto-Geschäft im Allgemeinen einsteigt, ist für mich grundlegend stark zu hinterfragen. Gleiches gilt für reine Finanzvermittler bzw. Vertriebler oder angebliche »Networker«, die versuchen, in diesem unregulierten Markt ohne Expertise oder Zulassungen der Aufsichtsbehörden Fuß zu fassen und die boomende digitale Goldgräberstimmung zu nutzen.

Der Traum und die Geschichte vom »passiven Einkommen« ist ein aktiver Unsinn!

Es ist für mich traurig, feststellen zu müssen, dass gerade freie Finanzberater aus ihrer eigenen Orientierungslosigkeit heraus immer häufiger derart fragwürdige Geldquellen erschließen und ihre Kunden mit scheinbar gigantischen Gewinnversprechen oder sogenannten »passiven Einkommensmöglichkeiten« ködern. Es gibt kein passives Einkommen, das ist schlicht unseriöser Unsinn! Jedes Einkommen basiert auf einer Aktivität. Selbst ein Lottogewinn basiert auf der Aktivität, der Abgabe eines Scheins, verbunden mit einem Kapitaleinsatz in Kombination mit einer Wahrscheinlichkeitsrechnung.

Der größte Haken bei vielen MLM-Systemen, die auf rein virtuellen Produkten basieren, ist, dass Neukunden animiert werden, sich als Partner für mehrere Tausend Euro einzukaufen und wiederum neue Kunden zu vermitteln. Am Ende des Tages sind derartige Konzepte eine Mischung aus einer Art »Kapitalanlage« und einem eigenen »Kapitalanlagevertrieb«, ohne dass aufsichtsrechtliche Regularien beachtet werden müssen. Das ist eine Grauzone, die auch für die nationalen Aufsichtsbehörden (Bafin, FMA, FINMA) ebenso wie für die daran teilnehmenden Networker zunehmend zu einem Problem wird.

> Bevor ein seriöser Networker nachhaltig erfolgreich wird, bedarf es enorm viel Arbeit, Wissensbildung und Durchhaltevermögen!

Gestern Tupperware, Nahrungsergänzungsmittel, Kaffee oder Cremes und heute Bitcoin!

Die dahinterstehenden MLM-Systeme sind nach meiner Erfahrung mehrheitlich im besten Fall ineffizient, im schlechtesten und weit häufigeren Fall schlicht nur Betrug. Der Begriff MLM (Multi Level Marketing) ist auch unter Network- oder Empfehlungs-Marketing bekannt. Das ist nicht grundsätzlich bzw. pauschal schlecht, mir liegt es fern, eine ganz Branche zu diffamieren. Sie kennen selbstverständlich seriöse Unternehmen wie beispielsweise die »Tupperware«, eine Mutter der Direktmarketing-Industrie, die ihre Kunststoff-Küchenartikel sehr erfolgreich seit Jahren durch ein direktes Empfehlungsmarketing vertreibt.

Solide Direktmarketing-Konzepte, hinter denen ein vernünftiges und sinnvolles Produkt steht, begrüße ich somit ausdrücklich. Die zahlreichen schwarzen Schafe in der Network-Marketing-Branche sorgen allerdings stets dafür, dass die Branche in ihrer Gesamtheit in Verruf gerät, weil nicht differenziert wird im Hinblick auf die Geschäftspraktiken und Geschäftsmodelle. Ich differenziere hingegen und benenne nicht nur Indikatoren, die zur Vorsicht mahnen, sondern nenne auch Ross und Reiter bei dubiosen Geschäftskonzepten und mutmaßlichen Betrugssystemen.

Das Internet ist kein rechtsfreier Raum!

Ich wurde in der Vergangenheit von dubiosen und überwiegend vollkommen unqualifizierten Beratern bzw. Vermittlern und sogenannten »Sponsoren« dieser Vertriebssysteme immer wieder massiv angegangen, diffamiert und auch von mehreren Unternehmen juristisch belangt, von Unterlassungserklärungen – von denen ich noch nie eine unterschrieben habe – bis hin zu zahlreichen Klagen vor Gerichten. Journalistisch lasse ich mir meinen Mund nicht verbieten. Ebenso bewerte ich auch derartige Entwicklungen im Hinblick auf »Hater« und »Neider« längst als positive Entwicklungen und Auszeichnungen für meine Arbeit.

Ich kann ebenso bestätigen, dass Meinungs- und Pressefreiheit nach wie vor sehr starke Säulen unseres freiheitlichen Rechtssystems sind. Gegen mich eingeleitete rechtliche Schritte waren stets erfolglos, da meine Berichte absolut sauber und belastbar recherchiert sind und ich selbst – über mein umfassendes Experten-Netzwerk – auch nicht gerade über die schlechtesten Anwälte verfüge. Zugleich schalte ich stets die Behörden ein über die Polizeidienststellen und Staatsanwaltschaften und nutze auch die digitalen Möglichkeiten von Online-Strafanzeigen.

Polizei, Staatsanwaltschaft und Aufsichtsbehörden steigern ihre Digitalkompetenz zunehmend!

Auf meine Empfehlung, eine Strafanzeige zu erstatten, erhalte ich nicht selten von geschädigten Investoren oder Networkern übrigens zunächst die pessimistische Antwort, dass das doch nichts bringe, weil die Polizei sich damit gar nicht auskenne. Das ist ein großer Trugschluss. Bereits seit dem 1. Januar 2015 besteht bei der Generalstaatsanwaltschaft Bamberg beispielsweise die Zentralstelle Cybercrime Bayern (ZCB). Diese Zentralstelle ist bayernweit zuständig für die Bearbeitung herausgehobener Ermittlungsverfahren im Bereich der Cyberkriminalität. Vergleichbare Entwicklungen gibt es in allen Bundesländern, ebenso in den Strafverfolgungsbehörden in Österreich und in der Schweiz.

Ich persönlich erreiche im Jahr 2019 voraussichtlich eine dreistellige Zahl von Anzeigen, die ich erstattet habe. Nicht weil ich geschädigt wurde, sondern weil ich aufgrund meiner Arbeit und auf Basis von Zuschriften zur Erkenntnis gelange, es mit Betrügern zu tun zu haben. In fast allen Bundesländern können Anzeigen bei den zuständigen Behörden auch online erstattet werden.

Gleichzeitig informiere ich nationale und internationale Aufsichtsbehörden, in erster Linie die Bundesanstalt für Finanzdienstleistungsaufsicht

VI. Rechtsschutz

BaFin aus Deutschland, die Finanzmarktaufsicht FMA aus Österreich und dem Fürstentum Liechtenstein oder die Finanzmarktaufsicht FINMA in der Schweiz. Mittlerweile habe ich aber auch bei außereuropäischen Behörden Anzeigen erstattet, und selbst mit dem FBI aus den USA hatte ich schon Kontakt. Im Zusammenhang mit dem mutmaßlichen Betrugsfall wurde ich aufgrund meiner Recherchen und Berichte sogar schon zur bekannten ZDF-Sendung »Aktenzeichen XY-Spezial: Vorsicht, Betrug!« mit Rudi Cerne als Experte und Interviewpartner eingeladen.

Markus Miller bei Aktenzeichen XY im ZDF (Bitcoin-Betrugsfall vom 27.03.19)

Kryptos und Trading: 8 Tipps zur Erkennung von Betrugssystemen

Erfreulicherweise darf ich fortlaufend eine Vielzahl neuer Leser bzw. Interessenten und Kunden begrüßen. Leider stehen dabei die ersten Fragen an mich sehr häufig im Zusammenhang mit fehlgeschlagenen betrügerischen »Online-Investments«. Aktuell habe ich meine KRYPTO-X-Todesliste aktualisiert, mit den am häufigsten bei mir angefragten, mutmaßlichen Krypto-Betrugs-(SCAM) und Schneeballsystemen (PONZI).

Nachfolgend meine wichtigsten Empfehlungen, die Sie prüfen sollten, bevor Sie eine Investition in einen Krypto-Anbieter- bzw. Krypto-, Trading- oder generell Online-Investment-System tätigen.

10. Ponzi und Scam: So erkennen Sie Betrugssysteme

1. **Impressum** – Ist ein rechtskonformes Impressum auf der Internetseite vorhanden, mit entsprechender Datenschutzerklärung (DSGVO) und Allgemeinen Geschäftsbedingungen (AGB)?
2. **Zulassungen** – Sind bei Trading-, Brokerage- und Investment-Systemen entsprechende Zulassungen der Finanzaufsichtsbehörden (BaFin, FMA, FINMA) vorhanden?
3. **Handelsregister** – Ist das entsprechende Unternehmen mit seinem Gewerbe überhaupt im Handelsregister eingetragen und der Gerichtsstand somit korrekt angegeben, ebenso wie verantwortliche Personen? Ist ein Firmensitz im Ausland – beispielsweise in Übersee – plausibel (Haftung, Regulierung, Steuern) oder verbirgt sich dahinter lediglich ein Briefkasten?
4. **Team-Zusammensetzung** – Gibt es ein Team, das auf der Internetseite transparent dargestellt ist, und haben die Mitglieder auch die Kompetenz, das beschriebene Geschäftsmodell umzusetzen? Sind die angegebenen Teammitglieder überhaupt reale Personen? Hier hilft eine Suche nach den Namen bei Business-Plattformen wie LinkedIn oder XING bzw. Twitter.
5. **Google-Recherche** – Gibt es bereits Warnungen zum jeweiligen Anbieter im Internet, sei es von Aufsichtsbehörden, Erfahrungsberichten von Kunden oder journalistischen Recherchen? Sind die handelnden Personen bereits einmal negativ in Erscheinung getreten?
   Beispielsweise mache ich stets die Erfahrung, dass bei jüngeren MLM-Systemen wie BitClub Network, Platincoin, WeGoCrypto WGC, Arbitracoin, Aequatorcoin, Infinity Economics (XIN), Smart Trade Coin, Pulse Empire, Top10Coins, Plus Token, Karatbank Coin, Tycoon69, BCB4U, MCV-CAP, Minerva Trading Bot, Kryptogold, Lopoca, Cloud Token oder Glamjet zahlreiche MLM-Provisions-Vertriebler in der Vergangenheit bereits mutmaßliche Mega-Betrugsprogramme wie OneCoin, Cryp Trade Capital, Optioment, USI-Tech oder Questra vermittelt haben.
6. **Geschäftsmodell** – Ist das Businesskonzept des Anbieters überhaupt plausibel? Ist bei einer beworbenen Kryptowährung bzw. einem Token überhaupt eine dezentrale, einsehbare Blockchain vorhanden? Ist das nicht der Fall, liegt die Wahrscheinlichkeit eines Shitcoin- bzw. SCAM-Investments bei annähernd 100 %.

7. **Renditeversprechen** – Sind Gewinnprognosen überhaupt realistisch und gibt es eventuell sogar Renditeversprechen?
Meine Empfehlung: Sobald im Krypto- oder Tradingbereich Renditen versprochen oder garantiert werden (z. B. Bitclub Network, Jubilee Ace, Plus Token), gilt: **Finger weg!**
8. **Auf MLM-System-Basis** – Sobald ein Krypto-Angebot oder eine Kryptowährung auf einem MLM-System (Multi-Level-Marketing, Network-Marketing NM) basiert und Provisionen für eine Vermittlung an Sponsoren bezahlt werden, gilt für mich ausnahmslos: **Finger weg!**

Sollte das Kind bereits in den Brunnen gefallen sein, sind die nachfolgenden Punkte ratsam:

1. Anzeige bei der Polizei erstatten
2. Nationale Aufsichtsbehörden informieren (BaFin, FMA, FINMA)
3. Beschreitung des Rechtsweges über einen spezialisierten Fachanwalt für Anlegerschutzrecht, Bank- und Kapitalmarktrecht bzw. Verbraucherrecht
Meine Empfehlung: Nehmen Sie Ihre Upline, also Ihren Vermittler/Sponsor in Haftung und verklagen Sie diesen!

Was tun, wenn ich als Networker von einer Schadensersatzklage betroffen bin?

Immer aufsehenerregendere Themen sind das ständig wachsende Haftungsrisiko und die Verwicklung in Schadensersatzprozesse für Networker, Sponsoren, Vermittler und Berater aus dem Bereich der Kryptowährungen, aber auch im Segment von Forex-, Devisenhandel bzw. sonstigen Tradingsystemen. Es ist davon auszugehen, dass die Schadensersatzforderungen und -klagen der Anleger auch in Zukunft kontinuierlich zunehmen werden.

Bei erlittenen finanziellen Verlusten ist für die Anleger häufig der naheliegendste Weg, rechtliche Schritte gegen den eigenen Sponsor einzuleiten, der das entscheidende Finanzanlageprodukt empfohlen hat, was ich ja auch empfehle. Ein Grund, der die Networker zur Zielscheibe der rechtlichen Auseinandersetzung werden lässt, ist, dass die Networkunternehmen ihren Firmensitz häufig im außereuropäischen Ausland haben und dem Grunde nach kaum kontaktierbar sind. Wohingegen die Kontaktdaten des eignen Sponsors in der Regel bekannt sind.

Die Networker sind sodann mit Haftungsproblematiken und rechtlichen Fragestellungen konfrontiert, von denen sie zuvor noch nicht einmal gehört haben. Auf einmal sind sie Partei eines Schadensersatzprozesses wegen vermeintlicher Schlecht- oder Falschberatung, wobei sie in vielen Fällen völlig unbedarft nach bestem Wissen und Gewissen ihrer Tätigkeit nachgekommen sind.

> Meine Erfahrung: Je tiefer die Stellung in der Vertriebsstruktur (Upline/Downline), desto höher die Naivität und Unwissenheit.

Selbstverständlich unterstelle ich nicht jedem MLM-Vermittler pauschal eine betrügerische Absicht. Ich habe mittlerweile viele Networker kennengelernt, die aus Unwissenheit in Kombination mit gutgläubiger Naivität nach eigentlich bestem Wissen und Gewissen Betrugssysteme vermittelt haben und nun vor einem Scherbenhaufen oder teilweise sogar den Trümmern ihrer Existenz stehen. Grundlegend gilt: Unwissenheit schützt nicht vor Strafe. Was aber ist zu tun, wenn ein unbedarfter, gutgläubiger Networker, der nach bestem Wissen und Gewissen ein System oder ein Produkt weiterempfohlen und vermittelt hat, auf einmal vor einer Klage bzw. einem Schadensersatzprozess steht?

> **Meine Empfehlung für Vermittler: Keine Kommunikation ohne Rechtsbeistand!**
>
> Setzen Sie im Bedarfsfall auf spezialisierte Anwälte für MLM-, Vertriebs- und Kryptorecht! Ein Schadensersatzprozess kann ein erhebliches Schadenspotential für Networker, Sponsoren, Vermittler und Berater mit sich bringen. Daher sollte schnellstmöglich ein kompetenter und in diesem Bereich erfahrener Rechtsanwalt hinzugezogen werden. Das gesamte Thema ist hochkomplex und besonders anfällig für Fehler bei mangelnder Expertise und Professionalität. Die Kanzlei SBS Legal hat sich spezialisiert auf die Rechtsbereiche MLM-Recht, Vertriebsrecht, Kryptorecht, Finanzanlagerecht, Wirtschaftsmediation, Markenrecht,

Gewerblicher Rechtsschutz, Wettbewerbsrecht und Lebensmittelrecht. SBS Legal ist eine hochspezialisierte Rechtsanwaltskanzlei im Bereich Networkmarketing. Jahrelange und umfangreiche Erfahrungen begründen das besondere Know-How der Kanzlei. Die kompetenten Rechtsanwälte sind mit den Strukturen sowie rechtlichen Besonderheiten der Branche bestens vertraut. Ebenso ist das Finanzanlagerecht ein Schwerpunkt der Kanzlei. Aufgrund der umfassenden Erfahrungswerte in diesen Rechtsgebieten können Ihnen die Anwälte der Kanzlei eine professionelle und zielführende Abwehr von Schadensersatzforderungen und möglichen anschließenden Schadensersatzprozessen gewährleisten. Wenn Konflikte im eigenen privaten Umfeld durch die Empfehlung eines nicht erfolgreichen Finanzanlageprodukts entstanden sind, kann die Wirtschaftsmediation als außergerichtliches Konfliktlösungsverfahren Lösungen bieten, welche die Kanzlei ebenfalls anbietet.
Info: www.sbs-legal.de − Tel.: 49 (0)40-73440 86-0

11. Diese Top-Kanzlei hilft Ihnen bei Anlagebetrug und Falschberatung

Neben meinen makroökonomischen Analysen und Empfehlungen von Anlagestrategien und Gestaltungskonzepten widme ich mich auch regelmäßig der Warnung vor Angeboten bzw. Anbietern, die nach meiner Einschätzung als dubios einzustufen sind. Hierfür arbeite ich intensiv mit renommierten Anwaltskanzleien zusammen. Daneben beschäftige ich mich auch immer wieder mit dem Thema Falschberatung bei Banken, Vermögensberatern, Vermögensverwaltern und Anlagevermittlern. Mit der Kanzlei Herfurtner habe ich diesbezüglich in den letzten Monaten zahlreiche positive Erfahrungen gemacht und dadurch vielen Lesern bei Problemen weiterhelfen können.

Die Nullzinsphase ist der ideale Nährboden für Anlagebetrüger

Zahlreiche klassische Kapitalanlagen sind aufgrund der fortwährenden Niedrigzinsphase unattraktiv. Viele Anleger wollen sich damit nicht abfinden und setzen deshalb auf Investments, die deutlich mehr Gewinn versprechen. Für Kapitalanlagebetrüger ist diese Ausgangssituation geradezu ideal, um Anleger mit hohen Zinsversprechen zu locken. Jahr für Jahr investieren private Kapitalanleger in Deutschland, Österreich und der Schweiz Milliarden in die unterschiedlichen Kapitalanlagen. Fachleute schätzen, dass durch Anlagebetrug sowie durch Falschberatungen jedes Jahr ebenfalls Milliarden Euro verloren gehen.

Die Fälle von Wirtschaftskriminalität und Kapitalanlagebetrug sind geradezu explodiert

Wie aus der Polizeilichen Kriminalstatistik hervorgeht, gab es beispielsweise 2016 allein in Deutschland 7.815 polizeilich erfasste Fälle im Bereich des Kapitalanlagebetruges. Im Jahr 2017 ist diese Zahl geradezu explodiert auf 27.564 Fälle. Da zahlreiche Betroffene bei einem Anlagebetrug weder eine Anzeige bei der Polizei erstatten noch juristische Hilfe in Anspruch nehmen, dürfte die Dunkelziffer der Betrugsfälle noch weitaus höher sein. Sollten Sie den Eindruck haben, dass Sie bei einer Kapitalanlage falsch beraten wurden oder gar zum Opfer eines Anlagebetrugs geworden sein, ist das Wichtigste, rasch zu handeln.

Ich stelle leider immer wieder fest, dass viele Anleger viel zu schnell resignieren, vor allem in Fällen, in denen Gelder an dubiose Firmen aus dem Ausland überwiesen wurden. Selbst hier besteht vielfach die Möglichkeit, Konten einzufrieren und verlorenes Geld nach einem Anlagebetrug zurückzuholen. Lassen Sie sich von juristischen Experten helfen.

> **Meine Empfehlung: Kostenlose Ersteinschätzung zu Ihrem Fall**
>
> Rechtliche Angelegenheiten sind häufig sehr komplex, deshalb ist professioneller Rat wichtig. Die Anwälte der Kanzlei Herfurtner aus meinem Experten-Netzwerk betreuen Mandanten aus Deutschland, Österreich, der Schweiz und anderen europäischen Ländern, die durch Investitionen im In- und Ausland teilweise erhebliche Verluste erlitten haben.

Die Rechtsbereiche der Kanzlei Herfurtner auf einen Blick

Anlagebetrug	Anlegerschutz	Bankrecht
Gesellschaftsrecht	Kapitalanlagerecht	Zivilrecht
Kapitalmarktrecht	Immobilienrecht	Wirtschaftsrecht

Die Anwälte der Kanzlei beantworten Ihnen gerne unverbindlich Ihre ersten Fragen und geben Ihnen eine kostenlose Ersteinschätzung zu Ihrem Fall. Erst bei späterer Mandatierung kommen die Rechtsanwaltsgebühren zum Tragen, über die Sie zuvor ausführlich informiert werden. Idealerweise verfügen Sie über eine Rechtsschutzversicherung, die Ihnen eine Deckungszusage zu Ihrem Fall gibt. Neben den Niederlassungen in Hamburg und München stehen Ihnen die Rechtsanwälte für kostenfreie Beratungstermine auch in Frankfurt, Berlin, Köln, Düsseldorf und Stuttgart zur Verfügung. Die Kanzlei Herfurtner vertritt ausschließlich Verbraucher und private Anleger. Banken und Anbieter von Finanzdienstleistungen und Kapitalmarktprodukten gehören nicht zum Mandantenkreis der Kanzlei. Eine Interessenkollision ist damit ausgeschlossen. Nutzen Sie diese Möglichkeit!
Info: www.kanzlei-herfurtner.de – Tel.: 0049(0)40-228-597-960

12. Zinsbetrug: Lassen Sie sich von Ihrer Bank nicht weiter abzocken!

Aufgrund vieler Abrechnungsskandale im Zusammenhang mit Krediten und entsprechenden Urteilen fragen sich mittlerweile zahlreiche Bankkunden, ob sie bei der Abrechnung ihrer Kreditzinsen von ihrer Sparkasse – oder einer anderen Bank, die Thematik betrifft grundlegend alle Kreditinstitute – übers Ohr gehauen wurden.

Die ARD-Reportage: Sparkasse übervorteilt Landwirt um 200.000 Euro

Die Fälle aus der ARD-Reportage »Der rote Riese zockt ab – Wie Sparkassen bei den Zinsen tricksen« von Anfang September 2019 klingen in ihrer

Dimension fast unglaublich. Ein Landwirt wurde von seiner Sparkasse um über 200.000 Euro geprellt, weil diese die Kreditzinsen falsch abgerechnet hatte. Ein Gericht verurteilte die Sparkasse Gott sei Dank zur Rückzahlung der Zinsen. Bei einem weiteren Fall, einer Werkstatt, beläuft sich die Schadenssumme auf 235.000 Euro.

In der Reportage wird über eine Vielzahl von weiteren Geschädigten berichtet, die mittlerweile den Rechtsweg beschreiten oder bereits erfolgreich beschritten haben. Der Kreditsachverständige Hans-Peter Eibl sagt, dass der durchschnittliche Schaden bei 1.000 von ihm überprüften Sparkassenkunden bei 170.000 Euro liegt.

Die Fakten: Zahlreiche Banken halten sich nicht an das Äquivalenzprinzip

Basis für die erfolgreichen Klagen gegen die Finanzinstitute ist ein Urteil des Bundesgerichtshofs vom 21.04.2009 mit dem Aktenzeichen: BGH XI ZR 78/08. Dabei stellt der BGH klar, dass Banken den bei der Kontoeröffnung herrschenden Zinsabstand zwischen dem jeweiligen Leitzins der Notenbank und dem Zins, der dem Kunden belastet wird, während der gesamten Laufzeit einhalten müssen.

Sinkt der Euribor als Referenzzins für den Kredit, muss auch der Soll-Zinssatz für das Giro- bzw. variable Kreditkonto gesenkt werden, sodass stets der ursprüngliche Abstand hergestellt ist. Das nennt sich Äquivalenzprinzip.

Der systematische Zinsbetrug ist der Diesel-Skandal für die Bankbranche

Aufgrund der hohen Anzahl der Fälle bzw. der mittlerweile zahlreich vorliegenden Urteile kann man hier von systematischem Betrug sprechen. Zahlreiche Banken und Sparkassen rechnen zu überhöhten, nicht marktgerechten und gesetzlich unzulässigen Zinssätzen ab. Für die betroffenen Kunden bedeuten diese illegalen Methoden massive Verluste, bis hin zu einer Vernichtung ihrer Existenz, beispielsweise durch eine Zwangsversteigerung als Folge der überhöhten Zinsbelastungen.

Volkswirte schätzen, dass durch die betrügerischen Falschberechnungen der Banken jährlich mehrere Milliarden Euro an Schaden entstehen.

VI. Rechtsschutz

Für mich ist der Abrechnungsskandal für die deutschen Banken und Sparkassen längst das, was der Diesel-Skandal für die deutsche Automobilindustrie ist.

Vor allem Selbstständige, Freiberufler sowie kleinere und mittelständische Unternehmen wickeln ihr laufendes Geschäft häufig über Dispositionskredite in Form von Kreditlinien ab. Sollten Sie in den letzten Jahren und Jahrzehnten Kreditlinien in Anspruch genommen und Kreditzinsen bezahlt haben, rate ich Ihnen jetzt zur Kontenprüfung. Nachfolgend zwei Top-Adressen aus meinem Experten-Netzwerk.

Meine Empfehlung: Nutzen Sie das Zins-Prüfsystem des renommierten Kontenprüfers Hans Peter Eibl

Hans Peter Eibl ist bereits seit 1988 als Zins- und Kontenprüfer tätig. Dank seiner Auswertungen und der dadurch aufgedeckten fehlerhaften Bankabrechnungen sorgte er bereits in zahlreichen Fällen für Zinsrückzahlungen, und zwar im Bereich von Kontokorrent-Konten, Darlehen und Prämien-Sparverträgen mit flexiblen Zinsen und Krediten von Autobanken.
Info: www.eibl-kontenpruefung.de - Tel.: 0049(0)7133-21680

Hahn Rechtsanwälte hilft Ihnen bei der Beschreitung des Rechtsweges

Fachanwältin Dr. Petra Brockmann von Hahn Rechtsanwälte aus meinem Experten-Netzwerk mit Niederlassungen in Bremen, Hamburg und Stuttgart hat sich ebenfalls auf die Prüfung von unberechtigten Zinsbelastungen spezialisiert. Nutzen Sie die Möglichkeit einer unverbindlichen Erstauskunft.
Info: www.hahn-rechtsanwaelte.de – Tel.: 0049(0)4212-46850

VII. Steuerschutz

1. Sie haben die Pflicht, Steuern zu zahlen – nutzen Sie Ihr Recht, Steuern zu sparen!

In unserem aktuellen Steuerrecht gibt es noch gültige Gesetze, die über ein Jahrhundert alt sind. Beispielsweise die Schaumweinsteuer aus dem Jahre 1902, die damals zur Finanzierung der kaiserlichen Kriegsflotte eingeführt wurde und heute noch in Kraft ist. Bereits 1906 hat das Preußische Verwaltungsgericht festgestellt: »Niemand ist verpflichtet, sein Vermögen so zu verwalten oder seine Ertragsquellen so zu bewirtschaften, dass dem Staat darauf hohe Steuern zufließen.«

Darauf aufbauend, urteilte der Bundesgerichtshof im Jahr 1965: »Wer die Pflicht hat, Steuern zu zahlen, hat das Recht, Steuern zu sparen.« Diese beiden Urteile müssen Sie sich als Steuerzahler zum Vorbild nehmen. Und zwar zur Optimierung Ihrer Steuerlast im Hinblick auf den Schutz Ihres Kapitals. Die künstliche Null- oder gar Negativzinspolitik als finanzielle Repression des Staates ist im Prinzip auch eine Art Steuer! Nur wird diese nicht direkt erhoben.

> **Meine Empfehlung: Das Steuern ist wichtiger als die Steuern**
>
> Sie müssen Ihr Vermögen deshalb in erster Hinsicht so steuern, dass es vor den vielseitigen wirtschaftlichen, politischen und rechtlichen Risiken bestmöglich geschützt ist. Erst dann kommt die ebenso wichtige steuerliche Optimierung. Setzen Sie legitime wie legale Steuergestaltungsmöglichkeiten aktiv ein. Nachfolgend einige Anregungen, Handlungsanweisungen und ganz konkrete Steuergestaltungs-Konzepte.

2. Die sechs erfolgreichsten Strategien für Verhandlungen mit Ihrem Finanzamt

Zahlreiche Praxiserfahrungen zeigen mir, dass viele Steuerpflichtige heute immer noch einen extremen Respekt oder sogar eine Art Furcht vor dem Umgang mit dem Finanzamt haben. Verstärkt wird dies durch den Aspekt, dass es sich bei vielen Steuerberatern heute ähnlich verhält. Sie sind oft übertrieben harmoniebedürftig gegenüber den Finanzämtern, obwohl sie eigentlich allein ihren Mandanten, den Steuerzahlern, verpflichtet sind. Das führt dazu, dass eine deutliche Mehrheit der Steuerbürger die Diskussionen und Verhandlungen mit ihrem Finanzamt scheut. Nach meiner Einschätzung gehen dadurch Millionen an Euros für die Steuerzahler verloren. Erfreulicherweise kann ich mittlerweile jedoch von zahlreichen Fällen berichten, in denen Verhandlungen mit dem Finanzamt bares Geld gebracht haben.

Aus meinem breiten Erfahrungsschatz und dem meines Experten-Netzwerkes habe ich Ihnen die besten Empfehlungen zusammengefasst. Alle nachfolgenden Strategien können Sie schriftlich ohne Formvorschriften, sachlich und höflich, aber verbindlich im Ton, an die jeweiligen Stellen senden. Sie haben dabei bis auf die benötigte Zeit und eine Briefmarke keinerlei Kosten und keine Verfahrensrisiken. Nachfolgend erkläre ich Ihnen meine sechs erfolgreichsten Verhandlungsstrategien aus meiner Praxis:

Strategie 1: Besuchen Sie Ihren Finanzbeamten und sprechen Sie mit ihm

Bürger kennen und sprechen mit ihrem Friseur, Bäcker, Metzger, Banker, Handwerker, Kaminkehrer, Arzt, Zeitungsausträger, Anwalt und Steuerberater. Teilweise ergeben sich dadurch über die Jahre freundschaftliche Beziehungen. Kaum ein Steuerpflichtiger kennt aber seinen Finanzbeamten persönlich, obwohl der Finanzbeamte eine der wichtigsten Personen in seinem Wirtschaftsleben ist. Er trifft für oder gegen ihn Entscheidungen, oftmals mit hohen finanziellen Auswirkungen.

Ich empfehle Ihnen: Besuchen Sie zumindest einmal Ihren Sachbearbeiter beim Finanzamt, reden Sie mit ihm, stellen Sie sich vor, geben Sie Ihre Steuererklärung persönlich ab. Rufen Sie ihn zweimal im Jahr an, bringen Sie sich in Erinnerung. Wünschen Sie ihm ein gutes neues Jahr und fragen

Sie ihn, wie es ihm geht. Die nächste Steuererklärung kommt bestimmt. Sie werden sehen, auf einmal sind Sie keine anonyme Steuernummer mehr, sondern ein Steuerkunde auf Augenhöhe. Das ist ein großer Vorteil.

Strategie 2: Suchen Sie das persönliche Gespräch mit dem Vorgesetzten

Sollten Sie Probleme mit Ihrem Sachbearbeiter haben, die in einem Gespräch nicht lösbar sind, wenden Sie sich zunächst an seinen Vorgesetzten. Dieser hat eine größere Entscheidungskompetenz und nach meiner Erfahrung oftmals einen höheren Einigungswillen, um ein Problem vom Tisch zu bekommen.

Strategie 3: Schreiben Sie an die Amtsleitung Ihres Finanzamtes

Auch ein Schreiben an die Amtsleitung ist häufig sehr effektiv. Der betroffene Finanzbeamte muss sich dann sowohl gegenüber Ihnen, dem Amtsvorsteher als auch dem Abteilungsleiter rechtfertigen. Behördenleiter sind dabei bemüht, berechtigte Beschwerden nicht hochkochen zu lassen, sondern zumindest Lösungen auch im Sinne des Steuerbürgers zu finden.

Strategie 4: Schreiben an die zuständige Ober- oder Landesfinanzdirektion

Das sind Mittelbehörden zwischen Ministerium und Amt. Ihr Schreiben an diese Direktionen bewirkt, dass Ihr Brief einen weiteren, höheren Instanzenweg nimmt. Auch das hat sich in der Praxis bewährt.

Strategie 5: Schreiben Sie an Landtagsabgeordnete, Landesfinanz-, Bundesfinanzminister oder den Petitionsausschuss

Es mag vielleicht absurd klingen, an den Bundesfinanzminister zu schreiben. Ich kann Ihnen aber sagen: Es wirkt. Der Brief nimmt seinen Weg über die Instanzen der deutschen Bürokratie. Je höher die Stelle ist, bei der Sie sich über Ihr Finanzamt beschweren, desto mehr Vermerke unterschiedlicher Instanzen werden auf dem Brief stehen. Für das zuständige Finanzamt und den betroffenen Finanzbeamten als Sachbearbeiter ist das schon recht unangenehm.

Der Petitionsausschuss ist ein parlamentarischer Ausschuss von Landtagen oder des Bundestages, der sich mit Zuschriften von Bürgern befasst, und zwar als Schnittstelle zwischen Parlament und Behörden. Auch hier wird ein Instanzenweg in Gang gesetzt, der in der Praxis oftmals zu positiven Lösungen führt.

Strategie 6: Reichen Sie Einsprüche gegen negative Maßnahmen Ihres Finanzamtes ein

Statistiken belegen, dass jeder dritte Steuerbescheid falsch ist! Es lohnt sich also, in vielen nachteiligen Fällen gegen den Steuerbescheid mittels eines Einspruchs vorzugehen. Ein Einspruch bedeutet, dass Ihr Finanzamt den Sachverhalt komplett neu prüfen muss. Das führt zu Zeitaufwand und ist nicht gut für die Statistik Ihres Finanzbeamten. Einsprüche sind gegen alle Maßnahmen möglich. Eine sehr gute Übersicht derzeit anhängiger Musterklagen finden Sie auf der Internetseite www.steuerzahler.de. Sie können sich kosten- und risikolos an die dort aufgeführten Musterklagen anhängen, falls Sie davon betroffen sind.

Meine Empfehlung: Sehen Sie Ihr Finanzamt und Ihren Finanzbeamten als Partner auf Augenhöhe!

Wir führen in unserem Leben eine Vielzahl von Verhandlungen, seien es Gehaltsverhandlungen oder Verkaufsverhandlungen mit Kunden oder die unterschiedlichsten Preisverhandlungen mit Dienstleistern. Nur mit dem Finanzamt wird nach wie vor kaum verhandelt, obwohl wir dort jedes Jahr eine Menge Geld »hintragen«.

Verschaffen Sie sich Gehör und Respekt – es lohnt sich finanziell

Nutzen Sie bei Konflikten mit Ihrem Finanzamt die beschriebenen Strategien. Sie werden feststellen, dass Sie vom unmündigen Steuerpflichtigen plötzlich für Ihr Finanzamt zu einem Partner auf Augenhöhe werden. Sprechen Sie auch Ihren Steuerberater aktiv auf diese Möglichkeiten an.

Abschließend möchte ich Ihnen noch eine weitere, sehr wirkungsvolle »Waffe« gegenüber Ihrem Finanzamt oder anderen Problemstellen an die Hand geben. In meiner Funktion als Chefanalyst und Chefredakteur von »Kapitalschutz vertraulich« stelle ich beispielsweise sehr häufig im Rahmen von Leserzuschriften Presseanfragen an Banken, Versicherungen, Finanzdienstleister, Anwälte, Steuerberater oder auch Behörden, wie Finanzämter.

Ich bin ein langjähriges, investigatives Mitglied im Deutschen Fachjournalistenverband DFJV. Dadurch habe ich die Möglichkeit, mich als unabhängiger Journalist direkt an die entsprechenden Pressestellen zu wenden. Ich habe mit dieser Vorgehensweise über die letzten Jahre ganz hervorragende Erfahrungen gemacht. Betroffene, die Probleme hatten, haben durch meine medialen Anfragen und meine Mediationsmöglichkeiten als unabhängiger Journalist sehr häufig eine hervorragende Betreuung und Lösungsfindung erhalten, die am Ende des Tages häufig bares Geld wert war.

Die Macht der Medien wirkt – Nutzen Sie diese Zugangsmöglichkeiten!

Die Medien werden nicht umsonst neben Exekutive, Legislative und Judikative als vierte Macht bezeichnet. Kommen Sie hier bei Problemen sehr gerne auf mich zu. Für mich sind derartige Fälle zum einen hochinteressant, zum anderen erhalte ich dadurch die Möglichkeit, neue Erfahrungen und Erkenntnisse für meine tägliche Arbeit und meine Berichte zu gewinnen.
Info: www.geopolitical.biz

3. Steuerfahndung im Haus? Die sechs wichtigsten Verhaltenstipps

In meiner Finanzamts-Checkliste finden Sie die Grundlagen dafür, wie Sie Ihrem Finanzamt als Partner auf Augenhöhe begegnen. Manchmal ist es dafür allerdings zu spät. Was also tun, wenn die Steuerfahndung bereits vor der Tür steht? Die nachfolgende Checkliste ist eine Art »Steuerschutz-Vorsorge« für den Ernstfall, wenn das Kind bereits in den Brunnen gefallen ist.

VII. Steuerschutz

Auch wenn Sie glauben, Sie haben in Sachen Steuern alles richtig gemacht: In unserer eigentlich klar geregelten Steuerwelt kann eine Steuerprüfung dennoch zu bösen Überraschungen führen. Auch im Zusammenhang mit Erbfällen habe ich viele Berichte über Hausdurchsuchungen erhalten, bei denen die Verfehlungen des Erblassers oftmals vollkommen unbewusst oder gar unbekannt an die Erben als Rechtsnachfolger »übergegangen« sind.

Nur 5 % aller Fälle von Steuerhinterziehung münden übrigens in ein gerichtliches Verfahren. Meistens kann in der Praxis durch einen guten Steueranwalt eine Schadensbegrenzung erreicht werden, indem mit den Finanzbehörden eine außergerichtliche Lösung verhandelt wird. Das ist ein wichtiger Aspekt des Kapitalschutzes

Meine Empfehlung: 6 Verhaltenstipps für den Fall, dass die Steuerfahndung klingelt

✓ **Reden ist Silber, Schweigen ist Gold!**
Bei einer überraschenden Durchsuchung stehen Sie praktisch unter Schock. Deswegen sollten Sie tunlichst keine Aussagen machen. Auch – meist taktische – Versprechungen der Ermittler sollten Sie ignorieren, beispielsweise wenn sie die strafmildernden Auswirkungen von Aussagen anpreisen.

✓ **Fordern Sie Familienmitglieder oder Mitarbeiter zum Schweigen auf!**
Im Falle einer Haus- oder Firmendurchsuchung besteht weder für Sie noch für Ihre Familienmitglieder oder für die Angestellten Ihrer Firma eine Mitwirkungspflicht. Ihr Umfeld und Sie müssen vor der Steuerfahndung nicht aussagen. Ihre Mitwirkungspflicht lebt erst in einem späteren Ermittlungsverfahren gegenüber der Staatsanwaltschaft auf. Lassen Sie sich hier nicht durch anderslautende Weisungen von Fahndern in die Irre führen. Meine Empfehlung ist, Familienmitglieder und Angestellte ganz wegzuschicken.

✓ **Rufen Sie umgehend Ihren Rechtsbeistand**
Sie haben das Recht auf einen Anwalt, machen Sie von diesem Recht unbedingt Gebrauch. Der Ermittler darf allerdings Ihr Gespräch mithören. Sie werden se-

hen: Sobald ein Experte und Rechtsbeistand vor Ort sind, haben Sie eine ganz andere Position gegenüber den Ermittlern.

✓ **Machen Sie sich Notizen**
Sie sollten sich die Personalien aller anwesenden Personen geben lassen und notieren. Auch die entsprechenden Nummern der Dienstausweise. Lassen Sie sich insbesondere auch den Durchsuchungsbeschluss vorlegen und kopieren Sie diesen bzw. lassen Sie sich ein Exemplar aushändigen. Im Nachgang können Sie dann beispielsweise auf Empfehlung Ihres Anwaltes den Durchsuchungsbeschluss anfechten. Es ist in der Praxis gar nicht so selten, dass Formfehler vorliegen oder Grenzen des Beschlusses überschritten werden.

✓ **Folgen Sie den Anweisungen und bleiben Sie sachlich**
Provozieren Sie die Ermittler nicht. Sie sollten keinesfalls die Untersuchungen behindern, indem Sie beispielsweise Räume verschließen oder Zugänge verweigern. Die Ermittler haben Zugangs- und Durchsuchungsrechte. Bleiben Sie diszipliniert und schweigen Sie lieber. Lassen Sie sich andererseits auch nicht von den Ermittlern provozieren – das ist auch Teil ihrer Taktik. Versuchen Sie nicht, Belege oder Unterlagen zu vernichten oder beiseitezuschaffen. Auch verschlossene Schränke und Safes müssen Sie auf Anweisung öffnen.

✓ **Unterschreiben Sie nichts ohne Ihren Anwalt**
Prüfen Sie das Abschlussprotokoll genauestens auf Richtigkeit und Vollständigkeit. Am besten sagen Sie auch hier wieder nichts ohne Ihren Anwalt. Gleiches gilt für Unterschriften. Gehen Sie den Abschlussbericht gemeinsam mit Ihrem Anwalt durch und unterschreiben Sie den Bericht erst nach Rücksprache mit ihm.

4. Nutzen Sie die kostenlosen Angebote und Hilfen des Bundeszentralamts für Steuern

Viele Bürger haben eine anscheinend schon natürliche Abneigung gegen Finanzämter oder Steuerbehörden wie beispielsweise das Bundeszentralamt für Steuern (BZSt). Das ist unbegründet und nach meiner Erfahrung sogar kontraproduktiv. Ich nutze regelmäßig die Informations- und Serviceangebote des Bundeszentralamts für Steuern, und zwar über das Infocenter der Behörde, zu dem auch Sie als Steuerbürger einen freien Zugang haben. Nachfolgend zeige ich Ihnen an zwei häufig vorkommenden Praxisfällen die Möglichkeiten und Vorteile für international agierende Kapitalanleger, die Ihnen das Bundeszentralamt für Steuern bietet.

1. Dividendenbesteuerung: Holen Sie sich Ihre Steuerabzüge bei Auslandsaktien zurück

Viele Kapitalanleger verschenken nach wie vor die Steuerrückerstattungen bei Dividendenzahlungen ihrer Auslandsaktien. Ausländische Quellensteuern werden dann einbehalten und erst auf Antrag ausbezahlt. Unter dem Menüpunkt »Steuern International« und dann »Ausländische Quellensteuer« finden Sie im Steuerlichen Info-Center (www.steuerlichesinfocenter.de) des BZSt eine sehr hilfreiche Übersicht der Anrechenbarkeit ausländischer Quellensteuern. Diese Tabelle ist dabei nach Ländern und Quellensteuermodalitäten aufgeschlüsselt, sodass Sie direkt sehen, wie die Handhabung einer bestimmten Auslandsaktie in der Praxis erfolgt. Unter »Steuern International Ausländische Antragsformulare« finden Sie die entsprechenden Erstattungsmöglichkeiten.

2. Auslandsbeteiligungen: Beachten Sie die Meldepflichten, auf die Sie Berater und Vermittler oftmals nicht hinweisen

Unternehmerische Beteiligungen im Ausland sind gerade im Zuge der Eurokrise bei Privatanlegern in den letzten Jahren immer beliebter geworden – von geschlossenen Immobilienfonds in Australien über Erneuerbare-Energien-Projekte in Entwicklungsländern bis hin zu Minenbeteiligungen in Kanada oder Südafrika. Derartige Auslandsbeteiligungen müssen innerhalb von fünf Monaten nach Ablauf des Kalenderjahres, in dem die Beteiligung erworben wurde, an das BZSt gemeldet werden, also bis zum 31.05.! Die entsprechenden Informationen und Meldeformulare finden Sie ebenfalls über das Steuerliche Info-Center des BZSt unter »Steuern International«. Nutzen Sie alternativ die Suchfunktion auf der Internetseite www.steuerlichesinfocenter.de.

4. Nutzen Sie die kostenlosen Angebote und Hilfen des Bundeszentralamts für Steuern

Meine Empfehlung: Das Bundeszentralamt für Steuern ist eine der wichtigsten Anlaufstellen für Sie als Steuerzahler

Das Bundeszentralamt für Steuern ist Anlaufstelle für steuerliche Fragen von ausländischen Investoren in Deutschland. Im nationalen Bereich gehören beispielsweise wichtige Bereiche wie die Fachaufsicht zur Altersvorsorge (Deutsche Rentenversicherung), die Zentrale Zulagenstelle für Altersvermögen, die Bauabzugsteuer, Bescheinigungsverfahren und Kapitalertragssteuererstattungen zum Verantwortungsbereich des BZSt.

Ebenso die Fachaufsicht über das Kindergeld, die Kirchensteuer auf die Abgeltungsteuer, das Kontoabrufverfahren, das Kontrollverfahren für Freistellungsaufträge, das Rentenbezugsmitteilungsverfahren, die Mitteilung von Steuerstraftaten, Meldeverfahren für ausländische Beteiligungen oder die Steuerliche Identifikationsnummer.

Die Informations- und Beratungsdienstleistungen sind sehr empfehlenswert

Das Steuerliche Info-Center im Bundeszentralamt für Steuern beantwortet Ihre Fragen zu den verschiedenen Aufgaben des Bundeszentralamts für Steuern und zu Zuständigkeiten in der Finanzverwaltung. Ich habe bei unterschiedlichsten Sachverhalten sehr gute Erfahrungen mit dem Bundeszentralamt für Steuern gemacht. Ich rate Ihnen, dieses Amt mit seinen sehr weitreichenden Serviceleistungen als »Helfer« und Dienstleistungsunternehmen zu sehen. Telefonisch wird Ihnen hier nach meiner Erfahrung durch die freundlichen Mitarbeiter sehr kompetent und auch vollkommen unbürokratisch in vielen steuerlichen Grundlagenfragen weitergeholfen. Das umfassende Formular-Center nutze ich ebenfalls regelmäßig.

Es gibt ein zentrales Finanzamt für Rentenempfänger mit Wohnsitz im Ausland

Für Rentenzahlungen ins Ausland gibt es ebenfalls eine zentrale Anlaufstelle für Bürger. Das zentrale Finanzamt für Rentenempfänger mit Wohnsitz im Aus-

land ist das Finanzamt Neubrandenburg. Auch mit dieser sehr hilfreichen, weil auskunftsfreudigen Behörde habe ich sehr gute Erfahrungen gemacht. Nutzen Sie diese beiden weitestgehend unbekannten bzw. zu wenig in Anspruch genommenen Möglichkeiten!
Info: www.steuerlichesinfocenter.de – Tel.: 0049(0)228406-1240
www.finanzamt-rente-im-ausland.de – Tel.: 0049(0)39544222-47000

5. Investmentfonds: Die Nachteile der Vorabpauschale und wie Sie sie umgehen

Mit dem Investmentsteuerreformgesetz wollte die Bundesregierung vor allem die sogenannten Millionärsfonds aus Luxemburg, Gibraltar oder auch Liechtenstein treffen, die vor dem 01.01.2009 noch schnell gegründet wurden, um die vorteilhafte Steuerfreiheit von Altbeständen zu sichern. Das hat sich durch das neue Gesetz gravierend geändert: Der Steuerschutz für alle Fondsinvestments, die bis zum 31.12.2008 getätigt wurden, ist mit Wirkung zum 01.01.2018 weggefallen. Für diese Altbestände gilt jetzt aber immerhin noch ein relativ großer Freibetrag von 100.000 Euro. Die neue Vorabpauschale wirft nach wie vor bei vielen Anlegern zahlreiche Fragen auf, auf die ich Ihnen eine grundlegende Antwort gebe.

Die Vorabpauschale ermöglicht eine Steuerzahlung auf eine fiktive Ausschüttung

Die Vorabpauschale wurde vom Gesetzgeber eingeführt, damit Investmentfonds nicht mehr als Steuerstundungsmodell genutzt werden können. Ausschüttende und thesaurierende Fonds werden zwar in der Regel während der Haltedauer steuerlich unterschiedlich stark belastet, durch die Neuregelungen aber spätestens beim Verkauf gleichgestellt. Der Steuerabzug erfolgt durch das inländische Institut, bei dem das Depot geführt wird. Die Vorabpauschale ermöglicht nun im Gegensatz zur Abgeltungsteuer auf Zinsen, Dividenden oder Kursgewinne die Zahlung einer Steuer, ohne dass überhaupt Geld an Sie ausgeschüttet wurde.

5. Investmentfonds: Die Nachteile der Vorabpauschale und wie Sie sie umgehen

Die Handhabung ausländischer Fonds in inländischen Depots wird einfacher

Das Investmentsteuerreformgesetz und die Einführung der Vorabpauschale bringen aber auch Vorteile mit sich, das will ich nicht verschweigen. Bislang mussten Sie Ihre Anlagen in ausländische thesaurierende Investmentfonds stets in der Einkommensteuererklärung deklarieren, um eine mögliche Doppelbesteuerung zu verhindern. Seit dem 01.01.2019 verrechnen die depotführenden Stellen in Deutschland beim Verkauf die bereits auf die Vorabpauschale entrichtete Steuer aber automatisch mit dem Veräußerungsgewinn. Dadurch wird eine Doppelbesteuerung vermieden. Für Sie als Anleger in ausländischen thesaurierenden Investmentfonds wurde dadurch Ihre Steuererklärung erheblich einfacher, wenn Sie Ihre entsprechenden Investmentfonds über ein Depot in Deutschland verwahren.

Die depotführende Stelle darf die Steuer auf die Vorabpauschale übrigens direkt vom Girokonto oder einem anderen Einlagenkonto des Anlegers einziehen, auch ohne dessen Einwilligung. Darüber hinaus kann sie auch mit dem betroffenen Anleger vereinbarte Kontokorrentkredite für die Begleichung der Steuer nutzen!

Bedenklich: Der Staat bedient sich an geschütztem Sondervermögen

Auch wenn es sich bei diesen Beträgen in aller Regel um keine großen Summen handelt, finde ich dennoch die Vorgehensweise alarmierend. Banken, Vermögensberater und -verwalter sowie Fondsgesellschaften weisen immer wieder darauf hin, dass Investmentfondanteile ein geschütztes und somit sicheres Sondervermögen sind. Dank der Vorabpauschale, die nichts anderes als eine vorgezogene Steuer ist, kann der Staat nun eine steuerliche Zwangsabbuchung von Ihrem Konto durchführen. Es kann sogar passieren, dass innerhalb Ihres Wertpapierdepots einfach Investmentfondsanteile verkauft werden, falls Ihr Konto keine Deckung hat – trotz des Status als Sondervermögen. Dieser Vorgang macht deutlich, wie einfach in der Zukunft andere Steuern oder Zwangsabgaben ein- und durchgeführt werden könnten, und das nicht nur bei deutschen Konten, sondern auch bei inländischen Wertpapierdepots.

> **Meine Empfehlung: Bei Wertpapierdepots im Ausland greift die Vorabpauschale nicht!**
>
> Es gibt natürlich die Möglichkeit, dem System der Vorabpauschale zu entgehen. Voraussetzung: Sie verwahren Ihre Investmentfondsanteile in einem Depot im Ausland. Sie haben dann weder etwas mit der Vorabpauschale am Hut, noch besteht die Möglichkeit des staatlichen Direktzugriffs auf Ihr Konto und Wertpapierdepot. Diesem klaren Vorteil steht auch ein Nachteil gegenüber. Sie müssen dann die Erträge über die Jahressteuerbescheinigung bzw. die Erträgnisaufstellung Ihrer ausländischen Depotbank selbst in Ihrer Einkommensteuererklärung deklarieren.
>
> Hier kommt es jetzt auf Ihre individuellen Bedürfnisse an, was Ihnen wichtiger ist: die steuerliche Einfachheit eines Inlandsdepots oder die Schutzfunktion ohne staatlichen Direktzugriff bei einem Konto und Depot im Ausland, am besten bei einer Bank außerhalb der EU.

6. Erhöhung Abgeltungsteuer voraus: Fondspolicen werden zukünftig noch attraktiver

In einem deutschen Finanzmagazin mit dem Namen »Das Investment« erschien Mitte Juni 2017 der Artikel eines Steuerberaters mit der Überschrift »Bedeutet die neue Investmentfondsbesteuerung das Aus für die fondsgebundene Lebensversicherung?«. Ich wurde damals und immer wieder auf diesen Beitrag angesprochen und um meine Einschätzung gebeten, gerade auch wegen meiner Empfehlungen für Investmentfondspolicen aus dem Fürstentum Liechtenstein. Nachfolgend meine Einschätzung zu dieser wichtigen Thematik.

Für Erträge aus Investmentfondspolicen gilt weiterhin das attraktive Halbeinkünfteverfahren

Nach geltender Rechtslage werden Erträge aus einer fondsgebundenen Lebensversicherung nach Paragraf 20 Absatz 1 Nummer 6 Einkommensteuergesetz (EStG) besteuert. Sofern der Versicherungsnehmer bei Auszahlung

6. Erhöhung Abgeltungsteuer voraus: Fondspolicen werden zukünftig noch attraktiver

das Endalter 62 erreicht und die Laufzeit des Versicherungsvertrages mindestens 12 Jahre betragen hat, wird lediglich der hälftige Unterschiedsbetrag zwischen den eingezahlten Versicherungsprämien und dem Auszahlungsbetrag besteuert.

Damit hat die fondsgebundene Lebensversicherung den Vorteil, dass die während der Laufzeit angesammelten Erträge abgeltungsteuerfrei thesauriert werden. Fondspolicen werden weiterhin als Versicherungsprodukt eingestuft und nicht als Fonds. Die Konsequenz: Auf Erträge fällt keine Abgeltungsteuer an, im Gegensatz zu Fondssparplänen, bei denen die Ausschüttungen jährlich besteuert werden.

Fondspolicen werden seit 2018 steuerlich zusätzlich privilegiert

Nach Paragraf 20 Absatz 1 Nummer 6 Satz Nummer 9 EStG sind bei fondsgebundenen Lebensversicherungen seit 2018 15 % des Unterschiedsbetrags zwischen der Versicherungsleistung und der Summe der eingezahlten Beiträge von der Einkommensteuer befreit, soweit der Unterschiedsbetrag aus Investmenterträgen stammt.

Achten Sie bei Investmentfondspolicen auf die Veranlagungsart und das Domizil der Zielfonds!

Zielt Ihre Strategie beispielsweise rein auf Dividendenerträge von deutschen Investmentfonds ab, ist eine Investmentfondspolice tendenziell im Nachteil gegenüber einer Direktanlage. Hier sollten Sie verstärkt ausländische Fondsalternativen ins Auge fassen. Wenn Sie bereits eine alternative Veranlagungsart gewählt haben, wie beispielsweise Anlagen in Rohstoffe wie Edelmetalle, dann ist eine Fondspolice zukünftig sogar stark im Vorteil. Darüber hinaus sparen Sie sich bei Investmentfondspolicen im Gegensatz zur Direktanlage in Investmentfonds immer die Vorabpauschale.

Zukunftsausblick: Attraktive Fondspolicen

Eine künftige Bundesregierung wird bei einer Beteiligung der Grünen Zugeständnisse in der Steuerpolitik machen müssen. Unabhängig davon rechne ich damit, dass die derzeitige Abgeltungsteuer in Höhe von 25 % in Zukunft deutlich in Richtung 35 % angehoben wird. Oder es kommt zur Rückkehr der Progressionsbesteuerung mit Spitzensteuersätzen von derzeit 45 %.

> **Meine Empfehlung: Setzen Sie auf Fondspolicen aus dem Fürstentum Liechtenstein**
>
> Meine feste Überzeugung ist, dass vor dem Hintergrund der großen Herausforderungen der deutschen Lebensversicherungsindustrie und der Förderung der privaten Altersvorsorge Versicherungen auch in Zukunft politisch privilegiert bleiben. Bei einer Änderung der geltenden Regelungen zur Abgeltungsteuer rechne ich daher bei Versicherungspolicen mit einem Bestandsschutz für Altverträge. Das war bei Lebensversicherungen in der Vergangenheit bei allen negativen steuerlichen Veränderungen bislang immer der Fall. Bei einer Erhöhung oder Abschaffung der Abgeltungsteuer werden somit Investmentfondspolicen – gerade auch aus dem Fürstentum Liechtenstein – noch attraktiver. Diese kombinieren das vorteilhafte deutsche Versicherungsvertragsrecht und die privilegierten Bedingungen des deutschen Steuerrechts für Versicherungspolicen mit dem liechtensteinischen Versicherungsaufsichtsrecht.
> Info: www.versicherungsverband.li

7. Die Depotabschöpfungs-Strategie für Liechtenstein: Intelligent anlegen und Steuern sparen

Mit der sogenannten Depotabschöpfungs-Strategie zeige ich Ihnen hier ein weiteres attraktives und praxisbewährtes Profi-Konzept für Ihren Kapitalschutz, das auf einer versicherungsbasierten – absolut legalen, weil rechts- und steuerkonformen - Anlagelösung aus dem Fürstentum Liechtenstein basiert. Ihr Wertpapiervermögen wird dadurch – absolut legal und gesetzeskonform – rechtlich geschützt und steuerlich auf unterschiedlichen Ebenen (z. B. Schenkung-, Erbschaft- und Einkommensteuer) für die Herausforderungen der Zukunft fit gemacht. Was Ihre Investments betrifft, bleiben Sie gleichzeitig sehr flexibel, da Ihnen weiter alle Investmentfonds, ETFs und indexabbildenden Zertifikate zur Verfügung stehen.

Optimieren Sie Ihre Vermögensbestandteile mit höherer Ertragserwartung

Langfristig erzielen Sie oft nur mit Sachwerten einen ausreichenden Wertzuwachs, der in der Lage ist, die Kaufkraft Ihres Gesamtportfolios zu erhalten oder sogar zu erhöhen. Je mehr Gewinn Sie machen, umso höher sind natürlich auch die Steuern, die Sie zahlen müssen, die dann wieder die Gewinne schmälern. Optimal wäre es also, wenn Sie das Kapital, das langfristig voraussichtlich die meisten Gewinne abwerfen wird, steuerbegünstigt oder gar steuerfrei anlegen könnten. »Gibt es nicht«, denken Sie jetzt vielleicht. Gibt es doch! Und zwar mit der Depotabschöpfungs-Strategie.

Steuervorteil I: Senkung oder Vermeidung der fortlaufenden Gewinnbesteuerung

Stellen Sie sich vor, ein Portfolio, bestehend aus Sach- und Geldwerten, wird in der Mitte geteilt. Die linke Hälfte besteht dann zu 50 % aus Sachwerten und die rechte zu 50 % aus Geldwerten. Diese Aufteilung stellt eine ausgewogene Strategie dar und verfolgt das Ziel eines realen Wertzuwachses. In der Praxis werden derartige Investmentstrategien häufig als »balanced« oder »wachstumsorientiert« bezeichnet.

Ihre ertragreichen Vermögenswerte, beispielsweise in Form von Aktien, Investmentfonds, ETFs, verlagern Sie jetzt in eine liechtensteinische Versicherungslösung. Das führt dazu, dass Ihre Gewinne – bis zur Entnahme – nicht mehr besteuert werden.

Weiterer Vorteil: Depotgebühren und eventuelle Vermögensverwaltungsgebühren werden vom Ertrag in Abzug gebracht. Bei einem normalen Depot können Sie hingegen seit dem Jahr 2009 Depotgebühren und andere Kosten nicht mehr als Werbungskosten geltend machen.

Auch wenn Sie Änderungen Ihrer Investments innerhalb der Versicherungspolice vornehmen, beispielsweise durch Kauf und Verkauf von Wertpapieren, führt dies noch nicht zur Besteuerung eventueller Gewinne. Das ist ein ganz entscheidender Vorteil, denn Sie können so optimal auf Marktentwicklungen reagieren, ohne dabei auf eventuell anfallende Steuern schielen zu müssen.

Trotzdem können Sie wie bei einem Wertpapierdepot jederzeit Vermögen aus der Versicherungslösung entnehmen. Geschieht das innerhalb der ersten 12 Jahre oder vor Ihrem 62. Lebensjahr, werden die Gewinne – nach Abzug der Kosten – mit der Abgeltungsteuer versteuert. Wenn Sie Vermögen aber erst nach einer Laufzeit von 12 Jahren und nach Ihrem 62. Lebensjahr entnehmen, so werden die Erträge nach dem Halbeinkünfteverfahren versteuert. Letzteres führt selbst bei Spitzenverdienern regelmäßig zu einer deutlich niedrigeren Steuerbelastung.

Steuervorteil II: Reduktion oder Vermeidung von Schenkung- und Erbschaftsteuern

Ich wünsche Ihnen natürlich ein langes Leben, möchte dennoch nicht verschweigen, dass diese Depotabschöpfungs-Strategie auch zu Vorteilen im Fall des Ablebens der versicherten Person führt. Denn dann fließt das Vermögen inklusive des aufgelaufenen Gewinns den Erben sogar absolut einkommensteuerfrei zu. Eventuell anfallende Erbschaftsteuern sind natürlich dennoch zu zahlen. Hier gibt es bekanntlich auch ein paar Lösungswege, die die Erbschaft-Steuerlast senken. So können Sie dank der recht attraktiven deutschen Schenkungsteuerfreibeträge bereits zu Lebzeiten Versicherungsanteile übertragen, ohne dass Sie die Verfügungsgewalt über das Vermögen bereits zu Lebzeiten verlieren.

Die hohen Erbschaft- und Schenkungsteuer-Freibeträge (500.000 Euro für Ehepartner, 400.000 Euro pro Kind) können dabei alle zehn Jahre erneut in Anspruch genommen werden. Darüber hinaus können Sie die Nachfolgeregelung bezüglich der liechtensteinischen Versicherung auch außerhalb der gesetzlichen Erbfolge und außerhalb Ihres Testamentes treffen, indem Sie einen anderen Begünstigten angeben.

Die Geldwerte Ihrer Vermögensanlage stellen entweder ein unverzinstes Investment (Liquidität) dar oder eine festverzinsliche (oft auch fixed income genannte) Strategie, die das Ziel hat, das Vermögen zu erhalten und geringe, aber stabile Erträge zu erzielen. Der Anlagehorizont liegt hier bei 2 Jahren. Dieses Vermögen verbleibt auf einem Bankkonto bzw. Bankdepot und wird schwankungsarm angelegt. Dieses Vermögen steht Ihnen bei Bedarf in jeder Lebenssituation schnell zur Verfügung. Aufgrund der Ausrichtung sind auch nur geringe bis keine Steuern zu erwarten.

7. Die Depotabschöpfungs-Strategie für Liechtenstein: Intelligent anlegen und Steuern sparen

Die Vorteile der Depotabschöpfungs-Strategie auf einen Blick
- ✓ Rechtliche, geografische und politische Risikostreuung durch gezielte Vermögensverlagerung in einem Rechtsraum außerhalb der fragilen Systeme der Europäischen Union
- ✓ Vermögensteile mit höherer Ertragserwartung unterliegen einer Steuerstundung, die zu einer geringeren Besteuerung oder sogar zu einer kompletten Steuerfreiheit führt.
- ✓ Durch die Einbringung in die liechtensteinische Versicherungspolice besteht die Möglichkeit, Ihre Nachfolgeplanung außerhalb der gesetzlichen Erbfolge oder Ihres Testaments zu gestalten.
- ✓ Vermögenbestanteile mit niedriger Ertragserwartung stehen Ihnen bei Geldbedarf schnell zur Verfügung.

Meine Empfehlung: Die Depotabschöpfungs-Strategie schützt und optimiert Ihre Vermögensanlage

Im Marktumfeld niedriger Zinsen gilt: Je größer der Anteil Ihrer steuerpflichtigen Investments mit hoher Ertragserwartung ist, desto besser fahren Sie mit der versicherungsbasierten Anlagelösung. Wenn Sie vorhaben, Vermögen zu übertragen, um Schenkungsfreibeträge auszunutzen, sollten Sie darauf achten, zuerst die Vermögensanteile zu übertragen, die ein starkes Wachstum erwarten lassen. Bei einer entsprechend intelligenten Gestaltung müssen Kinder, Enkel oder andere Begünstigte im besten Fall überhaupt keine Steuerlast tragen.

Im gehobenen Private Banking und in Family Offices, die sehr vermögende Privatanleger betreuen, gehören solche Depotabschöpfungs-Strategien längst zum Standard. Sollten Sie eine individuelle Beratung zu entsprechenden Gestaltungsmöglichkeiten wünschen, empfehle ich Ihnen die beiden nachfolgenden Dienstleister aus dem Fürstentum Liechtenstein. Beachten Sie dabei die Mindestanlagesummen für eine Beratung bei der liechtensteinischen Versicherungsgesellschaft in Höhe von 100.000 EUR/CHF sowie bei der Vermögensverwaltung in Höhe von rund 300.000 EUR/CHF.

Info: www.vienna-life.li – Tel.: 00423 235 06 60
www.fpartner.li – Tel.: 004233779977

8. Mit »smartsteuer« wird Ihre Steuererklärung fast zum Kinderspiel

Papierstapel, komplizierte Formulare und ein undurchdringlicher Paragraphen-Dschungel sorgen bei der Steuererklärung nach wie vor bei vielen Steuerzahlern für einen ähnlichen Effekt wie der Gang zum Zahnarzt. Die Angst vor der Steuererklärung führt nicht selten dazu, dass zahlreiche Bürger gar keine Steuererklärung abgeben und dadurch auf bares Geld verzichten. Knapp 14 Millionen Steuerzahler machen das. Jahr für Jahr werden den Finanzämtern bzw. dem Staat dadurch rund 500 Millionen Euro geschenkt.

smartsteuer führt Sie intelligent durch die Steuererklärung

Mit smartsteuer können Sie Ihre Steuererklärung einfach, unschlagbar schnell und zudem orts- und systemunabhängig erledigen. Die auch für Steuer-Laien leicht verständliche Online-Bedienoberfläche führt Sie Schritt für Schritt durch Ihre Steuererklärung. Dank ausführlicher Hilfetexte und vieler Beispiele bleiben keine Fragen offen. Smartsteuer ist browserbasiert und eignet sich für Angestellte, Rentner, Selbstständige und kleine Unternehmen. Die Anwendung kennt die geltenden Bestimmungen und Gesetze genau, ist immer auf dem aktuellen Stand und gibt Ihnen automatisch individuelle Steuertipps.

Wer steht hinter dem Steuerprogramm?

Hinter smartsteuer steht die smartsteuer GmbH mit Sitz in Hannover. smartsteuer.de ist bereits seit dem Jahr 2010 am Markt aktiv und beschäftigt aktuell rund 20 Mitarbeiter. Die smartsteuer GmbH ist eine Tochter der renommierten Haufe Unternehmensgruppe aus Freiburg. Das Programm wurde im Jahr 2014 erstmals Testsieger in einer unabhängigen Studie von Steuersoftware.

Die Vorteile von smartsteuer auf einen Blick
- ✓ Direkt starten, ohne Installation einer Software: Mit smartsteuer können Sie sofort im Browser starten.
- ✓ Kostenlos testen, erst bei Abgabe zahlen: Mit smartsteuer geben Sie ganz entspannt Ihre Daten ein, berechnen Ihre Steuererstattung und zahlen erst

8. Mit »smartsteuer« wird Ihre Steuererklärungfast zum Kinderspiel

bei bequemer Online-Abgabe an Ihr Finanzamt die Gebühren von lediglich 24,99 Euro.
✓ Kostenloser Kundenservice: Sie erreichen die Mitarbeiter von smartsteuer von Montag bis Samstag zwischen 8-20 Uhr kostenlos.
✓ Hohe Sicherheitsstandards: Ihre Daten werden verschlüsselt übertragen und in Deutschland gespeichert.
✓ Sie erhalten individuelle Steuertipps, die sich auszahlen: Dadurch erhalten Sie Ihr Geld vom Staat zurück und haben die geringen Kosten von smartsteuer bereits mit einem Tipp wieder drin.
✓ Automatische Prüfung vor Abgabe

Mit smartsteuer erstellen Sie Ihre Steuererklärung schnell, einfach und sicher

www.smartsteuer.de ist für die meisten Steuerzahler bestens geeignet. Folgende Bestandteile einer Steuererklärung werden berücksichtigt: Mantelbogen, Anlagen N, Kind, KAP, VOR, AV, G, S, R, SO, V, VL, EÜR, AVEÜR, St, SZE, L, N-AUS, U, Unterhalt, GewSt, USt, gesonderte und einheitliche Feststellung. Die Kosten pro Steuererklärung in Höhe von 24,99 Euro sind in Relation zur Leistung sehr günstig. Sie zahlen zudem erst bei Abgabe der Steuererklärung ans Finanzamt. Die kostenlose Testphase sorgt dafür, dass Sie in dem Moment längst wissen: Muss ich nachzahlen oder gibt es etwas zurück?

Meine Empfehlung: Smartsteuer unterstützt als erste Steuersoftware in Deutschland Kryptowährungen

Die Innovationsfähigkeit zeigt sich in einem weiteren Segment. Als erste Steuersoftware Deutschlands hat smartsteuer die korrekte Versteuerung von Geschäften mit Kryptowährungen mit aufgenommen. Im September 2018 wurde darüber hinaus bekannt, dass smartsteuer die App www.steuerbot.com übernommen hat. Dadurch können neben den bewährten browserbasierten Dienstleistungen zukünftig auch mobile Steuerlösungen per App angeboten werden. Ich kann Ihnen die Nutzung dieses umfassenden, einfachen und noch dazu günstigen Produktes sehr empfehlen.
Info: www.smartsteuer.de

9. Vorbild Superreiche: Bezahlen Sie keine Dummensteuern!

Lars Peter Feld ist Professor für Wirtschaftspolitik an der Universität Freiburg. Er traf einst die Feststellung: »Die Erbschaftsteuer ist die größte Dummensteuer, die wir in Deutschland haben.« Der Top-Ökonom spielt mit seiner Aussage auf die so zahlreichen Gestaltungsmöglichkeiten an, mit denen man die Erbschafts- und Schenkungsteuer umgehen kann.

Gestalten Sie Ihre Vermögenswerte jetzt intelligent

Durch stufenweise Schenkungen, die Ausnutzung von Freibeträgen, Sonderrabatten und Ausnahmeregeln bei Firmenerben oder die Gründung einer Stiftung haben Superreiche beispielsweise die Möglichkeit, ihre Steuerlast faktisch gegen null zu drücken. Diese Möglichkeiten haben aber auch Sie!

Ich zeige Ihnen nachfolgend das attraktive Modell einer steueroptimierten Nachfolgeplanung von Familienbestandsimmobilien unter Einbeziehung einer geschützten, versicherungsbasierten Anlagelösung aus dem Fürstentum Liechtenstein.

Zahlreiche Immobilienbesitzer setzen auf ein beliebtes Modell, das Nachteile mit sich bringt

Zahlreiche Elterngenerationen haben im Laufe ihres Lebens eine oder mehrere Immobilien angeschafft, zum Beispiel um mietfrei zu wohnen oder Mieteinnahmen zu generieren. Nicht selten kommt es deshalb heute zu der Situation, dass die Kinder durch Erbschaft oder Schenkung in Zukunft eine finanzierungsfreie Immobilie erhalten werden, sie aber gleichzeitig ein selbstbewohntes Haus mit laufender Bankfinanzierung besitzen.

Die Elterngeneration überträgt häufig zu Lebzeiten Immobilienvermögen an die nächsten Generationen und nutzt damit die zur Verfügung stehenden Freibeträge. Vielen Eltern ist dabei wichtig, trotz der Vermögensweitergabe weiter »die Hand« über das übertragene Vermögen halten zu können. Dazu wird unter anderem der Nießbrauch oder die Eintragung von Wohnrechten genutzt. Die langfristigen einkommensteuerlichen Auswirkungen der be-

9. Vorbild Superreiche: Bezahlen Sie keine Dummensteuern!

schenkten Generation werden dabei oft zu wenig beachtet und führen über Jahrzehnte zu steuerlichen Nachteilen.

Der in der Praxis sehr häufig genutzte Ablauf:

Beispielfall: Fremdgenutzte (also vermietete), abgeschriebene, abbezahlte Immobilie im Wert von 800.000 Euro. Eltern schenken 50 % der Immobile im Wert von 400.000 Euro an das Kind.

Ziel: Nutzung des Freibetrags von 400.000 Euro alle zehn Jahre durch Schenkung an das Kind.

Vorteil: Freibetrag wird genutzt.

Nachteile: Keine Abschreibungsmöglichkeit (AfA), keine Werbungskosten in Form von Zinsen, da keine Anschaffungsfinanzierung.

Folge: Erhöhung des Spitzensteuersatzes über Jahrzehnte auf Seiten des Kindes.

Oft nutzt die Elterngeneration die oben dargestellte Vermögensübertragung der Immobilie durch eine Schenkung auf Rat eines Steuerberaters. In diesem Fall wird die Immobilie nur zur Hälfte an das Kind verschenkt, weil damit bereits der Freibetrag für die folgenden zehn Jahre voll ausgeschöpft ist. Die positive Auswirkung der Schenkung ist ein steuerfreier Vermögenszuwachs auf Seite des Kindes. Aufgrund des fehlenden Anschaffungspreises kann das Kind jedoch keine steuermindernde Abschreibung (AfA) in der Einkommensteuererklärung geltend machen.

Da es ebenfalls keine Finanzierung für die Anschaffungskosten gibt, entfallen auch die Werbungskosten für Einkünfte aus Vermietung und Verpachtung in Form der Finanzierungszinsen. Dies führt dazu, dass die vollen Mieteinnahmen, welche auf den 50-prozentigen Anteil entfallen, zur Erhöhung des Einkommens des Kindes führen und den Spitzensteuersatz über Jahrzehnte erhöhen. Nachfolgend zeige ich Ihnen eine alternative Möglichkeit, um Vermögen effizient auf Generationen zu übertragen. Die Lösungsmöglichkeiten wirken sich dabei nicht nur auf die Erbschaft- und Schenkungsteuer aus, sondern haben gleichzeitig über Jahrzehnte positiven Einfluss auf die Einkommensteuer.

Das optimierte Gestaltungsmodell: Verkauf und Darlehnsaufnahme statt Schenkung

Die Eltern verkaufen die Immobile im Wert von 800.000 Euro an das Kind. Sie geben dem Kind ein Verwandtendarlehen in Höhe von 400.000 Euro. Die anderen 400.000 Euro werden durch eine Bank finanziert. Durch diese Kaufpreiszahlung entsteht bei den Eltern eine freie Liquidität in Höhe von 400.000 Euro. Zusätzlich erhalten die Eltern Zinseinnahmen aus dem Verwandtendarlehen. Das Kind erhält die vollen Mieteinnahmen aus der Immobilie, da es das Objekt zu 100 % erworben hat. Steuerlich kann das Objekt entsprechend gewinnmindernd abgeschrieben werden. Die Zinsen auf das Hypotheken- und Verwandtendarlehen sind als Werbungskosten ebenfalls gewinnmindernd und senken voll den Spitzensteuersatz.

Der Übertrag kann durch eine Versicherungspolice weiter optimiert werden

Die Zinsen auf das Verwandtendarlehen sind aus Sicht des Elternteils Einkünfte aus Kapitalvermögen und unterliegen somit maximal der Abgeltungsteuer. Bis zu diesem Schritt wurde bisher lediglich eine Bestandsimmobilie durch Verkauf innerhalb der Familie übertragen. Die Elterngeneration möchte im Rahmen der Immobilienübertragung jedoch auch die Freibeträge für eine Schenkung nutzen. Hierfür kann die Elterngeneration eine versicherungsbasierte Anlagelösung aus dem Fürstentum Liechtenstein nutzen:

Dazu werden die 400.000 Euro aus dem Verkaufserlös der Immobilie in einen liechtensteinischen Versicherungsvertrag, der zunächst von den Eltern abgeschlossen wird, eingezahlt. Innerhalb der Versicherungspolice wird die Prämie entsprechend den Vorstellungen der Eltern angelegt oder verwaltet. Die Übernahme der Versicherung durch das Kind kann dann zu Beginn oder zu einem späteren Zeitpunkt vorgenommen werden. Dieser Versicherungsnehmerwechsel stellt die Schenkung des Vermögens an das Kind dar und ist dem Finanzamt anzuzeigen.

Die 1-%-Strategie sichert Ihnen die Verfügungshoheit über Ihr Vermögen

Der Clou: Der Elternteil hält weiterhin mindestens 1 % des Vertrages. Dies führt dazu, dass das Kind nicht allein über den Vertrag verfügen kann, da beide Versicherungsnehmer grundsätzlich gemeinschaftlich entscheiden. Das Kind kann nicht allein über das Vermögen verfügen.

Der Elternteil hält also weiterhin »die Hand« über dem Vermögen. Er kann zwar nicht allein entscheiden, was mit dem geschenkten Vermögen passiert, aber er kann entscheiden, was nicht passiert. Das Vermögen entwickelt sich im Laufe der Zeit entsprechend der gewählten Anlagestrategie. Hier sind Sie vollkommen frei, Sie können jeden Investmentfonds und jeden ETF, den es gibt, innerhalb der Versicherungspolice erwerben. Mit zunehmendem Alter sollte der Vertrag dann zu 100 % auf das Kind überschrieben werden.

Das Konzept führt zur Einsparung von Erbschaft-, Schenkung- und Einkommensteuern

Wenn der Elternteil, als versicherte Person, verstirbt, kommt die Versicherungsleistung zur Auszahlung. Da der Vertrag zu diesem Zeitpunkt zu 100 % dem Kind gehören sollte, erhält das Kind eine einkommensteuerfreie Auszahlung der Versicherungsleistung. Das Verwandtendarlehen sollte vor Ableben des verbliebenen Elternteils auf eine dritte Person (Bank, Enkel) umgeschuldet werden. Die Möglichkeit der Vermögensübertragung unter Einbeziehung der Versicherungslösung kann auch für ausgewählte bankfähige Vermögenswerte genutzt werden. Beispielsweise Investmentfonds, die in einem Wertpapierdepot verwahrt werden, aber auch Kontoguthaben. Ergänzend kann bei Bedarf auch der Nießbrauch auf die versicherungsbasierte Anlagelösung angewandt werden.

> **Nutzen Sie die Möglichkeit einer unverbindlichen Analyse und Konzepterstellung**
>
> Die steueroptimierte Nachfolgeplanung von Familienbestandsimmobilien unter Einbeziehung einer geschützten, versicherungsbasierten Anlagelösung aus dem

> Fürstentum Liechtenstein ist eine Profi-Lösung, die in der normalen Anlageberatung und Vermögensverwaltung weitestgehend unbekannt bzw. ungenutzt ist und dadurch in der Regel nicht zum Einsatz kommt. Im gehobenen Private Banking und bei Family Offices, die sehr vermögende Privatanleger betreuen, gehören derartige Lösungen hingegen zum Standard.
> Info: www.vienna-life.li – Tel.: 00423 235 06 60

10. Hat Ihr Steuerberater eine grenzüberschreitende Kompetenz?

Ich bin sehr stolz auf mein internationales Experten-Netzwerk an renommierten Rechtsanwälten und Steuerberatern, das ich mir über die letzten Jahre aufgebaut habe und auch weiter ganz gezielt ausbaue. Ihre überwiegend positiven Rückmeldungen und Nachfragen nach Experten-Empfehlungen für die unterschiedlichsten Bereiche zeigen, wie wichtig und wertvoll dieses Netzwerk ist. Mir selbst bietet es die Möglichkeit, meine Empfehlungen fortlaufend überprüfen zu lassen und so weiter zu optimieren.

»Haus-Steuerberater« geraten immer wieder an ihre Grenzen

Beim Thema internationale Diversifikation stoßen klassische, rein regional fokussierte Steuerberater allerdings häufig schnell an die Grenzen ihrer Beratungskompetenz. Meine Erfahrung zeigt mir, dass diese fehlende Sachkompetenz leider nicht selten dazu führt, dass manche Steuerberater dann einfach pauschal von einer – für den Mandanten vorteilhaften – Auslandsgestaltung abraten. Sollten Sie bei Ihrem Steuerberater einen solchen Verdacht haben, dann lautet mein klarer Rat: Setzen Sie für grenzüberschreitenden Fragestellungen auf eine versierte und international ausgerichtete Kanzlei oder wechseln Sie Ihren Steuerberater gleich ganz.

Eine professionelle Steuerberatung muss vorausschauend auf sich verändernde Rahmenbedingungen agieren, aber auch auf Probleme mit den Finanzbehörden in unterschiedlichen Ländern kompetent reagieren. Diese Voraussetzungen bietet Ihnen die Kanzlei »Actus« aus meinem Experten-Netzwerk mit zugelassenen Steuerberatern für Deutschland, Liechtenstein und Österreich. Zusätzlich stehen für die Schweiz entsprechende Kooperationspartner zur Verfügung.

Beispiel Investmentsteuerreform 2018: Wenn der Haus-Steuerberater versagt

Für Investmentfondsanteile, die vor dem 01.01.2009 erworben wurden, entfällt ab 01.01.2018 der Bestandsschutz für erzielte Kursgewinne. Einer meiner sehr vermögenden Leser (83 Jahre) ist Witwer und verfügt über ein Altbestandsvermögen an Investmentfonds in Höhe von rund 1,5 Millionen Euro. Er hat drei Kinder. Er hat vor einigen Monaten gelesen, dass es eine Möglichkeit gibt, den Freibetrag zu erhöhen, wenn er mittels einer Schenkung Vermögen an seine Kinder überträgt. Er fragte deshalb seinen langjährigen Steuerberater danach. Der teilte ihm allerdings mit, dass es dafür keine vorteilhafte Lösung gebe.

Kürzlich hat der Leser dann mir dieselbe Frage gestellt, weil er sich eine zweite Meinung einholen wollte. Ich bin kein Steuerberater und darf natürlich keine individuelle Steuerberatung leisten. Deswegen habe ich die Fragestellung wie immer in meinem Experten-Netzwerk platziert.

In diesem Fall bei Steuerberater Matthias Langer von der Actus AG Steuerberatungskanzlei aus dem Fürstentum Liechtenstein. Dieser teilte mir Folgendes mit:

> **Werden Investmentfonds-Altbestände an die drei Kinder verschenkt, dann entsteht der Freibetrag für die Altbestände von 100.000 Euro pro Kind neu. Somit wäre der Altbestands-Freibetrag in Zukunft allein für die Kinder 300.000 Euro. Der Schenkungsteuerfreibetrag pro Kind beträgt 400.000 Euro. Der Vater kann also – steuerfrei – Investmentfondsanteile im Wert von 1,2 Millionen Euro an seine 3 Kinder verschenken, 300.000 Euro selbst weiterhin behalten und den zukünftigen Freibetrag für die Altbestände der Investmentfonds von 100.000 auf 400.000 Euro vervierfachen.**

Sie sehen: Zwischen der Aussage des Spezialisten aus dem Fürstentum Liechtenstein und der Auskunft des »Haus-Steuerberaters« meines Lesers besteht ein gigantischer Unterschied. Was für eine Falschauskunft!

> **Meine Empfehlung: Ein Top-Steuerberater muss aufarbeiten, deklarieren und grenzüberschreitend die Zukunft mitgestalten können**
>
> Die Basistätigkeit eines Steuerberaters ist die fortlaufende Deklaration aktueller, steuerrelevanter Verpflichtungen seiner Mandanten. Es sollte allerdings auch über eine ausreichende Expertise verfügen, was die im Einzelfall notwendige, konsequente Aufarbeitung der Vergangenheit betrifft, z. B. für eine Nachdeklaration oder Selbstanzeige. Daneben wird auch die vorausschauende – auch grenzüberschreitende – Steuergestaltung für die Zukunft immer wichtiger.
>
> Fehlt einer dieser Kompetenzbereiche, sollte Ihr Steuerberater zumindest über entsprechende Kooperationspartner im In- und Ausland verfügen. Die Steuerberatungskanzlei der Actus AG deckt all diese Punkte bestens ab. Ich habe neben dem beschriebenen Fall bereits zahlreiche weitere positive Rückmeldungen erhalten, sodass ich Ihnen die Kanzlei speziell bei Berührungspunkten mit dem Fürstentum Liechtenstein sehr empfehlen kann.
>
> **Info:** www.actus-tax.com – Tel.: 00423-39214-30

11. Was tun bei gravierenden Problemen mit Ihrem Anwalt oder Steuerberater?

Ich erhalte fortlaufend auch Anfragen von Verbrauchern bzw. Mandanten, die mit der Leistung ihrer Rechts- und Steuerberater sehr unzufrieden waren. Auch Anwälte oder Steuerberater machen Beraterfehler. Für solche Streitigkeiten gibt es spezielle Schlichtungsstellen, die ich Ihnen empfehlen kann.

Ein Privatanleger wollte beispielsweise seine Bank aufgrund einer Falschberatung verklagen. Er hat mit einer Kapitalanlage einen großen Verlust erlitten. Weil sein Anwalt einen Fehler gemacht hatte, wurde der ansonsten aussichtsreichen Klage vor dem Gericht allerdings nicht stattgegeben. Zusätzlich zu den Anwaltskosten ist dadurch ein enormer finanzieller Schaden entstanden. Gleiches erlebe ich auch häufiger im Zusammenhang mit

Steuerberatern. Weil unterschiedliche Steuerberater Beratungs- und Dienstleistungsfehler gemacht haben, entstand für mehrere Leser ein finanzieller Schaden gegenüber dem Finanzamt.

Die meisten Beschwerdefälle, von denen ich im Zusammenhang mit Steuerberatern erfahre, befassen sich im Übrigen mit zu hohen Honorarabrechnungen. Für Anwälte wie auch für Steuerberater gelten klare gesetzliche Gebührenregelungen. Nur wenn ausdrücklich gesonderte Vergütungsvereinbarungen getroffen werden, sind höhere Gebühren zulässig. Ich muss anhand meiner Praxiserfahrungen feststellen, dass vor allem Steuerberater hier teilweise nicht korrekt abrechnen. Zum Nachteil ihrer Mandanten. Doch wie können Sie sich in solchen Fällen am besten wehren?

Ein Schreiben an die Berufskammern wirkt oft wahre Wunder

Rechtsanwälte und Steuerberater sind verpflichtet, für die Dauer ihrer Berufsausübung eine Berufshaftpflichtversicherung abzuschließen, was von den zuständigen Kammern auch geprüft wird. Ich hatte einen interessanten Fall, bei dem ein Steuerberater sich geweigert hat, seine Versicherung einzuschalten. Mein Leser ging dann auf die Bundessteuerberaterkammer zu und bekam dort die Versicherungsgesellschaft genannt, bei der sein Steuerberater seine Berufshaftpflichtversicherung abgeschlossen hatte.

Nach Schilderung des Falles an die Versicherungsgesellschaft hat diese dem Leser den entstandenen Schaden anstandslos erstattet. Anwälte nennen die Versicherungsgesellschaft ihrer Berufshaftpflichtversicherung in der Regel namentlich im Impressum ihrer Webseite.

> **Meine Empfehlung: Schalten Sie bei Problemen die Berufskammern ein**
>
> Ich kann aus meiner Praxis mittlerweile von mehr als zehn erfolgreichen Fällen berichten, in denen Leser nach Einschaltung der Berufskammern ihre Schäden erstattet bekamen. Entweder dadurch, dass die betroffenen Anwälte oder Steuerberater Rückzahlungen geleistet haben oder dass die Haftpflichtversicherungen gezahlt haben. Schreiben an die Berufskammern oder die Versicherungen üben nach meiner Erfahrung einen massiven Druck auf die betroffenen Anwälte

VII. Steuerschutz

und Steuerberater aus. Nutzen Sie daher diese einfache und kostenlose Möglichkeit.

Die Bundesrechtsanwaltskammer hat für Streitigkeiten mit Anwälten eine eigene Schlichtungsstelle, mit der ich sehr gute Erfahrungen gemacht habe. Bei Problemen mit Steuerberatern sind die Steuerberaterkammern der Länder ebenfalls zu einem Schlichtungsversuch verpflichtet.

Info: Bundesrechtsanwaltskammer: www.s-d-r.org – Tel.: 0049(0)30-2844417-0

Bundessteuerberaterkammer: www.bstbk.de – Tel.: +49(0)30-240087-0

VIII: Auswandern

1. Grundlagen, Fallstricke und Checkliste für Ihre erfolgreiche Wohnsitzverlagerung ins Ausland

Vor dem Hintergrund der Flüchtlings- und Einwanderungsproblematik ist der Aspekt vollkommen in den Hintergrund gerückt, dass Deutschland längst ein Auswanderungsland ist. Nie zuvor haben dabei so viele Bürger auch aus steuerlichen Gründen den Wegzug aus Deutschland ins Auge gefasst wie in den letzten Jahren. Doch auch hier gilt mein Ratschlag: »Das Steuern ist wichtiger als die Steuern.«

Sollten Sie mit dem Gedanken spielen, auszuwandern, dann sollte der Erhalt oder die Steigerung Ihrer Lebensqualität der wichtigste Aspekt für Ihre Entscheidung sein. Vor einer Auswanderung aus rein steuerlichen Gründen rate ich dringend ab. Zu groß sind dann die Gefahren, dass Sie vor Ort einfach nicht glücklich werden. Dann nützen Ihnen auch die gesparten Steuern nichts. Die Lebensqualität muss stimmen. Hier kann sich ein Blick auf den World Happiness Report lohnen.

Die Lebensqualität ist weit wichtiger als der Steuersatz!

Die glücklichsten Menschen der Welt leben demnach in Finnland. Das zeigt der letzte World Happiness Report, für den Wissenschaftler Daten von 156 Ländern ausgewertet haben. Aus diesen wurde ein Index errechnet, in den Kriterien wie etwa das Einkommen, die Lebenserwartung oder der Grad der sozialen Absicherung einfließen.

Den ersten Plätzen zufolge sind besonders die Nordeuropäer glücklich. Aber auch die Kanadier und Neuseeländer sichern sich Plätze in den Top Ten, wie die Grafik zeigt. Deutschland liegt auf Platz 17, damit ging es im Vergleich zum Vorjahresreport zwei Plätze bergab, während Österreich zwei

Plätze gutmachte und es in die Top Ten schafft. Die Schweiz rutscht einen Platz auf Rang 6 ab.

Die glücklichsten Länder der Welt
Ranking nach höchstem Indexwert*

#	Land	Wert
1	Finnland	7,77
2	Dänemark	7,60
3	Norwegen	7,55
4	Island	7,49
5	Niederlande	7,49
6	Schweiz	7,48
7	Schweden	7,34
8	Neuseeland	7,31
9	Kanada	7,28
10	Österreich	7,25
⋮	⋮	
17	Deutschland	6,99

* Basierend auf: BIP pro Einwohner, soziale Absicherung, Gesundheit und Lebenserwartung, Entscheidungsfreiheit, Spendenbereitschaft, Korruptionswahrnehmung. Erhebungszeitraum: 2016 – 2018

Quelle: World Happiness Report/statista

Einen rein steuerlichen Wegzug gibt es nicht – nur einen tatsächlichen

Ich warne auch davor, nur zum Schein wegzuziehen. Das ist rechtswidrig und gelingt quasi nie. In Deutschland gilt die Regel, dass ein Bürger mit Wohnsitz oder gewöhnlichem Aufenthalt mit seinem gesamten Welteinkommen der deutschen Einkommensteuer unterliegt. Der Fallstrick ist somit sehr häufig nicht der gemeldete Wohnsitz, sondern der gewöhnliche Aufenthalt.

Gemäß § 9 Abgabenordnung (AO) hat jemand den gewöhnlichen Aufenthalt dort, »wo er sich unter Umständen aufhält, die erkennen lassen, dass er an diesem Ort oder in diesem Gebiet nicht nur vorübergehend verweilt.« Nach § 8 der AO hat jemand einen Wohnsitz dort, wo er eine Wohnung unter Umständen innehat, die darauf schließen lassen, dass er die Wohnung beibehalten und benutzen wird.

Der Mythos von der 183-Tage-Regel!

Viele Bürger kennen die 183-Tage-Regel. Diese besagt ganz grundlegend, dass eine Person in Deutschland unbeschränkt steuerpflichtig ist, falls sie sich länger als 183 Tage innerhalb eines Kalenderjahres in Deutschland aufhält. In vielen Berichten und scheinbaren Empfehlungen folgt daraus der Umkehrschluss, dass in Deutschland keine Steuerpflicht besteht, wenn sich der Aufenthalt auf weniger als 183 Tage begrenzt. Das ist ein ganz gefährlicher Trugschluss.

Falls Sie ein Haus oder eine Wohnung in Deutschland nach einer Auswanderung behalten, haben Sie dadurch auch einen Wohnsitz, egal, ob Sie sich abmelden und im Ausland Ihre Steuern bezahlen. Die Finanzämter bewerten das nämlich so, dass Sie die Möglichkeit hätten, jederzeit nach Deutschland zurückzukehren und dort zu wohnen. Das reicht für die Einordnung als gewöhnlicher Aufenthalt, selbst wenn Sie keinen Tag nach Deutschland kommen.

Verkaufen oder vermieten Sie Immobilien im Wegzugsstaat!

Schützen können Sie sich davor nur, wenn Sie sämtliche in Deutschland gelegenen Immobilien verkaufen oder langfristig an Dritte vermieten. Sie dürfen auch nicht bei Kindern oder Freunden eigene Räumlichkeiten beziehen und unterhalten. Die Finanzämter gehen in der Praxis so weit, dass sie selbst einen Kleiderschrank oder einen Schlüssel für die Immobilie der Eltern oder Großeltern als gewöhnlichen Aufenthaltsort werten, was eine Steuerpflicht auslöst.

Ein Wohnsitzwechsel bedeutet nicht automatisch eine Steuerverlagerung ins Ausland!

Aus steuerlicher Sicht kommt es zudem auch darauf an, woher Ihre Einkünfte stammen. So unterliegen etwa Einkünfte aus Ihrem deutschen Gewerbebetrieb – Einzelunternehmen oder Personengesellschaft – sowie Einkünfte aus Vermietung in Deutschland weiterhin der deutschen Einkommensteuerpflicht!

Daran ändert sich auch nichts durch ein Doppelbesteuerungsabkommen zwischen Deutschland und Ihrem neuen Wohnsitzland. Denn in diesen Doppelbesteuerungsabkommen wird Deutschland für diese Einkünfte regelmäßig das Besteuerungsrecht zugewiesen. Eine Wohnsitzverlagerung kann sich also aus steuerlichen Gesichtspunkten am ehesten bei anderen Einkunftsquellen, wie etwa Einkünften aus Kapitalvermögen, lohnen. Um einen vollständigen und steuerlich unproblematischen Wegzug aus Deutschland zu erreichen, sollten Sie die Punkte der folgenden Checkliste berücksichtigen. Dazu gehört es, die entsprechenden Nachweise so zu führen, dass diese Ihrem Finanzamt gegenüber verwendet werden können.

Die Checkliste für den steuerlichen Wohnsitzwechsel

- ✓ Verkauf sämtlicher in Deutschland gelegener Immobilien oder langfristige Vermietung an Dritte, möglichst nicht an Freunde oder gar Verwandte.
- ✓ Kündigung deutscher Versicherungen. Neuabschluss im Zuzugsstaat oder Nutzung international gültiger Versicherungspolicen für Auswanderer.
- ✓ Grundsätzlich Wegfall der gesetzlichen deutschen Sozialversicherungen wie Kranken- und Pflegeversicherung. Rechtzeitiger Abschluss privater Versicherungsalternativen, um Deckungsrisiken zu vermeiden.
- ✓ Grundsätzlich keine möblierten Wohnungen leer stehen lassen. Hier wäre die sogenannte Schlüsselgewalt, d. h. die Möglichkeit, die Wohnung jederzeit nutzen zu können, ausreichend, um Ihnen die unbeschränkte Steuerpflicht in Deutschland zu unterstellen.
- ✓ Melderechtliche Abmeldung in Deutschland und Anmeldung im Ausland. Hier gibt es auch Sonderfälle. In Großbritannien gibt es z. B. keine Meldepflicht, hier erfolgt die Meldung in Form der steuerlichen Meldung an das Inland Revenue.
- ✓ Ehepartner/Lebensgefährtin und minderjährige/schulpflichtige Kinder müssen mit ins Ausland ziehen und dürfen ebenfalls keine Wohnung in Deutschland aufrechterhalten, da ein Ehegatte für den anderen Ehegatten sonst einen deutschen Wohnsitz begründet.
- ✓ Kündigung von deutschen Telefonanschlüssen inklusive Handyverträgen und Abschluss neuer Verträge im Ausland.
- ✓ Abmeldung des Kfz und anderer Fahrzeuge in Deutschland und Neuanmeldung im Ausland.

- ✓ Deutsche Bankverbindungen sollten auf ein Minimum reduziert werden, welches zur Verwaltung der in Deutschland verbleibenden Kapitalkonten oder Immobilien erforderlich ist. Ich rate zur kompletten Auflösung von Kontoverbindungen im Wegzugsstaat.
- ✓ Kapitalvermögen sowie anderes fungibles Vermögen sollten möglichst aus Deutschland raus ins Ausland verlagert und auch von dort aus verwaltet werden.
- ✓ Kündigung von sämtlichen privaten Mitgliedschaften in Deutschland, z. B. in Fitnessstudios, Golfclubs oder anderen Sport- oder sonstigen Vereinen. Aufgabe von ortsgebundenen sozialen und politischen Aktivitäten.
- ✓ Umfangreiche schriftliche Dokumentation der Wegzugspläne und des tatsächlichen Wegzugs durch Kündigungsschreiben gegenüber Energieversorgern, Stadtwerken etc. sowie der bereits angesprochenen Mitgliedschaften.
- ✓ Umfassende Dokumentation des tatsächlichen Umzugs und des Umzugsstichtages durch Rechnungen von Umzugsunternehmen, Schaltung von Maklerauftragen zur Vermietung oder zum Verkauf der deutschen Wohnstätte.
- ✓ Prüfung und Anpassung von testamentarischen Verfügungen und Vollmachten wie Betreuungsvollmacht, Vorsorgevollmacht oder Patientenverfügung.

2. Nutzen Sie die großen Chancen der Liechtenstein-Lotterie!

Ein realer wie auch steuerlicher Wohnsitz im Fürstentum Liechtenstein liegt im Herzen Europas, in einem soliden und stabilen Land, nahe der Heimat, am wunderschönen Dreiländereck des Bodensees mit hervorragenden Verbindungen zu Deutschland, Österreich und der Schweiz. Der Staat Liechtenstein verlost regelmäßig zweimal im Jahr Aufenthaltsbewilligungen für EWR-Ausländer. Ich zeige Ihnen, was Sie jetzt tun müssen, um sich dafür zu bewerben.

Jeder EWR-Bürger kann sich für eine wertvolle Aufenthaltsbewilligung bewerben

Den Wohn- und vor allem den steuerlichen Sitz nach Liechtenstein zu verlagern ist grundsätzlich eine Herausforderung, die nur sehr schwierig zu meistern ist. In aller Regel ist dies mit hohen Kosten, einem großen Vermögen, viel Bürokratie oder exzellenten Beziehungen in liechtensteinische Wirtschafts- und Politikkreise verbunden. Eine weitere Möglichkeit ist die Heirat mit einem Liechtensteiner bzw. einer Liechtensteinerin. Diese Option ist in der Praxis aber ebenfalls enorm schwierig umzusetzen und kommt vermutlich, realistisch gesehen, für kaum jemand von Ihnen infrage.

Nach wie vor relativ unbekannt ist die Möglichkeit für EWR-Staatsbürger, sich für die Verlosung einer dauerhaften Aufenthaltsbewilligung im Fürstentum Liechtenstein zu bewerben. Der Europäische Wirtschaftsraum (EWR) umfasst alle 28 EU-Mitgliedstaaten sowie die Länder Island, Liechtenstein und Norwegen. Schweizer Staatsangehörige können daher nicht an der Auslosung teilnehmen. Aufgrund der vertraglichen Vereinbarungen mit dem EWR muss Liechtenstein die Hälfte der Aufenthaltsbewilligungen in einem Verfahren erteilen, das allen Bewerbern Chancengleichheit gewährt. Das Auslosungsverfahren gliedert sich in eine Vor- und eine Schlussauslosung.

Das US-Greencard-Programm diente als Vorbild für die Liechtenstein-Verlosung

Liechtenstein führt dazu eine Lotterie durch, die vergleichbar ist mit dem Greencard-Programm der USA. Beim bekannten US-Greencard-Programm werden zeitlich unbeschränkte Aufenthalts- und Arbeitsbewilligung für die Vereinigten Staaten verlost. 55.000 dieser Greencards werden seit Anfang der 90er Jahre Jahr für Jahr vergeben. Mit diesem Verlosungsverfahren werden vor allem Einwanderer bedacht, die auf anderen Wegen wenig Chancen haben, eine dauerhafte Aufenthaltsbewilligung und Arbeitserlaubnis im Land der unbegrenzten Möglichkeiten zu erhalten.

Die Bewerbungs-Voraussetzungen auf einen Blick
- ✓ Besitz einer EWR-Staatsangehörigkeit
- ✓ Keine Mehrfachbewerbungen, keine Falschangaben, kein bestehendes

Einreiseverbot, keine Gefährdung der öffentlichen Sicherheit, Ordnung und Gesundheit
- ✓ Verfügung über genügend Einkommen oder Vermögen für den eigenen Unterhalt und den der Familie oder die Bestätigung eines unselbstständigen Arbeitsverhältnisses in Liechtenstein
- ✓ Fristgerechte Einreichung des vollständig ausgefüllten sogenannten Gesuchsformulars (Datum des Poststempels)
- ✓ Rechtzeitige Gebühreneinzahlung/Überweisung in Höhe von 100 Schweizer Franken (85 Euro) für die Vorauslosung sowie 500 Schweizer Franken (430 Euro) für die Schlussauslosung. Ausschlaggebend ist das Valutadatum des Zahlungseingangs bei der Liechtensteinischen Landesbank.

In Liechtenstein ist der Ministerpräsident gleichzeitig Finanzminister

Einzigartig im Fürstentum Liechtenstein ist auch der Aspekt, dass der Ministerpräsident Adrian Hasler gleichzeitig in Personalunion als Finanzminister fungiert. Insgesamt gibt es in Liechtenstein nur fünf Ministerien: Außen-, Justiz- und Kulturministerium sowie das Innen-, Bildungs- und Umweltministerium sind jeweils zusammengelegt. Dafür gibt es ein eigenständiges Ministerium für Gesellschaft.

Dadurch wird die Effizienz der öffentlichen Verwaltung zusätzlich gesteigert und die Dienstleistungen können noch stärker an den Bedürfnissen der Bevölkerung und der Wirtschaft ausgerichtet werden.

Das Steuersystem in Liechtenstein: Die grundlegenden Rahmenbedingungen und Vorteile

Selbstverständlich werden auch im Fürstentum Liechtenstein Steuern erhoben. Das geltende Steuerrecht ist dabei im Gegensatz zu den komplexen Regularien in Deutschland oder Österreich sehr einfach und transparent gehalten. Darüber hinaus ist das Steuerrecht international anerkannt und europarechtskonform. Generell beträgt die Ertragssteuer für alle juristischen Personen mit Sitz im Fürstentum Liechtenstein 12,5 % vom steuerbaren Reinertrag bei einer Mindeststeuer von 1.800 CHF pro Jahr.

Dividenden oder Kapitalgewinne, Miet- und Pachterträge ausländischer Grundvermögen, ausländische Betriebsstättenergebnisse, Grundstücksgewinne, Kapitalzuwächse aus Erbschaften oder Schenkungen werden nicht besteuert. Der Grenzsteuersatz für Privatpersonen beträgt zwischen 3 % und maximal 24 %. Auf die Besteuerung von Kapitalgewinnen, mit Ausnahme von bestimmten Grundstücksgewinnen, wird ebenso verzichtet wie auf die Erhebung von Erbschaft- oder Schenkungsteuern.

Die Chancen auf eine erfolgreiche Bewerbung stehen sehr gut!

Jahr für Jahr führt das Ausländer- und Passamt zwei Auslosungsverfahren für Aufenthaltsbewilligungen durch. Dabei werden mindestens 28 Bewilligungen für die Aufnahme einer Erwerbstätigkeit und acht Bewilligungen für eine erwerbslose Wohnsitznahme im Fürstentum Liechtenstein erteilt.

Das liechtensteinische Einwanderungsgesetz mit dem damit verbundenen Losverfahren ist nach meiner Einschätzung nach wie vor relativ unbekannt, was auch die geringen Teilnehmerzahlen der letzten Jahre klar bestätigen. Auch wenn sich die Zahl von insgesamt 36 Aufenthaltsgenehmigungen natürlich nach sehr wenig anhört, stehen die Chancen auf eine Bewilligung deutlich besser als beim US-Greencard-Programm. Das belegen die Zahlen der letzten Jahre.

Während die Wahrscheinlichkeit bei der US-Verlosung aufgrund der hohen Bewerberzahlen zwischen 1:25 bis 1:50 liegt sind die Chancen für das EWR-Auslosungsverfahren in Liechtenstein weit höher. Die Teilnehmerzahlen lagen in den letzten Jahren lediglich zwischen 220 und 320 Bewerbern. Das sind somit Quoten zwischen 1:6 bis 1:9. Die Chancen auf eine erfolgreiche Bewerbung stehen somit sehr gut. Ich kann das auch aus eigener Erfahrung bestätigen. Ich kenne mittlerweile mehr als 20 Personen persönlich, die sich in den letzten Jahren erfolgreich um eine Aufenthaltsbewilligung beworben haben.

Alle notwendigen Unterlagen können Sie bei Interesse beim Ausländer- und Passamt in Liechtenstein anfordern oder direkt im Internet ausfüllen und herunterladen. Sollten Sie die Frühjahrs-Auslosung verpassen oder nicht zum Zuge kommen, bietet sich Ihnen bereits im Herbst eines jeden Jahres die nächste Chance.

Info: www.apa.llv.li – Tel.: 00423 23661-41

3. Notfallplan Paraguay: So einfach und günstig erhalten Sie eine Aufenthaltsgenehmigung

Viele Bürger sind derzeit auf der Suche nach einer Aufenthaltserlaubnis im Ausland als »Plan B«, den sie für den Fall einer großen Krise in der Hinterhand haben möchten. Der Nachteil beim bereits vorgestellten Liechtenstein-Modell ist die Ungewissheit, ob das Auslosungsverfahren gelingt und die anschließenden Verpflichtungen einer realen und somit auch kostspieligen Wohnsitzaufnahme – beispielsweise durch Anmietung einer Wohnung im Fürstentum – erfüllt werden können. Ich zeige Ihnen nachfolgend eine weitere Alternative fern der EU: die Aufenthaltsbewilligung für Paraguay. Diese Aufenthaltsbewilligung können Sie sicher und zu moderaten Kosten erwerben. Sie löst auch keine weiteren Verpflichtungen aus. Eine gute Option für eine vorsorgliche Exit-Strategie für den Krisenfall.

Verglichen mit dem Bürokratiemonster EU ist Paraguay ein freiheitlicher Minimalstaat

Paraguay ist ein Binnenstaat im Herzen Südamerikas mit einer Fläche von rund 407.000 Quadratkilometern. Das Land ist damit ungefähr so groß wie Deutschland und die Schweiz zusammen. Allerdings ist es bei Weitem nicht so stark besiedelt. Lediglich 6,4 Millionen Einwohner leben in Paraguay, die meisten davon in der Hauptstad Asunción. Neben der geschützten geografischen Lage, der mit 26 % vom Bruttoinlandsprodukt sehr niedrigen Staatsverschuldung, der politischen Stabilität und der damit verbundenen Rechts- und Investitionssicherheit ist die Demografie Paraguays für mich einer der wichtigsten Punkte für meine grundlegend positive Beurteilung des Landes.

Viele westliche Industrienationen stehen ohne Einwanderung vor der Vergreisung ihrer Bevölkerung. Dazu zählt leider auch Deutschland. In der Bundesrepublik sind lediglich knapp über 11 % der Menschen noch jünger als 15 Jahre. Aufgrund nachhaltig schwacher Geburtenraten wird sich die negative Altersentwicklung weiter verstärken. Fast 18 % der Bevölkerung in Deutschland sind hingegen bereits heute 65 Jahre und älter. Auch dieser Negativtrend wird weiter zunehmen, bei gleichzeitig steigender Lebenserwartung. In Paraguay hingegen sind 37 % der Bevölkerung jünger als 15 Jahre. Nur 5 % der

Menschen sind 65 Jahre oder älter! Gravierende Migrations- bzw. Flüchtlingsprobleme, wie wir diese in Europa mittlerweile vorfinden, gibt es in Paraguay schlicht nicht.

Ideale Rahmenbedingungen für eine dauerhafte Aufenthaltsgenehmigung

Eine Aufenthaltsgenehmigung in Paraguay bietet Ihnen zahlreiche Vorteile. Sie ist nicht nur die Grundlage für eine optionale – auch steuerrechtliche – Auswanderung nach Südamerika. Sie ist zudem im Vergleich zu den meisten anderen Ländern sehr einfach, schnell und kostengünstig zu erlangen. Weitere Vorteile: Sie begründet keine weiteren Verpflichtungen und ist dauerhaft gültig.

Da Sie auch nicht dazu verpflichtet sind, einen realen Wohnsitz zu nehmen und auch keinerlei Anwesenheitspflicht besteht, bietet Ihnen die paraguayanische Aufenthaltsbewilligung eine hervorragende Möglichkeit für einen Plan B, sollte dieser in der Zukunft einmal erforderlich sein. Beispielsweise für den Fall, dass sich die Situation in Europa weiter verschärft oder Ihre persönlichen Lebensumstände einen derartigen Schritt erforderlich machen.

Paraguay: Die Vorteile der dauerhaften Aufenthaltsgenehmigung

- ✓ Relativ günstige Umsetzung und dauerhaft gültige Erteilung ohne weitere Verpflichtungen oder Folgekosten.
- ✓ Ihre Aufenthaltserlaubnis ist jederzeit gültig, ohne dass Sie bereits jetzt einen festen Wohnsitz nehmen oder auswandern müssen (idealer Notfallplan). Sie erhalten die sogenannte Cedula – vergleichbar mit einem Personalausweis – als persönliche Identitätskarte.
- ✓ Sie erhalten eine Arbeitserlaubnis und können dadurch bei Bedarf auch geschäftlich aktiv werden, problemlos ein Unternehmen gründen, Immobilien und Grundstücke erwerben oder Bankkonten eröffnen.
- ✓ Bei Auswanderung und Wohnsitznahme: 10 % Einkommensteuer auf Ihre Inlandseinkommen, keine Besteuerung Ihrer Auslandseinkommen.
- ✓ Bereits nach 3 Jahren Aufenthalt haben Sie die Möglichkeit, die Staatsbürgerschaft Paraguays zu beantragen.

✓ Sie erhalten einen freien Zugang zum Mercosur-Staatenbund. Das ist – vergleichbar mit der EU – der Südamerikanische Binnenmarkt mit den Vollmitgliedern Argentinien, Brasilien, Paraguay, Uruguay und den assoziierten Staaten Bolivien, Chile, Peru, Kolumbien und Ecuador.

Goodbye Deutschland: 3,5 Millionen Bundesbürger leben bereits im Ausland

Die Verlagerung von Vermögenswerten in solide ausländische Staaten, Rechtsräume und Rechtsstrukturen – beispielsweise Versicherungspolicen oder Sachwertfonds aus dem Fürstentum Liechtenstein - ist für mich eine wichtige, langjährig bewährte Basis-Strategie für private Kapitalanleger. Die gezielte Diversifikation der Investments führt dabei zu einem höheren Kapitalschutz durch die Reduktion unterschiedlicher Klumpenrisiken, von der Politik, der Rechtsprechung über die Steuergesetzgebung, die demografischen und gesellschaftlichen Entwicklungen bis hin zum Schutz vor Systemrisiken.

Die wirkungsvollste Möglichkeit, sich vor negativen Entwicklungen in seinem Land oder seiner Region zu schützen, ist die Verlagerung des Wohnsitzes ins Ausland. Laut einem aktuellen Bericht der OECD leben derzeit rund 3,5 Millionen Deutsche im Ausland. Auch zahlreiche Millionäre haben dabei in den letzten Jahren ihre Heimat verlassen. Die zunehmende Auswanderung von vermögenden Bürgern ist ein Trend, der in vielen Ländern der Europäischen Union zu beobachten ist.

Die Hauptgründe liegen in den Schuldenproblemen und strukturellen Defiziten zahlreicher EU-Staaten sowie der Sorge vor steigender Kriminalität, Umverteilungen oder gar Enteignungen. Die relativ einfache und kostengünstige Beantragung einer dauerhaften Aufenthaltsbewilligung in Paraguay ist für mich ein vorsorglicher Schritt, ohne dass eine sofortige Auswanderung erfolgen muss.

> **Meine Empfehlung: »Change Your Country« bietet Ihnen ein kostengünstiges Komplettpaket auf Deutsch!**
>
> Das Unternehmen Change Your Country Ltd. mit Sitz in Großbritannien bietet Ihnen hilfreiche Dienstleistungen an, um Ihnen die Beantragung einer Aufent-

haltsbewilligung in Paraguay deutlich zu erleichtern und rechtssicher zu erlangen, und das zu sehr günstigen Preisen. Das Basis-Paket für die Beantragung der Cedula kostet 1.590 Euro pro Person. Für die Beantragung benötigen Sie Ihren Reisepass, eine internationale Geburtsurkunde, rund 4.500 Euro, die Sie bei einer Bank in Paraguay hinterlegen müssen – das Geld können Sie nach Erteilung der Aufenthaltsbewilligung auch wieder abziehen – sowie ein polizeiliches Führungszeugnis und einen negativen AIDS-Test!

Sie müssen einmalig nach Paraguay reisen, nämlich zur persönlichen Beantragung der Aufenthaltsbewilligung. Sie erhalten dafür eine umfangreiche Beratung, welche Dokumente Sie für die Beantragung benötigen und welche Möglichkeiten sich Ihnen in Paraguay mit der dauerhaften Aufenthaltsgenehmigung bieten. Hinter dem Unternehmen stehen deutschsprachige Initiatoren und Mitarbeiter mit besten Verbindungen nach Paraguay und in weitere Länder wie beispielsweise Großbritannien oder Chile. Alle Serviceangebote stehen Ihnen erfreulicherweise in deutscher Sprache zur Verfügung.

Info: www.changeyourcountry.net - Tel.: 0044-7429-567495

4. Daueraufenthalt und Steuerfreiheit: Das Thailand-Elite-Programm macht es möglich

Es ist ganz offensichtlich, dass sich immer mehr Bürger Europas auf der Suche nach einem Plan B befinden, nämlich für den Fall der weiteren Verschlechterung der Rahmenbedingungen in der Europäischen Union. Hierzu stelle ich Ihnen nachfolgend eine weitere Möglichkeit in Form der attraktiven Vorteile des thailändischen Residenz-Programms vor. Immer mehr vermögende Privatpersonen aus Europa nehmen dieses in Anspruch, als alternative Exit-Strategie in Richtung Asien.

Trend: Betreutes Wohnen und Alterspflege in Thailand

Thailand ist eines der begehrtesten Reiseziele in Südostasien und bietet eine sehr hohe Lebensqualität bei gleichzeitig äußerst niedrigen Lebenshaltungskosten. Die Hauptstadt des Landes ist die Metropole Bangkok. Das von rund 69 Millionen Einwohnern bevölkerte Land ist bekannt für seine große Gast-

4. Daueraufenthalt und Steuerfreiheit: Das Thailand-Elite-Programm macht es möglich

freundschaft. Deswegen ist es nicht verwunderlich, dass Thailand häufig als »Land des Lächelns« bezeichnet wird. Thailands wichtigste Einnahmequelle ist der Tourismus. Für einen dauerhaften Aufenthalt ist allerdings die Beantragung eines Urlaubsvisums nicht ausreichend. Auch der Trick der regelmäßigen Ein- und Ausreise zur Verlängerung des Visums ist nicht mehr empfehlenswert, da die thailändischen Behörden mittlerweile strenge Kontrollen vornehmen und Verstöße mit Einreiseverboten sanktionieren.

Aber Thailand ist nicht nur als Urlaubsziel beliebt. In den letzten Jahren hat ein relativ neues Geschäftsfeld einen sehr großen Zulauf erfahren: das betreute Wohnen und die Pflege im Alter. Neben den angenehmen Lebensbedingungen liegt der Hauptgrund für diese Entwicklung vor allem darin, dass die professionellen Gesundheits- und Pflegedienstleistungen in Thailand deutlich günstiger sind als in westeuropäischen Ländern wie Deutschland, Österreich oder der Schweiz. Da eine Pflege vor allem sehr personalintensiv ist, kommt auch hier das aus europäischer Sicht äußert geringe Lohnniveau in Thailand positiv zum Tragen.

Thailand hat ein weltweit einzigartiges Steuersystem

Ein offizieller Wohn- und Steuersitz in Thailand ist aber nicht erst für den Ruhestand, sondern auch für vermögende Privatpersonen und sogenannte »Perpetual Traveller« sehr interessant. Also für Personen, die dauerhaft unterwegs sind und nirgendwo einen Wohn- und Steuersitz haben. Diese benötigen mittlerweile aufgrund sich verschärfender Gesetze dennoch einen festen Wohnsitz, auch wenn sie sich dort kaum aufhalten. Der sollte dann am besten natürlich steuerlich attraktiv sein. Für all diese Fälle ist Thailand ideal.

Bei richtiger Gestaltung führt ein Thailand-Wohnsitz zur kompletten Steuerfreiheit, da Auslandseinkommen nur dann besteuert wird, wenn es auch tatsächlich nach Thailand überwiesen wird. Bestehendes Auslandsvermögen können Sie darüber hinaus steuerfrei nach Thailand transferieren. Lassen Sie Ihre Einkünfte im Jahr der Entstehung auf ein Konto außerhalb Thailands laufen, können Sie diese beispielsweise im darauffolgenden Jahr – vollkommen legal – steuerfrei nach Thailand überweisen. Wenn Sie mindestens 50 Jahre alt und bereits Rentner sind, vergibt Thailand ein unbefristetes Bleiberecht, wenn sie mindestens 10 Millionen Thailändische Baht (280.000

Euro) ins Land investieren, beispielsweise in Form eines Immobilien-Investments. Das ist eine vertretbare Summe und eine hochattraktive Möglichkeit, in einem schönen Land zu leben und Steuern zu sparen.

Thailand-Elite-Residence-Programm: Aufenthaltsbewilligung mit vielen Extras

Wenn Sie das Thailand-Elite-Residence-Programm nutzen, dann bekommen Sie nicht nur ein Einreisevisum, sondern genießen auch spezielle Dienstleistungen und VIP-Services. Neben den umfassenden Vorteilen bei Ihrer Einreise in Form einer bevorzugten Abfertigung und einem exklusiven Transfer-Service vom Flughafen ist beispielsweise auch die inbegriffene Kooperation mit der Bangkok Bank (www.bangkokbank.com) sehr interessant. Als Inhaber der Thailand-Elite-Card erhalten Sie umfassende Privilegien bei der Eröffnung eines Auslandswährungskontos und zahlen deutlich weniger Gebühren für die Verwaltung und alle Überweisungen.

Das Thailand-Elite-Programm ermöglicht es Ihnen, bis zu 20 Jahre in Thailand zu leben. Damit verbunden ist eine große Auswahl an zusätzlichen, bereits im Preis inbegriffenen Dienstleistungen. Insgesamt bietet Ihnen das thailändische Elite-Residence-Programm sieben Programmoptionen, die sich jeweils in Bezug auf Gültigkeitsdauer, Nutzen und Kosten unterscheiden. Beginnend bei einem 5-Jahres-Elite-Easy Access für 500.000 THB (14.000 Euro) bis hin zum Elite-Superiority-Extension-Programm für 1 Mio. THB (28.000 Euro), das eine Aufenthaltsberechtigung für 20 Jahre beinhaltet.

Auch für Familien gibt es eine spezielle Programm-Option

Für Familien gibt es beispielsweise das Elite-Family-Exkursion-Programm, bei dem Sie für ein 5-Jahres-Visum für zwei Personen 800.000 THB (22.000 Euro) bezahlen müssen. Jedes weitere Familienmitglied kostet 300.000 Baht (8.300 Euro). Aufgrund der enormen Steuervorteile können Sie diese Kosten abhängig von der Höhe Ihres Einkommens (Arbeits- und Kapitaleinkünfte) bereits nach kurzer Zeit bzw. wenigen Jahren wieder heraushaben.

4. Daueraufenthalt und Steuerfreiheit: Das Thailand-Elite-Programm macht es möglich

Thailand bietet vermögenden Einwanderern attraktive Rahmenbedingungen

Das Thailand-Elite-Visum hat keine Mindestaufenthaltsanforderungen, wie sie beispielsweise in Fürstentum Liechtenstein bestehen, und bietet Ihnen neben den attraktiven steuerlichen Anreizen zahlreiche weitere Vorteile und Ermäßigungen in ganz Thailand. Alle Details finden Sie auf dem offiziellen Thailand-Elite-Portal der thailändischen Regierung (www.thailandelitedirect.com), über das Sie den gesamten Anforderungsprozess schnell und einfach online durchführen können.

Sie können dabei grundsätzlich alle Vorgänge selbst vornehmen und die Entwicklung Ihres Antrages verfolgen. Auf Anfrage werden Sie aber auch kostenfrei unterstützt. Sie müssen nicht einmal Telefongebühren bezahlen, da Sie auf Wunsch zurückgerufen werden (request a callback). Leider stehen Ihnen die Internetseite und die weiterführenden Service- und Informationsdienstleistungen nur in englischer Sprache zur Verfügung.

Meine Empfehlung: Henley & Partners: die erste Adresse für globale Aufenthalts- und Staatsbürgerschaftsplanungen

Ein offizieller Partner des Thailand-Elite-Programms ist das Unternehmen Henley & Partners, ein weltweit führender Anbieter für Aufenthalts- und Staatsbürgerschaftsplanungen. Hunderte von vermögenden Privatpersonen, Familien und deren Berater verlassen sich Jahr für Jahr auf das Fachwissen und die langjährigen Erfahrungen des Unternehmens. In über 30 Büros weltweit arbeiten hochqualifizierten Fachleute.

Das Thailand-Elite-Programm wurde maßgeblich von Henley & Partners mitentwickelt. Bei Sprachproblemen oder für eine individuellen Beratung kann ich Ihnen die Spezialisten des Wiener Büros von Henley & Partners sehr empfehlen. Natürlich spricht man dort Deutsch.
Info: www.henleyglobal.com – Tel.: 0043(0)1-361-6110-102

5. Auswanderungs-Planung? Hier können Sie sich informieren und beraten lassen

Viele Menschen machen sich falsche Vorstellungen von dem, was sie in einem fremden Land erwartet. Häufig – so wissen die Berater zu berichten – gehen die Betreffenden von falschen Voraussetzungen aus. Sie sind weder über die Einreise-, Aufenthalts- und Zollbestimmungen informiert noch darüber, welche arbeits-, steuer- und sozialversicherungsrechtlichen Regelungen gelten. Sie unterschätzen häufig auch die Schwierigkeiten im ganz persönlichen Lebensbereich, wie Klima, Sprache, Bildungsmöglichkeiten, Kultur oder Freizeitgestaltung.

Checklisten ersetzen keine individuelle Beratung

Das reine Abhaken einer Checkliste sollte keinesfalls eine individuelle Auswanderungs-Beratung im Einzelfall ersetzen. Wegzuziehen bedeutet einen kompletten Neuanfang im Ausland unter Aufgabe Ihres bisherigen Lebens. Dies sollten Sie stets bei Ihren Überlegungen im Hinterkopf behalten.

Darüber gilt es in Ruhe – und unter Einbeziehung aller betroffenen Familienmitglieder – nachzudenken, bevor Sie sich zur Aufgabe des Wohnsitzes in Deutschland mit wirklich allen Konsequenzen und Folgen entschließen. Ich rate Ihnen dazu, vor dieser Entscheidung über einen längeren Zeitraum an Ihrem neuen Domizil auf Probe zu leben, aber nicht unter Ferien- oder Urlaubsbedingungen.

Generell rate ich zu einer professionellen Prüfung der Auswirkungen einer Wohnsitzverlagerung. Ob sich mit einem Wegzug aus Deutschland Ihre Steuerbelastung tatsächlich senken lässt, kommt sehr auf die Umstände des Einzelfalles an. Dieser sollte dann vorab geprüft werden, um Enttäuschungen zu vermeiden.

> **Meine Empfehlung: Empfehlenswerte Informations- und Kontaktadressen für Auswanderer**
>
> Neben Henley & Partners gibt es zahlreiche weitere, äußerst hilfreiche Informations- und Kontaktadressen für Auswanderer. Die wichtigsten habe ich Ihnen nachfolgend zusammengefasst:

5. Auswanderungs-Planung? Hier können Sie sich informieren und beraten lassen

- Das katholische Raphaelswerk berät Menschen, die Deutschland dauerhaft oder befristet verlassen wollen. Beispielsweise Personen, die zeitlich befristet im Ausland leben oder arbeiten wollen.
- Die Evangelische Auslandsberatung e.V. berät Auswanderer bereits seit rund 140 Jahren.
- Die Deutsche Verbindungsstelle Krankenversicherung-Ausland hat ein kostenloses »Merkblatt für Rentner« erarbeitet, das Sie auf deren Internetseite herunterladen können.
- Die Bundesstelle für Auswanderer und Auslandstätige bietet über ihre Länderinformationen viele nützliche und verlässliche Hinweise zu einzelnen Auswanderungsländern.
- Gleiches gilt für den DIA Deutsche im Ausland e.V.
- Die Deutsche Rentenversicherung Bund informiert umfassend über Rentenzahlungen ins Ausland.
- Die Internationale Vereinigung für Soziale Sicherheit (IVSS) stellt mit ihren Länderprofilen zur sozialen Sicherheit kostenlose und umfassende Informationen zum Sozialschutz zur Verfügung. Diese Informationen sind in dieser Form einzigartig.
- Für alle Auslandsrentner ist das Finanzamt Neubrandenburg als zentrale Anlaufstelle zuständig.

Anbieter	Internet
Raphaelswerk e.V.	www.raphaelswerk.de
Evangelische Auslandsberatung e.V.	www.ev-auslandsberatung.de
Deutsche Verbindungsstelle Krankenversicherung-Ausland	www.dvka.de
Bundesstelle für Auswanderer u. Auslandstätige	www.bva.bund.de
DIA Deutsche im Ausland e.V.	www.deutsche-im-ausland.org
Deutsche Rentenversicherung Bund	www.deutscherentenversicherung.de
Internationale Vereinigung für Soziale Sicherheit IVSS	www.issa.int/de
Finanzamt für Auslandsrentner	www.finanzamt-neubrandenburg.de

IX. Schlusswort

Bildung ist das beste Investment – Lebensqualität die höchste Rendite, die Sie erzielen können!

Bild: (Die Millers - 2019)

Ich bin im Jahr 1998 aus beruflichen Gründen aus Deutschland ausgewandert. Zunächst lediglich von Bayern nach Tirol und später nach Vorarlberg in Österreich. Nach dem Weg in meine Selbstständigkeit als Unternehmer bin ich im Jahr 2005 weitergezogen auf die spanische Baleareninsel Mallorca. Hier habe ich auch heute noch meinen Wohnsitz und Lebensmittelpunkt, ebenso wie meinen Unternehmens- und Steuersitz.

Die Steuern waren für mich dabei noch nie ausschlaggebend für die Wahl meines Wohnsitzes. Ansonsten wäre ich niemals in ein »relatives Hochsteuerland« und »Euro-Krisenland« wie Spanien gezogen. Ebenso bin ich nicht aus Deutschland ausgewandert, weil die Rahmenbedingungen für mich nicht gepasst haben. Ich habe mich zur damaligen Zeit grundlegend sehr wohl gefühlt in meiner schwäbischen Heimat, ebenso war ich im Großen und Ganzen einverstanden mit der damaligen Politik und der gesellschaftlichen Struktur Deutschlands. Das ist heute - Stand jetzt - nicht mehr der Fall!

Ich bin Analytiker und kein Politiker!
Neben den großen Defiziten in Bezug auf die Digitalisierung bewerte ich die Demografie in Kombination mit der Migration (Einwanderung und Auswanderung) für Deutschland als die größten Herausforderungen der Gegenwart und Zukunft. Ich sehe dieser Zukunft - trotz aller Herausforderungen - sehr positiv entgegen und bin sehr gespannt auf die weiteren Entwicklungen, auf die ich auf der globalen Makroebene keinen Einfluss habe. Dessen bin ich mir bewusst. Ich verlasse mich jedoch nicht auf Regierungen oder den Staat, sondern werde auch in Zukunft - gemeinsam mit meiner Frau und meinen beiden Kindern, denen die Zukunft gehört und denen ich auch dieses Buch widme - weiter proaktiv und progressiv an unserem privaten Glück und unserer Lebensqualität schmieden. Die Bildung meiner Kinder ist dabei das beste Investment, Lebensqualität ist die höchste Rendite, die erzielbar ist. Selbstbestimmt und eigenverantwortlich ist dabei jeder seines eigenen Glückes Schmied.

Ich werde die Welt nicht verändern, sondern versuche sie stets genau so zu nehmen, wie sie ist, mit all ihren umfassenden Möglichkeiten, aber auch mit den Risiken. Mein Anspruch ist es, das Beste für mich und meine Familie aus den gegebenen Rahmenbedingungen zu machen, dann wird auch Gott mit uns sein. Werde ich hingegen in meinen Bürger- und Eigentumsrechten und somit meiner Freiheit eingeschränkt, verteidige ich mich. Selbstverteidigung ist ebenso legitim wie legal, nicht nur in finanziellen Angelegenheiten.

Ich bin mir sicher, dieses Buch gibt auch Ihnen praxisrelevante Anregungen und Handlungsalternativen in diesem Kontext der gezielten Eigenverantwortung und Selbstbestimmung für die Gegenwart und Zukunft an die Hand.

Markus Miller
Mallorca im September 2019

X. Markus Miller – Über den Autor

Markus Miller (geboren 1973) ist Gründer von KRYPTO-X.BIZ und Chefanalyst und Geschäftsführer des spanischen Medien- und Beratungsunternehmens GEOPOLITICAL.BIZ S.L.U. mit Sitz auf der Baleareninsel Mallorca. Sein Unternehmen ist Betreiber der Informations- und Kommunikations- und Consultingplattform www.geopolitical.biz. Markus Miller hat langjährige Erfahrungen bei international tätigen Banken und Beratungsfirmen in Deutschland, Österreich, Liechtenstein sowie der Schweiz gesammelt. Markus Miller ist einer der führenden Experten auf dem Gebiet von Kapitalschutz und Vermögenserhalt. Er koordiniert als Geschäftsführender Gesellschafter ein internationales Informations- und Kommunikations-Netzwerk von Steuerberatern, Rechtsanwälten, Wirtschafts- und Finanzexperten.

Miller ist langjähriges Mitglied des Deutschen Fachjournalisten-Verbands DFJV und steht neben seiner Funktion als Analytiker und Medien-Unternehmer für freiheitlichen, unabhängigen und investigativen Journalismus in

Form fundierter Recherchen und Analysen. Als offizieller Markenbotschafter (Ambassador) und Branchen-Insider für Geopolitik, Ökonomie und Geld der XING AG ist Markus Miller ein gefragter und renommierter Social-Media-Experte. Mit über 116.000 Followern ist Markus Miller die Nr. 1 auf XING. Weitreichende Bekanntheit erlangte er durch seinen Live-Auftritt bei Aktenzeichen XY-Spezial: Vorsicht, Betrug! Sein letztes Buch »Die Welt vor dem Geldinfarkt« ist ein manager magazin Bestseller. Markus Miller ist zudem Chefanalyst und Chefredakteur des renommierten Wirtschaftsmagazins Kapitalschutz vertraulich.